I0821009

LA **HISTORIA** **NO** ES COMO LA CUENTA **HOLLYWOOD**

LA **HISTORIA** **NO** ES COMO LA CUENTA **HOLLYWOOD**

101 mentiras de la historia que te creíste gracias al cine

Miguel de Lys

Papel certificado por el Forest Stewardship Council®

Primera edición: octubre de 2025

Printed in Spain – Impreso en España

ISBN: 978-84-666-8298-5
Depósito legal: B-14.449-2025

Compuesto en M. I. Maquetación, S. L.
Impreso en Rodesa
Villatuerta (Navarra)

BS 8 2 9 8 5

A Víctor.
Espero que sepas encontrar las cosas que te apasionan
y hacen tus días mejores

ÍNDICE

Edad Media

Edad Moderna

Edad Contemporánea

PRÓLOGO, POR ANDONI GARRIDO
(*PERO ESTO ES OTRA HISTORIA Y AGUJEROS DE GUION*)

Hay una verdad universal que no cambia con los siglos, las modas ni los algoritmos: cuando una película se ambienta en el pasado, alguien va a meter la pata. Da igual cuántos asesores históricos haya en los créditos o si la película ganó un Oscar al mejor diseño de vestuario; antes o después, alguien comentará una cagada tan gorda como poner a un caballero medieval luchando contra samuráis o a un romano llamando «emperador» a Julio César. Errores históricos o anacronismos hay de todos los tipos y colores.

Este libro del gran Miguel de Lys va de eso, pero no desde la bilis ni la pedantería, sino desde el gozo absoluto de ver cómo el cine tropieza con la historia una y otra vez, y aun así nos encanta.

Como alguien que lleva años señalando los agujeros de guion más gordos del cine, puedo decir que los errores históricos son un primo cercano. No es que muchas películas históricas estén mal hechas porque a alguien se le fue la olla; es que muchas veces el propio cine exige sacrificar mucha de la verdad histórica en favor de la narrativa épica, la emoción o el entretenimiento. Otra cosa diferente sería sacrificar la verosimilitud, como poner un coche descapotable de gran cilindrada en un asedio medieval. Excepto si es en *Age of Empires*, claro.

En *Apocalypto*, los mayas están sacrificando gente a lo loco justo cuando llegan los españoles, aunque para cuando se produjo la conquista esa civilización ya llevaba siglos en declive. Pero, claro, para hacer más entretenida la película y acabar con una imagen potente, se necesitaba reducir ese lapso de años.

En *El código Da Vinci*, todos los cuadros renacentistas son parte de una conspiración secreta, María Magdalena era la esposa de Jesús y el Opus Dei tiene sicarios entrenados por ninjas. No es que tenga errores históricos: es que se inventa su propia historia alternativa. Pero, oye, está divertida, y nos podemos quedar con eso.

En *Amadeus*, el pobre Salieri queda como el villano envidioso que intenta arruinar la vida de Mozart, cuando en realidad admiraba profundamente su talento y no hay pruebas de que lo odiara ni de que conspirara contra él. Pero, a pesar de que no fuera verdad, nos da una historia de gran calidad.

A estas alturas conviene recordar algo fundamental: el cine histórico nunca va a ser cien por cien exacto. Ni puede, ni debe. Porque por muy buena voluntad que tenga un director o por muy exhaustiva que sea la documentación, hay una barrera imposible de sortear: no tenemos una máquina del tiempo. Y sin ella, jamás sabremos con precisión absoluta cómo era todo. Podemos estudiar los textos que se conservan, los restos arqueológicos, los documentos, las pinturas, las crónicas, pero lo cierto es que nos faltan piezas por todas partes.

¿Cómo hablaba exactamente un campesino sumerio? ¿Qué gestos hacía una señora romana al saludar? ¿Qué tono usaban los griegos al recitar a Homero? ¿Cómo olía una casa medieval? ¿Cómo sonaba un mercado de Tenochtitlán? La mayoría de esas cosas son imposibles de reconstruir del todo y, por tanto, cualquier intento de representarlas en cine es ya una interpretación, una reconstrucción con dosis necesarias de invención. Incluso en épocas relativamente recientes como el siglo XIX nos topamos con vacíos y contradicciones, así que imagina en la Edad del Bronce.

Además, no solo es que no lo sepamos todo: muchas veces lo que creemos saber está en revisión constante. Nuevos hallazgos, teorías que se descartan, reinterpretaciones que lo cambian todo. Lo que hoy damos por hecho puede ser desmontado mañana por una inscripción en una tumba egipcia o por un manuscrito olvidado en un archivo.

De modo que no, no pidamos al cine una precisión absoluta, porque eso ni sería posible ni sería entretenido. Lo que sí podemos pedir es que no insulte a nuestra inteligencia. Que si va a tomarse licencias (porque se las va a tomar), lo haga con arte, con creatividad, con intención, y no con desgana. Al final, la historia en el cine no reproduce cada detalle tal como fue, como ya digo, eso es completamente imposible, pero si se hace bien, nos transmite la esencia de una época, aunque algunos detalles se pasen por alto. Es imposible estar en todo.

En fin. Prepárate para un viaje que te va a desmontar cientos de mitos. Vas a ver al *T. rex* piar como una gallina, a los velocirraptores de *Jurassic Park* convertidos en reptiles de dos metros cuando en realidad eran pavitos emplumados de medio metro. En *300*, los espartanos se pasean medio en bolas y con abdominales *to' ciclaos* mientras el rey Jerjes parece un villano de Marvel, solo le falta un guantelete cósmico. En *Gladiator*, Cómodo muere a lo grande en la arena... aunque en realidad uno de sus esclavos lo asesinó en una bañera. *Braveheart* pone a William Wallace con una falda que no se llevaba en la época y pintado como si fuera al BBK Live, y encima acaba liado con una princesa que ni siquiera había nacido. En *Napoleón*, Ridley Scott nos regala al emperador bombardeando las pirámides, aunque al menos no revienta la tocha de la esfinge... *Assassin's Creed* convierte a los Reyes Católicos en unos tipos tatuados salidos de la Ruta del Bacalao, y *Piratas del Caribe* nos vende la vida pirata como una mezcla de ron, magia y aventuras divertidas, cuando en realidad eran personas altamente violentas y sus barcos eran más bien letrinas flotantes con cañones.

Por mi parte nada más. Ahora te toca leer este libro. Disfrútalo, ríete, aprende y, sobre todo, no dejes de amar el cine, aunque tenga infinidad de errores históricos. Porque como bien sabemos los que nos gusta este mundillo de contar historias, una buena trama se basa en conflicto, emoción y un margen divertido para inventarse cosas que nos hagan disfrutar como ¿gladiadores contra tiburones? ¿Por qué no? Claro que sí, mete más tiburones en el Coliseo. ¡Vamos!

¡ES UNA PELÍCULA, NO UN DOCUMENTAL!

Existe una ley universal de la que poco se habla: siempre que alguien destaque un error histórico en una película, habrá otra persona que responda con la frase: «Si quieres aprender historia, para eso están los documentales». Tienen razón. Es más, ambas partes están en lo correcto. El cine no tiene como objetivo ser históricamente preciso, y si así fuese tampoco podría serlo por completo, dado que nuestro conocimiento sobre el pasado está en constante evolución. El séptimo arte prioriza el entretenimiento, ofreciendo una trama que transmita emociones, que presente una buena evolución de los personajes y que plantee conflictos con los que la audiencia pueda identificarse e incluso empatizar. Ante todo, debe tener coherencia interna, respondiendo a sus propios planteamientos. Si todos estos aspectos fallan, la película será deficiente, y la crítica la considerará peor que pegar a un padre con un calcetín sudado, por mucho que su contexto sea fascinante. Por otro lado, cuando se hace bien y gusta al público, puede generar un gran interés por una época, pero eso no evitará que muchas veces el gran público asuma ciertas licencias como hechos verídicos. Al fin y al cabo, no es ningún secreto que la mayoría de nosotros tenemos tan poco interés en ver un documental como en conocer el interesante mundo de la venta de centollos en Indochina.

Para hacer cine tenemos que asumir las licencias de la ficción. Todos sabemos que los conductos de ventilación no son enormes, pero, aun así, nos gusta ver cómo la gente huye por ellos en momentos de riesgo; las pirañas no devoran un cuerpo humano en cuestión de segundos; el cloroformo no duerme a alguien con tan solo arrimar un pañuelo a su nariz; la Edad Media no tenía filtros azules ni México amarillos; no hay sonido en el espacio y, por tanto, las batallas entre naves serían realmente aburridas;

ni todos los escoceses llevan falda y saben tocar la gaita, ni se escucha flamenco de fondo en cualquier parte de España; no todos los pueblos de Japón tienen un encanto místico y se ven pescadores en una barca, ni todas las villas europeas son encantadoras y llenas de flores; y por supuesto no todos los monstruos y desgracias naturales tienen por objetivo Nueva York. Aceptamos inexactitudes constantemente y nos da igual porque lo que queremos es entretenernos. Si deseamos ser puristas, no tendría sentido que las producciones sobre romanos se graben en inglés, ni siquiera en el latín que conocemos, porque el de la época sería totalmente diferente. Si nos ponemos muy críticos, resulta anacrónico que los largometrajes sobre la antigüedad incluyan a jinetes con estribos, una tecnología que tardó mucho en llegar al mundo entero, pero es que las aseguradoras de Hollywood obligan a usarlos por la manía de no tener que pagar compensaciones millonarias a actores que se descalabren. Desde el momento en el que alguien decide crear una trama inventada, está asumiendo que habrá cambios con respecto a nuestro presente o nuestro pasado, y está bien, porque para datos exactos ya tenemos la realidad. Sin embargo, como decía, asumir que el cine «debe mentir» no implica no plantearse hasta dónde ha llegado la ficción y, sobre todo, qué consecuencias tiene en la realidad.

Tras acabar la Segunda Guerra Mundial, una encuesta de un diario galo demostró que el 57 por ciento de los franceses consideraban que la URSS fue la nación que más contribuyó y sacrificó para lograr la derrota nazi. Tan solo el 20 por ciento creía que fue Estados Unidos. En 2004 estos porcentajes se invirtieron y los grandes artífices de la caída de Hitler fueron los estadounidenses, como si los soviéticos hubiesen hecho poco o nada. ¿Qué había pasado en esos sesenta años? La respuesta es fácil: Hollywood. Tras estrenarse *Braveheart* en 1995 el sentimiento independentista escocés se disparó. Dos años después, Escocia votó abrumadoramente a favor de una propuesta para establecer un parlamento propio, y el partido a favor de desvincularse del Reino Unido aumentó de manera significativa sus resultados. No podemos echar la culpa a Mel Gibson, el director, pues ya habría algún elemento en la sociedad que llevase a esa decisión, pero desde luego algo ayudó. Quizá la visión implacablemente negativa de la película sobre los ingleses como violadores despiadados fue muy efectiva, aunque del todo incorrecta, y por si fuera poco, tampoco representaba nada bien la figura de William Wallace. Poco después del asesinato del presidente Kennedy, solo el 50 por ciento de la población creía que lo que había detrás era una conspiración, pero tras el estreno de la película *JFK* en 1991 esta cifra se disparó al 77 por ciento. Otro ejemplo: hay estudios que demuestran que los jurados en Estados Unidos ven cada vez más necesaria la prueba de ADN como evidencia para condenar a alguien. Esto ha cambiado en parte gracias a *CSI*, la serie policiaca donde ponen un énfasis tan fuerte en la evidencia de ADN como prueba de culpabilidad o inocencia que parece lo único válido. En realidad, esta verificación lleva mucho tiempo y es a menudo innecesaria para probar que la acusación es justa. Otras exageraciones, aunque obvias para una cabeza «normal» y con un mínimo de criterio, han llevado a malentendidos graves o incluso peligrosos. El hijo de Pablo Escobar, tras la serie *Narcos*, tuvo que publicar un libro y hacer una gira por todo el mundo para dar charlas aclarando que su padre no era tipo *cool*. Ya no solo que el famoso narcotraficante no hablaba como mostraban en la exitosa producción de Netflix, sino que por mucha personalidad que tuviese, no era buena persona. ¡Es que era un criminal! Encargó la muerte de cientos de personas y era un genio del robo y la extorsión, pero, al parecer, es necesario aclarar que no era un ejemplo que seguir. No es el único familiar atribulado por tener un criminal famoso en casa. Tenemos el caso de Christina McDowell, la hija de Tom Prousalis, uno de los estafadores que trabajó con el llamado Lobo de Wall Street. Ella acusó a Martin Scorsese y Leonardo DiCaprio de distorsionar los acontecimientos en torno a su padre en la adaptación *El lobo de Wall Street*. Según ella, lo glorificaba y hacía que sus crímenes parecieran triviales cuando, de hecho, son parte de un problema generalizado en el corazón de la economía estadounidense. Por último, tras el estreno de *Gladiator* en el año 2000 las facultades de Historia occidentales experimentaron un aumento de alumnos interesados en esa carrera, muchos de los cuales confesaron que era el cine histórico lo que les había despertado la curiosidad y, a la postre, la pasión por conocer nuestro pasado.

El cine histórico debe entretener y gustar, y como mucho fomentar el interés por un momento de nuestro pasado. Soy de los que creen que al cine hay que ir a disfrutar, con el cubo de palomitas lleno, el refresco cuanto más grande mejor (¡si el precio lo permite!) y tratando de atesorar el momento mágico que es comentar la película con tus amigos o familia una vez has salido de la sala. Hay que saber contagiarse del mensaje de una propuesta de ficción, de sus diálogos y situaciones que fuerzan a los protagonistas a lograr lo imposible; no obstante, todo eso no nos exime de mantener un juicio crítico. Debemos preguntarnos por qué se representan las cosas como se representan. ¿Están alimentándose de estereotipos o hay algo de realidad? ¿Estoy siendo objeto de propaganda de una visión sesgada de los hechos? ¿Qué están omitiendo y por qué? ¿Cuál es la audiencia objetiva? Podemos disfrutar de la película china *La batalla del lago Changjin*, estrenada en 2021 y que es una de las producciones bélicas más caras y exitosas de la historia. Sin embargo, fue un encargo por parte del Departamento de Publicidad del Partido Comunista Chino para celebrar el centenario de la creación de dicha institución, por lo que igual algún sesgo sí que tiene.

Por otro lado, la ficción debe tener sentido. Los protagonistas han de tener una evolución y una búsqueda, y la vida está llena de elementos aleatorios que no tienen lógica narrativa. Por no hablar de que todos conocemos a gente que es incapaz de evolucionar. En una película de guerra lo normal sería que la mayor parte de los protagonistas, sino todos, muriesen, o que fuesen cambiando constantemente porque no paran de entrar reemplazos para los caídos, pero eso despistaría mucho a la audiencia, que ya no sabría seguir quién entra y quién sale. Si nos han presentado a Johan en la primera escena, sería raro que a los veinte minutos él y todos sus amigos estén en el suelo acribillados a balazos, y que a partir de entonces los protagonistas sean Randall y Clarence, quienes por supuesto palmarían al poco tiempo y serían sustituidos por Kevin, que llega dos días más tarde de lo previsto por fallos de comunicación interna en el ejército, por lo que durante unos minutos ni siquiera tendríamos a nadie a quien seguir. El espectador estaría muy perdido y se preguntaría qué narices está pasando. La respuesta sería que lo que estaría viendo es, ni más ni menos, que la realidad. Lo normal es que queramos quedarnos con Johan, el que salía al principio, y que este se haga amigo de Randall y descubran que son de pueblos vecinos y que les gustaba la misma chica, y que más tarde averigüen que pasa lo mismo con Clarence y Kevin. Vale, es una historia muy rara, pero me has entendido, y de todas maneras probablemente ella nunca prestó atención a ninguno de ellos.

Otro ejemplo: imagina que hacemos una película sobre San Luis IX de Francia y la octava cruzada. Uno esperaría cine épico medieval, pero tras desembarcar en Túnez, el monarca contrajo una fiebre tifoidea o disentería y murió. Nadie querría ver que el protagonista fallece de pronto sufriendo agónicamente mientras hace de vientre, pero es lo que pasó. O piensa en un gran ejército invencible que cuando quiere invadir un país es arrollado por un temporal, de lo cual hay muchos ejemplos a lo largo de los siglos, o mensajes enemigos interceptados también por pura casualidad, sin que haya nadie intentando desbaratar planes, sino que fallan por sí solos; o grandes descubrimientos científicos que fueron hallazgos fortuitos. Tenemos miles de ejemplos así, porque la vida real no debe encajarse en los parámetros de una trama. Otra manera fácil de ver esto sería que visualizases tu propia vida como una narración. Deberías prescindir de muchas actividades rutinarias que a lo mejor definen tu día a día, pero es que a nadie le interesa ver que desayunas tostadas con aguacate y zumo de naranja salvo que tenga importancia en el guion, y a lo mejor tras salir de casa te cae un satélite en la cabeza y tu final es totalmente anticlimático, aunque sin duda digno de contar. Por el momento, esperemos que no pase, por lo menos hasta que finalices la lectura de este libro.

Por tanto, esta obra no pretende atacar la calidad de las películas, pues entre estas 101 elecciones hay auténticas obras de arte. También hay otras, digamos, no tan buenas. La idea es que sepamos disfrutar de la ficción con la conciencia de que lo que vemos no es así en realidad, es en la mayoría de los casos una exageración para nuestro gozo y disfrute, y, a la postre, nos crea una imagen inexacta y viciada de la historia. Por otra parte, estas páginas pueden servir para ser el pedante insoportable que en las cenas de Navidad corrige a todo el mundo, especialmente a los cuñados que dan lecciones de historia sin haber abierto un libro en su vida, pero que alguna vez vieron un largometraje famosillo.

¡Luces, cámara y rigor histórico!

PREHISTORIA

1

JURASSIC PARK: ¿ERAN LOS DINOSAURIOS COMO NOS LOS IMAGINAMOS?

Aunque *Jurassic Park* (1993) no puede considerarse cine histórico, es innegable que esta saga de dinosaurios ha sido una influencia masiva para que muchas personas conozcan a estas criaturas del pasado. Nos guste o no, Hollywood tiende a crear imágenes distorsionadas de cualquier época, muchas veces más falsas que los propósitos de Año Nuevo. La película de Steven Spielberg, basada en la novela de Michael Crichton (quien también colaboró como guionista), dejó una marca indeleble en la sociedad occidental. Millones de personas, especialmente niños y adolescentes de los años noventa, quedaron fascinadas con estos «bichos», y las jugueterías se llenaron de tricerátops, velocirraptores y el temible *Tyrannosaurus rex*. *Jurassic Park* se convirtió en la película más taquillera de la historia hasta el estreno de *Titanic*, y además ganó tres Oscar técnicos: mejor sonido, mejores efectos sonoros y mejores efectos visuales. Sin duda, la película es espectacular, pero también generó preguntas curiosas en la audiencia, como: «¿Qué demonios es un paleontólogo?».

El protagonista, Alan Grant (interpretado por el genial Sam Neill), es un paleontólogo, es decir, un científico que estudia los restos fósiles para entender la vida en el pasado. En la película, explica que las aves modernas están relacionadas con los dinosaurios, tanto en apariencia como en movimientos. Este vínculo es científicamente correcto, y los paleontólogos suelen bromear diciendo que convivimos con dinosaurios: los pájaros. Puede sonar exagerado, pero las evidencias respaldan esta afirmación. Según las teorías actuales, las aves evolucionaron a partir de los celurosaurios, un grupo de dinosaurios terópodos caracterizados por huesos huecos y extremidades con tres dedos funcionales. Las aves pertenecen a un subgrupo de los manirraptores, que incluye al famoso velocirraptor. Si estos términos técnicos te marean, no te preocupes; basta con recordar que los pájaros descienden de dinosaurios, aunque los velocirraptores de *Jurassic Park*, en realidad, eran más pequeños, emplumados y coloridos. Eso sí, por simpáticos que fueran, difícilmente habrían sido buenos compañeros de piso.

A pesar de esta relación evolutiva, no deberíamos bromear demasiado con que humanos y dinosaurios «somos coetáneos». Un estudio realizado por la Unión Europea en 2021 sobre conocimientos científicos reveló que un cuarto de la población cree que humanos y dinosaurios convivieron. Esto refleja un preocupante déficit educativo, aunque no podemos culpar del todo a la película. Por si aún tienes dudas, estas criaturas se extinguieron hace sesenta y seis millones de años tras el impacto de un asteroide en lo que hoy es México. El evento sumió al planeta en una oscura y fría noche: las plantas murieron, los ecosistemas colapsaron y los dinosaurios, hambrientos, desaparecieron de forma lenta y trágica. Las únicas criaturas que sobrevivieron fueron pequeños animales, incluidos los mamíferos y las aves, que luego evolucionaron para dominar el mundo. Así que sí, el parecido entre pájaros y dinosaurios no es casualidad.

El primer fósil de un dinosaurio emplumado, el *Archaeopteryx*, fue descubierto en el siglo XIX, y desde entonces esta teoría es la vigente. En cuanto al *Tyrannosaurus rex*, hay debate sobre si tenía plumas, aunque muchos científicos creen que algunos dinosaurios grandes sí contaban con cierto plumaje. Es el caso de terópodos descomunales como el *Yutyrannus*, de la superfamilia de los tiranosauroideos, cuyos fósiles evidencian la presencia de plumaje. (Sí, te dejo un rato para que lo busques en Google). Esto no significa que volaran, igual que tampoco lo hacen gallinas, avestruces o pingüinos. Y menos mal, porque un pingüino en el cielo sería el toque surrealista definitivo para un mundo ya bastante raro.

Otro detalle interesante (y menos épico) es el sonido de los dinosaurios en la película. Mientras que los dinosaurios más pequeños podrían haber emitido sonidos similares a silbidos o cacareos, los bramidos de los grandes depredadores, como el *T. rex*, fueron puramente una creación de Hollywood. Ese impresionante rugido que todos recordamos fue una mezcla ralentizada de una trompa de elefante bebé, el rugido de un tigre y el de un cocodrilo. En realidad, el *T. rex* probablemente emitía algo más parecido al arrullo de una paloma o al gruñido nasal de un avestruz, quizá como un ganso con un gigantismo descomunal. Imagina al icónico *T. rex* soltando un «cu-currucucú» en su gran escena: el efecto terrorífico se habría desinflado, y los protagonistas se habrían partido de risa.

A pesar de estas licencias creativas, *Jurassic Park* no solo redefinió el cine de aventuras, sino que despertó una fascinación por los dinosaurios que todavía persiste. Aunque, como siempre, es importante separar la ciencia de la ficción.

¿SABÍAS QUE EL DINOSAURIO MÁS GRANDE Y TEMIBLE NO ERA EL *TYRANNOSAURUS REX*?

El dinosaurio más grande descubierto hasta ahora es el *Argentinosaurus*, un titanosaurio (un saurópodo, es decir, un herbívoro de cuello largo) que vivió hace aproximadamente 94 millones de años durante el periodo Cretácico. Fue encontrado en Argentina (de ahí su nombre) y se estima que medía hasta cuarenta metros de largo, algo así como cuatro autobuses escolares o cuatro *T. rex*, y pesaba alrededor de setenta toneladas. Es como juntar el peso de diez elefantes africanos. De haber incorporado este bicho a la película, se habría salido de plano.

2

ICE AGE: ¿CONVIVIERON LOS MAMUTS Y LOS TIGRES DIENTES DE SABLE?

Las nuevas generaciones no lo saben, pero hubo un tiempo en que era famosa una ardilla que buscaba hacerse con una bellota y acababa provocando desastres naturales. Este simpático animal se llamaba Scrat, y aunque no era un protagonista de *Ice Age* (2002) formaba parte de una serie de divertidos cortos animados que se emitían a modo de promoción. Pero ¿podía haber bellotas en la Edad de Hielo? Es más, ¿qué demonios es la Edad de Hielo? Una respuesta resumida: es un periodo de glaciación en el que los casquetes polares se extienden y las temperaturas bajan globalmente. La explicación es más compleja, pero no quiero abrumarte con demasiados detalles. Esta fase fría a escala mundial se debió a factores ambientales y geológicos, y se ha repetido varias veces a lo largo de la historia. La última de estas glaciaciones comenzó hace unos ciento diez mil años y finalizó hace cerca de diez mil, dando paso al Holoceno, la era de clima templado que conocemos hoy. ¿Eso significa que todo estaba cubierto de hielo y no podían existir animales ni bellotas? No necesariamente. Lo que sí sabemos es que las especies vegetales y animales habrían habitado zonas más cálidas, en especial aquellas con vegetación.

Ahora bien, centrémonos en los protagonistas de la película: el peculiar grupo compuesto por Manny, el mamut lanudo; Sid, un perezoso terrestre; y Diego, el *Smilodon*, conocido como dientes de sable por los colmillos prominentes que adornaban su mandíbula. De hecho, a Scrat también se le atribuyó este tipo de colmillos, pero, claro, se trataba de una parodia. Este conjunto tan singular de inadaptados termina forjando una auténtica amistad. En un contexto en el que su mundo se veía alterado por el deshielo, debían superar diversas dificultades dejando de lado sus diferencias. Toda una lección para jóvenes y adultos. No obstante, eso no significa que, si en la vida real te cruzas con alguien como Sid, tengas que ser su amigo solo porque sea un personaje adorablemente torpe. Sin embargo, si te encuentras con alguien así en el trabajo o en la escuela, lo más probable es que tengas que aprender a convivir con él, por lo que las enseñanzas de *Ice Age* pueden ser bastante útiles. Pero ¿realmente habrían coexistido todos estos animales en la misma época? La mayoría de los mamuts desaparecieron hace unos diez mil años, al final de la última glaciación, aunque algunos pequeños grupos lograron sobrevivir en poblaciones aisladas. Los mamuts lanudos, los más conocidos, se extinguieron hace unos cuatro mil años, específicamente en las regiones de Siberia. Esto implica que, en términos históricos (y no geológicos), estos colosos de pelaje espeso coexistieron con las civilizaciones humanas mucho más de lo que podríamos imaginar. De hecho, cuando los mamuts desaparecieron, las pirámides de Giza ya habían sido construidas más de quinientos años antes. En cuanto a los *Smilodon*, también conocidos como dientes de sable, se extinguieron hace unos diez mil años, al final de la misma glaciación. De igual forma, el perezoso terrestre, o *Mylodon* americano, se extinguió alrededor de las mismas fechas, aunque estos animales eran mucho más grandes de lo que la película sugiere (y es posible que más inteligentes).

Por tanto, podemos afirmar que todos vivieron a la vez, aunque como hablamos de periodos de tiempo tan extensos e imprecisos, casi con toda seguridad algunos murieron antes que otros, puede que con miles de años de diferencia. E intuimos que difícilmente podrían ser amigos. Sin embargo, no vivieron en el mismo lugar. Los mamuts vivían en las estepas y tundras desde Canadá hasta Siberia; el *Smilodon* vivía en las grandes planicies que existían tanto en Norteamérica como en Sudamérica; y restos de perezosos terrestres se han encontrado desde Guatemala hasta Canadá. También vemos en la película los pájaros conocidos como dodos, que solo se hallaron en la isla de Mauricio, en África, por lo que era una especie endémica de un sitio muy concreto y aislado del mundo, y se extinguieron en el siglo XVII, mucho después de que terminara la Edad de Hielo. Y cuando digo «se extinguieron» cabe resaltar que igual nuestra especie tiene algo que ver con eso. Podemos echar la culpa a los humanos en general, pero si queremos precisar más debemos mirar a los holandeses, que llenaron la ínsula de bichos que se pusieron las botas con la fauna local. También los colonos se comieron algunos, pero no debieron de ser muchos, porque calificaron su sabor como nauseabundo.

En resumidas cuentas, esta película no pretende enseñar historia, pero puede crear la sensación de que todos los animales extintos vivieron a la vez y en el mismo lugar, lo cual dista de la realidad. Por lo demás, funciona perfectamente, es una saga muy divertida y tan exitosa que llegó hasta seis películas. Ahí ya sí que apreciamos cosas un poco más raras, como en la cuarta entrega, en la que aparece una ballena que creemos extinta hace doce millones de años. También, por algún motivo, los humanos aparecen en la primera entrega y tras eso no volvemos a verlos, por lo que supongo que en el *iceverso* nos extinguimos.

¿SABÍAS QUE HUBO UN HOMBRE CONGELADO DURANTE MÁS DE CINCO MIL AÑOS?

Ötzi, el hombre congelado, es básicamente el viajero del tiempo más antiguo... y peor parado. Apareció en 1991 en los Alpes, como si hubiese intentado hacer senderismo sin mirar el parte meteorológico de hace cinco mil años, ignorando que iba a refrescar un poquito. Este señor neolítico fue encontrado congelado con todo su kit de supervivencia: capa de hierbas, arco sin terminar, y hasta su fiambrera de carne seca. Durante milenios estuvo ahí, en plan «no molestar», hasta que dos excursionistas se tropezaron con él (literalmente). Lo interesante es que, gracias a su estado de conservación, hoy sabemos qué comió antes de morir, que tenía tatuajes, que sufría de reuma... ¡y que lo más probable es que lo asesinaran! Se cree que murió en un combate, por lo que igual en la época no era raro batirse en duelo en montañas nevadas, pero quien pasó a la historia fue él, aunque fuese el derrotado. Curiosamente en los Alpes, con el tiempo, han ido apareciendo soldados congelados de la Primera Guerra Mundial, que cayeron en batallas por la zona. Pasear por ahí puede ofrecer vistas preciosas o sustos descomunales.

3

EL GUERRERO NÚMERO 13: ¿SOBREVIVIERON COMUNIDADES DE NEANDERTALES?

El guerrero número 13 (1999) es una película de aventuras vikingas basada en la novela *Devoradores de cadáveres*, del autor Michael Crichton, que también fue guionista en esta ocasión. Tenía una excelente banda sonora y a Antonio Banderas interpretando al cronista Ahmad ibn Fadlan, un emisario de la corte de Bagdad que acabó conviviendo con un grupo de hombres del norte durante el siglo x. Esto es real y, gracias a él, sabemos mucho de lo poco que conocemos de las sociedades nórdicas en la Edad Media. No obstante, aquí plantean la posibilidad de fusionar mitología y realidad, ya que un grupo de aventureros de pelo largo y runas tatuadas tienen que enfrentarse a unos monstruos que asolan una región al norte de Europa. Luego descubrimos que se trata de una comunidad de neandertales que sobrevivieron por estar en un sitio remoto y alejado del continente. Tienen aspecto humano, pero más salvaje, como ese amigo que todos conocemos.

Pero ¿tuvieron alguna vez que enfrentarse a comunidades de neandertales que perduraron hasta la Edad Media? ¿Llegaron incluso a convivir con los sapiens? Como espectador no hace falta ser un genio para saber que a todas luces esta posibilidad es una licencia creativa y, de hecho, en su día hubo muchos historiadores que se quejaron de que eso no era posible, pero la gracia de una película histórica es que sea creíble y comprar el conflicto al que se enfrentan los protagonistas. Sin embargo, el largometraje se basa enteramente en este supuesto que merece la pena ser estudiado... si eres un *nerd* entusiasta de estos temas, porque el director tampoco tiene intención de arrojar luz sobre este debate, sino dar importancia a los espadazos. Ni siquiera representa bien a los vikingos, de los que hablaremos más adelante.

El hombre de Neandertal recibe su nombre por un ejemplar encontrado en el valle de Neander, en Alemania, y parece estar claro que pudo aparecer hace unos cuatrocientos mil años y se extinguió hace treinta mil años. Eso creemos por ahora, porque el estudio de esta etapa temprana de nuestra especie está sujeto a bastantes cambios a medida que lo investigamos, pero en esto hay consenso hoy día. Por su parte, los *Homo sapiens*, aparecieron en África hace aproximadamente doscientos mil años, comenzaron a expandirse y llegaron a Europa hace de cuarenta y cinco a cincuenta mil años, generando por el camino la subespecie conocida como *Homo sapiens sapiens*, o sea, nosotros. Recibe su nombre porque *sapiens* viene del latín «sabio», por lo que igual el término se nos queda grande. En cualquier caso, si echamos números veremos que sí hubo un periodo de convivencia de varios miles de años entre las dos especies, probablemente unos diez mil. Esto, por cierto, en el momento de la película no era una teoría tan asentada, pero ahora sabemos que sí fuimos coetáneos e incluso que puede que hubiese contactos con ellos, tal vez hasta demasiado cercanos. Muy cercanos. Ya sabes a lo que me refiero. Guiño, guiño. Sí, ahora creemos que hubo *Homo sapiens* y neandertales retozando en los preciosos paisajes prehistóricos, aunque fuese sin velas ni música agradable de fondo. Puede parecer raro, pero no juzgues porque todos conocemos a alguien que ha bajado mucho sus criterios estéticos con tal de pasar un buen rato. Quizá por eso nuestra especie tiene en torno a un 1-2 por ciento de ADN neandertal.

Por consiguiente, sí hubo neandertales viviendo al mismo tiempo que nosotros, pero no tenemos constancia de que llegasen hasta nuestros días. ¿Pudo pasar esto? Es bastante imposible si, tal como vimos en *Ice Age*, atendemos no solo al cuándo, sino al dónde. Esta especie vivió en una franja que ocupa desde Europa central hasta Asia central, pasando también por Oriente Medio. Es de las regiones del mundo con más población en eras tempranas de nuestra existencia y de la que más registros históricos tenemos, y sabiendo que los humanos no somos muy dados a la conservación de especies, ni siquiera la nuestra, la convivencia prolongada es muy improbable. Tal vez por esto, según la trama de *El guerrero número 13*, huyeron a Escandinavia, refugiándose en las montañas para no dejarse comer vivos en ese momento, y allí vivieron según sus costumbres unos cuantos cientos de años, hasta que esos molestos vikingos llegaron a destrozar su modo de vida. Pero tampoco podría ser. Hollywood nos hace creer que todo el mundo es igual en el mismo momento, y hay diferencias abismales. Hasta hace diez mil años nadie podía vivir en Escandinavia, porque toda la región estaba cubierta por montañas de hielo de unos dos kilómetros de alto. Todo eso se derritió, creando los fiordos, miles de lagos y demás elementos espectaculares que relacionamos con el norte. Este cambio dramático en la orografía provocó otro efecto interesante: la placa tectónica euroasiática, debido a la ausencia de peso de esas masas enormes congeladas, se ha ido elevando poco a poco desde entonces en esta región. Por ese motivo, zonas que en la Edad Media en Suecia eran costeras ahora están a varios kilómetros en el interior, porque el mar se ha desplazado al subir el terreno. En el caso de Luleå, en el Báltico sueco, se han llegado incluso a encontrar puertos vikingos en granjas interiores, y el centro histórico de la ciudad se encuentra lejos de la actual costa, pese a ser una localidad marítima. En pocas palabras, el cine suele aceptar que la geografía actual siempre ha sido como la vemos ahora, cuando en realidad ha sufrido miles de cambios. Eso afectaba a los hombres y mujeres que vivían en el momento, que se adaptaban a lo que había. Así que, salvo que esos hombres de neandertal supiesen vivir en temperaturas gélidas en montañas heladas, con crampones, equipo de escalada y guantes de esquí, difícilmente podrían haberse refugiado en Escandinavia cuando sus congéneres estaban desapareciendo.

¿SABÍAS QUE HAY EVIDENCIAS ARQUEOLÓGICAS DE BATALLAS PREHISTÓRICAS?

Por desgracia, tenemos muchos ejemplos de grupos de gente matándose en etapas tempranas de nuestra historia, lo que significa que igual no hemos mejorado tanto. Uno de los casos más famosos es la masacre de Jebel Sahaba (Sudán). En este lugar cercano al Nilo, los restos de más de sesenta personas fueron encontrados en un cementerio de hace aproximadamente doce mil años, durante el final del periodo del Pleistoceno. Los esqueletos muestran marcas de heridas provocadas por flechas y otras armas, lo que sugiere una matanza, cómo no, violenta. Se cree que este evento podría haber sido el resultado de una guerra tribal o un conflicto intergrupal, pero no lo sabemos con seguridad, así que igual fue una competición por el amor de una princesa o una discusión vecinal que fue a más. En Kenia, en el sitio de Nataruk, hace diez mil años, un grupo de personas fue masacrado mientras nadaban o cruzaban un río. Los arqueólogos descubrieron los restos de al menos veintisiete individuos, muchos de los cuales mostraban lesiones graves como heridas de flechas y fracturas causadas por golpes. El motivo de estos ataques lo desconocemos, pero como no hay evidencia de que en ese tiempo odiasen a los nadadores hasta el punto de castigarlos con la pena máxima, podemos concluir que se debían a conflictos intergrupales en una época de alta competencia por los recursos.

EDAD ANTIGUA

4

TROYA: ¿CONOCÍAN EL ACERO LOS GUERREROS TROYANOS?

A finales de los noventa y principios de los dos mil, Hollywood quería retomar la idea del cine épico que tan bien había funcionado décadas atrás. *Gladiador* y *Braveheart* habían arrasado en taquilla recientemente y cautivaron a miles de espectadores; asimismo, fueron la puerta de entrada al interés por la historia para millones de personas. Así que para 2004 se presentó una epopeya épica interpretada por un elenco de actores muy cotizados en el momento: Brad Pitt en el papel de Aquiles, Eric Bana como Héctor, Sean Bean como Ulises y Orlando Bloom como Paris. Bean y Bloom habían participado en el gran éxito que fue *El señor de los anillos* y, además, este último había protagonizado *Piratas del Caribe*. Este *all star* daría vida a la *Ilíada*, la obra de Homero compuesta en el siglo VII a. C. y ambientada en el siglo XII a. C. Como es una narración en la que los dioses intervienen, y hacen y deshacen a su antojo, la propuesta del director Wolfgang Petersen era más real, sin los grandes designios interviniendo en nuestras vidas y con los humanos siendo humanos, es decir, matándose entre sí sin necesidad de que se lo diga ninguna deidad. Ahora bien, proponer esto como la verdadera historia que ocurrió tiene el riesgo de presentar algo que en realidad nunca pasó, o no como lo vemos. O no como creemos que sabemos. Es complicado.

Hay que aclarar que Troya sí existió. Tanto la guerra como la existencia de la propia ciudad fueron consideradas un mito hasta que el arqueólogo Heinrich Schliemann descubrió el emplazamiento real en 1868 en la costa de Turquía, y se constató que en ese lugar se fundaron muchos emplazamientos sobre las ruinas o bases de otras anteriores y que, efectivamente, en esos siglos mencionados Troya estuvo rodeada de una gran muralla que fue asediada. Sin embargo, todo eso de que Paris se lleva a Helena a Troya y por eso, Menelao, rey de Esparta, reúne a todos los griegos para asediar la ciudad, pues como que no, o no se sabe o nunca pasó. No podemos considerar el texto de Homero histórico porque está relatando acontecimientos que ocurrieron aproximadamente cinco siglos antes de que él naciera y que fueron transmitidos de boca en boca. Supongo que habrás experimentado con tus amigos o familiares lo que se conoce como el teléfono escacharrado, es decir, que la información que te llega de un hecho no tiene nada que ver con lo que realmente sucedió, aunque se trate de algo que ha pasado pocos días antes. De manera consciente o inconsciente decoramos los acontecimientos o recortamos la información, así que imagínate cómo pueden modificarse las cosas a lo largo de quinientos años. Además, entre el siglo XII y el VIII a. C. tiene lugar lo que los historiadores llaman Edad Oscura, un periodo en el que apenas tenemos fuentes sobre lo que pasaba en Grecia, de modo que a saber cómo se transmitían las historias en el momento y con qué sesgos. Volviendo a la metáfora del teléfono escacharrado, es como si un amigo tuyo se enfada con su hermano porque le debe dinero, se lo cuenta a su pareja, que se lo cuenta a su padre, que se lo relata al primo, que exagera todo antes de que se vaya de mochilero por el mundo dos décadas y, cuando vuelve, se lo cuenta a su vecino, quien tiene un hijo amante de las artes y decide hacer una obra de teatro con esta anécdota. Es probable que el relato diste mucho de la realidad, y puede que hasta incluya dragones y batallas épicas en algo que simplemente era que uno tenía que pagarle un bocadillo a otro. Ahora trata de vender eso como un relato histórico.

La película es entretenida, pero tiene varios fallitos más allá de ser una interpretación libre de la *Ilíada*: la guerra duró diez años en total y no unos pocos días, usan monedas cuando no se habían creado para entonces, ponen a Troya como una ciudad griega y no como en la órbita del Imperio hitita y un largo etcétera. Por si fuera poco, el espectador atento podrá ver que en el mercado troyano hay dos llamas, unos animales naturales de la Sudamérica andina y que de ninguna manera podrían haber estado allí. Aun así, el fallo más grande de esta película es no tener claro que estamos a finales de la Edad del Bronce. La mayoría de las armas y armaduras están entonces fuera de lugar. Vemos al rey Príamo mostrándole a Paris una espada troyana y se aprecia de manera clara que es acero o hierro pulido. Las armas de hierro fueron utilizadas por primera vez por los filisteos alrededor del 1100 a. C., más de un siglo después de la guerra de Troya, y pasaron varios cientos de años antes de que se usara esta tecnología de manera habitual.

Esto de las edades puede ser confuso porque distribuye la historia en periodos que dependen de los avances en una región y no en parámetros globales. Si una civilización estaba en la Edad del Hierro es que dominaba esta tecnología, cuando otras podían seguir en la Edad del Bronce o incluso de Piedra. No es como cuando los historiadores se pusieron a dibujar líneas en el tiempo y dijeron: «a partir de aquí todo es antigüedad clásica y, desde aquí, Edad Media». Antes de eso se estudia nuestro pasado en función del nivel de desarrollo de una sociedad, y *Troya* da por hecho que todos iban al mismo tiempo en todo el mundo. Hoy la mayoría vivimos en sociedades con acceso a internet, pero también hay tribus en el Amazonas que apenas manejan los metales, o directamente tenemos vecinos que se comportan como neandertales. Si ahora hay diferencias, imagínate en el siglo XII a. C., cuando muchas partes del mundo apenas estaban conectadas. En cualquier caso, este fallo no es exclusivo de esta película, sino que es algo que vemos en todo el cine que aborda esta época, por ejemplo, *La caída de Troya* (1911), *Helena de Troya* (1956) o la mítica *Jasón y los argonautas* (1963). Cabe preguntarse entonces: ¿y qué tal saldrían las batallas con armas de bronce? Seguramente las armas se rompiesen más y los combates serían más chapuceros, pero muertos habría igual.

¿EXISTIERON LAS JOYAS DE LA REINA DE TROYA?

Después de que Heinrich Schliemann descubriese en el siglo XIX el posible emplazamiento de la ciudad, también presumió de un sorprendente hallazgo: un conjunto de joyas, incluidos collares, diademas y pendientes de oro, enterrados en una tumba. Debido a la riqueza de estos objetos, Schliemann los denominó como el tesoro de la reina de Troya y los presentó como una prueba de la existencia de la figura mítica de la reina Helena. Sin embargo, este ajuar en realidad no pertenece a la época de la guerra de Troya, sino a un periodo mucho más antiguo, correspondiente a la Edad del Bronce. Tras estudios más detallados, se determinó que el tesoro provenía de una capa más antigua de la ciudad, que data de alrededor del 2500 a. C. Del mismo modo, lo que él definió como el tesoro de Príamo, constituido por todos los materiales valiosos que encontró en la localización, tampoco pueden asegurarse que correspondiesen al famoso rey troyano. No lo podemos saber, pues en 1885, estas riquezas desaparecieron misteriosamente del museo de Atenas y nunca se recuperaron por completo. Algunos creen que Schliemann lo vendió o lo ocultó, mientras que otros sugieren que pudo ser saqueado o haberse perdido durante la ocupación de Grecia en las guerras. Si eres tú quien lo tiene oculto, por favor, devuélvelo.

5

ULISES: ¿CONOCÍAN EL COLOR AZUL LAS ANTIGUAS CIVILIZACIONES?

La película italiana *Ulises* (1954) fue todo un éxito del cine épico clásico. Como su nombre indica, narra el viaje a casa de Ulises, rey de Ítaca, interpretado por Kirk Douglas, por lo que estamos ante la adaptación de la epopeya la *Odisea*, de Homero, que está ambientada tras la guerra de Troya. En circunstancias normales le habría llevado unos seis días volver a su hogar, pero entre secuestros, naufragios y luchas contra seres mitológicos, la cosa se alargó una década, a lo que hay que sumar otros diez años más que duró el conflicto previo. Su mujer, Penélope, interpretada por Silvana Mangano, tiene que rechazar pretendientes que, obviamente, dan por muerto al monarca, quien no puede ser tan inútil como para demorarse tanto. Es un largometraje largo típico de la época, pero gustó mucho en el momento y, como tantos otros que abordan este periodo tiene sus incoherencias históricas. Para el error que vamos a comentar ahora podría haber seleccionado cualquier otro largometraje, pero este me gusta especialmente porque en la imagen promocional salen los dos protagonistas: el héroe, como es de esperar, y la reina, que sale luciendo un impresionante vestido azul. Pero ¿conocían este color los antiguos griegos?

Uno podría pensar que cualquier persona que viva en el Mediterráneo presumirá de cielos y mares azules, pero eso solo lo hará si tiene una palabra asignada a ese color, si tiene ese concepto en mente y si en su día a día utiliza esa gama cromática. No es el caso de los antiguos griegos ni de tantas otras civilizaciones. El primero en darse cuenta de este detalle fue

William Ewart Gladstone, quien no solo fue primer ministro británico cuatro veces a finales del siglo XIX bajo la monarquía de la reina Victoria, sino que también era un apasionado de la obra del poeta épico Homero. Su trabajo como mandamás del país no debía de ocuparle mucho tiempo, porque entre sus logros destaca que contó cuántas veces salía cada color en la *Odisea*, y damos por hecho que lo hizo a mano, porque los medios del momento no tenían una inteligencia artificial que hiciese ese recuento en segundos. Encontró que, mientras el blanco aparecía unas cien veces y el negro casi doscientas, los otros colores no tenían un rol tan protagónico. El rojo estaba mencionado menos de quince veces, y el verde y amarillo, menos de diez, y no había rastro del azul, añil o tonos parecidos. Gladstone se puso a leer otros textos y obtuvo estadísticas similares, por lo que concluyó que los habitantes del siglo XII a. C. no tenían el sentido del color tan desarrollado. O sea, sí la capacidad de verlo, pero no la de describirlo. Hablaban del amanecer como «la aurora con sus sonrosados dedos», describían nuestros cielos como blancos o el mar como negro o incluso como igual al vino. De hecho, si llenas un cubo con un poco de agua marina no se ve el color azul, sino un líquido transparente de tonalidad semejante al fondo del recipiente. Esto volvió locos a historiadores y sociólogos, que estudiaron este caso durante las siguientes décadas, sometiendo a experimentos incluso a tribus aisladas que son capaces de diferenciar decenas de verdes pero que no usan el azul. Resultó que si a estas sociedades que vivían apenas con contacto exterior les mostrabas diez colores que no utilizaban, para ellos eran todos iguales, pero como les enseñases diez cartulinas con diferentes matices de verde y asegurases que eran lo mismo te miraban como si fueses estúpido. O tenemos el ejemplo de las comunidades esquimales inuit, que distinguen varios tipos de blanco, asignando nombres distintos según el matiz. Seguramente piensen que nosotros vivimos en un mundo muy oscuro si no sabemos las diferencias más elementales a la hora de analizar esta gama cromática. Sumado a esto, el pigmento azul no es tan fácil de obtener porque apenas está en la naturaleza. Quizá lo puedas ver en alguna flor, las alas de algunas mariposas, las plumas de determinadas aves o ciertas piedras preciosas, pero no es un color hegemónico, salvo que quieras extraer pigmentos del cielo o del océano. Suerte con eso.

Entonces ¿cuándo se empezó a utilizar el color azul? La respuesta es que a medida que se desarrolla una sociedad llega también más lejos en la investigación de los colores, así que depende de cada civilización. Hasta donde nosotros sabemos fueron los egipcios quienes, en torno al 3.000 a. C., llegaron a ser una de las primeras civilizaciones en usar el color azul de manera significativa, pero no parece ser algo que compartiesen con sus vecinos griegos. Crearon un pigmento llamado «azul egipcio», que era un compuesto de silicatos de cobre y calcio. Este era utilizado en murales, cerámicas y otros objetos decorativos. Lo asociaban con el cielo y el agua, y lo consideraban un color divino. Por tanto, cualquier película ambientada antes de esa fecha y que salga con protagonistas con preciosos vestidos azules está mal. Eso, obviamente, no hará que la trama sea peor, pero al menos ya tienes una curiosidad para compartir en tu primera cita con esa persona que te gusta tanto. Como curiosidad, esto pasa también en la ya mencionada *Troya* (2004), donde sale el guaperas de Brad Pitt vistiendo un pareo azul digno de un chiringuito de playa mediterráneo con ambiente veraniego distendido.

¿SABÍAS QUE ES POSIBLE QUE HOMERO, EL AUTOR DE *LA ILÍADA* Y *LA ODISEA*, NO EXISTIESE?

Aunque sea considerado uno de los grandes autores de la historia, su existencia es un poco incierta. Pese a que hay historiadores que consideran a Homero una figura histórica real, otros piensan que es el resultado de una tradición oral colectiva. Es más probable que las epopeyas atribuidas a este griego sean el producto de una larga tradición de narradores y poetas, y no de un solo individuo. Teniendo en cuenta que estamos hablando del siglo VIII a. C., es bastante difícil estar seguro de muchos datos debido al enorme vacío de evidencias. En cualquier caso, sin importar si fue una persona real o no, su influencia en la literatura y la cultura occidentales ha sido profunda y duradera.

6

LA MOMIA: ¿EXISTÍA UN *LIBRO DE LOS MUERTOS*?

Si *Gladiator* despertó el interés por la Antigua Roma, *La momia* (1999) hizo que muchos chavales quedasen prendados del fantástico antiguo Egipto. Esta época ya es fascinante por sí misma y no debería necesitar ayuda para cautivarnos, pero si una película es buena, más gente entra en el mundillo de los faraones, las pirámides y lo interesante que es momificar a personas. Dirigida por Stephen Sommers y protagonizada por Brendan Fraser, Rachel Weisz y Arnold Vosloo, *La momia* es una película de acción y aventura con elementos de terror y comedia. Fue un gran éxito de taquilla, hasta el punto de tener varias secuelas que, como suele pasar, no eran tan buenas, por decirlo de una forma elegante. Incluso tuvo un remake en 2017 que pasó sin pena ni gloria, aunque es cierto que era en realidad una nueva versión de un monstruo de la empresa Universal, así que tampoco podemos decir que fue una ofensa directa a esta cinta, sino al cine de terror en general.

La historia sigue a Rick O'Connell, un aventurero que, junto con una bibliotecaria llamada Evelyn y su hermano Jonathan, descubre la antigua ciudad ficticia de Hamunaptra en Egipto. Sin querer, liberan al sacerdote Imhotep, una momia maldita que busca resucitar a su amada Anck-Su-Namun y, de paso, una vez recuperado su antiguo amor, desata el caos en el mundo porque para algo es un villano. Sabiendo que se puede traer a gente de vuelta a la vida, quizá estés interesado en este ritual y te preguntes cómo puedes hacerlo tú. Según el largometraje tan solo necesitarías el *Libro de los muertos*, un antiguo tomo con hechizos mágicos. Como supondrás, para bien o para mal, esto es ficción y no podemos traer a la abuela de nuevo para charlar un rato con ella, pero la parte de la existencia de este texto también es ficticia, aunque está inspirado en elementos reales.

El *Libro de los muertos* sí existió, aunque no es un libro como tal, dado que la encuadernación no empezó a ser frecuente hasta la época tardorromana (siglo IV), ya muy cerca de la Edad Media, cuando recogían los textos en códices. Así que lo que veríamos sería un pergamino antiguo. Esto es ponerse fino, pero es para precisar que están dotando a los antiguos egipcios de una facultad que tardarían más de diez siglos en adquirir, por lo menos si tenemos en cuenta la fecha en la que ubican los eventos iniciales. La cosa es que no era un texto como tal, sino una compilación, esto es, muchos sortilegios recopilados de diferentes épocas. El propósito de estas fórmulas, conjuros y oraciones era ayudar a los difuntos en su viaje a la otra vida, donde se enfrentarían al juicio de Osiris. Este ser pesaba su corazón en una balanza contra la diosa Maat, la deidad de la verdad, el orden y la justicia, y decidía si el difunto merecía pasar al más allá y acompañar a los dioses, o si debía ser condenado a la no existencia, a la destrucción total de su persona. Por consiguiente, no es un libro en el sentido moderno, sino una colección de diferentes papiros que compraban los familiares en función de lo que pudiesen permitirse y que adaptaban a las necesidades del difunto. Además, creemos que esta costumbre no empezó a ser popular hasta más tarde, porque se pueden encontrar escritos funerarios parecidos en las propias pirámides y/o sarcófagos.

Por si fuera poco, el nombre no era *Libro de los muertos*, sino *Libro de la salida a la luz del día*, dado que la idea es ayudar al familiar a encontrar el paraíso. Es cierto que a nivel de marketing la primera opción es mucho más atractiva, pero igual los antiguos egipcios no estaban pensando en lograr un superventas, no como quien creó toda esta confusión en torno a este supuesto libro. No fue hasta 1842 cuando Karl Richard Lepsius, uno de los primeros egiptólogos, reunió por primera vez estos textos dispares como un solo documento. Su propuesta era un tratado único y coherente en el que podíamos leer todos estos encantamientos encontrados hasta la fecha, lo que llevó a algunos a la idea de que había un *Libro de los muertos* definitivo, como el que aparece en la película. Lepsius, aprovechando la fiebre por la egiptología y el pensamiento mágico de finales del siglo XIX y principios del XX, hizo un gran trabajo presentando este tomo, pues intuía que sería muy bien recibido, y así fue.

La película, además, mezcla diferentes etapas del antiguo Egipto separadas por miles de años y simplifica el ritual de la momificación. En cualquier caso, la película funciona de maravilla en una combinación de acción trepidante, humor y efectos especiales impresionantes. Por si fuera poco, funcionó genial en taquilla y revitalizó el género de aventuras al estilo Indiana Jones.

¿SABÍAS QUE IMHOTEP FUE UNO DE LOS PRIMEROS CIENTÍFICOS DE LA HISTORIA?

Aunque en esta cinta es presentado como un malo sin escrúpulos, en realidad estamos hablando de uno de los primeros intelectuales de la historia. Imhotep fue una figura histórica y legendaria del antiguo Egipto, que vivió durante la Tercera Dinastía, aproximadamente en el siglo XXVII a. C. Es conocido sobre todo por su papel como visir (funcionario de alto rango) del faraón Zoser y por destacar en múltiples disciplinas como la arquitectura, la construcción o la medicina. Por si fuera poco, fue divinizado y se le llegó a definir como hijo del dios Ptah, patrón de los escribas y sanadores. Es un poco injusto caracterizarlo como un terrible villano cuando era de esa gente que hacía avanzar a la humanidad.

7

LA MOMIA II: ¿EXISTIERON EL REY ESCORPIÓN Y LOS MEDJAY?

El regreso de la momia, o como la conoce todo el mundo, *La momia II*, fue una continuación de la saga, dado su éxito. Estrenada en 2001, nos presentaba una trama en la que habían pasado diez años desde los eventos de la primera parte. La acción se desarrolla cuando Imhotep es resucitado nuevamente y busca obtener el poder del legendario rey Escorpión para dominar el mundo. Rick y Evelyn deben enfrentarse a nuevas amenazas y viajar a Egipto para detener a Imhotep antes de que libere este mal inimaginable. Para evitarlo contarán con la ayuda de la organización secreta de los medjay, quienes ya salieron anteriormente y cuyo trabajo es, en teoría, evitar que la momia vuelva a la vida, algo en lo que no paran de fallar. El caso es que, de nuevo, otorgan una personalidad a los villanos que en realidad no tuvieron.

A finales del siglo XIX, el egiptólogo británico James Edward Quibell y su colega Frederick William Green se encontraban excavando en la antigua ciudad de Hieracómpolis, que en realidad es Nekhen por si eres un antiguo egipcio que está leyendo este libro y no te suena el nombre, que fue cambiado luego. En un templo descubrieron una cabeza fragmentada de maza de piedra caliza, que podríamos datar en torno al año 3100 a. C. Además de toda la ornamentación y parafernalia con la que se decoraba al monarca, tenía frente a su rostro la figura de un escorpión. Así pues, lo bautizaron como el rey Escorpión. Desde luego no se devanaron los sesos para pensar un nombre. Tras eso, unos cien años más tarde, el egiptólogo Gunter Dreyer encontró en un cementerio unas cerámicas con grabados de este animal.

Y ya está. Esto es casi todo lo que sabemos sobre este señor. Es más, puede que se trate de dos personas distintas. Existen un par de figuras históricas conocidas como Escorpión I y Escorpión II, que son algo misteriosas, ya que la evidencia de su existencia proviene principalmente de inscripciones y artefactos antiguos. Se les considera predecesores de los faraones, y gobernaban y potenciaban la agricultura alrededor del 3200 a. C. antes de la unificación de Egipto bajo el faraón Narmer. La película rellena los huecos de lo que no sabemos, como suele hacer el cine histórico, lo cual es un acierto, pero nos da la sensación de que tenemos información sobre este monarca, que sabemos cuándo vivió y que era un gran conquistador. Sin embargo, la realidad es diferente porque el estudio de la historia está lleno de vacíos, sobre todo en etapas tan tempranas de nuestra era. En otras palabras: aquí hay mucho que inventar porque hay mucho que desconocemos. Lo mejor de todo es que, a partir de este villano interpretado por Dwayne «The Rock» Johnson, decidieron hacer una saga de cinco entregas que completó la vida del que supuestamente fue el rey Escorpión, comenzando desde sus orígenes humildes. Esta media decena de largometrajes no solo son innecesarios para los fans de la saga, el cine o la humanidad en general, sino que tienen el asombroso logro de ser cada uno muchísimo peor que el anterior. La última parte, estrenada en 2018, directamente ni contaba con el actor principal, quien con muy buen criterio se largó tras la segunda, quizá porque le iba mejor en otros proyectos o porque ya había pisoteado mucho su dignidad participando en esta terrible serie de películas.

Por otra parte, la organización que supuestamente debe esconder los secretos mágicos de los faraones y proteger a la humanidad en caso de que los males de antiguo Egipto se liberen, también tiene una inspiración real. Los medjay sí existieron, aunque dudo de que fuesen tan inútiles en su cometido. Al igual que con el rey Escorpión, tampoco sabemos mucho de ellos, pero desde luego no eran como los vemos: una especie de clan en las sombras que perdura desde hace miles de años. Creo que es justo reconocer que, de no ser por esta película, posiblemente no serían tan conocidos para el gran público, de modo que Hollywood sí cumple aquí con eso de despertar la curiosidad gracias a ambientar una trama en un contexto histórico. Que sepamos, no llevaban tatuados «verdad» e «inframundo» en la cara como si fuesen traperos modernos, pero, como curiosidad, mencionar que sí tenemos conocimiento de algunos egipcios tatuados, así que igual pudo ser. Los medjay eran un pueblo de Nubia, una zona situada al norte del actual Sudán. Al principio se enfrentaban a los egipcios y con el tiempo fueron mercenarios que actuaban en interés del faraón, protegiendo caravanas, rutas, tumbas y palacios reales. De hecho, no sabemos mucho más que eso. Tras pasar a ser militares conocidos, dejaron de tener influencia en torno al año 1550 a. C.

De nuevo, la saga rellena los vacíos históricos en favor de la trama, y el resultado es una emocionante y divertida dilogía ambientada en el antiguo Egipto. Más tarde, en 2008, hubo una tercera parte en la que iban a China, pero casi no es recordada porque no mantiene la esencia original, así que los fans de la saga no suelen recomendarla y mucho menos todavía reconocer su existencia.

¿EN QUÉ CONSISTÍA LA MOMIFICACIÓN?

El proceso de momificación en el antiguo Egipto era una práctica meticulosa destinada a preservar el cuerpo para la vida después de la muerte. Es un poco desagradable el proceso, pero por si alguna vez tienes que momificar a alguien, te lo explico. Comenzaba con la extracción de los órganos internos, los principales responsables de la descomposición: el cerebro se extraía por las fosas nasales, y los órganos como los intestinos, el hígado y los pulmones se retiraban, se lavaban y se colocaban en vasijas especiales llamadas vasos canopos. Un trabajo superagradable, vamos. Luego, el cuerpo se deshidrataba utilizando natrón, una mezcla de sal que absorbía la humedad y ayudaba a evitar la putrefacción. Después de varios días de secado, se restauraban los órganos o se sustituían por materiales artificiales, y el cuerpo se envolvía en múltiples capas de lino y resinas, con amuletos y objetos sagrados entre las vendas para proteger al difunto. Finalmente, el cuerpo momificado se colocaba en un sarcófago, preparado para su viaje hacia la vida eterna, mientras los sacerdotes realizaban rituales religiosos que aseguraban la protección del alma en su paso al más allá. Después, miles de años más tarde, esos faraones acabarían expuestos en un museo, así que se hicieron famosos para siempre y, en cierto modo, consiguieron la inmortalidad.

8

EL PRÍNCIPE DE EGIPTO: ¿LAS PIRÁMIDES FUERON CONSTRUIDAS POR ESCLAVOS?

¡No! ¡Por última vez, no! ¡Las pirámides no fueron construidas por esclavos! Esto lleva décadas desmentido y no hay manera de que la ficción y la cultura popular se lo crean. En clásicos como *Los diez mandamientos* con Charlton Heston o *El príncipe de Egipto* (1998) se reproduce esta creencia, mostrándonos a Moisés desde su adopción por la familia real egipcia hasta su liderazgo en la liberación de su pueblo. Es posible que en *El principe de Egipto* la culpa no sea tanto de Hollywood como del libro del Éxodo en el Antiguo Testamento, pero en ningún caso es veraz en virtud de lo que afirman arqueólogos e historiadores. En este caso estamos ante un largometraje con una banda sonora excelente (es una de las animaciones más icónicas de DreamWorks Animation), pero no puede evitar representar al pueblo hebreo sometido y construyendo las grandes creaciones megalíticas del antiguo Egipto.

En primer lugar, hay que recordar que la construcción de las grandes pirámides de Keops, Kefrén y Micerinos tiene lugar durante la IV dinastía del Imperio Antiguo de Egipto, entre el año 2600 a. C. y 2500 a. C. De la misma manera, vemos otras estructuras monumentales que datan de las mismas fechas y que también dan a entender la idea de que todo eso fue construido por esclavos hebreos. Esto es raro porque debemos tener en cuenta que, aunque no hay un consenso histórico exacto sobre cuándo vivió Moisés, ya que su existencia se basa principalmente en textos religiosos (la Biblia, el Corán y la Torá), sí que ayuda a ubicarlo en el tiempo el hecho de que se enfrentó a Ramsés II, quien vivió entre el año 1279 y 1213 a. C., unos mil doscientos años después de la construcción de las pirámides. Es decir, que o se demoraron mucho en esta labor, cosa que no sería rara para la época, o directamente los monarcas eran unos gestores pésimos y no lograban terminar las cosas en miles de años. Esto tampoco sería sorprendente en la historia de la humanidad, si recordamos que la Sagrada Familia de Barcelona lleva en construcción ciento cuarenta años, o que la propuesta de Da Vinci para crear compuertas que regularan el agua de Venecia no se ejecutó hasta quinientos años después de su muerte.

Por otra parte, no hay pruebas históricas que vinculen la esclavitud con la construcción de las pirámides. Sabemos que se trataba de una fuerza laboral organizada en una sociedad en la que era obligatorio trabajar para las clases menos acomodadas, a las que pertenecían casi todos sus habitantes, pero había salarios, buena alimentación e incluso reconocimiento de ciertas prerrogativas. De hecho, en el poblado vivían casi cinco mil trabajadores que gozaban de servicios de todo tipo, incluidos médicos. Se sabe también que, por ejemplo, la primera huelga de la que tenemos constancia ocurrió en el siglo XII a. C., durante la construcción del valle de los Reyes bajo el mandato de Ramsés III, quien se retrasó en los pagos y dietas. Esto es muy posterior a las famosas pirámides, pero fue al mismo tiempo que los eventos que nos muestran en la película. ¿Te imaginas a Moisés alzando el puño y gritando «Vamos a la huelga» y a sus camaradas gritando enfurecidos? Probablemente la película habría tenido otro cariz, sin embargo, era posible. Todo esto quedó registrado en los papiros de Deir el-Medina, donde documentan la vida de los trabajadores de la necrópolis. Ahí también se encuentran registros de excusas para no trabajar, como «estar enfermo», «hacer cerveza para el festival» o «cuidar a un ser querido enfermo». Y hay menciones de ausencias para resolver problemas personales o incluso conflictos maritales.

¿Y de dónde viene esta leyenda? Se cree que el responsable es Heródoto de Halicarnaso, el que es considerado el padre de la historia, aunque este título se podría cuestionar, entre otras cosas porque es el creador de este bulo, uno de los que más ha perdurado en el tiempo. Este cronista y geógrafo griego del siglo V a. C. viajó por todo el mundo conocido documentando lo que veía. Se sabe que quedó maravillado al ver las pirámides de Guiza, y no es para menos. Él interpretó que aquellas construcciones eran tan descomunales que debieron de ser construidas por un faraón tirano que tuviera esclavizado a su pueblo, concretamente a decenas de miles de personas. Sin duda fue un desafío logístico hasta el punto de que todavía no tenemos claro cómo lo llevaron a cabo, y de la misma forma, con libertad o no, seguramente era un trabajo un poco más duro al que tú o yo estamos acostumbrados, pero no es correcto decir que se trataba de esclavos. Esta incoherencia histórica es tan aceptada que es algo que también podemos apreciar en películas como *Exodus: dioses y reyes* (2014) y *10.000 a. C.* (2008); en esta última tiran la casa por la ventana y los trabajadores se sirven de mamuts como animales de carga.

¿SABÍAS QUE LA PRIMERA MULTA POR CONDUCIR BORRACHO FUE EN EL ANTIGUO EGIPTO?

El 28 de enero de 1896, el inglés Walter Arnold de East Peckham tuvo el dudoso honor de ser el primer conductor de un automóvil que fue sancionado por exceso de velocidad. Circulaba a unas temerarias 8 millas/hora (casi 13 kilómetros/hora) cuando la velocidad máxima permitida en ciudad era 2 millas (algo más de 3 kilómetros/hora). Sí, hay gente que aparca a más velocidad, pero en la época no estaban acostumbrados. La sanción que se le impuso fue de un chelín y los costes del proceso. Lo curioso es que quien lo detuvo, tras la correspondiente persecución, fue un policía que iba en bicicleta. Es de suponer que no estamos ante una trepidante secuencia de acción cinematográfica. En cualquier caso, la primera multa por ir borracho al «volante» se extendió mucho antes. En un papiro egipcio de hace unos dos mil ochocientos años se recoge el juicio y la primera sanción a un conductor arrestado por circular con su carro bajo los efectos del alcohol. El acusado, al parecer, atropelló a una niña y se estrelló contra una estatua. El castigo fue ser colgado en la puerta de la taberna donde se había emborrachado, a la espera de que los animales carroñeros se encargaran de hacer desaparecer su cuerpo. Visto así, nuestro código penal actual no parece tan duro. Por otra parte, el tabernero tuvo que aguantar esa nueva decoración durante meses, alejando a posible nueva clientela, por lo que se podría concluir que también fue perjudicado.

9

LA BATALLA DE MARATÓN: ¿FILÍPIDES ORIGINÓ LA CARRERA?

No estamos ante la película más conocida de esa etapa del cine clásico, pero sí ante uno de los mitos más asentados de la historia, así que vamos a ir de cultos simulando que sabemos mucho del cine de los años cincuenta, cuando estaba de moda el género péplum. En esta cinta italiana de aventuras históricas estrenada en 1959 vemos a Steve Reeves como Filípides, un legendario atleta ateniense que es representado de una manera totalmente distinta a la realidad. La trama muestra a los griegos contra los invasores persas en la famosa batalla de Maratón en el año 490 a. C., pero se enfoca más en el heroísmo individual del protagonista, quien no solo corre para pedir ayuda y anunciar la victoria, sino que también combate como soldado y vive un romance con Andrómeda, hija del traidor Critón. La cinta incluye batallas épicas, drama personal y una lista casi infinita de anacronismos históricos que nos hacen pensar que no se plantearon la posibilidad de contratar a un asesor o, de haberlo hecho, lo ignoraron. Puede que hasta lo asesinasen visto el resultado.

El mito nos dice que, en el siglo v a. C., después de que las huestes persas de Darío I fuesen derrotadas por un ejército ateniense mucho más pequeño en la llanura de Maratón, al noreste de Atenas, Filípides corrió 40 kilómetros para informar de la victoria a los ciudadanos. Se dice que gritó «Nike!» cuando llegó, es decir «¡Victoria!», porque Nike era la diosa de la victoria, y de ahí supuestamente viene la marca deportiva, aunque nunca se ha confirmado. Los detalles del enfrentamiento, como ocurre con la mayoría de las batallas de esta época, son incompletos y contradictorios entre las fuentes antiguas, pero podemos deducir que los defensores hicieron un mejor uso de la estrategia, dado que la cifra tradicional señala que murieron 192 griegos frente a 6.400 persas, pero las estimaciones modernas hablan de entre 1.000 y 3.000 griegos frente a 5.000 persas. No está claro. Conque sepamos que murió mucha gente y que ganaron los griegos vale. Fue una gran victoria que paralizó las ansias expansionistas de sus enemigos, por lo menos durante diez años, hasta la famosa batalla del paso de las Termópilas. La película, obvio, no cuenta con tantos extras ni lo pretende, ni ahonda especialmente en una buena planificación militar para derrotar a un enemigo superior. Simplemente sale gente dándose guantazos en una batalla marítima, cuando esta ocurrió en una llanura.

Con respecto a la famosa carrera, fue un poquito más de esfuerzo lo que Filípides tuvo que hacer. Según el historiador Heródoto, el atleta recorrió 246 kilómetros en dos días al ser enviado por los atenienses a Esparta para pedir apoyo militar, pero los espartanos estaban en unas fiestas sagradas y no querían intervenir, por lo que se vio obligado a realizar el viaje de vuelta para informar a Atenas de que estaban solos en esa guerra. Corrió hasta Maratón, vio que habían ganado y tras eso regresó a la ciudad de nuevo para informar de la victoria. Tras dar la buena nueva murió, algo que no pasa en la película, donde se narra que, tras este periplo, aún tiene ganas de marcha y lidera la batalla. O sea, que no participó en el enfrentamiento tal como vemos, sino que tan solo iba de un lado para otro. No le quito mérito, porque se marcó lo que hoy consideraríamos seis maratones seguidas, distancia que recorrió en una región muy agreste y con toda seguridad no contaba con unas buenas deportivas. Y hay que recordar que es posible que nada de esto fuese exactamente así. Los relatos de Heródoto son posteriores y también menciona que Filípides se encontró con un dios por el camino, lo que nos hace dudar un poco de su criterio.

Por otra parte, se suele identificar esta carrerita de Filípides como el origen de las maratones modernas, pero tampoco es exacto del todo. En primer lugar, porque tal como hemos mencionado, deberían ser 246 kilómetros, pero reducir esa distancia igual es algo que agradecían los atletas del futuro por eso de no morir en el camino. En segundo, porque, aunque se supone que la victoria fue anunciada tras 40 kilómetros, nos encontramos con que en las competiciones actuales hay que recorrer 42.195 metros. En los primeros Juegos Olímpicos se mantuvo la distancia del mito clásico porque supuestamente es lo que separa Maratón de donde se reunían las asambleas atenienses, pero en 1908 se añadieron esos 2 kilómetros y pico porque los juegos eran en Londres y el rey Eduardo VII quería ver a los atletas llegar a la meta desde el balcón del Palacio Real. En cualquier caso, nada de esto encaja con la realidad que conocemos, y aunque la película muestra la importancia de los atletas y vemos algunos enfrentamientos interesantes entre estos, al final crea una versión que ni se acerca a la historia ni al mito.

¿PODRÍA FILÍPIDES SER UN ATLETA EXCEPCIONAL HOY EN DÍA?

Es difícil responder a esta pregunta, pero seguramente habría tenido una excelente condición física que le habría hecho ejercer un papel destacado. Es cierto que él no corría en asfalto ni con equipamiento moderno, pero seguro que se le habría dado bien. ¿Habría superado el récord de hacer 42.195 metros en menos de dos horas? Es temerario asegurar esto, sobre todo porque parece que hemos llegado al límite humano y todas las nuevas marcas se están superando gracias a mejoras en la ropa y el calzado (o sustancias). O bien, se buscan maneras más creativas de superar al campeón. Por ejemplo, ha habido maratones a -20 grados en la Antártida, o a 5.000 metros de altura en una de las bases del monte Everest, o incluso con carritos de bebé. En este último caso, la estadounidense Cynthia Arnold, fue noticia en 2023 por haber empujado a sus tres hijos bebés durante la maratón y terminarla en tres horas pese a haber sumado 56 kilos al esfuerzo. Seguramente el atleta griego ni se hubiese planteado tales opciones.

10

300: ¿SOLO TRESCIENTOS ESPARTANOS CONTRA JERJES EN EL PASO DE LAS TERMÓPILAS?

¡Esto es Esparta! ¿Quién no se acuerda de esta legendaria secuencia? Quizá habría pasado como una buena escena sin más, pero era el año 2006 y los memes virales en internet comenzaban a ser algo muy popular, lo que hizo que la famosa patada de Leónidas al emisario persa quedara grabada en nuestra retina. Sabemos que *300* no es muy histórica, pero es que el director Zack Snyder basó el largometraje en la novela gráfica de Frank Miller, por lo que, más que tener un interés didáctico, quiso plasmar en cada plano las viñetas de la publicación original. En esta producción se narra la famosa batalla de las Termópilas, en la que el rey espartano Leónidas lidera a tres decenas de valientes guerreros contra el vasto ejército persa del rey Jerjes. El estilo visual es único, con un uso intensivo de CGI que da vida a impresionantes y sangrientas escenas de batalla y paisajes, y adereza todo ello con temas como el honor, el sacrificio y el coraje. Es tan exagerada en casi todos sus aspectos que el espectador ya sabe que es imposible que lo que está viendo haya sido remotamente parecido. Es evidente quc los cspartanos no iban con armaduras minúsculas para destacar sus colosales músculos, muy posiblemente inflados a base de productos modernos, ni había pozos enormes en las ciudades para arrojar a gente durante los ataques de ira del monarca; ni Jerjes medía dos metros y medio, vestía como una *drag queen* y comandaba inútiles ejércitos llenos de criaturas y hechiceros. Sin embargo, lo que queda en la cultura popular es que hubo trescientos espartanos que vencieron a un ejército en un acantilado cuando no fue así. Ni eran solo ese número de soldados, ni se hicieron con la victoria, ni lucharon en el abrupto corredor que nos muestran.

La batalla de las Termópilas aconteció en el año 480 a. C., y es cierto que fue un enfrentamiento crucial durante las Guerras Médicas, protagonizadas por una coalición griega, liderada por el rey espartano Leónidas, y el ejército persa del rey Jerjes I. Los griegos, en gran desventaja numérica, bloquearon el estrecho paso de las Termópilas para frenar el avance persa. Leónidas y trescientos espartanos, junto a otros aliados, resistieron heroicamente durante tres días, pero fueron traicionados por el pastor Efialtes, quien les enseñó a los enemigos un paso entre las montañas (y que no era un clon del jorobado de Notre Dame, tal como vemos). Aunque los griegos perdieron la batalla, su resistencia inspiró a las polis griegas, que más tarde se unieron y lograron someter a los persas en las batallas de Salamina y Platea, salvando su civilización. Por tanto, con este resumen breve, ya vemos varias incoherencias, empezando por presentar un conflicto con una clave moderna que podemos definir como opresores contra amantes de la libertad, cuando los persas se dedicaban a conquistar tal como lo hacían todos los demás con las mismas ansias imperialistas. Obviamente, como es una película de acción, hablar de los precedentes sería mucho pedir, por lo que no hay mención a las Revueltas Jónicas, en las que varias ciudades griegas bajo dominio persa se rebelaron contra el Imperio, provocando la invasión en represalia. Pero aquí lo importante son los guantazos a cámara lenta, y no queremos aburrir con los detalles.

Como sabemos, quien pasó a la historia fue Leónidas y sus colegas, pero contó con aliados que apenas se mencionan. ¿Quién crees que fue más determinante: trescientos espartanos o varios miles de fuerzas que fueron a ayudar? Según las fuentes, ya sea el cronista Heródoto o el historiador Diodoro Sículo, estamos hablando de entre cinco y siete mil soldados. O sea, que en el largometraje se olvidaron de dos mil ciento veinte arcadios, mil locrios, mil focidios, setecientos tespios, cuatrocientos corintios, cuatrocientos tebanos, doscientos hombres procedentes de Fliunte y ochenta micenos; a lo que hay que sumar todos los ilotas de los espartanos, es decir, sus siervos. Estos eran personas propiedad del Estado espartano que no podían ser vendidos y a quienes se les reconocía el derecho a casarse, tener descendencia y quedarse con una parte de su producción; no obstante, a efectos prácticos, era algo parecido a lo que hoy conocemos como esclavos. Porque sí, aunque no lo digan en la película, esta gente tenía una clase sometida, por mucho que lucharan por la libertad. Todos ellos se enfrentaron a, según a quién le preguntes, entre ciento cincuenta mil y millones de persas, pero los expertos modernos sitúan la cifra en doscientos mil enemigos. El resultado fue parecido al que cabría esperar viendo estas cifras: unos cuatro mil griegos perdieron la vida frente a los veintidós mil persas, que fueron los claros vencedores, aunque tres días más tarde de lo esperado y con una oposición que vendió muy caro su pellejo.

Por otra parte, el abrupto desfiladero en la película es exagerado en cuanto a la orografía, porque, aunque es cierto que era un lugar estratégico donde las tropas enemigas se veían forzadas a pasar por un embudo natural, no era tan agreste ni estaba tan lleno de peligros. Es más, hoy día es una planicie por donde pasa una amplia carretera. Podríamos decir que la película *El león de Esparta* (*The 300 Spartans*), de 1962, entendió mejor el terreno en el que se desarrollaron los acontecimientos.

En suma, este largometraje está tan inflado con anabolizantes en todos sus aspectos que es imposible que el espectador la considere un documento audiovisual para aprender historia, pero para muchos es la única referencia sobre esta batalla. En cuanto al entretenimiento y la imagen es un espectáculo único muy recomendable, tanto que nos hizo pensar que Zack Snyder es un director visionario; con todo, viendo su filmografía posterior igual podemos concluir que el mayor error histórico de *300* es haber creído eso. Además, en su intento de glorificar a los espartanos todo lo posible, mencionan de pasada que los atenienses son unos «filósofos y amantes de los niños». Esto es raro por dos motivos. En primer lugar, parece que por un momento vemos al machote de gimnasio riéndose del empollón de la clase y ridiculizando la filosofía, como si hubiese algo malo en darle a la cabeza además que al músculo. Quizá es que no sabía que cincuenta años más tarde los atenienses lograrían plantar cara a los espartanos durante casi tres décadas en la guerra del Peloponeso, así que igual la guerra es algo que tampoco se les daba mal por mucho que perdiesen. Por otra parte, los espartanos normalizaron las relaciones entre adultos y adolescentes, y no les parecía ni mal ni raro. Por consiguiente, no tenía sentido criticar eso porque ellos también lo hacían y, encima, no veían nada inmoral en ello.

¿CÓMO ERA EL ENTRENAMIENTO PARA CREAR VERDADEROS ESPARTANOS?

La *agogé* era el sistema de educación y entrenamiento militar en la antigua Esparta, diseñado para formar a los jóvenes como ciudadanos soldados disciplinados, leales y extremadamente resistentes. Pese a que en la actualidad hay gente que cree que está pasando por este proceso al dejarse barba, ir al *gym* y tomar batidos de proteínas, en realidad era mucho más complejo. Desde los siete años, los niños eran separados de sus familias y enviados a vivir en comunidades donde la vida era dura y enfocada en la obediencia, la resistencia física y el dominio de las armas. Los jóvenes soportaban condiciones extremas, como hambre controlada para incentivar el ingenio con el fin de robar comida, y luchas cuerpo a cuerpo para templar su espíritu. En la película, el joven Leónidas se enfrenta a un temible lobo para mostrar su valía, lo cual tiene su mérito, pero se olvidan de la parte intelectual, pues la *agogé* incluía lecciones de cultura y música. Al cumplir veinte años, los que sobrevivían y pasaban las pruebas eran admitidos como hoplitas (soldados de infantería) y ciudadanos plenos de Esparta. Este sistema no solo forjó guerreros formidables, sino que también reforzó la cohesión social y el compromiso con el estado espartano. Por último, es interesante destacar la tradición griega de la Krypteia, que consistía en declarar un día oficial para que los jóvenes iniciados en el entrenamiento tuviesen vía libre para perseguir y asesinar ilotas. Con esto se buscaba infundir el terror entre los esclavos, quienes, de vez en cuando, mostraban la mala costumbre de rebelarse contra sus amos. Curiosamente, en *300* no mencionan nada de esto porque igual ensuciaba la imagen que tienen los espartanos de paladines de la libertad.

11

ALEJANDRO: ¿ERA SU CONDICIÓN SEXUAL IMPORTANTE PARA LOS GRIEGOS?

Cuando Hollywood sorprendió al mundo en 2004 con una nueva película épica basada en la vida del célebre conquistador macedonio del siglo IV a. C., las discusiones sobre la sexualidad de Alejandro Magno volvieron a la palestra. Así que en este capítulo vamos con un debate que para muchos da mucha pereza, pero tenemos que abordarlo porque, al parecer, esto es importante para nuestra sociedad, aunque para la figura histórica que vamos a abordar posiblemente esta discusión fuera una pérdida de tiempo.

El reparto de *Alejandro* era muy prometedor, pues incluía a Angelina Jolie haciendo de Olimpia de Epiro, madre del protagonista; Anthony Hopkins como el general Ptolomeo I, y Colin Farrell como protagonista, grandes personajes a los que igual no se les hizo justicia. El largometraje sorprendió por muchos aspectos, siendo quizá el más destacado el color del pelo del héroe. Uno de los pocos restos arqueológicos donde vemos representado a Alejandro, y quizá el más conocido, es el famoso *mosaico de Issos* del siglo I a. C., situado en Pompeya, y que en la película vemos en Alejandría tres siglos antes. Ahí sale con el cabello oscuro, tal como también lo tiene de forma natural el propio actor. Por lo que sea, en esta producción decidieron teñirlo de un amarillo extremo como si hubiera estado lavándose con agua oxigenada durante días, decisión que sigue sin ser justificada. Además, el papel de la matriarca de la familia era excesivamente molesto y exagerado, hasta el punto de incluir un complejo de Edipo muy pronunciado, lo que provoca todos los problemas de personalidad del conquistador y su endiosamiento. En general resultó un poco tediosa y decepcionante, más si tenemos en cuenta que estaba dirigida por el oscarizado Oliver Stone, quien tiene en su haber trabajos como *Platoon* (1986) y *JFK* (1991). Al menos sí cumplía con algo a la perfección: las batallas. Este tipo de historias necesita enfrentamientos espectaculares y aquí lo consiguió, pero a mucha gente esto no pareció interesarle porque querían hablar de sexo, de conquistadores en la cama, del brillante uso de la espada y los griegos... Se entiende, ¿no?

Respecto a la personalidad de Alejandro, en este filme nos presentan a un señor que, por cómo su madre lo educó, acaba resolviendo a gritos cualquier disputa. Es cierto que debía de ser algo complicado, sobre todo porque, en efecto, con el tiempo se consideró a sí mismo un dios y creía que había conspiraciones contra él constantemente, pero no parece que todo eso venga de problemas no resueltos de su infancia y de su relación con Olimpia como aquí proponen. Por otro lado, la película fue bastante polémica por dar relevancia a su orientación sexual, debate que cuando se escribe este libro está más exacerbado incluso que en el momento del estreno. Ahora parece que cualquier ambientación histórica es el campo de batalla de debates modernos en los que hablamos de representación, inclusión o minorías, pero mucho me temo que a los antiguos griegos esto les importaba un pimiento. Entiendo que la intención de llevar esta discusión a la actualidad es hacer ver que cuanto más sabemos de nuestro pasado, más tenemos claro que ha habido mucha más variedad de la que creemos y que, por consiguiente, deberíamos aceptarla ahora. Otros, por su parte, consideran que es cambiar la historia que sabemos. En realidad, si se encuentran evidencias, no habría problema en romper con el arquetipo de héroe machote clásico, porque, al fin y al cabo, para ser un genio militar no hace falta ir todos los días al gimnasio, tener voz grave y una fila de mujeres dispuestas a satisfacer los instintos más básicos. Esto genera acaloradas discusiones en la actualidad, pero si Alejandro hubiera tenido relaciones íntimas con alguna de las personas mencionadas en la película, no habría sido tan importante para quienes le rodeaban, quienes posiblemente preferían disfrutar de una musaka o algo así antes que perder el tiempo en este tema. Nos estamos alarmando o preocupando por algo que a él y a los suyos les daba absolutamente lo mismo.

Aunque se discute si Alejandro se había acostado con hombres, más concretamente con su compañero Hefestión, no hay evidencia clara de si se fue al lecho con mujeres y hombres, o de qué hacía exactamente bajo las sábanas, o encima de ellas. Se sabe que tuvo varias esposas y, en consecuencia, deducimos que al menos un rato pasaría con ellas, pero entre la realeza no era infrecuente tener también amantes masculinos. ¿Que le daba a todo e iba a vela y a vapor? Puede ser. No sería raro, pero si fuese importante es de suponer que algo habrían dejado escrito al respecto, y el hecho de que le den importancia a esto es extraño porque no afecta en nada a la trama. Sabemos que los griegos admiraban la belleza en todas sus formas, que según la época y región podían tener un amante de unos dieciséis años, y que el concepto de homosexualidad no existía para entonces porque ellos ni se lo planteaban. Por consiguiente, este largometraje da a entender que la sexualidad de Alejandro era un aspecto importante de su figura, cuando en realidad no parecía haber tenido un impacto en su vida y mucho menos en sus acciones como militar y político, que es en lo que destacó. Del mismo modo, si la intención era visibilizar otras orientaciones, el hecho de unir sus deseos a problemas íntimos no resueltos con su madre igual es contraproducente. En conclusión, todo este tema está fatalmente llevado, como la decisión artística de teñirle el pelo.

¿ERAN LOS EFEBOS AMANTES ADOLESCENTES PARA LOS SOLDADOS?

A la hora de hablar de sexualidad en la antigua Grecia muchos suelen destacar que la homosexualidad era algo normal, pero lo cierto es que los antiguos griegos no tenían una palabra asignada a este concepto. Para explicar esto se suele hablar de la figura del efebo, es decir, los varones en la pubertad. Durante dos años recibían educación militar y se les preparaba para la vida adulta, pero también tenían relaciones sexuales con mentores adultos, siendo ellos los erómenos y quienes los dominaban, erastés. Así, estas prácticas tenían un componente pedagógico y social en el que uno estaba por encima y otro era el sometido. En cualquier caso, cuando se habla de este momento de la historia acostumbramos a creer que todo el mundo griego fue igual en todas sus regiones a lo largo de muchos siglos de historia, y las variaciones a la hora de interpretar las cosas cambiaban mucho, como pasa hoy día. La importancia de los efebos varió a lo largo de las décadas, aunque su auge tiene lugar en Atenas durante los siglos IV y III a. C.

12

INDIANA JONES V: ¿EXISTIÓ EL MECANISMO DE ANTICITERA?

Indiana Jones y el dial del destino (2024) nos trajo por última vez al icónico arqueólogo Indiana Jones, a quien da vida un Harrison Ford de ochenta años. Ambientada en 1969, vemos a un Indy enfrentado a su envejecimiento y las sombras de su pasado, pero la aventura llama de nuevo y se embarca en la búsqueda de un misterioso artefacto con poderes sobrenaturales que podría alterar el curso de la historia. Acompañado por su ahijada Helena, interpretada por Phoebe Waller-Bridge, deberá enfrentarse a viejos enemigos nazis liderados por Voller, llevado a la pantalla por Mads Mikkelsen, que busca usar esta tecnología para sus propios fines. La película sigue el clásico esquema de la saga de mezclar acción, nostalgia y elementos históricos, manteniendo el espíritu de la franquicia. Es cierto que no gustó tanto como las primeras y que fue un fracaso en taquilla, pero al menos pudimos recordar un poco ese tipo de cine ligero de los ochenta. Pero ¿existió ese cachivache tan poderoso?

Tenemos que viajar a la Grecia del año 1900, cuando unos pescadores de esponjas que se refugiaban de una tormenta cerca de la isla de Anticitera, en el mar Egeo, descubrieron por casualidad un barco que llevaba hundido a 50 metros unos dos mil doscientos años. O sea, que podemos ubicar esta embarcación en torno al año 200 a. C., algo que obviamente no supieron datar en el momento, sino que requirió el estudio de muchos arqueólogos y nuevas inmersiones en la década de los setenta para recuperar más piezas. Entre los artefactos recuperados por los buceadores había estatuas de bronce y mármol, cerámica, objetos de vidrio, joyas, monedas y un curioso objeto de cobre jamás visto: el mecanismo de Anticitera, un artefacto con ruedas dentadas que parecía ser hasta cierto punto automático, como un reloj antiguo. Tras su estudio, expertos llegaron a la conclusión de que podría ser de una de las dos máquinas creadas por Arquímedes que predecían los movimientos de los astros y los eclipses con enorme precisión, pero estas pasaron a ser propiedad del cónsul romano Marco Claudio Marcelo tras el sitio de Siracusa, que también vemos en la película. Como es de esperar, asumimos que la parte del largometraje en la que nos cuentan que este aparato es para abrir portales y viajar al pasado es ficción, pues al fin y al cabo esta saga presenta mucha magia y elementos imposibles. Por si tienes alguna duda, cuando veas esta máquina en el Museo Arqueológico Nacional de Atenas, no te recomiendo intentar manipularla para viajar a los noventa y comprar acciones de Apple y una casa en propiedad. No funcionará.

Sin duda este aparato es único, sobre todo porque este tipo de sistema de engranajes no se desarrolló plenamente hasta el siglo XV (salvo si nos ponemos muy tiquismiquis y recordamos que hay evidencias puntuales de maquinarias parecidas de bronce en China entre los siglos II a. C. y III d. C., y menciones a su uso también en Al-Ándalus durante el siglo XI). En cualquier caso, este cachivache del que hablamos demostró que los conocimientos de ingeniería de los antiguos griegos eran muy superiores a lo que creíamos. Las manecillas indicaban la posición del Sol, la Luna y cada uno de los planetas visibles a simple vista: Mercurio, Venus, Marte, Júpiter y Saturno. Y habría incluido un calendario y una forma de predecir los eclipses lunares y solares. Todo esto ha llevado a algunos a definirlo como el primer ordenador de la historia (analógico, sin ninguna duda). Ahora bien, ¿fue creado por Arquímedes? Lo cierto es que no lo sabemos. En *De re publica*, escrito en el año 129 a. C., Cicerón menciona dos máquinas diseñadas y construidas por Arquímedes que podían predecir movimientos de los astros, pero no sabemos si realmente era este aparato y, desde luego, no tenía piezas ocultas separadas para evitar su activación. Además, el famoso matemático griego vivió en un tiempo anterior a su creación. Por otra parte, la tumba de Arquímedes ya fue encontrada por Cicerón en el año 75 a. C., 127 años después de su muerte y, efectivamente, se ubicaba en Sicilia, aunque no en una cueva oculta llena de trampas, sino en lo que hoy conocemos como las ruinas de Agrigento. Como supondrás, al morir no dejó pistas en torno a su cuerpo inerte sobre cómo desbloquear el mecanismo de Anticitera, sino que estaba a otras cosas, como defender la ciudad asediada. En cualquier caso, la película entretiene y, como siempre, Indiana Jones se olvida de la profesión de arqueólogo y destruye todos los restos históricos a su paso.

¿SABÍAS QUE ARQUÍMEDES FUE ASESINADO TRAS ABRONCAR A UN ROMANO QUE NO RESPETABA SUS DIBUJOS?

En la película vemos al gran matemático, físico e inventor Arquímedes, a quien se le atribuye la creación del mecanismo de Anticitera. Según se cree, murió de manera trágica e inesperada en 212 a. C., durante la conquista de Siracusa por los romanos en la Segunda Guerra Púnica, a la que asistimos con Indiana Jones. Al parecer, durante el sitio, un soldado romano se encontró al sabio resolviendo un problema de física en la playa. Estaba concentrado hasta tal punto que hablaba consigo mismo e ignoraba la batalla que se sucedía a poca distancia, y había dibujado unos círculos en la arena para ilustrar la incógnita que no lograba resolver. Cuando el enemigo se acercó pisó una de sus figuras y Arquímedes le gritó: «¡No toques mis círculos!» y su osadía fue castigada al ser atravesado con una espada. Aunque no se sabe hasta qué punto esta historia es cierta, sí que podemos asegurar que había órdenes de dejarle con vida y que durante la batalla no fue reconocido ni, por tanto, asesinado.

13

ESPARTACO: ¿FUE CRUCIFICADO EL LÍDER DE LOS ESCLAVOS REBELDES?

Espartaco (1960) es una de las películas más famosas de la historia y sigue siendo muy recordada. Dirigida por Stanley Kubrick y protagonizada por Kirk Douglas en el papel principal, nos cuenta la vida de un esclavo tracio que lidera una rebelión contra la República romana. Basada en la novela homónima de Howard Fast, narra el ascenso de Espartaco desde gladiador hasta líder de una enorme revuelta que desafía el poder. Como siempre que se habla de la libertad y hay un buen reparto, puedes optar a ganar muchos premios, y en este caso no fue la excepción, pues logró levantar cuatro estatuillas doradas. Sin embargo, pese a las licencias históricas habituales, hay una que merece comentar: su final.

Entre el año 73 y 71 a. C. aconteció la Tercera Guerra Servil, que, como su propio nombre indica, fue el tercer conflicto contra los siervos que se levantaron en armas. En esta ocasión la amenaza fue bastante más real que en las anteriores, lo que requirió muchos esfuerzos por parte de la República para poner fin al problema. La cosa es que lo que originalmente era un grupo de unos setenta gladiadores fugados fue creciendo poco a poco, y a lo tonto llegaron a ser ciento veinte mil hombres, mujeres y niños. Ya hablaremos más adelante sobre cuán reales son las luchas de gladiadores en el cine, pero sí es cierto que Roma disponía de esclavos y basaba todo su sistema económico en un estrato social constituido por mano de obra forzada. A decir verdad, bajo su propio derecho, no eran personas, sino propiedad de un dueño. Habría amos mejores y peores, pero lo cierto es que más o menos podías hacer lo que te viniese en gana con tus propiedades, así que más de uno se cansó de eso. Es cierto que la película se alimenta del estereotipo y simplifica la lucha de clases, pero como no es un documental sobre las dinámicas sociales de la época, nos presenta un conflicto comprensible para la audiencia moderna. El caso es que los esclavos encontraron a un líder con más carisma que un *influencer* de Instagram y todo se fue de madre, por lo que durante dos años fueron dando tumbos por Italia y cosechando diversos éxitos militares, lo que asustó a la población. Finalmente, el general Craso, un político que también era el hombre más rico del momento, lideró un ejército que acabó con la amenaza. En el filme es este militar quien prácticamente se lleva todo el protagonismo de la victoria, obviando a otros líderes como Pompeyo o hasta seis más, pero se entiende desde el punto de vista de la trama, ya que siempre viene bien centrar todo en un antagonista y no en varios. De igual modo, el protagonista es un héroe noble, casi sin defectos, motivado por la justicia, lo que quizá sea una versión muy idealizada de alguien del que no sabemos tanto. De hecho, no hay evidencias históricas de que Espartaco estuviera casado con una mujer llamada Varinia ni que tuviera una relación sentimental tan central en su vida, pero un buen guion necesita de amor.

Toda esta fiesta de la libertad acabó en la batalla del río Silario, en el sur de Italia. Ahí los rebeldes, sabiéndose rodeados, decidieron vender caro su pellejo, pero no les salió muy bien. Las cifras se discuten, pero tradicionalmente se afirma que Roma perdió mil hombres de un ejército de cuarenta mil y, por su parte, sesenta mil de los ochenta mil esclavos murieron en combate. Entre los caídos ese día estaba Espartaco, cuyo cadáver nunca se encontró. Se asume, en consecuencia, que ese fue su final, aunque igual se hizo el muerto y se fugó a un resort en el Mediterráneo. ¿Y por qué mucha gente cree que fue crucificado? En primer lugar, porque si la liabas demasiado en esa época tenías todas las papeletas de tener este final y, en segundo lugar, porque muchos de sus seguidores acabaron así. Se sabe que unos seis mil de sus acólitos fueron crucificados a lo largo de la Vía Apia, entre Capua y Roma. Sus cuerpos sin vida advertían de que si a alguien más le daba por levantarse en armas, podía correr la misma suerte; asimismo, su inerte presencia fastidiaba el paseo de muchos caminantes. Aquí Kirk Douglas se despide de su amada desde la cruz, asumiendo su final, que será lento y agónico, aunque lo dejan a la imaginación del espectador.

En cualquier caso, pese a haber alimentado un mito popular, es una gran obra cinematográfica que combina acción, drama y reflexión política. La emblemática frase «¡Yo soy Espartaco!» aún resuena en la cabeza de muchos espectadores, y aunque no sabemos si pasó, al menos mucha gente se lanzó a leer sobre este personaje histórico al salir del cine.

¿QUÉ DERECHOS TENÍA UN ESCLAVO EN ROMA?

En la Roma del siglo I a. C., los esclavos eran considerados propiedad de sus amos y carecían de derechos políticos o civiles, aunque gozaban de algunas limitadas concesiones. Podían acumular un *peculium*, un fondo personal permitido por el amo, que les servía para mantener su sustento o, en ocasiones, comprar su libertad mediante la manumisión, con lo que lograban el estatus de libertos. Aunque no podían casarse desde un punto de vista legal, formaban uniones informales *(contubernium)* que eran socialmente toleradas. Su protección legal era mínima, pero, en ciertos casos, leyes rudimentarias o normas sociales limitaban los abusos extremos, aunque siempre dependían de la voluntad del amo. A pesar de estas pequeñas concesiones, los esclavos vivían bajo total subordinación y su única esperanza de mejora radicaba en su liberación, un privilegio que pocos alcanzaban. En conclusión: normal que se rebelasen en diversas ocasiones.

14

THE WICKER MAN: ¿LOS CELTAS SACRIFICABAN A LOS PRISIONEROS HACIENDO QUE ARDIERAN DENTRO DE HOMBRES DE MIMBRE GIGANTES?

¡Crímenes, sectas e investigaciones policiales! Todo lo que nos gusta ver en un thriller aliñado con un contexto histórico. ¿Cómo no va a gustar esta película? *The Wicker Man* (1973) sigue a un devoto sargento de policía, Neil Howie, interpretado por Edward Woodward, que es enviado a una remota isla escocesa para investigar la desaparición de una niña. Ahí conoce a lord Summerisle, llevado a la pantalla por el genial Christopher Lee, que tiene mucho que esconder. A medida que avanza la investigación, descubre que los habitantes de la isla practican antiguos y extraños rituales paganos tradicionales. El filme es conocido por su inquietante atmósfera y es considerado de culto e incluso como una de las mejores películas de terror de todos los tiempos; destaca por su mezcla de misterio, horror psicológico y elementos folclóricos. Lo interesante es que exploran el conflicto entre el cristianismo y el paganismo, alimentándose de un mito popular muy extendido: los antiguos celtas construían estatuas de mimbre enormes con formas humanas y luego les prendían fuego con prisioneros dentro. Como supondrás, este sacrificio contentaba a los dioses y, de paso, los asistentes a la ceremonia pasaban un rato distendido viendo arder a la gente.

La cinta mezcla varios conceptos, como que todos los celtas eran iguales en todos lados. Esta cultura comienza en torno al año 1200 a. C. en el centro de Europa, en lo que se conoce como la cultura de Hallstatt, en honor a los yacimientos próximos a esta ciudad austriaca, y se fue dispersando por el continente a lo largo del tiempo, sobre todo con la expansión romana. Por lo que hablamos de mucho tiempo en un espacio muy grande, así que al final serían muy diferentes entre sí. Es conocido que hacían sacrificios humanos, pero que sepamos no se molestaban en elaborar enormes estatuas de mimbre, quizá por ser demasiado trabajo para luego quemarlas. Esta creencia existe en parte gracias a Julio César, quien en el siglo I a. C. relató en su *De Bello Galico* (Comentarios sobre la guerra de las Galias) una peculiar tradición que le supuso un shock cultural. Al parecer los druidas mandaban construir efigies con palos y les prendían fuego con hombres vivos dentro en honor a Taranis, deidad del trueno, la luz y el cielo. Según el mandatario romano, este ritual era un sacrificio, aunque también podría tratarse de un castigo.

¿Y por qué dudar de lo que dice el bueno de Julio? En primer lugar, porque sobre este conflicto solo tenemos su punto de vista, que lógicamente tiene su sesgo a la hora de describir al enemigo y, en segundo lugar, porque tanto historiadores como arqueólogos no han encontrado ninguna evidencia al respecto. Esto nos plantea el siguiente debate: si no hay pruebas, entonces ¿no podemos creer nada de lo que diga la única fuente que tenemos? Podemos, pero imagina que el mandamás romano hubiese descrito una batalla contra unicornios zombis. Probablemente dudaríamos de su criterio. Aun siendo un ejemplo muy ridículo y exagerado, los expertos en la cultura celta creen que este tipo de rituales no encajan para nada con lo que sabemos, aunque siempre tendremos la duda. No está claro si es una mentira de propaganda romana o algo que en realidad ocurrió, pese a que la tendencia generalizada es pensar que es un ejercicio de desprestigio por parte de un mandamás romano que quería llevar la civilización a los pueblos que amenazaban sus fronteras. Además, en ningún caso podemos pensar que dudar hasta el extremo de esta tradición de hacer barbacoas humanas sea un blanqueamiento de los celtas. Recordemos que hay consenso en cuanto a que sí sacrificaban gente, aunque no tiene pinta de que se esforzasen tanto en la parafernalia. Igual simplemente eran unos vagos. Los romanos, por su parte, también sacrificaron a personas en etapas previas, así que aquí nadie se libra.

¿SABÍAS QUE SÍ EXISTEN LOS HOMBRES DE MIMBRE EN LA ACTUALIDAD?

Pese a ser un mito, esto de quemar hombres de mimbre ha pasado a la cultura popular, aunque por suerte sin gente dentro. Hoy en día podemos encontrar figuras de este tipo quemadas en festividades como las hogueras de San Juan, normalmente en países de tradición celta. Y existe un festival de rock en Escocia llamado The Wickerman donde, precisamente, se quema un hombre de mimbre. Esta tradición también parece haber inspirado el famoso festival Burning Man en Nevada y la canción del mismo nombre del grupo Iron Maiden.

15

JULIUS CAESAR: ¿REALMENTE DIJO «*ALEA IACTA EST*»?

Seguro que hasta tú has dicho esta frase, pero no eres tan culto como crees. Esta lección de humildad la podemos aprender analizando *Julius Caesar* (2002), que es una miniserie de televisión que bien podría haber sido una película, ya que solo tiene dos episodios que suman dos horas y media. Nos presenta la vida de Julio César, desde sus primeros años en Roma hasta su ascenso al poder supremo y su asesinato. Ahí ya nos cuentan algo que mucha gente no sabe: Julio César no se llamaba Julio, sino Cayo. Julio era el nombre de familia, la *gens* Julia, concretamente los Julios Césares. Protagonizada por Jeremy Sisto en el papel del líder romano, la serie explora su carrera política, sus campañas militares, sus relaciones personales y la famosa guerra civil que lo enfrentó al Senado y a Pompeyo. Ahí sale dando un discurso a sus hombres y antes de cruzar el río Rubicón pronuncia la famosa frase «*Alea iacta est*», es decir «La suerte está echada». Pero ¿realmente dijo esta frase?

Tras la conquista de las Galias, César se había convertido en una figura muy poderosa y popular entre las tropas y el pueblo. Sin embargo, esta creciente influencia lo puso en una situación de tensión con los senadores de la facción que defendía una mayor autoridad del Senado (los optimates), liderados por Cneo Pompeyo Magno. Simplificando mucho, temían que el poder del bueno de Julio fuera una amenaza para la República, así que, aprovechando que su adversario estaba liado dando matarile a los galos, decidieron bloquear su carrera política retirándole todos sus poderes y exigiéndole regresar a Roma sin las tropas. Pero como sé que no eres una persona simple vamos a desarrollarlo un poco: la facción de Pompeyo se enfrentó al tribuno de la plebe, Marco Antonio, cuando este intentó vetar las propuestas contra Julio, quien estaba desde hacía años en la Galia y del cual desconfiaban varios de sus pares patricios, destacando su propio aliado, Pompeyo. Este había estado casado con Julia, hija de Julio que murió durante un parto, y rechazó años después otro matrimonio con Octavia la Menor (pariente de Julio) para casarse con Cornelia Metela, de los Escipión, enemigos de Julio. Un poco lioso, ¿verdad? Por eso al principio he hecho un resumen a grandes rasgos. En general, es un enfrentamiento entre facciones que buscan tomar el poder entre las élites más que una pelea por el modo de gobierno de la República. Todo este jaleo es lo que se conoce como la Segunda Guerra Civil de la República romana, en la que, por un lado, tenemos el famoso conquistador y, por el otro, Pompeyo, ascendido a cónsul único. En este enfrentamiento, César decidió retornar a casa, pero olvidándose del pequeño detalle de dejar atrás a sus ejércitos. Avanzó y cruzó el pequeño río Rubicón, que marcaba la frontera con la Galia cisalpina. Según la ley romana, un general no podía atravesar este río con un ejército sin una autorización explícita del gobierno central, ya que eso se consideraba una declaración de guerra. En ese momento es cuando se supone que dijo la famosa frase. O no.

Según el historiador Suetonio, César pronunció lo de que la suerte estaba echada en el año 49 a. C. al cruzar el río, una afirmación que incitaba a marchar a matar. De hecho, es algo que hemos visto en varios productos de la cultura popular, incluyendo esta serie que mencionamos. No obstante, la traducción en inglés *The die is cast* (El dado ha sido lanzado) parece ser mucho más exacta. Es decir, podríamos decir que sí que dijo «*Alea iacta est*», pero que no dijo «La suerte está echada», porque eso es una adaptación a nuestro idioma alejada del significado original. En latín *alea* es un término relacionado con la aleatoriedad de los juegos de dados, tan populares en la época, por lo que podemos afirmar que estaba haciendo una analogía con el azar en este tipo de entretenimientos. Pero esto se puede complicar más. Según el historiador Plutarco, César dijo «que se lance un dado» en griego. Esto podría ser una referencia al comediógrafo heleno Menandro, quien vivió dos siglos antes de este episodio. En su obra *La flautista* encontramos un verso con la afirmación *Anerriphtho kubos*, que se traduce como «que rueden los dados». Al parecer nuestro amigo Julio era fan de este autor y, antes de llevar a Roma a la guerra, decidió marcarse un guiño a este autor de comedias, lo que quizá nos hace sospechar que sus dotes en oratoria pudieran ser incluso mejores de lo que creemos. En cualquier caso, aunque se entiende de qué estaba hablando, parece que en todo momento estaba estableciendo una conexión con los juegos de dados y no con la suerte en general. De hecho, en la serie *Roma* de HBO se recrea también este momento, con discurso a las tropas incluido, pero no pronuncia nada en cuanto cruza la frontera, eludiendo la duda histórica que tenemos con respecto a qué se dijo.

El final de todo esto es bien conocido. Pompeyo fue derrotado en Grecia en la batalla de Farsalia en el año 48 a. C. y tuvo que huir a Egipto, donde fue traicionado y asesinado. Su cabeza fue enviada a César, quien ya regentaba el poder absoluto. Lejos de alegrarse, experimentó desprecio y pena por tal acción, puesto que él respetaba a su rival, que al parecer no lanzó los dados con tanta suerte. En cualquier caso, la conclusión que podemos sacar en este capítulo es que mucho de lo que damos por hecho por la cantidad de veces que se ha repetido seguramente tenga muchos matices, cuando no diferentes concepciones de historiadores con distintos puntos de vista. Incluso en algo tan nimio como una sola frase encontramos motivos para discutir y debatir.

¡NO! ¡LA CESÁREA NO SE LLAMA ASÍ PORQUE JULIO CÉSAR NACIESE GRACIAS A ESTA CIRUGÍA!

Seguramente hayas escuchado la leyenda que afirma que César había nacido mediante esta operación. Esto tiene tantas posibilidades de haber pasado con el famoso romano como con un amigo tuyo llamado César, a quien seguramente sus padres lo llamaron así porque les gustaba el nombre y no por recordar de por vida una cirugía que debió practicarse porque su madre no dilataba bien. Los historiadores coinciden en que esta idea es poco probable, ya que su progenitora, Aurelia, vivió muchos años después de su nacimiento y, en aquella época, las cesáreas solían realizarse solo cuando la madre fallecía durante el parto. El término «cesárea» no proviene directamente de Julio César, sino de una práctica anterior mencionada en leyes romanas conocidas como *Lex caesarea*, que dictaban que, si una madre moría durante el parto, el bebé debía ser extraído para intentar salvarlo. Aun así, la conexión con César ha dado pie a uno de los mitos más curiosos sobre su figura.

16

JULIO CÉSAR: ¿DIJO «TAMBIÉN TÚ, BRUTO» AL SER TRAICIONADO POR SU HIJO?

Sé lo que estás pensando: «¡Ahora resulta que Julio César no dijo nada de lo que creemos!». Entiendo tu sorpresa, pero en realidad en este libro abordamos errores garrafales en producciones audiovisuales y, asimismo, matices, pequeños detalles que vale la pena resaltar. Es lo segundo lo que queremos comentar aquí, por lo que si te gusta mucho este personaje histórico no vamos a desmontarlo en absoluto. No así la película de 1953 de Joseph L. Mankiewicz, por mucho que sea una aclamada adaptación cinematográfica de la obra de teatro de William Shakespeare, donde se narra la conspiración, asesinato y las consecuencias políticas de la muerte del líder romano. Protagonizada por un elenco de renombre, con Marlon Brando en el icónico papel de Marco Antonio, James Mason como Bruto y Louis Calhern como César, la cinta destaca por sus potentes interpretaciones y su fidelidad al texto original, que se alimenta de creencias populares en algunos casos.

¿Qué papel tuvo Bruto en todo esto? Quien fue un político y militar romano, ha pasado a la historia por ser posiblemente uno de los peores hijos que alguien pudiera tener, pero lo cierto es que él no era vástago de Julio. Mucho se ha especulado con la posibilidad de que Bruto fuera hijo ilegítimo de César, ya que su madre, Servilia, había sido amante de este; con todo, esta posibilidad parece muy remota, ya que Bruto y César se llevaban apenas quince años de diferencia y este romance fue muy posterior. Eso no quita que el conquistador sintiera un aprecio sincero por él, aunque este tuviera una visión política diferente, en virtud de la cual creía que Roma estaría mejor con otra persona al mando de la República. Llegado el día en el que los senadores se armaron de valor y de unos puñales, se supone que Bruto dio la estocada final, a lo que Julio César, con decepción en los ojos, pronunció sus últimas palabras: *«Et tu, Brute?»* (¿También tú, Bruto?). Esto es algo que hemos visto muy reproducido en la ficción en general, pero lo cierto es que no hay certeza de que César dijese nada en el momento de su muerte. De haber dicho algo, seguramente serían expresiones como: «¡Ay! ¡Esa ha dolido! ¡Uy! ¡En mi contractura no!». El historiador Suetonio afirmó que algunos testigos creyeron haberle oído decir en griego «¿También tú, hijo?», de ahí que salga esa creencia de que era su descendiente. Hoy en día en ocasiones usamos «hijo» para personas a las que tenemos cariño o como expresión, así que el malogrado gobernador simplemente se dejó llevar por sus emociones en un momento vulnerable. Esto sí que queda representado de manera magistral en la serie *Roma* de HBO (2005-2007), en la que el regente no llega a decir nada, pero se queda mirando fijamente a Bruto, con lo que deja plasmada la decepción y la frase tan solo con la expresión de los ojos.

Por otra parte, si lo pensamos con detenimiento, muchas personas apuñalando a una sola debió de generar un momento muy caótico y lleno de gritos. Debería ser difícil saber quién estaba diciendo una cosa u otra, por lo que nos quedamos con la versión guionizada de Shakespeare, que tantas representaciones de este trance ha inspirado. En contra de lo que la cultura popular representa, lo cierto es que algunos senadores sí intentaron ayudarle, pero no les dejaron pasar. Otros, como Cicerón, que según algunas fuentes estaba presente (aunque se discute) se asustaron y se largaron de allí en cuanto vieron que estaban ante una situación peligrosa, algo que quizá fuese lo más inteligente.

¿SABÍAS QUE EN EL IMPERIO ROMANO LA LENGUA MÁS COMÚN NO ERA EL LATÍN?

En la Roma del siglo I a. C., el latín era la lengua predominante en Occidente, sobre todo en la península itálica, Hispania y Galia, mientras que el griego era la lengua franca del Mediterráneo oriental, legado de las conquistas de Alejandro Magno. Esto es lo que se define como *koiné*, que significa «común», y era una forma simplificada de la lengua helena que unificaba a diversas culturas y funcionaba como idioma internacional para la filosofía, la ciencia, el comercio, la diplomacia e incluso la religión. De hecho, el griego es lenguaje central de la teología cristiana, hasta el punto de que los primeros textos sobre Jesucristo fueron en este idioma. Aunque el latín era la lengua oficial de Roma y su expansión consolidó su uso, las élites romanas educadas dominaban el griego por su prestigio cultural. Este predominio de la lengua de Grecia en el Mediterráneo oriental se mantuvo durante siglos. Es más, el latín fue el idioma administrativo de Bizancio hasta el siglo VII y el griego, el idioma principal hasta la caída de Constantinopla en 1453. Por su parte, en la zona occidental, el latín comenzó a ser lo habitual y la lengua internacional en torno al siglo IV o V, esto es, en los últimos momentos del Imperio romano y la incipiente Edad Media.

17

CLEOPATRA: ¿ERA UNA *FEMME FATALE* QUE SE SUICIDÓ CON UN ÁSPID?

No ha habido una Cleopatra tan memorable como la de Elizabeth Taylor en 1963. Da igual qué nuevas adaptaciones de este personaje se hagan porque nunca estarán a la altura. Dirigida por Joseph L. Mankiewicz, el mismo que el de Julio César del capítulo anterior, este largometraje nos presenta la épica histórica de la reina del antiguo Egipto. La cinta narra la vida de la soberana y sus relaciones políticas y amorosas con Julio César (interpretado por Rex Harrison) y Marco Antonio (Richard Burton), dos de los hombres más poderosos de Roma. Esta producción es famosa, no solo por su extravagante y excesivamente pomposa recreación de nuestro pasado, sino también por su elevado presupuesto y los dramas que acontecieron detrás de las cámaras, como el romance entre Taylor y Burton. El coste fue absurdamente desmesurado para la época y superó los cuarenta millones de dólares en una producción muy accidentada, lo que casi llevó a la quiebra a 20th Century Fox. Por suerte, se convirtió en una de las más memorables del cine clásico de Hollywood. Ganó cuatro Oscar, incluyendo mejor dirección de arte y mejor vestuario, y sigue siendo recordada por sus fastuosos escenarios, ropajes y la poderosa interpretación de la actriz británicoestadounidense de la gerifalte egipcia. Es justo mencionar que Sophia Loren también dio vida a este mismo personaje en *Las noches de Cleopatra* (1954), o Monica Bellucci en *Astérix y Obélix: Misión Cleopatra* (2002), pero quizá estos largometrajes no son tan recordados. En cualquier caso, todos ellos han contribuido a engrandecer uno de los mitos más populares:

el del aspecto físico de uno de los personajes más importantes de la historia, así como su final.

Mucho se ha especulado sobre la apariencia de Cleopatra, pero existen pocos testimonios arqueológicos que nos permitan saber cómo era físicamente. La evidencia más confiable proviene de monedas de la época, que muestran un retrato de la reina con una nariz prominente, así como de una escultura romana del siglo I a. C., algo que ha quedado para la posteridad en la imagen popular. Sin embargo, también sabemos que estas representaciones buscaban idealizar una figura o representar a los gobernantes como figuras poderosas. Podríamos decir que es raro pensar que tener una gran capacidad olfativa te hace ser más temible, pero igual era para crear un rasgo distintivo. Sea como sea, no lo sabemos. Seguramente, al pertenecer a la dinastía ptolemaica, de origen griego, es probable que tuviese un aspecto mediterráneo, pero es todo especulación. ¿Fue la elección de Elizabeth Taylor la más acertada? En general toda la película está llena de incoherencias, pero la idea era hacer un personaje que funcionara dentro de la propia propuesta, así que si miramos los resultados en taquilla, sí fue una buena idea. Desde luego para la protagonista fue una decisión correcta, pues ahí obtuvo el primer contrato millonario del cine, el alzamiento definitivo al estrellato y, de paso, un amor salvaje que muchos relacionaban con, precisamente, el personaje al que interpretaba. Curiosamente, tanto el historiador griego Plutarco como el romano Dion Casio destacaron la inteligencia y mente aguda de la egipcia por encima de su belleza, pero, por lo que sea, a eso no se le ha dado tanta importancia. Además, es importante recordar que los cánones de belleza cambian con la época y el lugar.

¿Iba con atuendos exagerados todo el día y seduciendo al personal? Los historiadores en general coinciden en que en temas íntimos era bastante reservada, nada desmesurado como se nos representa en la cultura popular y como vemos en artículos de periódico de cuando en cuando. Quizá sea más interesante que fuese una *femme fatale* de la época, pero la gente que ha destacado por encima de la media en estos asuntos es realmente poca. El mito de que Cleopatra era muy promiscua o tenía una vida sexual intensa proviene principalmente de la propaganda romana, en especial de sus enemigos políticos. Durante la época de Cleopatra, Roma y Egipto estaban en conflicto, y los romanos, en particular el emperador Octavio (futuro

Augusto), utilizaron su figura para desacreditar a sus oponentes. Se sabe que la líder egipcia tuvo dos relaciones amorosas tan importantes como estratégicas: con Julio César, con quien tuvo un hijo llamado Cesarión, y con Marco Antonio, con quien tuvo tres hijos. Podríamos concluir que hay algo de exageración en que alguien sea recordado como un salido cuando solo tenemos constancia de dos relaciones amorosas. Además, parece que hay mucho de alianza política en estos romances, por lo que es posible que venga de ahí esa idea de manipuladora y seductora.

Por último, tal como vemos en esta película, que no hace nada más que recoger la creencia popular, no parece que la reina de Egipto se suicidase provocando la mordedura de un áspid, la famosa serpiente venenosa. No existen pruebas concluyentes que confirmen esto. Es cierto que no sería raro que se hubiese quitado la vida con veneno. Al fin y al cabo, ha habido muchos personajes históricos que, para evitar las consecuencias de una derrota o ser apresados por el enemigo, han decidido borrarse del mapa. Cleopatra y Marco Antonio fueron derrotados por las fuerzas de Augusto en la batalla de Actium en el 31 a. C., y tras eso su amante se suicidó, según se dice, clavándose en su espada. Quizá eso fue la gota que colmó el vaso y se cansó de todo. Ya sea por pena, por haber perdido el reino que intentaba mantener independiente, por miedo a la humillación pública o porque simplemente estaba hasta las narices de todo el mundo, la reina egipcia tomó esa fatídica decisión. En cualquier caso, si lo pensamos detenidamente, las cobras no siempre muerden al instante, y de hacerlo no siempre provocan la muerte, sobre todo en seres vivos notablemente más grandes. De hecho, el geógrafo Estrabón, que vivió al mismo tiempo, propuso también la teoría de que Cleopatra habría usado un ungüento que se aplicó tras arañarse la piel. Otros como Suetonio expresaron sus dudas con respecto a la posibilidad de haberse servido de un animal. No obstante, pese a que hay unanimidad con relación a que la historia del áspid es un mito, muchas de las representaciones artísticas posteriores, como es el caso de esta película, nos muestran este final.

¿SABÍAS QUE CLEOPATRA HABLABA MUCHOS IDIOMAS?

Aunque muchas personas identifican a Cleopatra VII con su belleza y sus relaciones con Julio César y Marco Antonio, lo cierto es que su verdadero poder residía en su inteligencia y carisma. No hemos incidido en esto lo suficiente en este capítulo, y por eso merece la pena resaltar una curiosidad fascinante: fue la primera gobernante de la dinastía ptolemaica (descendientes de los generales de Alejandro Magno) que aprendió egipcio. Los Ptolomeos anteriores gobernaron Egipto durante casi trescientos años hablando griego y pasando de aprender la lengua popular de aquellos a quienes gobernaban, pero Cleopatra rompió esta tradición al dominar el idioma de su pueblo y adoptar prácticas religiosas egipcias. Pero esto no acaba aquí. Ella no solo hablaba griego y egipcio, ¡sino que dominaba hasta nueve idiomas! Esto le permitió negociar directamente con diplomáticos y líderes sin necesidad de intérpretes, algo excepcional en su tiempo. Así que, más allá de las historias románticas, Cleopatra fue una estratega políglota y una reina que entendió que la lengua y la cultura eran armas tan poderosas como los ejércitos.

18

LA PASIÓN DE CRISTO: ¿ERAN ASÍ LAS CRUCIFIXIONES?

Prepárate porque en este capítulo va a haber sangre y detalles escabrosos, pero la historia tiene estas cosas a veces. De hecho, esta película destaca por su enfoque crudo y el mal rato que pasó esta figura central de la religión cristiana.

La pasión de Cristo (2004), dirigida por Mel Gibson, narra las últimas doce horas de la vida de Jesús de Nazaret, desde su oración en el huerto de Getsemaní hasta su crucifixión en el Gólgota. La idea era hacer una presentación realista de los eventos bíblicos, mostrando el sufrimiento físico y emocional de manera explícita para así empatizar con el lado humano del protagonista. Tiene la curiosidad de estar rodada en latín, arameo y hebreo, por lo que la obra busca sumergir al espectador en la experiencia histórica; eso, sin embargo, no la libra de ciertos fallitos aquí y allá, y de grandes exageraciones inverosímiles en puntos en concreto.

Para estudiar la figura de Jesús de Nazaret podemos hacerlo desde dos puntos de vista: uno estrictamente histórico, a través de las fuentes que se conservan de la época y los Evangelios; se trata de distinguir qué es posible desde un estudio puramente científico. El otro punto de vista es religioso, aceptando todo lo recogido en los Evangelios, que fueron escritos pocas décadas después de la muerte de Cristo por personas distintas y, obviamente, incluyen milagros y eventos que son solo aceptados por aquellos que tienen fe. No obstante, el director Mel Gibson optó por una tercera vía que nadie vio venir. El guion se basó principalmente en Ana Catalina Emmerick, una monja alemana del siglo XIX que afirmaba tener visiones en las que revivió escenas de la infancia de Cristo y de sus últimos momentos. Por tanto, ahí vemos conceptos que no están en los registros históricos ni en las Sagradas Escrituras. A pesar de eso, sí que crea una sensación histórica. Quizá los idiomas hablados no serían exactos, pues se emplearía una versión más antigua, pero se agradece el esfuerzo. Por último, Jesús habría sido posiblemente más moreno y con pelo corto, pero este estereotipo de la iconografía cristiana no podemos achacarlo a ninguna película moderna, sino al arte en general y cómo en el cristianismo original se fue creando esa imagen.

Con todo, lo que se recuerda en esta película es la parte del Calvario, sobre todo porque *La pasión de Cristo* fue famosa por recrearse en la sangre y por la violencia gráfica. Mel Gibson parecía más interesado en mostrar lo horrible que es ser torturado y que se te caiga la carne a tiras que en el proceso espiritual del protagonista. De hecho, la Biblia se centra más en esto último. Por lo que sea, el director quiere hacerte saber que sufrir latigazos y ser crucificado es desagradable, por si no podías intuirlo por ti solo. Sus torturadores se ríen mientras sacan un objeto de tortura tras otro que no tenemos evidencia que se usasen con Jesús, ni siquiera en la época. Es cierto que los romanos maltrataban de modos muy variados y originales, pero si se hubiera tratado a Jesús de forma excepcional, es decir con más dureza y de manera tan brutalmente diferente a otras víctimas de crucifixión, esto se habría mencionado en alguna fuente histórica o los Evangelios, si bien es cierto que la inquina de los sacerdotes se resalta con rotundidad. La realidad es que no podían dedicar tanto tiempo a cada sentenciado; entre otras cosas, porque hubo episodios en los que miles de personas acabaron en la cruz. Por ejemplo, en el año 4, Quintilius Varus, el oficial romano a cargo de la provincia de Siria, ordenó la crucifixión de dos mil judíos que se habían rebelado contra el dominio romano tras la muerte del rey Herodes. Imagina cuántos días se tirarían ahí si por cada uno de ellos montasen ese espectáculo. Además, los condenados no tenían que cargar con la cruz, ya que debido a su peso cargaban solo con el travesaño y luego eran atados a la estructura. O sea, que no siempre les clavaban las extremidades a la madera. En la película hacen las dos cosas, pero le atraviesan la palma de la mano, lo que no tiene sentido porque esta se desgarraría al subir debido al peso del cuerpo. Habría que apuntar a la muñeca del protagonista, donde hay huesos que sí ayudarían a sostener a la víctima. De hecho, el único resto arqueológico que tenemos de alguien que sufriese este final es de un condenado del siglo I. Sus vestigios se encontraron en 1968 en un osario en una cueva en el asentamiento israelí de Givat HaMivtar, donde tan solo se conservaba un clavo que habría sido introducido en su talón. Hay que entender que la crucifixión buscaba la asfixia a lo largo de los días, aunque podían acelerar ese proceso rompiendo las piernas a la víctima. Según las escrituras, esto no fue necesario en el caso de Jesús, porque ya había muerto.

Es decir, como película que es, debe tener sus licencias y estar atada a la trama. Por tanto, debe permitir cosas como que los sacerdotes hebreos, los enemigos del protagonista, asistan a la ejecución, porque así se deleitan en su victoria. Lo cierto es que algo así estaba prohibido, porque se consideraba que se volvían impuros al estar cerca de los cadáveres y porque la ley judía les impedía pernoctar cerca de los presos ejecutados. Con todo, a nivel narrativo tiene sentido representar a los antagonistas disfrutando de su victoria. De la misma manera, ahondar en las incoherencias históricas del filme no ha supuesto un problema para muchas personas que profesan la fe cristiana y que entienden que esto es una representación.

¿SABÍAS QUE EN REALIDAD JESÚS NO NACIÓ EN EL AÑO 1?

Aunque la figura de Jesucristo es central en nuestra historia hasta el punto de cambiar el calendario con el que medimos el tiempo, realmente no vino al mundo en el año 1, por mucho que el año de su nacimiento sea considerado el inicio de nuestra era. Esto se debe a unos errores en los cálculos del monje Dionisio el Exiguo, quien en el siglo VI estableció el calendario cristiano. Según los Evangelios, Jesús nació durante el reinado de Herodes el Grande, quien murió en el 4 a. C., lo que sitúa el alumbramiento de Jesús entre el 6 y el 4 a. C. Además, Dionisio no incluyó un año cero en su cronología, pasando del 1 a. C. al 1 d. C., lo que complicó aún más la precisión histórica. También hay discrepancias con eventos como el censo mencionado en el Evangelio de Lucas y fenómenos astronómicos como la estrella de Belén, que respaldan que Jesús nació varios años antes del inicio de nuestro calendario actual. Aunque el sistema es históricamente inexacto, se mantiene como estándar global por su amplio uso y aceptación. Ya es demasiado tarde para cambiarlo. Sería un jaleo y, encima, todos pasaríamos a haber nacido unos cinco años antes, por lo que nos sentiríamos más viejos.

19

BEN-HUR: ¿ROMA CONDENABA A LOS ESCLAVOS A GALERAS?

Ben-Hur (1959) es una de las películas más famosas de la historia, y un clásico de la Semana Santa en la emisión en abierto. Dirigida por William Wyler y protagonizada por Charlton Heston, es una adaptación de la novela de Lew Wallace, que fue la obra más vendida del siglo XIX, y tiene el extraño honor de ser la primera obra de ficción bendecida por un papa, en este caso León XIII. Conocemos a Judá Ben-Hur, un noble judío traicionado por su amigo Messala, un oficial romano. Tras ser condenado injustamente a la esclavitud, busca venganza y justicia, lo que lo lleva a una famosa carrera de cuadrigas en la que recupera su honor. Ambientada en tiempos de la Roma antigua y el nacimiento de Cristo, la película explora temas de traición, redención y fe. La producción fue todo un éxito, hasta el punto de conseguir once premios de la Academia, logro solo alcanzado por *Titanic* en 1997 y *El señor de los anillos: el retorno del rey* en 2003. Sin embargo, algunas de sus escenas icónicas presentan ciertas inexactitudes históricas que alimentan estereotipos falsos en la cultura popular.

En primer lugar, todos recordamos la famosa escena de las galeras. El pobre Ben-Hur ha sido esclavizado y le vemos remando al ritmo de un tambor comparable con el de un metrónomo fabricado en Suiza. Es una escena memorable, pero no tiene sentido. Los remeros de los buques de guerra romanos no eran esclavos, sino unos miembros remunerados de la tripulación del barco. Es decir, eran profesionales que habían recibido formación militar en caso de ataques, no gente a la que le daban una espada y que se apañasen como pudieran. Esto es un descuadre histórico, porque la ratio de esclavos en Roma en esa época era de 1 sobre 10, no algo tan exagerado como vemos en la película. Si lo piensas, no suena muy lógico tener un barco lleno de personas a las que estás tratando mal y, en caso de verte atacado, armarlas. Los legionarios se verían superados en número en una proporción de 200 a 30 en cuanto abordaran el barco pirata, por lo que igual te metían una *gladius* por donde no da el sol en vez de defenderte. Además, nos hace pensar que el Mediterráneo estaba plagado de saqueadores, pero desde el año 67 a. C. Pompeyo planteó una campaña muy efectiva para acabar con ellos. Alguno persistiría en ejercer esa profesión, pero difícilmente se podía encontrar un ejército así.

Tras la batalla, Ben-Hur es liberado y puede hasta conocer en Roma al emperador Tiberio, a quien muestran como un anciano venerable. Es quizá una visión demasiado amable, si tenemos en cuenta que no se hallaba en la ciudad en ese preciso momento porque odiaba estar ahí, vivía en el aislamiento, sospechaba que todo el mundo quería matarle, se creía un dios y los últimos años de su vida los dedicó al vicio y al libertinaje. Pero nuestro protagonista le cae bien y eso es lo que nos importa.

Por último, tenemos la espectacular carrera de cuadrigas. En general está bien representada, pero hay ciertos detalles que merece la pena comentar. Jerusalén no era tan importante en la época y, de hecho, no tenía estadios donde celebrar este tipo de eventos. En la película, esta ciudad parece el foco administrativo, político y religioso, pero lo cierto es que esa posición la ostentaba Cesarea Marítima, uno de los restos arqueológicos más importantes del Israel del presente. Es más, en la novela esta escena transcurre en Antioquía. Con respecto a la propia competición, entiendo el hecho de que el protagonista se quite el casco para que el espectador lo reconozca en esta serie de trepidantes secuencias, pero sería muy estúpido, porque es exponerse a riesgos innecesarios antes de hacer algo realmente peligroso. Por otra parte, está documentado que cada caballo llevaba dos riendas, por lo que debería haber tenido ocho en total. Es bastante sorprendente poder controlar cuatro animales tan grandes tan solo con dos correas. Por último, como curiosidad, nos presentan a estas bestias como Aldeberán, Altair, Antares y Rigel. Sin embargo, Altair y Aldeberán son constelaciones que no fueron bautizadas así hasta siglos más tarde por astrónomos medievales.

En definitiva, la película es excelente y, como cualquier representación histórica, se permite sus licencias, pero sí que ha alimentado el mito popular de que en Roma, a la que la liases un poco, te condenaban a galeras. Probablemente te matasen o te esclavizasen, pero lo de ponerte a remar como que no.

Por si te lo preguntas, es posible que esta idea de los condenados remando en las galeras venga de la proyección de lo ocurrido en la Edad Moderna, donde se usaban condenados como galeotes. Quizá pensaron que en Roma sería igual cuando, salvo en circunstancias extraordinarias, no se recurrió a los esclavos para esta función.

¿CÓMO ERAN LAS CARRERAS DE CUADRIGAS?

Las carreras de cuadrigas, como las representadas en *Ben-Hur,* eran uno de los espectáculos más populares del mundo romano. Se llevaban a cabo en el Circo Máximo de Roma, que podía albergar hasta a doscientos cincuenta mil espectadores, esto es, como un estadio moderno. Los aurigas arriesgaban la vida en cada carrera, enfrentando caídas mortales, choques y caballos desbocados. De hecho, uno de los accidentes que vemos en la película es real, pero por suerte el especialista que fue lanzado por los aires sobrevivió sin graves consecuencias. Estos conductores, aunque eran en su mayoría esclavos o libertos, podían ganar una gran fortuna si sobrevivían lo suficiente y se convertían en verdaderas estrellas del deporte. Un detalle fascinante es que, según el escritor del siglo II Tertuliano, los equipos de carreras se definían por colores como los Azules, Verdes, Rojos y Blancos, y tenían seguidores tan apasionados como los fanáticos del fútbol de hoy. Las carreras no solo eran un deporte, sino también una muestra de política, entretenimiento y drama, ¡donde la gloria o la tragedia estaban a solo una curva de distancia!

20

QUO VADIS: ¿PERSIGUIÓ NERÓN A LOS CRISTIANOS Y QUEMÓ ROMA?

Aunque el rey de la Semana Santa es *Ben-Hur* tampoco podemos olvidarnos de *Quo Vadis* (1951), que también se emite irremediablemente cada año llegadas las fechas indicadas. Dirigida por Mervyn LeRoy y basada en la novela histórica homónima de Henryk Sienkiewicz, nos hace viajar a la antigua Roma del siglo I regentada por Nerón, un señor del que la cultura popular no tiene un gran recuerdo. La historia sigue al general romano Marco Vinicio, quien se enamora de Ligia, una cristiana. Mientras Roma arde y el emperador emprende una brutal persecución contra los cristianos, debe decidir entre la lealtad a su deber militar o su amor por Ligia y la fe cristiana. En una situación normal esta elección podría ser complicada, pero como en este largometraje el Estado para el que trabaja está lleno de maniacos es más sencillo elegir. Pese a que los historiadores defienden que hay demasiado mito en este momento de nuestro pasado, esta producción ahondó en la visión popular del mandamás romano como un individuo excéntrico y cruel.

Vayamos con el primero de los mitos que promociona *Quo Vadis*. En el año 64 un gran incendio asoló Roma y devastó gran parte de la ciudad. Duró cinco días y arrasó con cuatro de los catorce distritos de la ciudad y siete quedaron seriamente dañados, o sea casi un cuarto de dicha ciudad acabó en cenizas. Si aceptamos la conspiración, esta pudo generarse por varios motivos. El primero podría ser que Nerón quería incriminar a los cristianos para perseguirlos, por lo que mandó a algunas personas que simulasen estar borrachos y prender las llamas. Según esta teoría, el continuo crecimiento de fieles amenazaba las creencias oficiales del Imperio y, en consecuencia, su unidad en virtud del número de gente que profesase esta nueva fe. Sin embargo, estamos hablando de las tres décadas posteriores a la existencia de Jesucristo y para entonces no había tantos cristianos. La segunda razón es que el emperador quería despejar parte de la ciudad para construir obras, como el enorme y suntuoso palacio conocido como Domus Aurea. Es cierto que esta construcción requirió de espacio. Muchísimo espacio. Estamos hablando de cincuenta hectáreas de lujosas estancias cubiertas de frescos, oro, marfil y todo tipo de piedras preciosas, techos con compuertas para que los esclavos arrojasen flores y perfumes, un enorme salón cubierto por una cúpula dorada y que giraba continuamente movido por la fuerza del agua para imitar la rotación del mundo, jardines y patios porticados y la Stagnum Neronis, una gran laguna. Quieras que no, algo así sí que ocupa espacio, pero tampoco parece que tuviese claro que había que ubicarlo donde ya vivían cientos de miles de personas. La tercera opción es que Nerón simplemente se levantó una mañana y pensó que le apetecía ver Roma ardiendo. «¿A quién no le va a gustar ver arder la Roma del siglo primero?», debió de pensar.

Al margen de conspiraciones, la explicación más probable es que las desgracias ocurren. Sin más. El mandamás romano no tendría nada que ver por el simple hecho de que en una ciudad tan grande había incendios constantemente. En efecto, tenemos registros de muchos que ocurrieron tanto antes como después. Los edificios eran de madera, se recurría con mucha frecuencia al fuego en la vida diaria y digamos que las leyes en materia de regulación urbanística eran más bien laxas. Según historiadores posteriores, como Suetonio y Dion Casio, mientras las llamas crecían, el emperador se vistió para la ocasión y cantó. Por otra parte, el historiador Tácito afirmó que Nerón se encontraba en Anzio en ese momento, por lo que es imposible que estuviese disfrutando de la escena porque ni estaba ahí, e insistió en que era un rumor eso de que estuviese tocando mientras tanto una cítara o una lira. Además, las fuentes difieren en el instrumento que aportaba la banda sonora a esta desgracia. En conclusión, no se sabe, pero parece improbable que él sea el culpable. Según sabemos, el regente regresó a la ciudad y tomó medidas para traer suministros de alimentos y abrir jardines y edificios públicos para alojar a los refugiados, en parte porque sabía que, pese a las tramas palaciegas, él era querido por el pueblo. Más allá de eso se considera que su gestión del desastre fue insuficiente, lo que quizá no ayudó a su reputación. No obstante, todo esto puede tener más que ver con una campaña de desprestigio posterior, entre otras razones porque, más tarde, con el alzamiento del cristianismo, se le llegó a identificar con el propio Anticristo por eso de haber perseguido creyentes. Claro que el hecho de que el libro más leído de la historia considere que estás al mismo nivel que Satanás no ayuda a tu buena imagen.

Por otro lado, la famosa escena de los cristianos siendo condenados a morir devorados por los leones en el Coliseo tiene bastante poco de histórico. Sobre todo si tenemos en cuenta que nuestro protagonista murió antes de que el famoso circo romano se comenzase a construir. O sea, que salvo que la película explore la posibilidad de los viajes en el tiempo, no podemos ver al famoso emperador en la tribuna de un lugar que aún no existía. Nerón murió en el año 68 y la edificación empezó en el año 72 bajo el gobierno de Vespasiano, su sucesor. En el año 80, Tito inauguraba el anfiteatro llamado Flavio que, con el tiempo, fue conocido popularmente como Colosseum, debido a la proximidad del Coloso de 30 metros que se erigió en tiempos de Nerón.

Desmentido todo esto, los amantes de la historia no tienen más remedio que aceptar una cruel realidad: la escena del excéntrico emperador tocando la lira con la ciudad en llamas al fondo es muy conocida, por lo que en general se seguirá pensando que es real. No podemos acusar al director de *Quo Vadis* de haber creado este mito, porque es algo tan arraigado que poco podemos hacer, más que escribir libros de divulgación como este. De todos modos, aunque este largometraje se permite sus licencias históricas, expone grandes efectos visuales para la época, y las profundas reflexiones sobre la fe y el sacrificio resultaron conmovedoras para los cinéfilos del momento. Lástima que, pese a las ocho nominaciones a los premios Oscar, no lograse alzar ningún premio.

¿SABÍAS QUE NERÓN ERA UN OBSESO DE LAS CARRERAS DE CUADRIGAS Y LLEGÓ A PARTICIPAR EN LOS JUEGOS OLÍMPICOS?

La vida de Nerón está llena de excentricidades y egocentrismo, por lo que es difícil destacar tan solo una curiosidad. No obstante, ya que hemos hablado en el capítulo anterior de las carreras de cuadrigas, es interesante comentar que el emperador era un obseso de este deporte, hasta el punto de que participó en los Juegos Olímpicos del año 67 d. C. Aunque dicho evento se celebró en Grecia y estaba reservado para los mejores atletas, él decidió que no solo presumiría de sus escasas habilidades, sino que también ganaría. En una de las competiciones más absurdas, el líder romano formó parte de una carrera de carros tirados por diez caballos (en lugar de los tradicionales cuatro). Al poco de salir perdió el control y cayó, pero eso no impidió que fuera declarado vencedor. ¿El motivo? ¡Era el emperador, y nadie se atrevía a desafiarlo! Probablemente él pensaba que los Juegos Olímpicos no eran una prueba de habilidad, sino otra oportunidad para alimentar su ego y mostrar su poder. Tras su muerte, los organizadores griegos borraron su nombre de los registros oficiales, pero su extravagante participación quedó en la historia como un ejemplo de sus delirios de grandeza.

21

POMPEYA: ¿ERUPCIONÓ EL VESUBIO DE GOLPE SIN QUE NADIE PUDIESE ESCAPAR?

Si no estás familiarizado con el famoso desastre de Pompeya, o no eres un vulcanólogo, probablemente te sorprenda que la mayoría de los habitantes de la ciudad se salvaron. Eso no interesaba para la ficción, así que seguimos sometiendo a los pobres humanos a terribles eventos naturales, como en la película que traemos aquí. Estrenada en 2014 y dirigida por Paul W. S. Anderson mezcla acción, drama, gladiadores y erupciones, y todo lo representan mal. Ambientada en la ciudad romana durante la devastadora erupción del monte Vesubio en el año 79 d. C., la historia sigue al gladiador Milo (interpretado por Kit Harington, entonces en plena fama gracias a *Juego de tronos*), quien se enamora de Cassia (Emily Browning), la hija de un rico mercader. Por si la diferencia de clases no fuese suficiente para imposibilitar este romance, también deben enfrentarse a la destrucción de su hogar. Además, hay por ahí un senador corrupto llamado Corvus (Kiefer Sutherland). El largometraje busca recrear una de las devastaciones más famosas de la historia, y por lo menos en este sentido cumple en cuanto a espectacularidad. Respecto a la fidelidad con los eventos reales, es otro asunto. Por si fuera poco, ni siquiera es original en cuanto a la trama porque la película *Los últimos días de Pompeya* de 1959 presenta a un luchador que trata de salvar a su amada mientras lidia con políticos malvados. Esta, a su vez, es una readaptación de la cinta del mismo nombre de 1935.

Para comprender por qué se suele representar mal en la ficción este momento, debemos viajar a la Pompeya del año 79, cuando la tierra comenzó a temblar. Los habitantes no pasaron del tema ni actuaron como si nada, tal como vemos en la película, montando sus combates de gladiadores, porque, al fin y al cabo, divertirse es más importante que la amenaza de morir de forma agónica. Más bien debieron de pensar: «No me fastidies, otra vez no, por favor», y es que ya tuvieron un terremoto potente en el año 62 que causó daños y muchos estragos de los que todavía no se habían recuperado. Salvo que todos padeciesen amnesia, sabían que se podían enfrentar a otro desastre, aunque seguramente no se imaginaban que lo que estaba por venir era peor. El Vesubio comenzó a liberar una nube de ceniza y piedra pómez que llegó a 30 kilómetros de altura y cubrió el cielo, y así estuvo durante días. O sea, que tuvieron tiempo para tomar medidas. De hecho, muchos se largaron del lugar viendo que todo se estaba cubriendo de polvo rocoso, algo que duró varias jornadas, hasta el punto de acumularse hasta tres metros sobre las calles y tejados. Es más, se cree que algunos de los ciudadanos que decidieron quedarse no podían salir de sus hogares al quedar estos bloqueados. Finalmente, esta espesa lluvia paró y la gente salió a limpiar el desaguisado, e incluso algunos que habían huido volvieron creyendo que todo había terminado. Gran error. Lo que en realidad estaba pasando en el volcán era que el material emitido se había densificado y, por tanto, no podía ser expulsado en forma de nube. Esta sustancia se acumuló en el volcán hasta que colapsó, liberando lo que se conoce como flujos piroclásticos. Esto es, nubes espesas de ceniza compacta de entre 180 y 380 grados que fueron expulsadas a una velocidad de 225 kilómetros/hora. De eso es imposible huir por mucho que corras. Por consiguiente, tres mil seiscientos habitantes de Pompeya y Herculano murieron abrasados al instante.

Por muy brutal que parezca, no hubo bolas de fuego que de pronto sorprendieran a todo el mundo saliendo de la nada. Tampoco hubo un tsunami que arrasase el puerto, porque ese fenómeno es más bien provocado por grandes terremotos en los fondos marinos. Para desmontar más el mito, acudamos a las cifras que demuestran que la mayor parte de los ciudadanos lograron escapar. En Pompeya vivían entre quince mil y veinticinco mil personas, de las cuales se calcula que fallecieron tres mil seiscientas; de esas, los arqueólogos tan solo han podido ubicar unas mil quinientas. O sea, que al ver una nube de humo durante varios días mucha gente se largó y logró salvar el pellejo, aunque a Hollywood le encante matar a todos una y otra vez en cada película que aborde este momento. Por otra parte, es habitual olvidarse de los entre trescientos y quinientos fallecidos en Herculano, la ciudad más cercana al lugar, pero al parecer esos no importan porque no tenían gladiadores que mejoraran la trama. Este tipo de fenómenos volcánicos se conoce como erupciones plinianas, en honor a Plinio el Joven, uno de los escritores y científicos más conocidos de la Antigua Roma, residente en Pompeya y testigo presencial de la catástrofe. Plinio el Joven era sobrino del naturalista Plinio el Viejo, que era más famoso, pero que no pudo escribir sobre este hecho, dado que murió tras inhalar gases tóxicos expulsados por el volcán cuando dirigía una expedición de rescate. Se podría considerar una víctima en diferido de la erupción.

¿Y por qué esa obsesión de vincular la erupción a una trama de combates de gladiadores? Es posible que eso tenga que ver con abusar de aspectos conocidos de la Antigua Roma, y no se puede negar que los enfrentamientos de este tipo son muy emocionantes, aunque no tengan nada que ver con la realidad. Hablaremos de eso en el próximo capítulo. También hay que mencionar que el Anfiteatro de Pompeya es el más antiguo que se conoce y uno de los mejores conservados, circunstancia que puede suscitar mucho interés a la hora de crear un guion ambientado en esta ciudad. Construido en el año 70 a. C., tenía espacio para hasta veinte mil personas, y ahora es una de las atracciones turísticas más importantes de la zona y uno de los escenarios favoritos de los guionistas de Hollywood.

¿SABÍAS QUE LOS CUERPOS QUE SE CONSERVAN EN POMPEYA SON EN REALIDAD MOLDES DE YESO?

Los famosos «cuerpos» que se exhiben en Pompeya, esos que parecen personas atrapadas en sus últimos momentos durante la erupción del monte Vesubio en el año 79 d. C., no son los restos humanos originales. Son moldes de yeso. Cuando los arqueólogos comenzaron a excavar en Pompeya en el siglo XIX, liderados por Giuseppe Fiorelli, descubrieron que los cuerpos de las víctimas habían dejado huecos en la ceniza endurecida después de que los tejidos orgánicos se descompusieran. Fiorelli tuvo una idea brillante: rellenar esos espacios con yeso líquido para recrear las posturas y expresiones de las personas en el momento de la tragedia. El resultado son esas esculturas increíblemente reales que vemos hoy: pompeyanos cubriéndose del calor, abrazándose o intentando escapar. Los huesos originales todavía están dentro de los moldes, lo que permite a los arqueólogos estudiar aspectos como la edad, la salud y hasta la dieta de los habitantes de la ciudad. Esta estratagema no solo nos ha proporcionado una ventana al pasado, sino que también preserva un instante único en la historia: el último aliento de una ciudad del siglo I atrapado para la eternidad.

22

GLADIATOR: ¿MORÍAN CONSTANTEMENTE LOS GLADIADORES EN LA ARENA?

Pocas películas marcan a una generación y *Gladiator* (2000) es una de ellas, aunque históricamente es un disparate. Pese a ello, no hay duda de que esta cinta es una de las películas más famosas de la historia. No es solo que ganase cinco premios Oscar, incluyendo mejor película y mejor actor, es que mucha gente pasó a interesarse por el Imperio romano o nuestro pasado en general. La banda sonora encumbró a Hans Zimmer como uno de los mejores compositores de Hollywood y Ridley Scott confirmó ser un gran director de género histórico además de ciencia ficción. La trama nos hace viajar a la Roma del siglo II y nos presenta a Máximo Décimo Meridio, un general interpretado por Russell Crowe que es leal al emperador Marco Aurelio, quien es traicionado por su hijo Cómodo. Después de ser condenado a la esclavitud y ver cómo su familia es asesinada, Máximo se convierte en gladiador y lucha por su venganza mientras se gana el favor del pueblo en la arena. El largometraje se alimenta de tópicos como lo de permitir que los luchadores vivan o mueran tan solo alzando o bajando el pulgar, como poner a los pueblos enemigos como hombres de las cavernas y cambia cómo fueron los gobernantes romanos. Por ejemplo, Cómodo era un emperador muy fan de las luchas, hasta el punto de haber participado en algunas, y fue estrangulado por un combatiente mientras se daba un baño, por lo que no es exactamente como vemos. Sin embargo, si algo ha hecho *Gladiator* es hacer creer al gran público que el circo era un festival de muerte, sangre, crueldad y salvajismo. Había mucho de eso, pero no tanto.

Para entender lo alejada de la realidad que está esta película, hay que entender cómo se hizo. Pese a ser una de las producciones más conocidas de la historia, todo lo que la rodea es un gran ejemplo de cómo no hacer las cosas y, aun así, la gente implicada era tan profesional que lograron un resultado excelente a nivel cinematográfico. Sin ir más lejos, Russel Crowe le dijo al guionista, David Franzoni, que sus diálogos eran basura, pero como él era el mejor actor del mundo salvaría la cinta. Tampoco es raro que pensase eso, porque el primer borrador del guion tenía tan solo veintiuna páginas cuando se puso todo en marcha para empezar a grabar. Es decir, tenían para aproximadamente veintiún minutos de filme, y nadie quiere pagar una entrada para ver algo inacabado y que, encima, apenas supera el cuarto de hora. Es más, Ridley Scott, el director, ni se había leído el texto de su propia cinta porque, simplemente, le apetecía grabar algo sobre gladiadores. Después de que DreamWorks aprobase destinar 103 millones de dólares para el rodaje, reservaron localizaciones en Inglaterra, Marruecos y Malta, y una vez ahí, protagonista y escritor se reunían por las noches para planear qué era lo que filmarían a la jornada siguiente. Tras consultar a otro experto en narrativa, William Nicholson, hicieron algunos retoques. El cambio más sustancial fue envolver la trama de venganza con una historia de alguien que lucha por su familia, enriqueciendo al personaje, que se reencontraría con ellos al final, en la otra vida. De hecho, en estas propuestas de un día para otro, se planteó la posibilidad de Máximo retozando en una escena erótica con Lucilla, pero el intérprete se negó porque le parecía absurdo que un hombre estuviese pensando todo el rato en su mujer asesinada y parasen todo para pasar un rato placentero. En cualquier caso, pese a lo caótico, la falta de planificación y las decisiones cambiantes, todo el mundo se empleó a fondo, con entusiasmo, para lograr el mejor resultado posible. No hay duda de que lo consiguieron, pero el precio que pagar fue que es bastante imprecisa en cuanto a lo histórico.

En primer lugar, hay que recordar que lo que denominamos Antigua Roma comprende desde el siglo v a. C. al siglo v, o sea mil años de historia donde hubo muchos cambios. Por ejemplo, tú has visto evolucionar mucho a tu sociedad y con suerte vivirás cien años. Imagina en un milenio. Además, con el tiempo, Roma se extendió mucho, por lo que las cosas también podían ser diferentes en un lado o en otro, así que, aunque la percepción popular es que los combates de gladiadores eran parte del ocio habitual, lo cierto es que depende del momento y el lugar. Hay evidencias de estas prácticas desde el siglo III a. C., que tuvieron especial relevancia entre el siglo II y I a. C., aunque continuaron con picos de popularidad hasta el siglo V. Se organizaron días de juegos en honor a personalidades fallecidas, con motivo de festividades destacadas o para celebrar victorias. Enfrentaron en la arena incluso a animales de todo tipo. En la película incluyen un tigre, y es sabido que intentaron incluir un rinoceronte, algo que parece que se les quedó clavado muy hondo en el corazón porque se quedaron con la idea en mente durante veinte años, hasta el estreno de la segunda parte en 2024. Con todo, los enfrentamientos más populares eran entre luchadores, que no eran en absoluto como nos muestran.

La percepción popular de que la mayoría de los gladiadores perecían en la arena es exagerada. La realidad es que, aunque los enfrentamientos podían ser violentos, la mayoría no terminaban con la muerte de los combatientes. El motivo más evidente para entender esto es económico. ¿Quién querría meter dinero en un modelo de negocio donde la inversión, los luchadores, mueren en cada combate? Pensemos en un *ludus*, una escuela donde se entrenan los gladiadores, que reciben atención y cuidados, son alimentados... y tras todas esas atenciones salen y alguien les atraviesa la cabeza con una lanza. No parece muy rentable, ¿verdad? Es como un equipo de fútbol en el que, cada vez que saliesen los jugadores al campo, hubiese francotiradores disparándoles. Probablemente sería difícil obtener beneficios. La realidad es que los gladiadores eran más bien atletas de élite, esclavos que recibían formación para competir en deportes con reglas, de ahí que hubiese muchos tipos de combatientes, aunque los más recordados suelen ser los de la red, los llamados reciarios, y los que tienen un casco con cresta y una rejilla que parece un colador de pasta, el murmillo. La sangre podía fluir, pero los organizadores preferían que los luchadores sobrevivieran para participar en futuros combates. Eso no quita que de vez en cuando alguno no saliese vivo, pero no era algo común. En otras palabras, en los circos romanos se veían espectáculos de lucha, no matanzas masivas. De hecho, hay historiadores que se han atrevido a dar cifras, por lo que, según a quién preguntes, te dirán que morían entre uno de cada cinco o uno de cada diez. No podemos concretar nada por falta de fuentes, pero sí parece claro que no es para nada como vemos en las películas.

Su vida fuera de la arena que se muestra en la película sí se acerca más a la realidad. Por lo que sabemos, si demostraban gran habilidad, tras años de combate, podían obtener la libertad, puede que incluso vivir como personas muy famosas, con amantes y todo. Algo así como una estrella del rock. Esta realidad más amable en la que no todo el mundo muere tampoco hace que las luchas fuesen menos interesantes, pues los combates despertaban mucho interés. Se calcula que el Coliseo podía albergar a unos cincuenta mil espectadores; entre ellos, el emperador y miembros de la aristocracia, lo que redunda en su gran poder de atracción. Es cierto que en la película este edificio parece mucho más grande, quizá hasta el punto de doblar su aforo, pero igualmente es una recreación espectacular.

¿SABÍAS QUE HUBO PENSADORES QUE CONSIDERARON INMORALES LAS PELEAS DE GLADIADORES?

A pesar de la gran popularidad de los espectáculos de gladiadores en la Antigua Roma, no todos los filósofos, políticos e intelectuales estaban de acuerdo con ellos. Es más, a algunos les horrorizaban. Personajes como Séneca criticaban abiertamente la brutalidad y la violencia de los combates. Los consideraban un espectáculo que fomentaba la insensibilidad y la degradación, en lugar de la virtud y el autocontrol, cualidades que nunca están de más en una sociedad. Incluso instaba a sus amigos a no asistir, por lo que igual era ese tipo de amigo pesado que no deja de mostrarse activista, incluso con su gente más cercana, que ya sabe lo que piensa. Cicerón, aunque apoyaba algunas tradiciones romanas, también cuestionaba la glorificación de la violencia sin propósito moral y, asimismo, la consideraba la causante de crear enemigos de Roma. Plinio el Joven expresó a su vez su descontento, reconociendo la barbarie de los combates, a pesar de que a veces disfrutaba de ellos. Por su parte, el poeta satírico Juvenal criticó la obsesión del pueblo romano por los «pan y circo» *(panem et circenses)*, señalando que tales espectáculos servían para distraer a la gente de los problemas políticos y sociales más acuciantes. Como ves, el debate que en ocasiones genera el fútbol y otros deportes es bastante similar, lo que significa que los humanos llevamos discutiendo sobre las mismas cuestiones miles de años y todavía no hemos llegado a resolver nada.

23

GLADIATOR II: ¿EL COLISEO ROMANO SE LLENABA DE AGUA PARA RECREAR COMBATES NAVALES?

Cuando se hablaba de una segunda parte de *Gladiator*, la gente pensaba que era una broma. El protagonista había acabado muerto y no había cabos sueltos, pero Ridley Scott se quedó con ganas de más. Durante un tiempo confió el guion de la continuación a Nick Cave, el cantante de la famosa banda australiana The Bad Seeds, quien escribió una trama en la que el general Máximo resucita, lucha contra dioses y viaja por el tiempo combatiendo en varias de las batallas más famosas de la historia. Por suerte esto no salió adelante. O por desagracia, porque la crítica no quedó muy contenta con *Gladiator II* (2024). En esta ocasión el director Ridley Scott dejó tranquilo al fallecido protagonista de la primera parte y nos presentó la historia de su hijo Lucius. Sí, al parecer confirma en esta entrega que era su hijo, algo que se intuía, pero nunca quedó confirmado. Este chaval, muy influenciado por los heroicos actos de su padre, acaba luchando en la arena junto con un general caído en desgracia. En realidad, el argumento da un poco igual porque la idea es ver a luchadores dándose golpetazos en la arena y enfrentándose a retos muy creativos como soldados cabalgando rinocerontes o monos asesinos. No obstante, una de las escenas más memorables es cuando llenan el Coliseo de agua para recrear una batalla naval. ¿Era esto posible? Como supondrás, esto no es más que una exageración.

Las naumaquias, que es como se llamaba a los espectáculos navales, sí que existieron en la Antigua Roma, pero costaban un buen dinero. El primero en explorar el divertido mundo de la recreación de las batallas en el mar fue Julio César, quien para celebrar sus victorias mandó crear en el año 46 a. C. un lago en la ciudad. Como su agua estaba estancada y no se limpiaba, acabó más sucia que el palo de un gallinero, por lo que se convirtió en un foco de enfermedades y tuvieron que cubrirlo de tierra. Tiempo más tarde, en el año 2 a. C., el emperador Augusto recuperó la idea y creó un enorme espacio situado cerca del río Tíber, que recibía agua gracias al acueducto Aqua Alsietina. Ahí ya empezaron a intuir que este entretenimiento era carísimo. Implicaba muchas obras y en las representaciones morían más esclavos de lo deseable, algo que querían evitar, tal como hemos señalado en el capítulo anterior. Perder uno o dos hombres es asumible si a cambio pasamos un buen rato, pero si implica el vaciado de las arcas, entonces tenemos un problema. También está el caso de los juegos organizados por Claudio, que no se hicieron en un circo, sino en el lago Fucino, a unos 100 kilómetros de Roma. Ahí el emperador decidió celebrar un espectáculo en el que miles de esclavos lucharían por su vida y, que sepamos, es ahí la única vez que se pronunció lo de *Ave, Imperator, morituri te salutant* (Salve, emperador, los que van a morir te saludan). En este caso tenía sentido porque los participantes en tan magna competición no eran gladiadores, sino esclavos condenados a muerte. Dicho de otro modo: las naumaquias eran un show mucho más sangriento que los combates de gladiadores, que al fin y al cabo eran atletas de élite y no prisioneros de guerra.

Pero ¿alguna vez hubo espectáculos navales en el conocido Coliseo de Roma? Si lo piensas, no tiene mucho sentido inundar un lugar que tiene el suelo de madera y cientos de galerías. El agua se filtraría por todas partes y pondría en riesgo la estructura del edificio. Las escasas recreaciones de este tipo fueron precisamente antes de que se construyeran los subterráneos. Esto ocurrió en el año 80, cuando los emperadores Tito y Domiciano ofrecieron tres pequeñas batallas navales con motivo de la inauguración del anfiteatro. Es decir, que para la época histórica que se recrea en *Gladiator II*, bien entrado el siglo II, organizar estos combates en los coliseos sería muy complicado, sino imposible. En cambio, sí que era viable que se celebraran en lagos, pantanos... De hecho, uno de estos mandamases mandó crear un nuevo lago en la actual zona del Vaticano con la idea de celebrar naumaquias. Así que a lo mejor las fuentes en realidad hacían referencia a combates acuáticos en este lugar y no en el famoso anfiteatro. Sea como fuere, décadas más tarde, Trajano mandó desmontar este tinglado y montar uno nuevo cerca: la Naumachia Traiana, donde se realizaron diversos combates navales durante los siguientes siglos. Los últimos de los que tenemos constancia tuvieron lugar en el año 248, cuando se celebraban mil años de la fundación de Roma.

En conclusión, la escena de *Gladiator II* es entretenida y divertida, pero es una representación muy exagerada de la realidad. El Coliseo no era el lugar para este tipo de combates que, en realidad, fueron bastante excepcionales. Además, en esta saga parece que todos los luchadores tienen problemas personales con los emperadores; tampoco parece buena idea la de mostrar cómo la altura del foso se eleva para situarlo al mismo nivel que el palco presidencial.

¿QUÉ PASÓ CON EL MÁRMOL QUE CUBRÍA EL ESPECTACULAR COLISEO ROMANO?

Uno de los momentos más memorables de la saga Gladiator es cuando los protagonistas llegan al famoso Coliseo en Roma y tamaña creación les deslumbra. Originalmente estaba decorado con mármol blanco y travertino, pero perdió gran parte de su revestimiento a lo largo de los siglos debido a saqueos y a la reutilización de materiales en otras construcciones. Tras la caída del Imperio romano quedó en desuso y empezó a servir como cantera durante la Edad Media, periodo en que su mármol fue empleado para construir iglesias y palacios, como la basílica de San Pedro y el Palazzo Venezia. Los terremotos, como el de 1349, también hicieron que muchas piedras cayeran y fueran recicladas. En el Renacimiento, los papas continuaron autorizando la extracción de material para proyectos como la Fontana di Trevi, que hay que admitir que es preciosa. Aunque las restauraciones nunca lograron recuperar su esplendor original, en el siglo XVIII se preservó como un símbolo histórico, dejando al descubierto su estructura monumental y resistente al tiempo. Es más, en 1749 Benedicto XIV declaró el Coliseo, a través de una bula papal, como sagrado por su vínculo con el martirio cristiano, con lo que se acabó su uso como cantera para otras construcciones.

24

ÁGORA: ¿FUE LA BIBLIOTECA DE ALEJANDRÍA QUEMADA POR CRISTIANOS?

Ágora (2009) es una película histórica que narra la vida de Hipatia de Alejandría, una brillante filósofa, matemática y astrónoma del siglo IV d. C., que lucha por preservar el conocimiento en medio de la agitación política y religiosa que sacude el Imperio romano. La cinta fue un fracaso en taquilla donde, tras una inversión de cincuenta millones de euros, tan solo logró recaudar treinta y cuatro en todo el mundo, pero eso no hace que sea menos recomendable. Dirigida por Alejandro Amenábar, nos presenta un contexto en el que el cristianismo está en auge, por lo que explora los conflictos entre fe, ciencia y poder, mientras nuestra protagonista intenta descifrar los misterios del cosmos. Como resultado de todas estas tensiones, la famosa Biblioteca de Alejandría acaba en llamas porque, según proponen, los amantes de Jesús tienden a radicalizarse en contra de la ciencia y, de paso, también se cargan a la protagonista. Por el motivo que sea, esta visión no terminó de gustar entre los hombres de fe, que criticaron una interpretación sesgada de la época. Veamos si tenían razón.

La famosa Biblioteca de Alejandría fue creada pocos años después de la fundación de la ciudad por Alejandro Magno en el año 331 a. C., y tenía como finalidad compilar todas las obras del ingenio humano, de todas las épocas y regiones. Como una Wikipedia, pero en formato físico, vaya. Sin embargo, una idea tan ambiciosa debería haber ido acompañada de un sistema antiincendios moderno y también de un protocolo de prevención contra invasiones. Se discuten las cifras, pero se calcula que llegó a tener cerca de setecientos mil papiros de todo tipo, que, por supuesto, incluían a las obras de los grandes filósofos de la antigüedad. Un lugar así tan solo podría ser odiado por un cazurro y, aunque vamos sobrados de estos en la historia, no está claro que en esta ocasión ese fuera el problema. Es cierto que desde el año 145 a. C. este templo del saber estaba en decadencia tras la purga de intelectuales durante el reinado de Ptolomeo VIII, pero una cosa es apartar a personas divergentes por motivos políticos y otra prender fuego a su casa. La primera hipótesis de su completa destrucción nos lleva al año 47 a. C., durante la guerra de los pretendientes al trono de Egipto. El general romano Julio César había acudido a Alejandría para apoyar a la reina Cleopatra, pero sus fuerzas fueron sitiadas cerca del palacio, donde seguramente se emplazaba la biblioteca. Los combates provocaron un incendio y, al menos, su destrucción parcial. También es cierto que se dijo que, años más tarde, Marco Antonio, mientras estaba en la ciudad, donó un gran número de libros procedentes de la biblioteca rival de Pérgamo, quizá con la intención de compensar el anterior desastre.

Si el grueso del lugar perduró no está claro, pero sí parece que estaba en horas bajas. No podemos dar una fecha exacta de su destrucción; no obstante, todas las teorías apuntan a que fue una lenta progresión de decadencia. En el año 215 el emperador romano Caracalla suprimió la financiación de este tipo de instituciones como castigo a los movimientos opositores a su gobierno. Además, en el año 272, los soldados del emperador Aureliano combatieron en el lugar para derrotar a las fuerzas de la reina Zenobia. En caso de que este santuario del saber aún se mantuviese en pie, sería de una forma muy precaria, muy diferente a como vemos en la película y a como fue en su día. Avanzamos entonces al año 391, cuando efectivamente esta ciudad era, como se suele decir, un crisol de culturas. Eso queda muy bonito, pero se puede traducir también como un montón de religiones distintas que apoyaban a un político u otro en función de la influencia que podían conseguir. A este contexto hay que añadir que las leyes contra el paganismo promulgadas en el siglo IV por el emperador Teodosio no ayudaron, ya que los más exaltados las aprovecharon para legitimar ataques contra templos e instituciones paganas. Así pues, en ese momento unos obreros cristianos encontraron unos antiguos objetos de culto en un templo dedicado al dios Mitra, y se los entregaron al patriarca copto Teófilo de Alejandría, quien los exhibió para ridiculizarlos. Esto molestó a filósofos de la escuela neoplatónica, que fueron a pegar a los cristianos, quienes en represalia demolieron el *serapeum*, el templo en honor a Serapis, deidad greco-egipcia que buscaba vincular ambas culturas, cosa que se ve que no hacía. Esto es lo que se suele identificar como el fin de la biblioteca, pero es que esta ya no existía como tal en ese momento. Aunque algún manuscrito habría entre sus paredes, y seguramente se perdiese algo de conocimiento, los historiadores no creen que hubiese un punto final violento, sino un proceso constante de desmontaje. Es más, para esa misma época, el teólogo hispano Orosio informaba de que al visitar la ciudad solo halló anaqueles vacíos en los templos, sin ningún libro en ellos. Otra teoría apunta a que la biblioteca fue incendiada cuando el califa Omar tomó la ciudad en el año 640 y ordenó a los ejércitos musulmanes arrasar con todo; esta opción, sin embargo, tampoco se toma como una posibilidad, ya que hay una brecha de, como mínimo, quinientos años desde los primeros registros que hablan del fin de este centro de conocimiento.

Al mismo tiempo, en la película, Hipatia es presentada como una científica y astrónoma, concentrada en sus estudios sobre el heliocentrismo y las órbitas elípticas, anticipando teorías que se desarrollarían más de mil años después, como las de Kepler y Copérnico. No hay pruebas de que ella desarrollara estos postulados, aunque sí es cierto que hizo importantes contribuciones a la geometría y al álgebra. ¿Fue asesinada por ello? No es necesario ser un genio para saber que ni todos los cristianos son radicales ni que los más extremos odian las matemáticas, por muy complicadas que estas puedan ser. Este largometraje no parece tener esto tan claro. Es cierto que Hipatia fue asesinada brutalmente en 415 d. C., cuando un grupo de fanáticos la asaltaron cuando volvía a casa, la golpearon, la arrastraron por la ciudad, la desnudaron y la descuartizaron; luego sus restos fueron quemados. Un final salvaje, sin duda, pero las razones que motivaron este ataque son más complejas. Las fuentes históricas, como el obispo del siglo VIII Juan de Nikiu y el historiador del siglo IV Sócrates Escolástico, mencionan que fue atacada por una turba de cristianos, pero no hay evidencia de que fuera asesinada específicamente en la biblioteca inexistente entonces o por sus creencias científicas. Es más, este obispo la acusaba de bruja peligrosa responsable de las hostilidades entre cristianos y paganos, pero en todo momento vincula su final a motivaciones políticas y no porque la ciencia sea mala. Su asesinato estuvo más relacionado con tensiones entre el prefecto romano Orestes y el obispo Cirilo de Alejandría; en este enfrentamiento Hipatia fue vista como aliada de Orestes, lo que la convirtió en blanco de su ira. No es que, tal como nos muestran, ella simplemente rechazase cristianizarse como si esto fuese una renuncia a su pensamiento científico, que no es más que un falso debate que se ha exagerado mucho en el cine.

En cualquier caso, pese a que *Ágora* se alimenta de tópicos muy simplificados, la representación de la ciudad es maravillosa y logra contagiar esa esencia de las antiguas eras, por lo que sigue siendo muy recomendable.

¿SABÍAS QUE HIPATIA DE ALEJANDRÍA ES CONSIDERADA LA PRIMERA MUJER MATEMÁTICA?

La película hace un gran esfuerzo por resaltar el intelecto y genialidad de este personaje histórico, pero fue incluso más brillante de lo que nos muestran. Muchos historiadores creen que Hipatia desempeñó un papel crucial en la preservación del conocimiento de su tiempo trabajando en la Casa de Museos, el remanente intelectual de la biblioteca. Durante sus días en este lugar diseñó un astrolabio mejorado, un instrumento usado para calcular la posición de las estrellas y navegar. También perfeccionó el planisferio y el hidrómetro, utilizado para medir la densidad de líquidos, e hizo grandes contribuciones a la aritmética. Esto muestra su enfoque práctico en la ciencia, además de sus contribuciones filosóficas.

25

LA CAÍDA DEL IMPERIO ROMANO: ¿TODOS LOS ENEMIGOS DE ROMA ERAN BÁRBAROS PRIMITIVOS?

Es fácil imaginar a los enemigos de Roma como hombres con hachas enormes y cubiertos de pieles, pero la ficción se olvida de algo: ellos ganaron. Si tan poderosos y avanzados eran los romanos, ¿por qué perdieron contra salvajes que parecen sacados de una cueva? La respuesta es sencilla: sus enemigos eran más avanzados de lo que se les suele describir. *La caída del Imperio romano* (1964) es el mejor ejemplo para hablar de esto, pero si no la has visto piensa en la batalla inicial de *Gladiator*, donde las hordas bárbaras no parecen haber superado la Edad de Piedra. En este caso, estamos ante una épica película histórica dirigida por Anthony Mann que narra los últimos años de gloria del Imperio y el inicio de su decadencia.

Lo primero que hay que destacar es que sitúa el final de esta civilización trescientos años antes de los hechos auténticos, lo cual es raro, pero eso no quita que fuese un largometraje espectacular, hasta el punto de que tiene el récord de haberse filmado en el set de rodaje más grande de la historia. Fue construido en las afueras de Madrid, España, y recreó lugares como el Foro a escala real. Además, contó con más de ocho mil extras, porque entonces no se hacía nada digital y no había otra alternativa que contratar a figurantes. Protagonizada por estrellas como Sophia Loren, Alec Guinness y Christopher Plummer, se presentaba el asesinato del emperador Marco Aurelio y el ascenso al poder de su hijo, Cómodo, cuya ambición y crueldad desatan una serie de conflictos internos que debilitan la gobernanza. Así que de nuevo la realidad de estos dos personajes históricos, tal como pasa con *Gladiator*, es alterada profundamente y mueren también de una manera muy distinta a la real. Por si fuera poco, no solo tienen que lidiar con problemas paternofiliales, sino con invasiones bárbaras.

Como viene siendo habitual en Hollywood, representan a los enemigos de Roma como sociedades primitivas que no tenían nada que hacer a la hora de enfrentarse a la civilización. Cabría preguntarse por qué Roma perdió contra ellos si tan solo eran unos salvajes. Por algún motivo nos sale pensar que a lo largo de los cientos de años de historia romana todos sus oponentes fueron iguales en todas partes. No es difícil deducir que los habría más avanzados y menos, y en efecto los que hicieron caer a esta civilización no tenían nada que ver con aquellos prerromanos que vivieron muchos siglos antes. Esta visión está a su vez muy relacionada con las grandes construcciones imperiales, algo que solemos vincular con el éxito y progreso de una civilización porque visualmente son espectaculares. Si alguien es capaz de erigir creaciones impresionantes como un acueducto o el Coliseo, es que seguramente haya avanzado también en tecnología, derechos, libertades, ciencia, cultura y todos esos aspectos que nos definen como humanos; con todo, eso no significa que si no estás al mismo nivel seas un vagabundo chapucero que vive en una cueva. Se dice que Carataco, el principal líder de la resistencia contra la invasión romana de Britania en el siglo I, tras ser capturado y liberado, planteó: «¿Cómo pueden ellos, teniendo tales posesiones, ambicionar nuestras pobres cabañas?», por lo que sí es cierto que podemos encontrar algo de verdad en el tópico. La visión de los pueblos del norte de Europa (germanos, celtas, godos, visigodos, vándalos...) como «bárbaros» proviene directamente de las fuentes romanas, que usaban el término «bárbaro», que proviene del griego *bárbaros*, que significa «extranjero». Este término se usaba para referirse a cualquier cultura no romana o no helénica. En su origen hacía referencia al que balbucea, al que no habla bien un idioma por ser de fuera, no porque viviese en la Edad de Piedra. Además, en sus escritos, historiadores romanos como Tácito o Julio César exageraban las diferencias culturales, describiendo a los pueblos no romanos como salvajes, lo que ha influido en el modo en que se han representado históricamente.

Aunque el conflicto entre civilización y barbarie funciona muy bien en el cine, en el caso de Roma es exagerado. Los germanos pasan a ser barbudos que se cubrían con pieles, usaban armas enormes y atacaban en hordas desorganizadas, y son así desde la creación de Roma hasta las invasiones del siglo IV. No evolucionan porque no es lo que se espera de los salvajes. Todo esto no es más que una simplificación. Aunque los germanos no tenían grandes ciudades, su estructura social era compleja. Por ejemplo, estaban organizados en clanes, con líderes elegidos llamados reyes o caudillos. También celebraban asambleas populares en las que los guerreros libres participaban en la toma de decisiones importantes, mostrando una forma de gobierno más o menos democrática y participativa; al mismo tiempo, habían desarrollado un derecho que reconocía valores como la costumbre o la compensación monetaria tras un crimen, comerciaban entre ellos y con los romanos. En lo relativo a la metalurgia, tenían conocimientos avanzados: fabricaban espadas, lanzas y hachas de hierro de gran calidad. De hecho, algunas armas germánicas, como las espadas largas *(spatha)*, fueron más tarde adoptadas por los romanos. Asimismo, la famosa espada romana conocida como *gladius* era originalmente conocida como la *gladius hispaniensis*, o «espada hispana», que fue incorporada al ejército regular en el siglo III a. C. tras adaptar una creación similar de origen ibérico.

En conclusión, en la pantalla vemos a un señor enorme con la cara pintada gritando y asesinando por diversión, pero al mismo tiempo esta persona es el orgulloso ancestro que participó en la creación de reinos medievales avanzados como los visigodos o los francos. ¿En qué quedamos? No tenemos más remedio que asumir que igual Hollywood no está dando una clase de historia, sino buscando el entretenimiento sirviéndose de los estereotipos.

¿CUÁL FUE LA MAYOR HUMILLACIÓN SUFRIDA POR ROMA?

A lo largo de los siglos los romanos sufrieron muchas derrotas humillantes, como la aniquilación de las legiones XVII, XVIII y XIX en el bosque de Teutoburgo en el año 9 d. C., que hizo que no se volviesen a usar estos números para nuevas secciones militares. Al fin y al cabo, no se forja un dominio tan extenso sin padecer un poco. La derrota más hiriente podría considerarse el saqueo de la ciudad a manos de los visigodos liderados por Alarico en el año 410 d. C., un evento que rompió el mito de la invencibilidad de la capital del Imperio. Roma, que había sido el centro del mundo conocido durante siglos, no había sido atacada desde la invasión de los galos en el 390 a. C., y su caída marcó un momento de profunda conmoción. Alarico, antiguo aliado, cercó la ciudad durante tres años, utilizando el hambre como arma para someterla y, finalmente, entró en ella el 24 de agosto y la saqueó durante tres días. Este episodio simbolizó el inicio del fin del Imperio romano de Occidente, pues evidenció su incapacidad para defenderse, las divisiones internas y su declive general. Aunque el saqueo fue breve y relativamente organizado (incluso respetaron algunas iglesias), su impacto moral fue devastador, pues demostró que Roma ya no era la potencia invulnerable que había sido. Si bien el Imperio no colapsó de inmediato, este evento marcó un punto de no retorno en su decadencia.

EDAD MEDIA

26

EL REY ARTURO: ¿FUE UN ANTIGUO GENERAL ROMANO EL ORIGEN DEL MITO?

El rey Arturo es como Robin Hood, un personaje que inspira cada poco tiempo películas, por lo general cada una de ellas peor que la anterior. Sin embargo, son pocos los guionistas que han tratado al monarca desde una perspectiva histórica para aportar una reinterpretación más realista de la leyenda, así como de los famosos caballeros de la Mesa Redonda. Por tanto, no hay hechicería, espadas mágicas y tampoco un santo grial, lo que para algunos puede significar que pierde toda la gracia. Estrenada en 2004 y ambientada en el siglo V, tras la retirada del Imperio romano de Britania debido a las invasiones sajonas, la historia sigue a un grupo de guerreros liderados por Arturo, quienes emprenden una última misión para una Roma decadente a punto de caer. De hecho, esta es la misma trama de la película *La última legión* de 2007, que adapta la novela del escritor Valerio Massimo Manfredi y trata de dar una explicación lógica al origen del conocido ciclo artúrico. No obstante, por mucho que nos guste pensar que conocemos de dónde sale el famoso rey que sacó una espada de la piedra, no lo tenemos nada claro.

Lo primero que tenemos que comprender es que sí hubo líderes militares que se enfrentaron a sajones tras la retirada del Imperio romano, y cualquiera de ellos pudo destacar hasta ser el origen del mito. Tan solo sabemos que, entre los años 383 y 410, las incursiones sajonas, pictas y escotas habían puesto en jaque a la presencia romana en las islas Británicas, hasta que el emperador Honorio respondió a una solicitud de ayuda militar diciendo a los romano-britanos que «deberían ocuparse de su propia defensa». Este «búscate la vida» es lo que se conoce como el rescripto de Honorio. En respuesta, en Britania ya dieron por concluido eso de depender de Roma, que estaba muy lejos. Esta situación no es más que otra prueba de que, aunque la caída de esta civilización se suele datar en el año 476, llevaba décadas deteriorada y dividida. La historia, muchas veces, más que de hitos se define por procesos largos. Por consiguiente, había regiones lejanas que ya estaban en otra realidad mucho más próxima a lo que relacionamos con la Edad Media.

Ya en el siglo VI, Gildas, un monje nacido en Gran Bretaña, explicó las batallas entre britanos y sajones, pero no mencionó a ningún Arturo en su *De excidio et conquestu Britanniae.* Dos siglos más tarde, en el año 830, el cronista Nennius (cuya existencia está cuestionada) mencionó en su *Historia Brittonum* a un líder llamado Arturo, quien se enfrentó a sajones en más de doce batallas, la más famosa de las cuales es la de Badon, donde se dice que mató a novecientos sesenta hombres. Si algo nos queda claro es que este señor debía de ser un luchador formidable, o bien que alguien estaba exagerando el relato. Si avanzamos en el tiempo, en el siglo XII, las leyendas galesas compiladas en los conocidos *Mabinogion* describieron a este líder como un rey mítico con poderes sobrenaturales. En ese mismo periodo, el clérigo Godofredo de Monmouth publicó su *Historia Regum Britannia,* donde ya dio forma definitiva al mito al presentar a Arturo como el glorioso rey de Britania y dio origen a lo que se conoce como la Materia de Bretaña. Por tanto, estamos ante un proceso muy largo de crear una historia, que luego incorpora añadidos, como cuando el poeta francés Chrétien de Troyes agregó poco más tarde la trama del Santo Grial o la de Lancelot; o la famosa versión de sir Thomas Malory, quien escribió en 1469 *La muerte de Arturo.* Tras eso ha habido muchas variaciones. Por eso los protagonistas cambian mucho y, según a quién preguntes, la famosa espada Excalibur aparece de formas diferentes, ya sea como regalo de la Dama del Lago o como una prueba de fuerza al estar clavada en la roca.

Pese a que esto es lo que sabemos, algunos investigadores han propuesto sus teorías para poner nombre y apellidos al rey Arturo, pero no llegan a un acuerdo. Para algunos eruditos, el nombre de Arturo está tomado del comandante romano del siglo III Lucius Artorius Castus, quien al parecer sofocó alguna rebelión sirviéndose principalmente de la caballería. Según se cree, tenía el cargo de *Dux Bellorum*, es decir, líder de guerra. Otra posible identidad es la del líder del siglo v Ambrosius Aurelianus, el más joven de una de las más poderosas familias romano-britanas, quien nació poco después de que las legiones abandonaran Inglaterra. Para otros, se trata de Owain Ddantgwyn, un príncipe galés del siglo vi que luchó contra anglos y sajones. Su apodo era Arth, que significaba «oso», que podría ser la raíz del nombre. En conclusión, son todo conjeturas. Es triste, pero la historia está llena de huecos y por eso la ficción trata de rellenarlos con más o menos acierto, a veces insistiendo demasiado en ideas preconcebidas, como la de que el famoso monarca fue en realidad un romano, pero no lo sabemos.

Por si fuera poco, esta película ahonda en ciertos estereotipos de los que ya hemos hablado, como poner a los pictos como hombres de las cavernas que solo ganan por ser más numerosos, o el uso de armas y armaduras posteriores, como si los mil años de historia que dura la Edad Media fuesen todos iguales, sin ningún tipo de cambio ni progreso. Además, por algún extraño motivo, los caballeros que siguen a Arturo son guerreros sármatas, una tribu nómada originaria de la región que hoy es Ucrania y Rumanía. ¿Qué narices hacían en Britania? El guion no se atreve a dar una explicación, seguramente porque sea algo imposible. Si bien los sármatas sirvieron en las legiones romanas, no hay pruebas históricas que sugieran que formaron parte de la leyenda artúrica, o que se mantuvieran en Britania para luchar a las órdenes de un líder romano-britano.

En conclusión, la versión histórica del rey Arturo no responde a la realidad, por mucho que esta película la difunda. Simplemente no sabemos cuál es la historia real. Quizá con el tiempo quede mucho más claro. Por ejemplo, en marzo de 2025 se dio la noticia de un nuevo relato sobre Merlín y Arturo que había quedado oculto en un tomo medieval en Cambridge, concretamente en un libro que alguien acabó usando siglos más tarde para hacer anotaciones sobre registros de la propiedad. Así que igual, como la historia es así, descubrimos algo que nos aclare las cosas.

¿SABÍAS QUE LANCELOT NO ERA PARTE DE LA HISTORIA ORIGINAL DE ARTURO?

Otra de las adaptaciones famosas del mito es *El primer caballero* (*The First Knight)*, estrenada en 1995. En esta versión aparecen Sean Connery como el rey Arturo y Richard Gere como Lancelot, pero este último personaje no apareció en las primeras versiones de la leyenda artúrica. Fue introducido por el escritor francés Chrétien de Troyes en el siglo XII, como protagonista de historias románticas y caballerescas, como su historia de amor prohibido con la reina Ginebra. Antes de Lancelot, otros caballeros, como Gawain, ocupaban el papel de héroes principales junto a Arturo. Lancelot añadió un toque de drama, conflictos amorosos y traiciones que hicieron las leyendas aún más emocionantes. Así que, si Arturo y Ginebra tienen problemas de pareja, ¡culpa a los franceses!

27

LOS CABALLEROS DE LA MESA CUADRADA: ¿LOS CAMPESINOS SE PASABAN EL DÍA BUSCANDO BRUJAS PARA QUEMARLAS EN LA HOGUERA?

Si hay una película que tiene claro que no quiere ser una lección de historia es *Los caballeros de la mesa cuadrada y sus locos seguidores* (1975). Sin embargo, tiene escenas tan míticas que han pasado al acervo popular como propias del Medievo, por mucho que fuese una comedia creada por el grupo de humor británico Monty Python. Los estereotipos que usaban como recurso para crear situaciones absurdas vienen de algún lado, y de eso vamos a hablar en este capítulo. Se ríen de las leyendas artúricas, de la búsqueda del Santo Grial, de la imagen de los caballeros y de las supersticiones. Estas últimas dieron pie a una de las escenas más memorables. Así, vemos un grupo de campesinos como personas realmente poco inteligentes que creen que una mujer es bruja, y lo confirman gracias a la extraña teoría de que pesa lo mismo que un ganso. ¿Existía ese tipo de juicios? Sorprendentemente sí, pero como suele pasar en estos casos es una visión extrema del mito.

Sí existió en la tradición germana lo que se conoce como la prueba del peso. Se alimentaba de la creencia popular de que las brujas podían volar o flotar porque eran ligeras, seguramente por estar vacías por dentro al no tener alma. La prueba tenía, digamos, garantías judiciales laxas. Si la mujer sospechosa de brujería era colocada sobre una balanza y pesaba menos de lo que creían que debería pesar, era acusada de bruja. Si pesaba más, existía la posibilidad de que creyesen que había manipulado la máquina gracias al poder del demonio, por lo que se la tildaba también de bruja y casi siempre condenada. O sea, que el criterio científico brillaba por su ausencia. Esto fue lo que originó la famosa escena de los Monty Python, que es bastante graciosa. Con todo, nos da a entender dos cosas: toda la Edad Media fue igual, y durante todo ese periodo se condenó a brujas, muchas por motivos muy absurdos. Este momento de la historia abarca desde el siglo V al siglo XV, y se extiende por Europa, Asia y África, por lo que es imposible que en tan amplio espacio fuese todo igual durante tanto tiempo. Sí que hubo persecuciones en las que condenaron a la hoguera a personas, como la condena a la herejía cátara en el siglo XII, o la famosa Juana de Arco, que también tuvo este ardiente final en el año 1431; sin embargo, estos famosos ejemplos parece que tienen que ver más con la política que con lo supersticioso. De hecho, ese fue el origen del Tribunal de la Inquisición en España, que fue creado en 1478, al final de la Edad Media. La división religiosa amenazaba la unidad territorial, así que se fomentaron este tipo de juicios, que, aunque en muchos casos fueron sangrientos e injustos, no son tal como los pintan. Profundizaremos en esto en el capítulo donde abordamos la película de *Assassin's Creed*, ambientada en la España de ese siglo. En cualquier caso, el lector atento se habrá percatado de que estamos hablando de que las persecuciones por brujería comenzaron precisamente a finales de la Edad Media y se desarrollaron en las siguientes décadas, ya entrados en la Edad Moderna. Fue en 1487 cuando un par de monjes dominicos del Sacro Imperio Romano Germánico publicaron el libro *Malleus maleficarum*, traducido como *Martillo de las brujas*. Los autores, Heinrich Kramer y Jakob Sprenger, fomentaron la caza de brujas, histeria que alcanzó su máxima expresión en el siglo XVI y XVII, sobre todo en Alemania, Inglaterra y lo que hoy es Estados Unidos. Defendían cosas como que estas hechiceras podían transformarse en gato, causar impotencia, volar y provocar tormentas (no se entiende por qué estas dos últimas habilidades son consideradas algo malo, con lo prácticas que son). En contraposición, si viajamos al año 794, a ese momento que muchos consideran oscuro, en el Concilio de Fráncfort, al amparo de Carlomagno, se llegó a la conclusión de que toda aquella persona que acusase a alguien de brujería y buscase su muerte en la hoguera sería ejecutada. Consideraron que la superstición no debía formar parte de un gobierno letrado y científico.

Por otra parte, podemos viajar antes de la Edad Media a la siempre ilustrada Antigua Roma, cuando también creían en brujas. En la *Farsalia*, el poema épico escrito por Lucano en el siglo I, se menciona a una mujer legendaria de aspecto horrible llamada Erictón. Tenía la curiosa habilidad de predecir el futuro a base de llenar cadáveres de pociones y resucitarlos. Al mismo tiempo, seguro que conoces a alguien que cree en la hechicería y las maldiciones en pleno siglo XXI. En conclusión, la creencia de que algunas mujeres eran brujas no es nada exclusivo de la Edad Media; de hecho, cuando esta superstición estuvo más viva fue precisamente después de este periodo.

¿SABÍAS QUE EN MUCHOS TEXTOS DE LA EDAD MEDIA SE REPRESENTAN CONEJOS GIGANTES ASESINOS?

En una escena de la película, los caballeros medievales deciden asediar la guarida de un monstruo y salen despavoridos cuando ven que se trata de un inocente conejito blanco. Esto no es solo una escena cómica, sino un tributo a una incógnita que asedia a los medievalistas. En los márgenes de muchos textos medievales se escribían anotaciones o se representaban diferentes escenas: es lo que se conoce como *marginalia*. A menudo, dibujaban caracoles descomunales y conejos gigantes armados. Estos animales aparecen blandiendo espadas, arcos o lanzas, persiguiendo a caballeros, decapitando a enemigos e incluso juzgando a humanos en breves escenas que parecen sacadas de un mundo al revés. No se tiene muy claro el porqué de esta vertiente tan creativa de los copistas, pero puede ser que se burlasen de los caballeros que exageraban sus relatos al enfrentarse a diferentes bestias, haciendo sátira de lo que es en realidad cobardía.

28

EXCALIBUR: ¿CÓDIGOS DE CABALLERÍA Y JUSTAS MEDIEVALES?

Si de algo sirven miles de adaptaciones del mito artúrico es para ahondar en los estereotipos de la Edad Media, porque básicamente son una compilación de todos los mitos existentes sobre este periodo. En esta famosa adaptación de 1981, nos encontramos con impresionantes escenas de batallas, paisajes impactantes y actuaciones memorables de Nigel Terry (Arturo), Helen Mirren (Morgana) y Nicol Williamson (Merlín). Aunque quizá sea el largometraje más querido a la hora de representar a estos personajes, nos hace creer que las justas medievales y los códigos de caballería eran algo frecuente en los mil años que dura este periodo. Lo cierto es que fueron comunes tan solo al final, en ciertas regiones y exclusivamente entre las clases altas. Vamos, que si tienes la oportunidad de viajar al pasado es muy poco probable que puedas participar en uno de estos espectáculos.

El concepto medieval de caballero no solo tiene que ver con aquella persona que dispone de medios para poseer y cuidar un caballo, que de ahí viene el nombre, sino que tiene la función de elevar a un guerrero a la altura del ideal cristiano. Esto, como viene siendo habitual, no apareció un día así de improviso, un día en que la gente quiso darle un uso a la armadura con la que ya contaban, sino que fue un proceso muy largo que duró varios siglos. Podemos situar las raíces de un código de caballería en el siglo IX y en el Imperio carolingio, donde trataba de inculcar valores como la valentía y el honor a los soldados con montura. Esto también puede tener que ver con que, si estás invirtiendo tiempo y dinero en formar a una tropa de élite, lo suyo es que no abandone el campo de batalla a las primeras de cambio. Tras las cruzadas entre los años 1099 y 1291, de las que hablaremos más adelante, se crearon muchas órdenes militares católicas, como los Caballeros Templarios, los Caballeros Hospitalarios, la Orden del Santo Sepulcro, la Orden de Santiago, la Orden de Calatrava, los Caballeros Teutónicos y un largo etcétera, cada una de ellas con sus propias ordenanzas de conducta. Fue precisamente en este periodo cuando se empezaron a popularizar varios cantares medievales o leyendas como la de Arturo, que en teoría recuperaban pasajes del pasado, pero que sin duda estaban trufados de ideales caballerescos de la época. Al mismo tiempo, el caballero Geoffroi de Charny (c. 1306-1356), publicó el Libro de caballería, que recogía los valores de su profesión destacando cosas como la piedad y la cortesía. Fue también en este siglo cuando se popularizó en la poesía europea el concepto de amor cortés, que buscaba sinceridad y elevar el romance a los valores de la nobleza. Ya en el romanticismo, durante el siglo XIX, en el que se reinterpretó toda la historia de una manera bastante idealizada, el pionero historiador de literatura francés Léon Gautier recopiló lo que llamó los diez mandamientos medievales de la caballería en su libro *La chevalerie* (1884). O sea, que el modelo de actuación de un señor de hace poco más de cien años probablemente no tenga mucho que ver con aquella persona que se estaba partiendo la cara por su rey hace más de un milenio.

Al mismo tiempo vemos a Arturo batiéndose en duelo con Lancelot. Ambos están equipados con todo lo que se espera en una justa: caballo, armadura y lanzas muy largas. No obstante, este deporte no fue habitual hasta la segunda mitad del siglo XIII, cuando precisamente la caballería y su asociación con el honor comenzó a tener más relevancia. En general estos enfrentamientos eran como nos los imaginamos y están bien representados, aunque los seguimos viendo bastante idealizados, sobre todo si pensamos que la probabilidad de salir herido era bastante alta. Curiosamente, una buena película para aproximarse a este mundillo es *Destino de caballero* (2001). Aunque se toma muchas licencias e incluye lenguaje y música moderna, su trama romántica está inspirada en la obra poética *Servicio a las damas (Frauendienst)* del caballero Ulrich von Liechtenstein, del siglo XIII; y también en «El cuento del caballero» (uno de *Los cuentos de Canterbury*) del poeta inglés Geoffrey Chaucer. Ahí vemos cómo un buen lanzazo en la cara puede dejarte seco, algo que se suele obviar cuando estos combates se tiñen de honor y romanticismo.

En suma, esta adaptación de la leyenda artúrica no solo nos presenta una Edad Media muy diferente a la que se supone que sería en el siglo v, sino que nos hace creer que los mil años de historia fueron iguales. Parece que, según Hollywood, Roma cayó y los grandes guerreros se enfundaron armaduras muy pesadas, se subieron a un caballo, empuñaron lanzas muy largas y juraron ser buenas personas, y así se quedaron durante siglos. Lo cierto es que esta visión del Medievo es muy parcial, hasta el punto de que solo representa, como mucho, tres siglos de un total de diez.

¿SABÍAS QUE EXCALIBUR NO FUE LA ESPADA MÁS FAMOSA DEL REY ARTURO?

Aunque hoy en día todos conocemos a Excalibur como la legendaria espada del rey Arturo, en las versiones más antiguas del mito esta no era su arma favorita ni tenía su origen en la Dama del Lago. En los primeros relatos, como en la *Historia de los reyes de Britania* de Godofredo de Monmouth (siglo XII), la espada preferida de Arturo era Caledfwlch, un arma mágica de la mitología celta. Este nombre galés, que se traduce como «corte reluciente», evolucionó en Excalibur gracias a la influencia de los relatos franceses medievales. Además, no se menciona la famosa escena de Arturo sacando la hoja de la roca como prueba de su legitimidad hasta siglos después, cuando el mito comenzó a expandirse y a incorporar elementos más mágicos y caballerescos. De hecho, en algunas versiones, la espada de la roca y Excalibur son armas completamente distintas. Esto demuestra cómo el mito artúrico es un tejido cambiante de tradiciones celtas, británicas y continentales, adaptado y enriquecido a lo largo de los siglos. ¡Un verdadero *crossover* medieval!

29

EL HOMBRE DEL NORTE: ¿ERAN LOS VIKINGOS GENTE ENORME E HIPERMUSCULADA?

Pocos personajes históricos se han romantizado tanto como los vikingos, pero tampoco podemos negar que la imagen popular de estos guerreros, aunque muy alejada de la realidad, es genial y muy atractiva para la ficción *El hombre del norte* (2022), dirigida por Robert Eggers, un director obsesionado con el rigor histórico, trata de abordar la era vikinga con ojo crítico; no obstante, hay alguna cosa que podemos comentar.

En esta intensa epopeya vikinga que narra la brutal historia de venganza de Amleth, un príncipe nórdico que busca redimir la muerte de su padre y recuperar su trono, nos hace viajar por el este de Europa e Islandia. Ambientada en la Europa del siglo x, la película destaca por su meticulosa recreación, que es bastante acertada tanto en la representación como en la posible interpretación de la mitología en las sociedades escandinavas. Está inspirada en los textos de Saxo Grammaticus, un cronista e historiador del siglo xii que narraba una trama de venganza que más tarde sería la adaptada por Shakespeare en el famoso *Hamlet*. El largometraje está protagonizado por Anya Taylor-Joy, Nicole Kidman y el sueco Alexander Skarsgård, quien va repartiendo guantazos a diestro y siniestro, dando vida a violentas y espectaculares batallas. No obstante, pese al esfuerzo por crear una representación fidedigna de nuestro pasado, hay un aspecto que fue claramente exagerado: la representación física de los hombres del norte.

La visión moderna de los habitantes de Escandinavia es que son todos altos, rubios, de ojos azules y enormes, pero no es más que un estereotipo. Es como decir que todos los mediterráneos son bajitos, de pelo y ojos negros, y con bigote. En los países nórdicos la estatura media en los hombres es actualmente de unos 1,80 metros, que es alta si la comparamos con el 1,75 de España, el 1,74 de Argentina o el 1,68 de México, pero eso son las cifras de hoy. Todas las sociedades desarrolladas han crecido en altura y esperanza de vida con el tiempo, especialmente desde principios del siglo XX, cuando las cifras se dispararon al alza gracias a la mejor alimentación y condiciones de vida. Hasta entonces, en general, todo el mundo era más bien bajito para nuestros estándares actuales. En la Edad Media se calcula que la gente era unos 10 centímetros más pequeña, por lo que, aunque los hombres del norte seguirían siendo grandes para la mayoría de las sociedades, no eran gigantes. Con esto no quiero decir que Alexander Skarsgård, que mide 1,94, no fuera la opción correcta, porque su interpretación es espectacular y visceral, acorde con lo que pide la película, pero sí que ayuda a alimentar ese mito de que los vikingos eran gente descomunal. Esta afirmación se puede defender con los datos que has leído, pero se puede llegar a la misma conclusión por lógica. La época vikinga se ubica entre el año 793 y el año 1100, cuando guerreros y comerciantes escandinavos atacaron y exploraron la mayor parte de Europa y territorios lejanos, como Islandia o el norte de América. Los que atacaban eran los llamados vikingos, pero tampoco es que el pillaje fuese su profesión, sino que también eran granjeros y campesinos en sus tierras natales. Si lo ves así, nuestra mente no suele dibujar a alguien que trabaje la tierra o pasee sus cabezas de ganado como un soldado letal, sino más bien como alguien normal. ¿Acaso se crecía cuando agarraba una espada para saquear?

Por otra parte, esta hipermusculación tiene que ver con otros factores. El primero es que esta película trata de adaptar un poema épico y, por tanto, se aceptan las exageraciones. El segundo es que el Hollywood actual tiene un problema a la hora de representar a gente fuerte. En los años sesenta veíamos a hombres en forma y nos creíamos que eran poderosos, pero luego aparecieron personas como Schwarzenegger y subieron el listón. El actor austriaco se veía como una excepción, y la industria del cine se mantuvo más o menos distante de este modo de representar la fuerza, pero desde la llegada del cine de superhéroes parece que cualquier señor capaz de luchar tiene que estar hipertrofiado a niveles absurdos. No vale con estar en forma, cualquiera debe tener el cuerpo de un superhéroe. No es ningún secreto que muchos de estos actores consiguen estos físicos con la ayuda de sustancias modernas que no son muy sanas o legales, y curiosamente luego salen de portada en la revista *Men's Health* dando consejos de salud. En ningún caso representan una realidad ni actual ni histórica. Los vikingos tenían una dieta rica en proteínas, proveniente de carne, pescado, productos lácteos y cereales. Esto habría contribuido a una buena forma física, pero la comida no era abundante todo el tiempo, lo que implica que las fluctuaciones en el peso o la musculatura también serían comunes. Básicamente como en cualquier sociedad, puede que incluso más, porque vivían en un clima agreste y difícil que complica que los cultivos den sus frutos. En definitiva, en Escandinavia no había una alimentación destinada exclusivamente a aumentar masa muscular, como lo entendemos hoy en día en el ámbito del culturismo.

De aquí no podemos concluir que los vikingos no eran personas fuertes. Seguramente, si a ti te ponen a remar para viajar de Noruega a Escocia, probablemente te desmayases en pocos minutos, por no hablar de que acabarías llorando por las condiciones de vida en un drakkar, esas ligeras y largas embarcaciones vikingas. Su estilo de vida era exigente, pero no eran colosos hipermusculados como a menudo se les representa en la ficción moderna.

¿SABÍAS QUE ISLANDIA FUE EN SU DÍA UN PAISAJE CON BOSQUES QUE CUBRÍAN LA MITAD DE LA ISLA?

Cada vez que se representa a Islandia en la era vikinga suelen obviar un pequeño detalle: el 50 por ciento de la isla estaba cubierto de bosques frondosos cuando fue descubierta. Cuando los vikingos llegaron a ella en el siglo IX (aunque hay teorías que defienden que hubo monjes irlandeses que lo descubrieron siglos antes), se encontraron con volcanes, glaciares, paisajes agrestes y géiseres, ese extraño fenómeno natural por el cual la tierra escupe agua caliente a varios metros de altura. Era, sin duda, un lugar único, pero también duro. Para sobrevivir en él necesitaban madera para construir sus casas y para hacer fuego, y a lo tonto deforestaron la isla. Además, a la acción humana se suman aspectos como la actividad volcánica frecuente, que ocasiona incendios y pérdida de suelo fértil, así como el clima frío, que limita el crecimiento y favorece la erosión. En conclusión: en trescientos años Islandia quedó deforestada. En la actualidad, tan solo el 2 por ciento de la isla cuenta con terrenos boscosos, y eso es así gracias a los esfuerzos de los gobiernos modernos para crear espacios protegidos. Por tanto, aunque veamos paisajes espectaculares que quitan el aliento, no es para nada lo que estaba viendo un hombre del norte, tal como nos muestran en esta película.

30

MIDSOMMAR: ¿ERAN LAS TRADICIONES PAGANAS NÓRDICAS UN FESTIVAL DE SANGRE?

Permíteme que te cuente una pequeña anécdota personal antes de abordar esta película. Como autor de este libro de divulgación, he de confesar que me siento especialmente atraído por la historia y la cultura de los países nórdicos, hasta el punto de que hasta la fecha he pasado seis años de mi vida en Suecia. He podido valorar las cosas buenas y malas de las sociedades norteñas europeas, y mucha gente me ha preguntado sobre eso. ¿Qué es auténtico y qué es un estereotipo sobre estas sociedades? Curiosamente, en más de una ocasión me han preguntado que si los eventos descritos en *Midsommar* (2019) tienen algo de real. Es raro tener que explicar que el inquietante thriller psicológico de terror dirigido por Ari Aster no busca ser una clase de historia, sino crear una atmósfera perturbadora; pero el cine, como ya hemos mencionado, es una fábrica de crear imágenes incorrectas de otros sitios y épocas.

Vayamos con la trama para ver si podemos deducir qué es real y qué no. Conocemos a un grupo de amigos que viajan a una remota aldea sueca para participar en un festival pagano que solo se celebra cada noventa años. La idea ya suena mal, pero ¿quién no quiere formar parte de un viaje en el que rompan sus propias barreras culturales? Al final, acaban inmersos en una espiral de terror, porque ninguno de los protagonistas aprecia el encanto de los rituales macabros y los sacrificios humanos. Sin embargo, todo cambia un poco cuando se explica que la celebración del Midsommar se sigue celebrando en Suecia, y por lógica no es un inquietante festival de sangre, sino una tradición festiva más.

Tal vez, como se trata de algo que proviene de la lejana y fría Escandinavia, la tradición del Midsommar nos resulta tan exótica que nos acabamos creyendo todo. Pongamos una analogía. Imagina una película en la que un grupo de estudiantes va a celebrar San Juan en una playa española o de cualquier país de tradición latina. En vez de haber hogueras en la playa y gente bebiendo la víspera de la festividad, en realidad todo acaba en una espiral de desagradables asesinatos. Sería extraño y una perturbación de la tradición bastante disparatada. Podríamos decir que, como se trata de una fiesta cristiana, eso de matar gente por placer no estaría bien visto, pero si fuese una fiesta pagana, igual entonces sí. Muchas de las celebraciones cristianas se han ubicado en determinadas fechas para solaparse con la tradición previa. Esto es lo que se llama el sincretismo religioso, que busca, en lugar de eliminar la anterior tradición, adaptarla a nuevas creencias. Encontramos casos así en el Día de Todos los Santos y la fiesta celta del Samhain (conocido como Halloween), la Navidad y las festividades romanas de la Saturnalia, aunque esta última genera discusión (no la festividad de Sol Invictus, que sí se celebraba el 25 de diciembre); y la celebración del solsticio de verano, que derivó en las hogueras de San Juan. Midsommar es precisamente esto último, la mitad del verano, que tiene especial relevancia cuanto más al norte de Europa vayas, porque ahí hay más horas de luz, incluso veinticuatro horas. En el solsticio de verano el Sol alcanza el punto más alto en el cielo y, a partir de esa fecha, los días van siendo paulatinamente más cortos, hasta llegar al solsticio de invierno.

En Suecia, en particular, esta celebración tiene especial relevancia, entre otras cosas porque es festivo nacional, y es una mezcla de recuperación de la tradición pagana del culto al solsticio con el San Juan cristiano. El ritual es mucho más agradable de lo que se muestra en la película: te vistes de blanco, te pones una corona de flores, se alza un palo llamado *midsommarstång*, y bailas y cantas canciones tradicionales en torno a él. Todo ello bebiendo mucho alcohol. De hecho, normalmente mucha gente se centra solo en esta última parte y se olvida del resto de la parafernalia. Además, se puede practicar el ritual de las siete flores, en el que se recopilan siete especies distintas de plantas para colocarlas debajo de la almohada, lo que, según se dice, permite a las jóvenes solteras soñar con su futuro esposo.

O sea, que no se va matando a gente porque sí. Es cierto que desde el siglo X las sociedades vikingas fueron cristianizándose y sus tradiciones fueron cambiando y desarrollándose, y aunque es bien sabido que sí sacrificaron humanos en algún momento, esta fiesta en particular no parecía estar orientada en esa dirección.

En la película, podemos apreciar otro de los mitos vikingos más famosos y falsos, que por supuesto se ha perpetuado en la cultura popular. Hablamos del águila de sangre. Esto es un ritual de castigo bastante macabro consistente en atar a una persona en un poste, abrirle los músculos de la espalda, romperle las costillas y extraer sus pulmones por la parte posterior del cuerpo. Así, en teoría, los órganos respiratorios harían de alas y sería lo más parecido a un humano con forma de águila; no obstante, como en el proceso se sangra mucho, todo queda más bien colorado. Es cierto que las alas de estos imponentes animales suelen ser muy largas en proporción a su tamaño por lo que podemos decir que la comparación con un águila es bastante exagerada, y quizá sería más adecuado usar «mochuelo de sangre», pero igual no es tan épico. Hay menciones a esta tradición en sagas nórdicas como la *Saga Orkneyinga*, la *Crónica anglosajona* o el poema *Sigvatr Þórðarson*, pero todos estos son del siglo XIII, muy posteriores a la era vikinga, por lo que parecen más una invención que otra cosa. De hecho, mucho de lo que sabemos de los hombres del norte es precisamente por las interpretaciones que hicieron los monjes y escribas cristianos unos trescientos años después, por lo que es posible que mucho de lo que creemos saber sobre los vikingos ni se parezca a la realidad. El caso del águila de sangre en concreto es una práctica muy cuestionada por los historiadores, por no decir que se da por hecho que no tiene nada de auténtico. No se ha encontrado ningún vestigio de este tipo de ejecución, ni fuentes primarias que lo confirmen.

Por tanto, aunque lo veamos en la famosa serie *Vikingos* (2013-2020) de History Channel, de la que hablaremos más adelante, o en esta película, no podemos darlo como veraz. Eso no quita que haya gente un poco desquiciada, como los que vemos en la película *Midsommar*, que creyendo que este tipo de pasatiempo era real lo incorporen a sus quehaceres diarios, pero sería porque se han creído el mito y no han leído mucha historia. Aunque probablemente su finalidad era asesinar a gente y buscaban cualquier excusa para ello. Si vulnerar la integridad física de unos inocentes viajeros no les suponía un problema, puede aventurarse que tampoco les importase mucho falsear la historia.

¿LOS VIKINGOS PRACTICABAN EL SACRIFICIO HUMANO?

Sí, los vikingos realizaron sacrificios humanos en contextos religiosos, especialmente en rituales como el *blót* («sangre»), para obtener el favor de los dioses. Estos rituales se realizaban principalmente en tiempos de guerra o en festivales religiosos, como los celebrados en el templo de Uppsala (Suecia), donde se ofrecían hasta nueve personas y animales a los dioses, según las crónicas del siglo XI de Adán de Bremen. Los arqueólogos han encontrado restos de sacrificios humanos en varios sitios vikingos, como en la isla de Björkö (Suecia), datados en el siglo IX, donde se hallaron cuerpos de prisioneros de guerra. A veces también eran doncellas, esclavas o monturas. Si alguna vez has pensado que te gustaría viajar al pasado y conocer cómo eran las sociedades nórdicas, recuerda que a lo mejor acabas siendo asesinado en honor a Odín.

31
VIKINGS: ¿EXISTIÓ RAGNAR LOTHBROK?

¿Por qué nos gustan tanto los vikingos? Ya desde el siglo xx los hombres del norte han sido un valor seguro en la ficción, y no digamos desde que existen los videojuegos. Cuando parece que su momento ha pasado, aparecen producciones como *Vikings* (2013-2020) que los vuelven a poner de moda, aunque esta vez con peinados raros. Esta serie es posiblemente la que más ha acercado el mundo nórdico a la cultura popular en las últimas décadas. Emitida por History Channel, uno podría pensar que era la aproximación más fidedigna a la historia, pero eso no es óbice para que se alimente de ciertas licencias y tópicos. Este drama creado por Michael Hirst sigue la vida de Ragnar Lothbrok, uno de los más legendarios héroes nórdicos, desde su ascenso como granjero hasta convertirse en rey y conquistador. Como el oficio de doblegar a los demás suele implicar viajar mucho, exploran las incursiones en Inglaterra y Francia, aunque a la vez en sus episodios se muestra también la vida cotidiana y las luchas de poder. Pero ¿es el protagonista principal alguien real?

La era vikinga comienza en el año 793, con el asedio del monasterio de Lindisfarne en el norte de Inglaterra, algo que vemos muy bien representado en la primera temporada de la serie. Es cierto que hubo incursiones anteriores, pero este asalto está bien documentado y, tal como hemos mencionado en otros capítulos, la historia se compone de procesos largos, pero en algún momento tenemos que dibujar la línea. Esta preciosa etapa de invasiones finaliza en torno al año 1100, cuando la mayor parte de los vikingos habían sido cristianizados, y los diferentes reinos europeos aprendieron a protegerse de sus acaloradas visitas. La serie toma una decisión inteligente para presentar a los grandes guerreros de este periodo: ubicarlos a todos en el mismo momento temporal. Es decir, que la mayoría de la gente importante vivió a la vez. Así, vemos como coetáneos a personajes como Ragnar Lodbrok, que vivió en algún momento entre el siglo VIII y el IX; Rollo, a quien ponen como su hermano, que vivió en el siglo X; Floki, quien exploró Islandia en el siglo IX, o reyes del siglo VIII al IX como Ecbert de Wessex, Carlos III de Francia, o los noruegos Halfdan el Negro y Harald I, a los que ponen como hermanos cuando en realidad fueron padre e hijo, y el último llegó a vivir en el siglo X. Es como si buscamos toda la lista de los monarcas más interesantes del mundo durante los últimos doscientos años y creamos una trama en la que sus vidas se desarrollan en la misma época. ¿No sería raro poner a Felipe VI de España, en vida actualmente, planificando movimientos de la Primera Guerra Mundial con Jorge V de Inglaterra? Tal vez, y aunque no es exacto, puede funcionar y presentar al gran público grandes nombres que de otra manera no conocerían. Así llegamos al gran protagonista de la serie.

La existencia de Ragnar Lodbrok es un tema debatido entre historiadores, ya que su figura se encuentra en la frontera entre la leyenda y la historia. Ragnar aparece en las sagas nórdicas, como la *Saga de Ragnar Lodbrok*, escrita en el siglo XIV, o sea que muchísimo después de cuando supuestamente vivió. Asimismo, es mencionado en fuentes históricas medievales, como las *Crónicas anglosajonas* y la obra del cronista danés Saxo Grammaticus, que vivió entre los siglos XII y XIII (y que tiene nombre como de profesor del colegio de hechicería en *Harry Potter*). Sin embargo, no existe evidencia concluyente de que fuera una persona real. Todas las fuentes que hablan de su existencia son casi cinco siglos posteriores a su vida, por tanto, no sabemos hasta qué punto es cierto lo que nos cuentan. Seguramente hubo alguien que inspiró los grandes poemas, pero los relatos de su vida se transmitieron de boca en boca durante cientos de años hasta que alguien trató de poner orden. Además, no hay rastros arqueológicos de su existencia. Lo que supuestamente sabemos es lo que vemos en la serie: se le atribuye el liderazgo de incursiones en Inglaterra y Francia durante el siglo IX, en las cuales alcanzó la fama por sus audaces estrategias y su habilidad en la batalla. Casado con mujeres igualmente legendarias como Lagertha y Aslaug, Ragnar tuvo varios hijos, entre ellos Björn Ironside, Ivar el Deshuesado y Sigurd Serpiente en el Ojo, quienes también se convirtieron en célebres líderes vikingos. Según la leyenda, murió en Inglaterra tras ser capturado por el rey Aella de Northumbria, quien lo arrojó a un pozo de serpientes. Esto fue en parte la motivación para que sus hijos organizasen en el siglo IX el gran ejército pagano que arrasó los reinos de la actual Inglaterra, que capturasen al asesino de su padre y supuestamente le practicasen el «mochuelo de sangre», del que hemos hablado en el capítulo anterior. No obstante, nada relacionado con su existencia histórica está confirmado y su vida se considera una mezcla de mitología y realidad. Como tampoco creemos que participase, tal como vemos en la serie, en el saqueo del monasterio de Lindisfarne en el año 793 y en el asedio de París en el año 845.

La serie perpetúa además otros mitos, cuando no imagina unos nuevos. Por ejemplo, que los escandinavos vestían de negro como si fuesen moteros amantes del heavy metal, pero en la Edad Media, cuando la realidad es que eran gente muy colorida, como evidenciaban su ropa y sus casas. De hecho, la imagen típica de los pueblos nórdicos son viviendas rojas, azules, amarillas... todas con tonalidades muy vivas, algo muy arraigado en la cultura desde hace siglos, quizá por destacar en el blanco de la nieve. Asimismo, los peinados de la serie no tienen nada de real y sí de alternativo, y tampoco tenemos claro que fuesen todos tatuados con runas, ya que en el único registro, la *Crónica de Ibn Fadlan*, un emisario de la corte de Bagdad del siglo X comentaba que algunos se habían pintado motivos naturales. Ya está. Por último, es de agradecer su esfuerzo por romper ciertas creencias populares, como que los vikingos llevaban cuernos en los cascos o que eran una sociedad bárbara, incluso que todos rezaban a los dioses de la poderosa mitología nórdica cuando muchos habían sido cristianizados. En cualquier caso, las licencias de *Vikings* son más que conscientes y reman a favor de la trama o de crear una imagen homogénea, sabiendo que muy posiblemente un vikingo del siglo VIII no tuviera absolutamente nada que ver con otro del siglo X.

LOS APODOS PARA LOS CAUDILLOS VIKINGOS NO SIEMPRE ERAN TAN ÉPICOS COMO NOS IMAGINAMOS

En la serie, Ragnar reconoce a su hijo como un gran guerrero y lo bautiza como Bjorn Ironside, que traduce el mote sueco Järnsida y significa «lateral de hierro», en referencia a su poderoso brazo atacando con una espada de metal. Pero no todos los motes son tan legendarios. El propio sobrenombre, Lothbrok, significa «pantalones peludos», que según las sagas eran una prenda de ropa protectora y no una referencia al vello de sus piernas. A su vez, en los relatos nórdicos se nos habla de Ketil Nariz Chata, Þórir Barba de Cabra, Hafr el Gritón, Gunnar Cola Larga, Haldor Orejas Grandes, Thorir Dientes de Caballo y el más sorprendente: Þorri Pene de Mantequilla. Todos estos nombres respondían a características físicas, así que, en el último caso, dejo a tu imaginación el motivo.

32

EL CID: ¿HÉROE DE LA RECONQUISTA O MERCENARIO?

Las nuevas generaciones no se emocionarían al leer el siguiente titular: «Charlton Heston será el Cid y Sophia Loren interpretará a Jimena». ¡Los dos en una misma película! ¡En un largometraje sobre la historia de España! ¿Quién no querría ver esto? Uno podría pensar que si un chaval moderno no alucina con la posibilidad de ver a estos dos titanes del cine en la gran pantalla es que no tiene ni idea de la vida, pero es que los tiempos cambian y ya no estamos en 1961. Sea como sea, no hay duda de que en su momento esta cinta fue un éxito.

En este filme nos cuentan la vida del Cid Campeador, un héroe de la Reconquista española. La película nos muestra sus días desde su juventud como noble castellano hasta su destierro; su paso por este mundo fue un ejemplo de lucha por el honor, la patria y la unidad de los reinos cristianos contra la invasión musulmana. Bueno, pues no es tan así, por no decir que es todo lo contrario: Hollywood no es famoso por sus reparos a la hora de cambiar el pasado. Aunque no ganó el premio Oscar en las categorías en las que fue nominada (mejor dirección artística, mejor banda sonora y mejor canción original), fue muy reconocida por su impresionante producción y la buena dirección de Anthony Mann, con espectaculares escenas de batalla y una intensa narrativa de amor, traición y lealtad. El problema es que aborda esta figura histórica de una manera muy romantizada, mostrando el sacrificio de un hombre por su país (si es que existía este concepto), y culminando con su legendaria victoria en la defensa de Valencia, incluso tras su muerte. Por el camino disfrutamos de las majestuosas representaciones de la España medieval, pero ¿fue el Cid tal como nos muestran?

En primer lugar, tenemos que poner un poco de contexto para abordar el personaje. Por desgracia, este periodo es objeto de debate político. La historia, para variar, está siendo víctima de intereses ideológicos, haciendo que no solo los historiadores se lancen los libros a la cabeza, sino también los fanáticos politizados de turno. Muy resumido: la Reconquista fue un largo conflicto entre los siglos VIII y XV en el que los reinos cristianos del norte de la península ibérica buscaron recuperar el territorio bajo dominio musulmán desde la invasión de los árabes en el año 711. Sin embargo, la palabra «reconquista» ha sido debatida por algunos expertos, ya que sugiere que los cristianos simplemente estaban retomando tierras que antes les pertenecían, cuando en el pasado fueron de otros reinos visigodos sin unidad geográfica. Entonces, se podría decir que esto simplifica la realidad, entre otras cosas porque ocho siglos dan para mucho, como para pensar que una región es legítimamente tuya. Hubo periodos de guerra, pero también paz estabilizada en algunas regiones donde sí se podía apreciar un mosaico de culturas y religiones, así como cierta convivencia entre gente muy distinta (aunque esto también se discute). Al mismo tiempo, hubo reinos musulmanes enfrentados entre ellos, a veces contando con cristianos como aliados, y viceversa. Por otra parte, los hay que defienden que sí que hubo una intención de recuperar el territorio perdido bajo una sola fe; y hay otros que usan la palabra «reconquista» porque es muy práctico y así sabemos de qué momento estamos hablando. No hace falta especificar qué posicionamientos políticos se ofenden mucho si cuestionas el término y cuáles se enfadan si lo utilizas con mucho orgullo. En cualquier caso, el trabajo de un divulgador es mencionar que existe esta pelea y, de paso, ubicarnos en el tiempo, porque en medio de todo esto tenemos al Cid.

Rodrigo Díaz de Vivar, conocido como el Cid Campeador (1043-1099), fue un caballero castellano y líder militar que se convirtió en una figura legendaria de la España medieval. Esto es en parte por el *Cantar de mio Cid*, un poema anónimo del siglo XIII que relata las hazañas de este guerrero desde un punto de vista muy épico, muy al estilo de las sagas medievales. El Cid destacó por su habilidad en la guerra y su capacidad para navegar en el complejo panorama político de la época, lo que se puede interpretar como que se adaptaba a lo que había en función de sus propios intereses. Este señor estuvo al servicio tanto de reyes cristianos como de gobernantes musulmanes, lo que ha llevado a muchos historiadores a verlo como un mercenario. ¿Qué definición debería tener alguien que lucha para diferentes señores a cambio de recompensas o alianzas? Aunque fue un noble castellano leal a su rey, Alfonso VI, su destierro en 1081 lo obligó a buscar su fortuna de manera independiente. Durante este exilio, ofreció sus servicios militares a distintos gobernantes, incluidos los reyes musulmanes de las taifas de Zaragoza, donde defendió sus territorios en contra de otros mandatarios cristianos y musulmanes. De hecho, la palabra «cid» proviene del árabe *sīd* o *sayyid*, que significa «señor» o «amo», y fue un título honorífico que probablemente le otorgaron los musulmanes durante su vida o en los relatos ulteriores sobre él. Por consiguiente, esa visión del héroe sin defectos que lucha por el bien de su nación es más bien una construcción posterior, entre otras cosas porque podríamos cuestionar mucho si realmente existía el concepto de nación para entonces.

Esta interpretación nos ha llevado a pensar que era un hombre cuya vinculación al honor y la lealtad era inquebrantable, pero también se le puede ver como un líder atado a su propio beneficio, ya que nunca dejó de buscar oportunidades para consolidar su poder y prestigio. Su mayor logro fue la conquista de Valencia en 1094, donde se estableció como gobernante independiente hasta su muerte, por lo que se ve que tampoco tenía muchas ganas de rendir pleitesía a ningún monarca. Además, curiosamente en este relato lleno de heroicidades no se suele mencionar una parte del poema donde relata que el Cid ordenó quemar vivo al conde García Ordóñez, su enemigo, como venganza por haber instigado su destierro y su humillación anterior. Por si fuera poco, eso de que consiguió una victoria tras su muerte en el año 1099, mientras defendía Valencia de ataques musulmanes, tiene pinta de ser también bastante exagerado. Se dice que para mantener alta la moral de sus seguidores le montaron, ya fallecido, sobre su caballo Babieca y lo hicieron aparecer en el campo de batalla. Los enemigos, al ver la figura imponente del Cid «vivo» liderando su ejército, habrían entrado en pánico y huido. Sin embargo, no hay base histórica que defienda este episodio.

En resumidas cuentas, en la época de la Reconquista las lealtades podían ser flexibles y los conflictos entre musulmanes y cristianos eran mucho más complejos. A esto hay que sumar que muchos guerreros actuaban en nombre propio buscando mantener su propia posición, siendo una figura ambivalente, como el Cid. La imagen de ambas religiones de forma unidimensional, como si unos fuesen los buenos y otros los malos, no tiene sentido porque reduce la historia a un discurso político maniqueo, y en parte la película incurre en destacar este relato heroico tan típico de Hollywood. Es sorprendente esta decisión, sobre todo si tenemos en cuenta que la industria del cine de Estados Unidos debería ser la primera en entender que uno de los principales intereses de muchas personas es el dinero, como es el caso del Cid.

¿SABÍAS QUE EL CID PERDIÓ LA NARIZ ESTANDO MUERTO Y SUS HUESOS FUERON REPARTIDOS POR EUROPA?

Tras su muerte en el año 1099, el Cid fue enterrado en Valencia, más o menos. En realidad, su cadáver se expuso durante diez años. Como fue sometido a un embalsamiento rudimentario, pasados esos años empezaron a caerse partes de su cuerpo, más concretamente la nariz. Como el espectáculo era muy grotesco trasladaron al campeón a una tumba en el monasterio de San Pedro de Cardeña, donde en teoría estaba enterrado cerca de Babieca, su caballo. Siglos más tarde, los franceses saquearon su tumba durante la guerra de la Independencia, en 1808 y vendieron algunos de sus huesos a coleccionistas alemanes. Tras los esfuerzos posteriores de los historiadores españoles, se pudo recomponer los malogrados restos de Rodrigo Díaz de Vivar y ahora está al completo en la catedral de Burgos, enterrado con Jimena, su mujer. ¿Debería estar junto a su caballo, como estuvo inicialmente, y no junto a su amada? Te dejo a ti la respuesta. Nunca sabremos si quiso a los dos por igual, aunque de maneras diferentes.

33

INDIANA JONES Y LA ÚLTIMA CRUZADA: ¿LOS CABALLEROS TEMPLARIOS PROTEGÍAN EL GRIAL?

Indiana Jones y la última cruzada (1989) es para muchos la última película buena de la icónica saga. De hecho, según los rumores, esta producción comenzó para desquitarse de las malas críticas que recibió *Indiana Jones y el templo maldito*, la segunda parte. La gente quería volver a mitos europeos y leyendas medievales, y a matar nazis, y de esto hay mucho en esta entrega.

Como viene siendo habitual, está dirigida por Steven Spielberg y protagonizada por el famoso aventurero arqueólogo al que da vida Harrison Ford, aunque incluyeron al profesor Henry Jones, el padre de Indy, que estaba interpretado por Sean Connery. Juntos lograron muchos momentos divertidos y emocionantes, encumbrando a esta cinta como una de las mejores de la década. La trama gira en torno a la fascinante búsqueda del Santo Grial, la copa de la que supuestamente bebió Jesucristo durante su última cena. En este universo, dicho recipiente tiene la capacidad de otorgar la vida eterna, por lo que no solo tiene un gran valor histórico, sino que es increíblemente práctico y por eso, en parte, los nazis quieren hacerse con él. No obstante, resulta que hay un templario custodiando el tesoro. La pregunta es: ¿por qué? ¿Harías tú durante décadas un trabajo que no es parte de tu cometido cuando encima no te pagan por ello?

Los caballeros templarios fueron una orden militar y religiosa cristiana fundada en 1119, durante las cruzadas entre los siglos XI y XIII, con el objetivo inicial de proteger a los peregrinos que viajaban a Tierra Santa, especialmente hacia Jerusalén. Aunque mucha gente piensa que la orden se creó para luchar en las cruzadas, lo cierto es que su nacimiento es posterior al año 1099, fecha en la cual los cruzados conquistaron por primera vez la Ciudad Santa. Su nombre completo era Orden de los Pobres Compañeros de Cristo y del Templo de Salomón, pero se abrevia como «templarios» u «Orden del Temple» porque el *branding* original es demasiado largo. Esta organización combinaba la vida monástica con el servicio militar y con los votos de pobreza, castidad y obediencia de sus integrantes, al igual que otras órdenes religiosas. Sin embargo, su papel militar los convirtió en una fuerza poderosa y temida en las cruzadas, en las que protegieron territorios cristianos y participaron en importantes batallas. Además, con el tiempo, se convirtieron en una de las organizaciones más ricas de Europa gracias a las donaciones de tierras, propiedades y riqueza que recibían, y sobre todo por desarrollar un sistema protobancario en el que ofrecían servicios de crédito y custodia de fondos, lo que los hizo aún más influyentes. Y eso fue su perdición. La orden fue disuelta en 1312, tras la persecución ordenada por el rey Felipe IV de Francia, quien, acosado por las deudas, acusó falsamente a los templarios de herejía, idolatría y otros crímenes. El papa Clemente V, bajo la presión del monarca, disolvió la orden, y muchos templarios fueron arrestados, torturados y ejecutados. Su legado, con todo, ha sobrevivido en la cultura popular y en muchas leyendas que los vinculan al Santo Grial.

¿Por qué estamos obsesionados con esta copa? La historia real está envuelta en mitos y leyendas sin ningún tipo de evidencia histórica concreta que los respalde. De hecho, la única fuente que tenemos de la que tirar es la Biblia, que en este sentido parece más una creación literaria, sobre todo porque fue escrita décadas después de la muerte de Jesucristo en el año 33. No tenemos restos arqueológicos que confirmen nada, pero lo que sabemos es lo siguiente: Jesús bebió de un vaso en la Última Cena y este posteriormente fue usado por José de Arimatea para recoger su sangre durante la crucifixión. ¿Pasó esto en realidad? No lo sabemos, y aunque la propia Iglesia reconoce que para aceptar como válidos todos los hechos descritos en las Sagradas Escrituras hace falta fe, algo que en principio no se exige a los historiadores, tampoco hay motivos para dudar de que eso pasase. Entre otras cosas porque no afecta a la historia ni a las creencias cristianas, fuese real o no. Y ya está, no sabemos más con respecto a ese recipiente. Con posterioridad, la leyenda del Grial cobró vida en la Edad Media, en especial en la literatura artúrica con obras como *Perceval* de Chrétien de Troyes (siglo XII), donde se lo presenta como un objeto místico y codiciado, algo de lo que hemos hablado ya en este libro. A lo largo de los siglos, el Grial ha sido reinterpretado como un símbolo de búsqueda espiritual y pureza, más que un artefacto histórico tangible, fusionándose con diversas tradiciones cristianas y celtas. En pocas palabras, hasta hoy el Santo Grial sigue siendo una leyenda sin pruebas arqueológicas ni registros históricos que confirmen su existencia.

Por consiguiente, sabiendo que el trabajo de los templarios era proteger a peregrinos y también sus finanzas, y que no sabemos qué fue del Grial desde justo después del momento de la crucifixión de Jesús, no tiene sentido asumir que esta organización debía dedicar tiempo y recursos a proteger restos arqueológicos que no sabían dónde estaban ni si existieron de verdad. Es más, la importancia de la sagrada copa no era tal hasta que se popularizó el mito artúrico, unos doscientos años más tarde de la fundación de la Orden del Temple. Seguramente estaban pensando en otras cosas, como por ejemplo en no perder Jerusalén. No obstante, hay que recordar que Indiana Jones mezcla mucha fantasía y ciencia ficción, algo que le gusta mucho al director, y este toque mágico es parte de la gracia de esta magnífica saga por mucho que perpetúe ciertos mitos. Otra película que se alimenta de todo esto es *El código Da Vinci*, que asimismo pone a los pobres templarios a vigilar el Grial cuando no era su cometido y, por tanto, también populariza esta falsa creencia.

¿SABÍAS QUE LOS NAZIS BUSCARON EL SANTO GRIAL?

Los nazis, liderados por Heinrich Himmler y la Sociedad Ahnenerbe, buscaron el Santo Grial como parte de su obsesión por reliquias místicas que reforzaran sus ideas sobre la superioridad aria y la espiritualidad de las SS. Inspirados por teorías esotéricas que vinculaban el cáliz con los cátaros y Montsegur, llevaron a cabo expediciones en los

Pirineos y otros lugares. Montserrat, en Cataluña, también atrajo su atención por su conexión con leyendas artúricas y su fuerte simbolismo religioso. Himmler visitó el monasterio en 1940 y preguntó a los monjes sobre el Santo Grial, aunque su interés fue visto como excéntrico. Sin éxito alguno, estas búsquedas sirvieron más como propaganda y dejaron un legado de mitos que hoy perduran en la cultura popular, como en Indiana Jones.

34

EL REINO DE LOS CIELOS: ¿LAS CRUZADAS ESTABAN MOTIVADAS ÚNICAMENTE POR EL EXTREMISMO CRISTIANO?

Un cruzado no sabría que mil años más tarde inspiraría cientos de productos de ficción, así que, para bien o para mal, las cruzadas nos han aportado mucha diversión. Para algunos tienen demasiada mala fama, para otros son de las mejores cosas que han pasado en la historia, y de esto hablaremos en este capítulo, pero siempre remarcando que, sea como sea, al final al menos hemos tenido peliculones.

Dirigida por Ridley Scott, *El reino de los cielos* (2005) nos hace viajar a las cruzadas del siglo XII. La historia sigue a Balian, interpretado por Orlando Bloom, un herrero francés que, tras la muerte de su esposa, se une a su padre, Godofredo de Ibelín, a quien da vida Liam Neeson, en una peligrosa travesía a Tierra Santa. Allí, nuestro humilde protagonista se convierte en caballero y defensor de Jerusalén, intentando mantener la paz entre cristianos y musulmanes en medio de conflictos religiosos y políticos. El largometraje está bastante bien y aborda temas de honor, fe, guerra y tolerancia, y destaca el delicado equilibrio entre los cruzados y el legendario líder musulmán Saladino. Sin embargo, abunda en ciertos estereotipos, como poner el famoso filtro azul para hacer la Edad Media más fría, despojar de todas las riquezas al personaje histórico real para vendernos la trama en que el humilde llega a lo más alto por su buen corazón, y sobre todo simplificar el momento histórico.

Las cruzadas fueron una serie de expediciones militares organizadas por la cristiandad europea entre los siglos XI y XIII con el objetivo principal de recuperar Tierra Santa, especialmente Jerusalén, bajo control musulmán. Esta ciudad es una pieza clave de la tradición cristiana, pero tiene el inconveniente de que también lo es para los judíos y los musulmanes, por lo que fieles de todas las creencias peregrinaban a ese lugar a menudo. No obstante, aunque durante la época de los califas fatimíes (909-1171) existía cierta tolerancia, la cosa cambió cuando los turcos selyúcidas conquistaron Jerusalén en el año 1076. Visitar la Ciudad Santa ya no era una experiencia de crecimiento personal, sino de supervivencia y, por si fuese poco, esta situación parecía extenderse en dirección al Imperio romano de Oriente, que conocemos como Bizancio. El emperador Alejo I Comneno pidió ayuda al papa Urbano II para defenderse preventivamente, por lo que este convocó las cruzadas en el año 1095. Para motivar a los soldados les prometió indulgencias y salvación, al fin y al cabo, como líder religioso, eso era lo que él podía prometer. Para sorpresa de nadie, cada reino implicado velaba en el fondo por sus intereses políticos, económicos y sociales.

El poder del papa era limitado, por lo menos en cuanto que no podía hacer que los diferentes reinos europeos dejasen de resolver sus problemas a espadazos, normalmente por exigencias hereditarias, pero sí podía desviar sus esfuerzos hacia otro lado donde había enemigos externos que afectaban a todos. Y dar indulgencias, claro. Así, muchos guerreros que no heredaban nada podían irse a Oriente Próximo a obtener riquezas y tierras. Es decir, los nobles europeos vieron en las cruzadas una oportunidad para expandir su influencia y poder territorial. Al establecer reinos y señoríos, los líderes cruzados consolidaban sus posiciones y aumentaban su estatus. Al mismo tiempo, comerciantes europeos, en especial de ciudades italianas como Venecia y Génova, se beneficiaron enormemente del control de rutas comerciales hacia el Mediterráneo oriental. Es decir: politiqueo. Como es obvio hubo fervor religioso y más de un soldado de Dios se movía por la avaricia, pero Hollywood tiende a simplificar este proceso en buenos y malos. La expansión musulmana era una amenaza real hasta el punto de que casi toda la península ibérica fue conquistada desde el siglo VIII, por lo que básicamente los reinos cristianos hacían lo que era normal en la época: resolver las disputas a guantazos, muchas veces propasándose más de lo habitual.

En la película vemos a Saladino como un líder magnánimo, escéptico y moderado que gobierna con honor y justicia, llamando al entendimiento entre religiones. Quizá este enfoque se deba a que el largometraje se estrenó en un momento complicado de nuestro presente: tras los atentados del 11S y la guerra de Irak. Pero esto tiene como consecuencia que las motivaciones cristianas son presentadas como corruptas y con mucho amor por la violencia y el exterminio, como si personajes como Reinaldo de Châtillon fuesen lo más normal. Es cierto que la toma de Jerusalén por parte del líder musulmán está bien representada y que, a diferencia de los cruzados que tomaron la ciudad casi un siglo antes, no aniquilaron a su población. Pero en esta ambientación, vemos al patriarca Heraclio como un obispo cobarde que quiere abandonar el lugar para salvar su vida, cuando Heraclio de Auvernia fue todo lo contrario. Ordenó la extracción de la plata del pináculo de la iglesia del Santo Sepulcro para hacer monedas con las que pagar a los defensores de la ciudad, e hizo que despojaran toda la plata de las iglesias para fundirla y fabricar monedas con las que pagar a los defensores, y también para financiar rescates de hasta dieciocho mil personas. Este «malvado» creyente y Balian se ofrecieron junto con varios nobles como rehenes a cambio de quince mil ciudadanos, pero la oferta fue rechazada y Saladino acabó esclavizando a miles de personas. Esto, por lo que sea, no lo muestran.

Estamos sin duda en un momento fascinante, y si hacemos un recorrido por el tiempo, es fácil ver que la visión de Hollywood es excesivamente reduccionista. Hubo nueve cruzadas si no contamos las declaradas en los países bálticos contra los paganos, en el este de Europa contra el Imperio mongol o las llamadas a la lucha durante la Reconquista. Cinco de ellas acabaron en fracasos y otras, como la cuarta, se desviaron tanto en sus objetivos que acabaron en el año 1204 con los cruzados saqueando Constantinopla, capital del Imperio bizantino. Es decir, con los propios cristianos luchando entre ellos. En ocasiones los desacuerdos eran tales que acababan con un rey cristiano volviéndose a casa, como es el caso de Felipe II tras enfrentarse con Ricardo Corazón de León durante la tercera cruzada a finales del siglo XII. No había un sentimiento predominante de «vamos todos a una porque somos cristianos», sino que cada uno miraba por sus propios intereses. Aunque se sintiesen más próximos culturalmente entre sí que con los musulmanes, cada uno barría para casa, quizá por eso el resultado final fue desfavorable para los cristianos, que no lograron mantener un control duradero de Tierra Santa.

¿SABÍAS QUE EL PAPA PROHIBIÓ LUCHAR A LOS REINOS CRISTIANOS EN CUARESMA?

En la Edad Media, la Iglesia católica implementó la Tregua de Dios *(Tregua Dei)*, una serie de leyes que buscaban reducir la violencia entre los señores feudales y proteger a las personas más vulnerables, como campesinos y clérigos. Esta tregua se originó en el sur de Francia, alrededor del siglo XI, y fue promovida para limitar las guerras entre los nobles. Una de las principales restricciones de la Tregua de Dios era la prohibición de librar batallas desde la noche de los miércoles hasta los lunes por la mañana, así como en ciertos periodos del año como Cuaresma y otras festividades religiosas. El objetivo de esta medida era garantizar que la guerra no interfiriera en los momentos sagrados, pero como supondrás, aunque hubo cierto grado de respeto en algunas regiones, sobre todo en el ya mencionado sur de Francia, en general esta normativa era ampliamente incumplida. Curiosamente, esto fue la base para el desarrollo del derecho de asilo.

35

MONGOL: ¿ERA GENGIS KAN SIMPLEMENTE EL LÍDER DE UNA HORDA DE SALVAJES?

Hacemos la excepción de traer aquí cine ruso, pero *Mongol* (2007) nos sirve para el propósito de este libro. Además, esta producción fue bastante famosa y llegó a ser considerada como candidata a mejor película extranjera en los premios de la Academia de Cine estadounidense. Quizá porque Hollywood solo tiene dos películas conocidas sobre el famoso conquistador: *Gengish Khan* (1965) y *El conquistador de Mongolia* (1956), estrenada como *The Conqueror* y protagonizada por el legendario John Wayne. En ambas, el reparto está plagado de actores occidentales, por lo que ya de primeras nos alejan un poco de la realidad, pero también la fidelidad histórica brilla por su ausencia y, de igual modo, la calidad cinematográfica.

Mongol, dirigida por Sergei Bodrov, está bastante bien, y es, en la actualidad, la representación más aclamada de este personaje en el séptimo arte. Se centra en la vida temprana del líder medieval y relata su ascenso al poder, desde su infancia hasta convertirse en el mandamás que unificaría las tribus mongolas y crearía uno de los imperios más grandes de la historia. Tiene impresionantes escenas de batalla, hermosos paisajes y una interpretación humanizada del legendario conquistador, por lo que el resultado final es bastante apañado. Es cierto que la relación amorosa está demasiado romantizada y que, al final, la culpa de que este hombre acabase conquistando a todo el mundo es de los demás, que le trataban muy mal desde que era niño. También amplía una creencia popular que pone a sus ejércitos como salvajes. ¿Realmente tiene sentido pensar que una horda de hombres asilvestrados podría haber creado el segundo mayor imperio de la historia, por detrás de los británicos?

Pongamos un poco de contexto. Nuestro protagonista se llama Temuyín y nació en el año 1162 en el seno de una familia noble que, por tramas palaciegas, fue condenada a vivir en la calle. Pero este chaval supo desenvolverse, rodearse de soldados afines y casarse con una princesa local que rescató a cambio de que su padre le prometiese su mano. Esto parece un cuento de Disney, pero pronto todo se vuelve más violento, porque su vida acabó siendo un constante derrotar enemigos y ascender en el poder, por lo que también tuvo que acabar con rebeliones internas. Para lograr estabilidad necesitó de una estrategia que no se suele mencionar en el cine cuando se habla de las hordas del Kan (príncipe), pero es algo bien conocido entre los historiadores. En el creciente Imperio mongol se practicaba una meritocracia extrema: no importaba la clase social, el reino en el que hubieses nacido, la etnia o la religión que profesases, tan solo si eras válido para un puesto o no. Lamentablemente, en esta norma tenemos que hacer la excepción de las mujeres, que, aunque gozaban de mayor independencia y facilidades en comparación con las de otras sociedades del momento, estaban muy lejos de la igualdad; y tampoco tenemos información sobre si había discriminación por orientación sexual. Como es obvio, nadie monta un reino enorme y estructuras de poder descomunales sin cierto grado de corrupción, pero, en general, se buscaba al más válido para cada puesto, pues la idea era romper con el poder tradicional en favor del talento. Esto logró una gran eficacia en su gobierno, y tenía la ventaja de que los territorios apropiados eran regentados por gente que sabía hacer las cosas bien, por lo que, como les dejaban un poco a su aire y no dependían de un linaje local, al final eran fieles al Imperio. La contrapartida es que tuvo que enfrentarse a muchos enemigos, internos o conquistados, que se vieron desplazados de eso del mandar. Al poner como jefes en el ejército a gente que se medía por su aptitud consiguió grandes victorias. Desarrolló su famosa estrategia militar de hostigar tropas enemigas con arqueros a caballo, que atacaban a distancia y, cuando se veían en peligro, se alejaban o ideaban estratagemas de todo tipo. Así, poco a poco, se hizo con el control de toda Mongolia y se hizo llamar Gengis Kan, es decir «príncipe universal». Con ese nombre Mongolia se le había quedado pequeña.

En 1207 invadió y conquistó al Imperio tangut, situado en lo que sería actualmente el norte de China. En 1215 se dio de palos con la dinastía Jin y, tras un largo sitio, saqueó Pekín, una de las ciudades más grandes del mundo en aquellos tiempos. Se cree que para entonces cientos de miles de personas ya habían muerto a raíz de sus invasiones, pero es lo que tiene esa época. Años después, Gengis quería establecer relaciones comerciales con las tierras musulmanas del oeste. Envió una delegación para reunirse con sus líderes, quienes no tuvieron mejor idea que matar a los diplomáticos. Las tropas de Gengis Kan se pasaron los siguientes años destruyendo las ciudades de Oriente Próximo. Llegaron hasta Europa del Este, incluso penetrando en la actual Georgia y la Rus de Kiev. El líder falleció en 1227 a los sesenta y cinco años lamentando no haber vivido lo suficiente como para conquistar el mundo entero. Con todo, sus éxitos no son nada desdeñables: en veinticinco años el ejército mongol conquistó más tierras que el ejército romano en cuatrocientos años y sus herederos expandieron aún más las fronteras hasta ocupar una porción de mundo similar a África. De los 196 países que hay en el mundo actualmente, treinta formaron parte del Imperio mongol y, como tuvo tantas mujeres, se calcula que un 8 por ciento de la población total de la gente que vive en esos países comparte ADN con él. Por lógica, alguien que ha llegado tan lejos y ha dominado territorios tan extensos debe tener un sistema de gobierno que funcione, algo que no se puede apreciar en el cine si tan solo vemos a un señor vestido con pieles montado en un caballo.

Pese a las conquistas y los regueros de sangre, estableció grandes periodos de seguridad en su territorio gracias a su gestión, el comercio a través de la Ruta de la Seda y la libertad religiosa, por lo que logró una expansión tecnológica, cultural y económica sin precedentes. Al basarse en la habilidad y la lealtad en lugar del nacimiento, el Imperio pudo reclutar, hacer ascender y mantener a los líderes y administradores más talentosos, que tomaban decisiones críticas adecuadas tanto en tiempos de paz como de guerra, lo que le dio una ventaja decisiva sobre sus enemigos, quienes a menudo estaban atados a sistemas de clases más rígidos. Por otra parte, esto, que fue clave para su expansión, no llegó a desarrollarse tanto porque el Imperio mongol solo duró ciento cincuenta años tras dividirse entre sus herederos, y su impacto cultural no fue tan abrumador como otros. En otras palabras: las invasiones de Mongolia no son simplemente una horda de gente cabalgando hacia el campo de batalla mientras grita y hace aspavientos con su espada. Era una estructura compleja y, hasta cierto punto, ejemplar.

¿DÓNDE ESTÁ LA TUMBA DE GENGIS KAN?

Uno de los hallazgos arqueológicos del siglo sería, sin duda, encontrar el cuerpo de Gengis Kan, sobre todo porque se han generado muchos mitos y leyendas sobre su entierro. Se cree que, tras su muerte en 1227, sus seguidores hicieron todo lo posible para ocultar su tumba y evitar que fuera profanada. Según las crónicas, los soldados que transportaron su cuerpo fueron ejecutados para mantener el secreto, y la zona fue «borrada» de la memoria colectiva. La ubicación exacta de su tumba sigue siendo un misterio, lo que ha alimentado la fascinación y el misterio en torno a su figura. Algunos creen que está en algún lugar de Mongolia, cerca del río Onon, pero hasta la fecha no se han encontrado evidencias concretas. De hecho, el propio gobierno del país no cesa de poner trabas a los arqueólogos para que no estén levantando la mitad de su terreno en busca de tan preciado tesoro, por lo que un gran número de exploradores tienen que recurrir a las imágenes por satélite para corroborar sus teorías.

36

MARCO POLO: ¿VIO EL MERCADER VENECIANO TODO LO QUE DIJO SOBRE ASIA?

Es curioso que de uno de los personajes más famosos de la historia no podemos creernos ni la mitad o, mejor dicho, existen muchas dudas sobre la veracidad de sus relatos. Aun así, como es de las pocas fuentes europeas para conocer el Asia medieval no nos queda otra que adentrarnos en las fascinantes aventuras de Marco Polo, pero siempre con la duda sobrevolando sus textos.

Esta serie de dos temporadas (2014-2016) sigue las aventuras del joven explorador veneciano Marco Polo en la corte del emperador mongol Kublai Kan, nieto de Gengis Kan, que gobernó durante el siglo XIII. Su primera temporada fue muy interesante y espectacular, y para entonces era una de las producciones más caras de la televisión. Cada episodio costaba la friolera de 9 millones de dólares. Aunque sea triste, las plataformas online buscan un éxito masivo y cancelan todas aquellas propuestas que no sean un éxito mundial arrasador que haga que en las oficinas de todo el mundo no se pueda hablar de otra cosa, algo que en este caso pasó tras la segunda temporada, por muy buena que fuese esta producción. A través de intrigas políticas, batallas épicas y paisajes exóticos, la serie retrata la lucha de Polo por encontrar su lugar en el vasto y multicultural Imperio mongol. Con una producción visual impresionante y un enfoque dramático, la serie explora temas de poder, lealtad y supervivencia, por lo que tiene que exagerar ciertos personajes como Jia Sidao, el canciller chino de la dinastía Song, quien tuvo un papel clave en la caída de su familia, pero no por motivos personales como nos muestran. Incluso tenemos a un genio de las artes marciales ciego, algo bastante difícil de creer, pero que es muy espectacular. Ahora bien, el protagonista principal es el famoso veneciano que recorrió la Ruta de la Seda, pero ¿nos podemos fiar de todo lo que nos contaba? Por desgracia, su testimonio está bastante cuestionado.

Marco Polo nació en una familia de comerciantes en 1254 en Venecia. Fue educado por su abuelo porque su padre y su tío, Niccolò y Maffeo, respectivamente, estaban liados viajando a China a la corte de Kublai Kan, que había sometido este reino y fundó la nueva dinastía Yuan. La idea de la familia Polo era hablar con el papa para poder mandar misioneros a la corte de este gobernador y establecer relaciones comerciales, algo que en teoría no debía de ser difícil, ya que el Imperio mongol no se cerraba en absoluto al contacto exterior, como hemos visto en el capítulo precedente. Es más, le gustaba tanto el exterior que a veces se apropiaba de él. En 1271, Marco, su padre y su tío viajaron a China acompañados de dos dominicos para emprender su misión. Recorrieron la actual Grecia, Turquía, Armenia, Asia Central, el desierto del Gobi…, se defendieron de emboscadas, se perdieron... y a lo tonto estuvieron cuatro años dando tumbos por ahí. Tanto es así que, casi al principio, los dos frailes se marcharon porque tanto trote no era para ellos. Ya en la corte del Imperio mongol, Marco fue aceptado como diplomático gracias a su facilidad para las lenguas, y es que, tras tanto dar vueltas, había aprendido tártaro, persa y árabe. Así estuvieron diecisiete años al servicio del emperador, viendo expandir sus fronteras por las actuales Corea, Tailandia, Camboya y Birmania, y, de paso, estableciendo negocios que los llevaron a amasar una gran fortuna. Sin embargo, cuando querían volver a casa en el año 1292, Kublai Kan les dijo que no, que ellos estaban muy bien ahí y que no tenían permiso para irse, lo que les ocasionó un disgusto. La familia Polo veía que el emperador era muy mayor y temían que cuando cambiase el poder ya no gozarían de tan buena posición. Tuvieron que esperar a tener que escoltar a una princesa mongola a Persia para poder desviarse y regresar a Venecia en el año 1295. Si creías que, tras veinticuatro años de aventuras recorriendo Asia, Marco Polo iba a estarse tranquilo, estás equivocado, y es que ya sabes que hay gente que no puede parar. En 1298, con sus ahorros, participó en la batalla de Curzola, que enfrentó a venecianos y genoveses; los primeros fueron derrotados y el famoso comerciante fue hecho prisionero. Durante sus dos años en cautiverio se hizo amigo de su compañero de celda, Rustichello de Pisa, y le contó su vida, porque ahí, si algo tenían, era tiempo para conocerse. Este hombre alucinó con las historias que Marco le contó, así que le propuso escribir un libro y narrar su increíble viaje. De aquí salió *El libro de las maravillas*, también conocido como *Los viajes de Marco Polo*, que fue un éxito de ventas y la mejor fuente histórica para conocer el Lejano Oriente en aquel entonces. Tras eso, Marco Polo falleció en Venecia en 1324, a la edad de setenta años.

Ahora bien, no tenemos claro si vio todo lo que dijo. No se duda de sus viajes, pero sí se cuestiona que todo lo que se cuenta en su libro sea verdad. No sabemos si se inventó algunas cosas, si la memoria le jugó una mala pasada, si Rustichello les dio un aire más novelado a las vivencias de su amigo o si las copias posteriores modificaron la fuente original. Es cierto que hizo una descripción muy detallada de algunos lugares y culturas lejanas como China, Mongolia, Persia y el sudeste asiático, y que su paso por estos lugares fue documentado a su vez por los locales. Incluso describe el uso del papel moneda en el Imperio Yuan, algo que era completamente ajeno a Europa en ese momento, o la existencia de piedras negras que ardían que resultó ser el carbón, también desconocido en su continente natal. Al mismo tiempo, afirmó haber estado en poblados y ciudades concretas; no obstante, nadie de sus habitantes recordó su paso, y eso que en la época un mercader europeo era algo exótico que solo verían una vez en su vida. Asimismo, describió ciudades de oro y criaturas de las que no se tiene constancia. No mencionó la Muralla China, ni la práctica del té, la cual ya era una parte importante de la cultura local, como lo era la costumbre de atar los pies con vendas a las mujeres. Quizá es que simplemente se fijaba en las cosas que le interesaban, o bien que recogía testimonios locales y los daba como ciertos, porque, al fin y al cabo, su trabajo era comerciar y no ser periodista de viajes. No lo sabemos.

¿Hasta qué punto nos podemos fiar de todo lo que decía? No está claro. La obra de Marco Polo no es del todo ficción, pero parece evidente que incluye una mezcla de hechos reales, observaciones directas, relatos de segunda mano y posiblemente algunos embellecimientos o exageraciones. Por eso su vida nos resulta de película y ha sido objeto de múltiples adaptaciones, en las que se destaca por encima de otros aspectos la aventura que tanto gusta a la audiencia, en vez de centrarse en la exactitud histórica de su descripción de la divisa local, pues igual eso puede llegar a aburrir.

NO. MARCO POLO NO FUE EL RESPONSABLE DE INTRODUCIR LA PASTA EN ITALIA

Hay una idea popular de que Marco Polo llevó la pasta a Italia desde China después de sus viajes, pero los registros históricos sugieren que la pasta ya estaba presente en Italia mucho antes de su llegada. Ya en el siglo XII, en esa península, se mencionan platos similares a la pasta, y existen referencias a alimentos parecidos en otras culturas mediterráneas. En lugar de ser él quien trajo la pasta, es más probable que Polo simplemente haya descrito los fideos chinos en su libro *Los viajes de Marco Polo*, y las historias de su relato fueron interpretadas y asociadas erróneamente con la tradición italiana. ¿Es esto importante acaso? Depende de si eres italiano o no, pero la historia de la pasta es algo fundamental en la cultura de ese país, así que debemos respetarla.

37

ROBIN HOOD: ¿EXISTIÓ REALMENTE EL FORAJIDO INGLÉS?

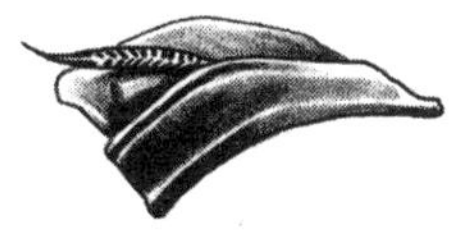

Con Robin Hood suele pasar lo contrario con respecto al cine: la gente da por hecho que es una figura de la ficción, cuando pudo haber existido de verdad. El problema es que, como pasa con el rey Arturo, las fuentes son tan pocas y dispersas que en realidad no sabemos mucho, por eso plantear «la historia real» es demasiado ambicioso. O simplemente es marketing, cuando no mentira, si es que estas dos cosas son diferentes. La película dirigida por Ridley Scott y protagonizada por Russell Crowe se vendió como una reinterpretación de la clásica leyenda inglesa. La idea era, tal como hizo luego el director en *Exodo: dioses y reyes* (2014) con Moisés, aportar una trama realista al mito que nos ha llegado. No es una muy exacta como decíamos, pero sobre todo tampoco es original, más si tenemos en cuenta que eso ya se hizo con *Troya* (2004) y con el mito artúrico, pero funcionó en taquilla. ¿Quién no quería volver a ver el combo de actor y director de *Gladiator*? Así, en *Robin Hood* (2010) conocimos los orígenes del famoso forajido Robin Longstride, un arquero del ejército del rey Ricardo Corazón de León. Tras la muerte de este, nuestro protagonista regresa a Inglaterra, donde asume la identidad de un noble caído para enfrentar la opresión y la injusticia del nuevo monarca Juan y sus corruptos aliados. La historia más o menos nos suena porque hoy día hay decenas de adaptaciones, pero ¿nos daba a conocer al famoso forajido?

La historia ficticia de Robin es bien conocida. En el siglo XIII, en Inglaterra, un hombre vestido de verde con mallas apretadas, vive en el bosque de Sherwood con su banda de forajidos. Él se hace llamar Robin Hood y está acompañado por gente como Little John, un tipo enorme que recibe ese nombre porque creen que saben hacer un uso original de la ironía, y el fraile Tuck, un sacerdote católico a quien le gusta empinar el codo. Juntos asaltan las caravanas del sheriff de Nottingham, un déspota que sube mucho los impuestos y que está al servicio del rey Juan. Además, nuestro protagonista está enamorado de la noble Marian Gilewater, que también es pretendida por el malo de esta historia. Todo esto muy resumido, claro.

Pero ¿existió un Robin Hood real? Más o menos. O más bien menos que más. Conservamos un registro judicial de 1226 que declara a un tal Robin Hood como prófugo, y treinta años más tarde hay otro texto similar sobre un bandido llamado William Robehod, y a lo largo del siguiente siglo se han encontrado diversas menciones a su persona. Por si fuera poco, en Inglaterra hay muchos lugares que, según el folclore popular, se llaman cueva de Robin o pozo de Robin. Según los historiadores podemos sacar varias conclusiones: o ha sido una sola persona la que inspiró las historias populares, aunque no se sabe quién, o quizá Robin Hood fuese un alias típico para los forajidos ingleses de diferentes etapas de la Edad Media. ¿Es, tal como prometen, una interpretación real del mito? No podemos decir que no, porque no lo sabemos. La historia está llena de huecos y Hollywood los rellena como quiere, así que ante la ausencia de evidencia no tenemos nada con lo que refutar. Al mismo tiempo una historia completamente distinta sería igual de correcta con nuestro pasado.

¿Y por qué Robin Hood es tan famoso si en realidad no sabemos nada de él? Por lo mismo que hemos mencionado hablando del rey Arturo o las sagas vikingas: en los siglos XIII y XIV estaban muy de moda los cantares y relatos épicos, textos que recobraron su popularidad durante el romanticismo. En el año 1370 un poema escrito por Piers Plowman menciona a Robin Hood, y hay una balada de ese mismo siglo titulada *Robin Hood y el monje*, que nos habla del bosque de Sherwood y de personajes como Little John, su compañero de gran envergadura, y el fraile borracho. En el siglo XV se difundieron más baladas sobre Robin Hood por Inglaterra. Una de las más largas es *A Gest of Robyn Hode* (Una gesta de Robyn Hode), donde romantizan al proscrito. En sus últimas líneas esta composición acaba así: «Porque era un buen forajido e hizo a los pobres hombres mucho bien». Ya sabes: robar a los ricos para dar a los pobres, lo contrario de lo que haría un banco. Poco más tarde llegaron obras de teatro. Se sabe que Shakespeare adaptó esta obra y con el tiempo se añadieron más elementos, como la trama de Ricardo Corazón de León volviendo de las cruzadas. En 1820 el escocés Walter Scott publicó la novela *Ivanhoe*, donde nos habla de un guerrero que lucha con Ricardo, y donde hay un personaje secundario llamado Robin Hood. Este texto resucitó el interés por esta figura, y autores como Dumas escribieron textos como *El príncipe de los ladrones*. Y ya en el siglo XX y XXI cada pocos años hay una nueva adaptación.

Por tanto, no podemos decir qué película representa mejor al famoso arquero inglés porque sabemos poco o nada de él. Así que la que más te guste es la correcta.

¿SABÍAS QUE UN NIÑO MATÓ A RICARDO CORAZÓN DE LEÓN?

En la película se muestra al principio el asedio al castillo de Châlus-Chabrol, en Francia, en el año 1199. Ricardo ataca la plaza y recibe un impacto en el cuello de una saeta disparada por una ballesta que manejaba un cocinero, y esto tiene bastante de histórico. Al parecer, durante el enfrentamiento, se hizo famoso un hombre de blanco que se defendía con lo que tenía a mano. Lo que no te cuentan es que este era en realidad un niño. Mientras supervisaba el ataque, el rey de Inglaterra, confiado y sin llevar armadura completa, fue alcanzado en el cuello. La herida no parecía mortal al principio, pero se infectó gravemente. Antes de morir, en un gesto que reflejaba tanto su fama de caballero como su carácter impredecible, perdonó al niño y pidió que se le dejara ir con vida; al fin y al cabo, tan solo cumplía con su deber. Sin embargo, tras la muerte del monarca, algunos ingleses que presenciaron el incidente ignoraron su voluntad y ejecutaron brutalmente al chaval. Así terminó la vida del legendario rey cruzado, víctima no de una batalla épica, sino de una flecha perdida lanzada por un zagal en un asedio menor.

38

ROBIN HOOD, PRÍNCIPE DE LOS LADRONES: ¿REALMENTE SE USARON FLECHAS DE FUEGO?

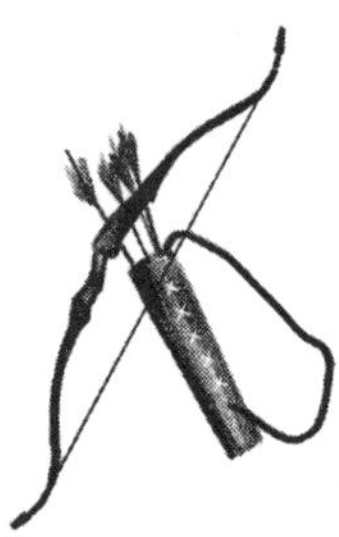

Robin Hood, príncipe de los ladrones (1991) fue todo un éxito en los noventa, quizá por estar interpretada por Kevin Costner, quien ganó un año antes el Oscar a la mejor dirección por *Bailando con lobos* (1990), de la que hablaremos más adelante. Este largometraje es una de las versiones más populares de la leyenda del famoso forajido, con permiso de *Las aventuras de Robin Hood* (1938), con Errol Flynn como protagonista. La idea en esta ocasión no es en absoluto dar una imagen histórica real, sino hacer buen cine de aventuras, y eso lo cumple a la perfección. Había humor, emoción e incluso una trama romántica clásica, y no podemos olvidar esa escena memorable en un lugar histórico como es el árbol solitario que crecía en el Muro de Adriano en Inglaterra. Este sicomoro de más de trescientos años, por cierto, fue cortado por algún imbécil en un acto vandálico en 2023. En cualquier caso, la cinta buscaba entretener e, insistimos, lo lograba. De hecho, se nota que Hollywood no pretendía otra cosa, porque en un momento dado se ve a Azeem, el amigo sarraceno del protagonista, interpretado por Morgan Freeman, utilizar un catalejo para espiar a los enemigos. O sea, estaba usando un artilugio del siglo XVII (o XVI, dependiendo de si le damos la autoría a Hans Lippershey, como se suele hacer, o al español Juan Roget, quien parece que usó algo parecido décadas antes). En cualquier caso: estaban haciendo uso de algo que tardaría cientos de años en llegar. Pero, si se trata de encontrar una incoherencia histórica en esta película, es en el uso de las flechas de fuego.

Cualquier imagen promocional de esta cinta está llena de llamas. Explosiones, incendios, cosas que pueden arder y flechas de fuego. Muchísimas flechas de fuego. Estas sí que existieron, pero para nada fueron frecuentes a lo largo de la historia y mucho menos se utilizaban tanto. Algunas saetas podían tener la punta con un espacio ovalado para albergar material inflamable como la grasa, o pólvora en el caso de China, que sabemos que usaban esta tecnología desde por lo menos el siglo IX. Sin embargo, este uso no era para atacar a personas, sino a estructuras de madera, normalmente en asedios. La idea era prender fuego a todo aquello que pudiese arder, a ser posible algo que hubiese sido untado de brea o tuviese heno cerca. Eran flechas especiales y no las que un arquero normal podía tener simplemente apoyando la punta en una hoguera. No tenía sentido emplear este tipo de armas contra personas por varios motivos: porque lo más probable es que la llama se apagase por el camino, ya fuera a causa del viento o de la humedad, y porque tanto la flecha como el arco son de madera, lo cual es un peligro. En Hollywood parece que el fuego únicamente afecta a los enemigos, pero en la realidad no es así. Puede que incluso fuese un engorro para el tirador, que tendría que quemarse los dedos. En la película vemos que Robin prende fuego a una flecha y luego mata a un verdugo de un impacto en la cara, pero es que un disparo normal le habría valido. No es como si consiguiese más puntos de daño por aportar un extra de fuego.

¿Y por qué se sirven tanto de ello en Hollywood? Fácil. Porque se ve espectacular. Lo usan en la batalla inicial en *Gladiator* (2000), en *Braveheart* (1995), en una escena ridícula de *Hércules* (2014) en la que atacan a un grupo de griegos con escudos o en *El señor de los anillos: las dos torres* (2002), donde vemos durante la batalla del Abismo de Helm a los defensores de la fortaleza usando flechas de fuego para iluminar el campo de batalla. Este recurso cinematográfico es como los fuegos artificiales, que de noche mejoran muchísimo. Pero, si lo piensas, esto puede ser hasta contraproducente, porque las flechas con fuego son mucho más fáciles de esquivar si sabes por dónde vienen. Es como si los bombarderos de la Segunda Guerra Mundial soltasen su mortífera carga decorando las bombas con luces led. Las defensas de las baterías antiaéreas podrían ver con suficiente tiempo el regalo que va directo a su posición y saldrían corriendo.

En esta película todo arde. Es el sueño de un pirómano hecho realidad y, si lo piensas, la mitad de las veces no es necesario, ni aporta nada más que espectacularidad. Como eso es lo que busca Hollywood, bienvenido sea; no obstante, la próxima vez que vayas a recrear un ataque medieval con tu grupo de interpretación histórica recuerda que con flechas normales te vale.

¿LA FLECHA DE FUEGO EN BARCELONA 1992 TENÍA TRUCO?

Ya que hablamos de flechas de fuego es interesante mencionar el lanzamiento más famoso de este tipo, que es sin duda el de la ceremonia de apertura de los Juegos Olímpicos de Barcelona 1992, realizado por el arquero paralímpico español Antonio Rebollo. Este es uno de los momentos más icónicos de los Juegos Olímpicos. Desde el centro del Estadio Olímpico de Montjuïc, Rebollo disparó una flecha encendida que parecía prender directamente el pebetero olímpico, dando inicio a los Juegos. Sin embargo, había truco. El pebetero estaba diseñado para encenderse automáticamente cuando la flecha pasara cerca, garantizando la espectacularidad con independencia de la puntería del arquero. Aunque este detalle técnico aseguraba el éxito del encendido, la precisión y destreza de Rebollo, quien practicó durante meses para lograr el disparo perfecto, fueron auténticas. Su lanzamiento sigue siendo recordado como un instante emocionante que combinó creatividad, emoción y perfección técnica.

39

LAS LOCAS, LOCAS AVENTURAS DE ROBIN HOOD: ¿EXISTIERON EL DERECHO DE PERNADA Y EL CINTURÓN DE CASTIDAD?

Si hay algo que pone nervioso a los historiadores son los mitos sobre la Edad Media. No solo es que no fuese una época oscura, es que las invenciones más inverosímiles forman parte de la cultura popular como si fuesen algo cierto. Ya no es que no persiguiesen brujas al nivel que se cree habitualmente, es que costumbres como el cinturón de castidad o el derecho de pernada son una chorrada descomunal, pero la gente se las cree. Puestos a abordar estos mitos, mejor hacerlo con humor, como es el caso de la película que traemos en este capítulo.

Como respuesta al éxito de *Robin Hood: el príncipe de los ladrones* de 1991, surgió dos años más tarde una parodia: *Robin Hood: Men In Tights* (1993), que se traduciría como «Robin Hood: Hombres en mallas», pero en España decidieron apostar por *Las locas, locas aventuras de Robin Hood*. Dirigida por Mel Brooks, quien ya hizo comedia de la famosa saga espacial de Star Wars con *Spaceballs* en 1987, también traducida de forma extraña al español como *La loca historia de las galaxias*, esta divertida comedia reimagina la clásica leyenda del forajido inglés con un toque cómico y satírico. Ironizan sobre que su protagonista principal sí que tiene acento inglés, no como Kevin Costner en el largometraje original, y se ríen de muchos tópicos tanto del cine de aventuras como de la Edad Media.

En esta película la princesa Marian lleva ropa interior de metal para proteger su virginidad, lo que tiene la ventaja de que el villano no puede romperla, incluso usando un martillo hidráulico como los que manejan los obreros contra el pavimento. Si no le ves mucho sentido a esto, te recuerdo que es una parodia. Esta absurda indumentaria es parte central de la trama, pues ella quiere reservarse para Robin, quien deberá encontrar la llave del candado que abra el cinturón de castidad. Pese a lo disparatado del argumento, existe la creencia popular de que este tipo de protecciones existieron en realidad, pero su origen es más fruto de la fantasía y la exageración histórica. Hasta donde sabemos, el origen de este mito tiene que ver con burlas de cómo era la vida medieval que surgieron en el Renacimiento, ese periodo en el que quisieron abrazar la Grecia y la Roma clásicas para rechazar los siglos precedentes más recientes. De ahí lo de «renacimiento», volver a nacer, como marca de algo nuevo y esperanzador que está por venir. De hecho, es en este momento cuando se bautiza a la Edad Media como tal, como una clasificación de algo intermedio. ¿Cómo mejorar las nuevas ideas que estás abrazando y dar esperanza a la gente por los tiempos futuros? Sin duda hacer las cosas bien ayuda, pero también desprestigiar lo anterior, o más bien sobredimensionar lo malo y cubrirlo con montañas de basura y farsas. No hay ninguna evidencia de que el cinturón de castidad se haya usado, y si has visto alguno en un museo sobre los horrores medievales tengo que decirte que son falsos. Estas creaciones son en su mayoría del siglo XIX, como la mayor parte de los instrumentos de tortura que damos por auténticos, de los que hablaremos más adelante. Estos dispositivos se fabricaron para satisfacer el interés morboso del público victoriano, que estaba fascinado con las ideas medievales. Además, hay que tener en cuenta que la idea de que las mujeres no podían controlar sus deseos sexuales es posterior a la Edad Media, cuando la persecución a las brujas se hizo popular. En suma, los historiadores defienden esta creencia como una tontería monumental, pero Hollywood ha perpetuado este mito en películas más serias como *The Crusades* en 1935.

Otro mito muy extendido que se menciona en esta película es el derecho de pernada. También conocido como *jus primae noctis* (derecho de la primera noche), que es que un señor feudal supuestamente tenía el derecho de pasar la noche de bodas con la esposa de uno de sus siervos o vasallos. En otras palabras: violar a la novia antes de que se acostase con su nuevo esposo. A estas alturas del libro supondrás qué es lo que tenemos que decir al respecto. Este concepto es ampliamente considerado un mito por los historiadores. No hay pruebas sólidas de que este derecho fuera una práctica legal o común en la Edad Media. Los textos jurídicos de la época no lo mencionan, y la mayoría de las referencias a él provienen de siglos posteriores, probablemente como resultado de todo lo que hemos mencionado en el párrafo anterior: exageraciones y sátiras para ridiculizar y criticar el poder de los nobles medievales, propaganda antifeudal de los periodos posteriores y quizá alguna confusión histórica al malinterpretar costumbres matrimoniales. Aunque es bien sabido que esto no es más que una creencia sin ningún tipo de base, hay películas prestigiosas que perpetúan el mito. *Braveheart* (1995) aborda explícitamente este supuesto uso legal para dejarnos ver que uno de los malos es muy malo, incluso se habla de esto en *El nombre de la rosa* (1986) o la ya mencionada *El rey Arturo* (2004).

Recapitulando, estos mitos han persistido como símbolos de los abusos del poder, por lo común contra las mujeres. No obstante, hay que romper una lanza a favor de la duda en el sentido de que en la historia utilizar las palabras «siempre» y «nunca» es poco recomendable. O sea, nunca hay que decir «siempre». Nuestro pasado está lleno de excepciones y gente que está mal de la cabeza. Si mañana un arqueólogo encuentra en un castillo medieval un cinturón de castidad al lado de un tratado legal que exija el derecho de pernada, tendremos que reconocer que esto pasaba, pero al mismo tiempo convendría matizar que no era lo habitual.

¿NOS CANSAREMOS ALGÚN DÍA DE ROBIN HOOD Y EL REY ARTURO?

Las leyendas de Robin Hood y el rey Arturo se han adaptado al cine en numerosas ocasiones. Existen al menos setenta películas que representan la historia de Robin Hood, desde las primeras producciones mudas hasta las más recientes interpretaciones contemporáneas. En cuanto al rey Arturo, se han grabado más de cincuenta películas que exploran su mito y las historias de los Caballeros de la Mesa Redonda. ¿Qué dice eso de Hollywood? Seguramente que ellos harán lo mismo una y otra vez hasta que deje de ser rentable. Cuando pase un tiempo razonable y vuelvan a ver que puede generar dinero, harán la adaptación un millón de uno de estos mitos. ¿Y qué dice eso de nosotros como audiencia? Igual somos más previsibles de lo que nos gustaría admitir y no nos gusta salir de nuestra zona de comodidad. Más de cien años de la misma historia una y otra vez avalan esta afirmación.

40

BRAVEHEART: ¿ERA WILLIAM WALLACE CONOCIDO COMO «CORAZÓN VALIENTE» Y GANABA BATALLAS CON LANZAS?

Braveheart (1995) es una de las películas épicas e históricas más famosas del cine, y su éxito tuvo una gran influencia en la cultura popular, a pesar de los desvaríos históricos. Dirigida y protagonizada por Mel Gibson, viajamos a la Escocia del siglo XIII para conocer a William Wallace, un líder escocés que luchó por la independencia frente al dominio inglés. El largometraje fue un rotundo éxito gracias a su poderosa narrativa, espectaculares escenas de batalla, una banda sonora excelente y la intensa actuación del protagonista. Hay escenas de absoluto flipado, como cuando Gibson pidió que un helicóptero le grabara corriendo por los montes de Escocia mientras ponía cara épica, pero lo cierto es que en general funcionaba, prueba de ello es que se llevó cinco premios Oscar, incluidos los de mejor película y mejor director. También hay que recordar que al público de Estados Unidos le encanta cualquier trama que vaya sobre la libertad, y eso ayuda mucho a su buena valoración, aunque para ensalzar este valor haya que pisotear todo lo que sabemos sobre nuestra historia.

Para presentar la incoherencia histórica principal de la película vamos a usar una analogía que alude a dos personajes españoles: Daoiz y Velarde. Estos dos militares españoles desempeñaron un papel clave durante el levantamiento del 2 de mayo de 1808 en Madrid, al inicio de la guerra de la Independencia española contra la ocupación napoleónica. Luis Daoiz

(1767-1808) era un capitán de artillería y Pedro Velarde (1779-1808), un teniente del mismo cuerpo. Ambos decidieron alinearse con el pueblo durante la revolución, dejando de lado sus supuestos deberes marciales para defender a quienes habían jurado proteger, es decir los ciudadanos. Lideraron la resistencia en el cuartel de Monteleón, donde, junto a un grupo de soldados y civiles, se enfrentaron valientemente a las tropas enemigas. Aunque fueron superados en número y ambos murieron en combate, su sacrificio los convirtió en símbolos de la lucha por la libertad y la resistencia española. De hecho, las dos estatuas de los leones enormes que hay en frente del Congreso de los Diputados en Madrid son llamadas cariñosamente Daoiz y Velarde en su honor. No sabemos si para proteger a los políticos del pueblo o al revés. No hay duda de que estos dos señores pueden ser considerados héroes con todas las letras, gente de bien, amigos de todos los valores que mejoran la condición humana. ¿Te imaginas una película en la que los pusiesen como traidores? Eso es exactamente lo que hace *Braveheart*.

En primer lugar, aclaremos quién era William Wallace (1270-1305). Este señor fue un noble escocés y uno de los principales líderes de la lucha por la independencia de Escocia frente al dominio inglés. Por consiguiente, no era de origen humilde como nos muestran en la película, porque a Hollywood le encanta mostrar que cualquier persona puede cambiar el mundo, al fin y al cabo, el gran público somos nosotros, gente de clase media o baja que difícilmente vamos a alterar el devenir de un reino. Tras la invasión de Eduardo I, Wallace lideró a las fuerzas escocesas en la batalla del puente de Stirling y logró una gran victoria. Sin embargo, fue derrotado en la batalla de Falkirk y continuó la resistencia como guerrillero hasta su captura en 1305. Fue ejecutado de manera brutal por traición, algo que queda bastante bien representado en la película, y que acabó por convertirle en un mártir y símbolo de la libertad escocesa. Por otra parte, tenemos a Robert the Bruce (1274-1329), que fue otro líder clave en la independencia de Escocia y se coronó rey en 1306. Aunque inicialmente colaboró con los ingleses, su motivación era pragmática, buscando el mejor momento para asegurar la Corona escocesa. No fue un traidor, sino un estratega que en ningún caso trató de matar a Wallace en el campo de batalla, tal como nos muestran. Su lealtad siempre fue a Escocia, y una vez proclamado rey, luchó incansablemente contra Inglaterra y alcanzó una victoria decisiva en la batalla de Bannockburn en 1314. Su liderazgo consolidó la independencia de su reino, y en 1328 consiguió el reconocimiento oficial de Inglaterra como rey de Escocia. La labor de Roberto I, como se traduce en español, fue tan importante que fue apodado póstumamente «Braveheart», es decir «Corazón Valiente». De hecho, su corazón era tan importante que fue extraído de su cuerpo para mandarlo a enterrar en Tierra Santa, pero su portador, sir James Douglas, murió en batalla durante la Reconquista de España, y el órgano del rey fue enviado de nuevo a Escocia y enterrado en la abadía de Melrose. Por tanto, en vida ni uno ni otro fueron llamados como en la película, pero en muerte fue Bruce quien se llevó el mote por ser exactamente lo contrario de lo que muestran. Es cierto que al final del largometraje hay un arco de redención para este personaje y sale liderando una batalla con los antiguos compañeros de armas de Wallace, pero, aun así, esto no fue suficiente para limpiar el nombre de aquel, que pasó a la historia como un traidor, cuando fue exactamente todo lo contrario.

La película, además, tiene otros fallos bastante importantes. Por ejemplo, la famosa secuencia bélica en la que Wallace pronuncia el discurso y luego para la caballería inglesa con las lanzas es conocida como la batalla del puente de Stirling. ¿Sale algún puente en la película? No. La estrategia seguida por los escoceses fue hacer frente a los jinetes enemigos en un estrecho corredor sobre el río Forth, de tal manera que provocaran el efecto embudo. Fue tanto el peso de la multitud que se congregó ahí para matarse que la estructura de madera acabó cediendo y se hundió. En definitiva, sí estaban en inferioridad numérica, pero nada de lo que vemos tiene algo que ver con la realidad. Por otro lado, Wallace y sus tropas sí que usaban las lanzas largas para frenar a los enemigos, pero normalmente lo hacían en formaciones circulares en las que la caballería no podía entrar. A estas unidades cerradas se les llamaba *schiltron*, que se podría traducir como «tropa de escudos», pero no fueron exclusivas de los escoceses y también fueron usadas por Robert the Bruce.

NO. LOS ESCOCESES NO SIEMPRE HAN LLEVADO FALDA Y LA CARA PINTADA

En *Braveheart* las representaciones históricas son, por decirlo amablemente, más simbólicas que precisas. En el filme hay dos grandes anacronismos: la pintura facial y el uso de faldas. Los escoceses del siglo XIII, época de William Wallace, no se pintaban la cara; esa tradición pertenecía a los pictos, un pueblo que habitó Escocia varios siglos antes, entre el año 300 y 900, quienes utilizaban pintura azul para intimidar en combate. Asimismo, las faldas escocesas o *kilts* no existían en la época de Wallace; aparecieron alrededor del siglo XVI. Estas inexactitudes se incluyeron para reforzar un imaginario visual distintivo de la «identidad escocesa» y crear una narrativa épica que apelara a las emociones del público, aunque sacrificando el rigor histórico. Esto puede resultar sorprendente, pero los guerreros escoceses de la época habrían llevado túnicas y cotas de malla.

41

EL NOMBRE DE LA ROSA: ¿ERA LA EDAD MEDIA FRÍA Y OSCURA?

¿Por qué para todas las películas de la Edad Media los cineastas añaden un filtro azul? Se entiende que es para dar la sensación de frío, pero ¿es que acaso no supieron calentarse durante mil años? El imaginario colectivo ha sido muy influenciado por Hollywood y nos imaginamos a México con un filtro amarillo y los países del este de Europa con un filtro gris, pero me atrevería a decir que en América del Norte también llueve y conocen las plantas, así como en Polonia hay días soleados. Esto es igual. En el siglo XIV, no existía una aversión por la luz, por mucho que la ficción se empeñe en lo contrario.

El nombre de la rosa (1986) es una película basada en la novela homónima de Umberto Eco que fue un éxito de ventas. Al filósofo, historiador y escritor no le terminó de convencer la adaptación y tras ver el estreno dijo: «Soy un espectador sospechoso y debo callar», que es la manera elegante de decir: «Me gustaría haber prendido fuego al cine». Aunque no sea fiel al libro, la película cumple con hacernos tener un gran interés por la Edad Media, arrastrándonos a un monasterio benedictino del siglo XIV. La trama sigue al fraile franciscano Guillermo de Baskerville (interpretado por Sean Connery) y su aprendiz Adso de Melk (Christian Slater), quienes llegan a dicho monasterio para investigar una serie de misteriosas muertes. En medio de una atmósfera oscura y llena de tensión, descubren una compleja red de intrigas religiosas, secretos ocultos y prohibiciones literarias, al tiempo que también han de hacer frente a la poderosa Inquisición. La película combina el misterio detectivesco con la crítica al fanatismo religioso y el poder del conocimiento, y en esos términos funciona genial, pero también fomenta la imagen de una Edad Media oscura, sombría y llena de superstición, lo que refuerza el mito de una época de estancamiento intelectual, ignorancia y represión.

Umberto Eco se inspiró en el monasterio italiano Sacra di San Michele, situado al norte de Italia, que puede ser un sitio oscuro si vas en diciembre, pero si vas en verano es un sitio fascinante, muy iluminado, y eso no quedó representado porque decidieron que mejor grabar en invierno. Los interiores se grabaron en su mayoría en el monasterio de Eberbach, en Alemania; y los exteriores en Rocca Calascio, que no es una abadía sino una fortaleza medieval en la península itálica. Todo esto se hizo por los motivos habituales: ajustarse al presupuesto y disponibilidad para alquilar los espacios, pero también se trata de una decisión artística del director Jean-Jacques Annaud, quien quería representar una Edad Media realmente tenebrosa y opresiva. Tanto es así que dio órdenes a los directores de casting de que todos los personajes secundarios que contratasen deberían ser lo más feos posible, algo que descubrieron los actores después del rodaje y no les gustó mucho. O sea, que su intención no solo era mostrar un momento de la historia con menos luz en el sentido metafórico, sino en el real, buscando los días con menos sol del año. Uno podría argumentar que tendría sentido que una película ambientada en el siglo XIV deba ser representada como un momento frío, al fin y al cabo, hubo un descenso de temperaturas en este momento, lo que se define como la pequeña Edad de Hielo, pero eso no significa que hubiera menos horas de luz ni que nunca les diera un mísero rayito de nuestro querido astro rey.

Por si fuera poco, la oscuridad no es solo física, sino intelectual. Al ambiente lúgubre se suma que la mayoría de los monjes son representados como supersticiosos, con miedo al conocimiento, especialmente los libros. Esto no es más que perpetuar esa falsa creencia de que la Iglesia de la Edad Media supuso un obstáculo para la tecnología y el pensamiento científico, y, de no haber ejercido esta resistencia, puede que ahora fuésemos una sociedad futurista, con viajes espaciales y sin tráfico en las carreteras gracias a nuestros coches voladores. Esto es un mito. Aunque la fe cristiana desempeñaba un papel central en la vida medieval, la realidad es que muchos monjes eran estudiosos que contribuían a la ciencia, la filosofía y las artes, entre otras cosas porque eran de los pocos que tenían dinero para hacerlo o financiar investigaciones. En el seno de la Iglesia se fundaron las universidades, existieron los primeros copistas para conservar los tratados y libros de la Roma y la Grecia clásicas. En esta época surgieron el humanismo, el parlamentarismo, el urbanismo y la imprenta, lo que no es incompatible con que a la vez hubiera hambrunas y miseria, algo que, por cierto, también pasa actualmente. El pensamiento científico no estaba perseguido y, de hecho, en la Edad Media se fijaron las bases de la ciencia moderna. Ya en el siglo XIII había grandes pensadores como Roger Bacon, quien fue uno de los precursores del empirismo y propuso la experiencia y la evidencia como base del conocimiento. Esto es el primer paso para el proceso científico. Además, fue el primero en registrar la fórmula de la pólvora en Europa. Hubo figuras como Guillermo de Ockham (siglo XIII), autor de su teoría conocida como la navaja de Ockham: «En igualdad de condiciones, la explicación más simple suele ser la más probable», teoría que seguimos aplicando en estadística, medicina, lingüística, informática, y harías bien en aplicarla en tu vida e incluso en tus relaciones de pareja. De hecho, este pensador es tan importante que fue la inspiración para Guillermo de Baskerville, el protagonista principal de *El nombre de la rosa*. Podemos recordar al geógrafo san Alberto Magno; a pensadores como Duns Scoto o Robert Grosseteste, de los primeros en estudiar el comportamiento de la luz desde un punto de vista científico; a intelectuales como Jean Buridan, que reinterpretó los elementos de la mecánica de Aristóteles y desarrolló la teoría sobre la causa del movimiento de los proyectiles, que era un precedente del moderno concepto de la inercia. Nicolás Oresme destacó en muchas disciplinas y se le considera uno de los principales artífices de la renovación medieval que llevaría al Renacimiento y, junto con Thomas Bradwardine, pionero de la física clásica. Y ambos eran obispos. Vamos, que no hubo retraso científico, sino todo lo contrario, hubo más pensadores y científicos que nunca antes en toda Europa.

Eso no quita que hubiese gente supersticiosa, o religiosos que abusaban de su poder para perpetuar ideas acientíficas, pero estoy seguro de que tú conoces a gente con, digamos, creencias diferentes, y no estás en la Edad Media. Este periodo de la historia no tiene el monopolio de la estupidez. Al mismo tiempo, la película fomenta la idea de la Inquisición asesina llevando a la hoguera a miles de personas, sobre todo brujas. Eso, como hemos comentado ya, vino después. Pero si acudimos a la lógica, no tiene sentido pensar que al llegar al final de la era medieval cambió todo en un día. No hay cambios de golpe sin procesos. La novela de Eco está ambientada en Italia, a principios del siglo XIV, precisamente en 1327. Es, por tanto, un periodo a las puertas del humanismo renacentista, que no apareció de un día para otro, sino que fue fruto de décadas posteriores de debate intelectual, ideas que no relacionamos con lo medieval, pero que, sin embargo, comenzaron a desarrollarse en ese momento. Como suelen decir los historiadores «no es que se acostasen medievales y se levantasen modernos».

¿SABÍAS QUE GRACIAS A *EL NOMBRE DE LA ROSA* ESPAÑA FUE PUNTERA EN LA INDUSTRIA DE LOS VIDEOJUEGOS?

Durante la edad de oro del videojuego español, que abarca principalmente las décadas de 1980 y 1990, España vivió un auge en la creación de videojuegos, sobre todo para computadoras como el ZX Spectrum, Amstrad CPC y MSX. (Si estos nombres no te suenan, envidio tu edad; si, por el contrario, sabes lo que son, recuerda que tienes que hacer una revisión médica anual y que las canas te hacen atractivo). En este contexto, se lanzó en 1987 el videojuego la *Abadía del crimen*, basado en *El nombre de la rosa*, desarrollado por Independiente Software y distribuido por Topo Soft en 1990. Este entretenimiento de aventura gráfica seguía de cerca la trama de la novela de Umberto Eco y su adaptación cinematográfica, permitiendo a los jugadores investigar los asesinatos en una abadía medieval como el protagonista, Guillermo de Ockham. Aunque hoy no es un título popular, representa una de las raras adaptaciones de una obra literaria famosa que destaca por su atmósfera oscura y sus puzles. Es considerado, además, un título de culto entre los aficionados a los videojuegos retro y de la literatura medieval.

42

BLACK DEATH: ¿LA HIGIENE ERA TERRIBLE EN LA EDAD MEDIA Y POR ESO LLEGÓ LA PESTE NEGRA?

A estas alturas del libro puedes pensar que nada de lo que creías saber de historia tiene una base sólida, pero recuerda que aquí el mensaje es «no era todo tan así». En el caso de la higiene en la Edad Media, pese a que tratemos de desmitificar todo lo malo de este periodo, no era una maravilla; no, si lo comparamos con el estándar de hoy, pero tampoco era una época asquerosa en la que todo oliese mal.

Podemos hablar de esto gracias a *Black Death* (2010), un thriller histórico ambientado en la Inglaterra medieval de 1348, durante el apogeo de la peste negra. Es una película oscura por dos motivos: está ubicada en la Edad Media, por lo que puede tirar de tópico, y trata sobre una de las pandemias más mortales de la que tenemos constancia, por lo que tiene todos los elementos para hacernos pensar: «No me gustaría haber vivido en ese momento». Dirigida por Christopher Smith, sigue a un joven monje, Osmund, que se une a un grupo de caballeros liderados por Ulric (Sean Bean) en una misión para investigar un remoto pueblo que supuestamente ha escapado de la plaga gracias a prácticas paganas y la resurrección de los muertos. O sea, que hace bingo con todos los estereotipos que se te ocurran. Por ejemplo, presenta a la Inquisición como una fuerza omnipresente, cuando en realidad no tenía el poder que la película le otorga en ese periodo y lugar (Inglaterra). Por otra parte, echar mano de la creencia en la resurrección de cadáveres y la magia negra como explicación para la inmunidad de una localidad es absurdo, como lo es la representación de los aldeanos como sucios y bárbaros que viven en condiciones insalubres extremas.

Veamos qué fue la peste negra y por qué sí es un acontecimiento merecedor de película. La también llamada muerte negra fue una pandemia que devastó Europa entre 1347 y 1351 y que causó la muerte de entre un tercio y la mitad de la población europea. Llegó al continente desde Asia, en virtud de la expansión del Imperio mongol, lo que ya desmiente el mito de que fue un problema únicamente en Inglaterra, Francia y Alemania. Fue causada por la bacteria *Yersinia pestis*, transmitida sobre todo por las pulgas que infestaban las ratas. La peste se presentaba en tres formas: bubónica (la más común, caracterizada por la inflamación de los ganglios linfáticos y los bubones), septicémica y neumónica. O sea, que era un cóctel mortal de patógenos cada cual peor que el anterior. Las condiciones de vida de las ciudades medievales, con su alta densidad de población, la cercanía entre humanos y animales, ausencia de sistemas de cañerías en el urbanismo... facilitaron la propagación de la enfermedad. Los síntomas incluían fiebre alta, escalofríos, vómitos, y las dolorosas hinchazones oscuras que daban nombre a la enfermedad; para más inri, era muy contagiosa. A medida que el contagio avanzaba, los sistemas sociales y económicos colapsaron, las ciudades se quedaron desiertas y las autoridades se vieron incapaces de manejar la situación. Además, el terror y la desesperación generaron violencia, persecuciones de minorías y un auge de la religiosidad extrema. Pero ¿fue todo esto provocado solo por la falta de higiene, tal como sugiere Hollywood? No. Sin duda, los mínimos de salubridad que hoy consideramos serían para las sociedades medievales un lujo, pero hubo otros factores, como la pequeña Edad de Hielo medieval, que los ciudadanos del momento tuvieron la terrible mala suerte de que se presentase a la vez que las ratas. Este evento climatológico provocó un descenso de las temperaturas durante décadas y acabó con pastos y cosechas, lo que derivó en hambrunas generalizadas al mismo tiempo que la enfermedad llegaba. Como suele pasar con las cosas complejas, hay más factores implicados.

Cabe recordar que epidemias ha habido siempre, tanto antes como ahora. En el año 541 tuvo lugar la plaga de Justiniano, que acabó con la vida de entre veinticinco y cincuenta millones de personas en Europa, Asia y África, pero como ocurrió en la siempre iluminada Constantinopla, entonces no importa tanto. Y también ha habido plagas posteriores que no se han asociado a una higiene deleznable. Es el caso, por ejemplo, de la última epidemia de peste negra. Ocurrió en China en el siglo XIX y, aunque habría que ver cómo eran las cosas por esas latitudes en ese tiempo, no se considera que fueran insalubres en general.

El mito de que las personas en la Edad Media no se lavaban es incorrecto y hay varios ejemplos que lo desmienten. Existían baños públicos y privados donde la gente podía lavarse y relajarse. Esto era particularmente común en ciudades como París, Londres y algunas localidades del Sacro Imperio Romano Germánico. Aunque la Iglesia en ciertos momentos condenó los baños mixtos por considerarlos inmorales, estos siguieron siendo populares hasta el siglo XIV. Tampoco podemos olvidar que los ríos no se inventaron después, sino que, dado que llevan ahí desde siempre, la gente se bañaba ahí desnuda. Existían perfumes y productos de higiene como los jabones, y el aseo de axilas y zonas íntimas era diario, así como frecuentes los chapuzones ya mencionados. Es cierto que hubo casos documentados de gente muy cerda, pero estoy seguro de que, en el colegio, la universidad o el trabajo, tú también has conocido a personas que, por lo que sea, tienen alergia al desodorante, y son supuestamente modernos. O a lo mejor has tenido el placer de montarte en el metro en verano en un país como España y habrás comprobado que, según en qué vagón te subas, corres el riesgo de desmayarte por el olor. ¿O hablamos de todas aquellas personas que durante la pandemia de 2020 no eran capaces de cumplir con los mínimos de higiene para no contagiar a nadie? Nos pasamos meses criticando la cantidad de veces que había que aclarar que cuando uno tose lo suyo es taparse la boca, o no manosear todos los productos del supermercado. Si lo piensas así, no somos nadie para dar lecciones a nuestros antepasados.

Pensar que mil años de historia han sido iguales es absurdo, más cuando existen pruebas históricas suficientes para desmentir esta creencia. Eso no quita que hubiese cosas mejorables y, de hecho, la separación de cadáveres infectados, la mejora del urbanismo y las condiciones de salud en las ciudades fueron clave para superar la peste negra. Con todo, si la realidad hubiese sido tal como describen en el cine, donde la gente siempre nada en la insalubridad, la epidemia debería haber durado siglos y no haber dejado a nadie vivo.

¿AZOTARSE A SÍ MISMO COMO REMEDIO CONTRA LA PESTE NEGRA?

Los flagelantes fueron un movimiento religioso que surgió durante la peste negra. Eran grupos de personas que marchaban de pueblo en pueblo autoflagelándose en rituales públicos de penitencia extrema, tratando de expiar sus pecados de esta forma tan llamativa (y ruidosa). Creían que la plaga era un castigo divino por los pecados de la humanidad, y que el sufrimiento físico podría apaciguar la ira de Dios. Vestidos con túnicas y entonando cánticos religiosos, sus actos eran espectáculos dramáticos que atraían a multitudes, pero también provocaban disturbios y fomentaban la persecución de minorías, especialmente de los judíos, a quienes culpaban de la enfermedad. Esto podría confirmar nuestros sesgos de superstición religiosa imperante que habría en el momento, pero fue precisamente la Iglesia católica la que puso fin a este desmadre. Aunque en un principio fue tolerante, terminó condenándolos por considerar sus prácticas heréticas e incontrolables. El papa Clemente VI emitió una bula papal en 1349 ordenando a los gobernantes locales que reprimieran a los flagelantes, con lo que puso fin oficialmente a ese movimiento de chalados extremistas. Al mismo tiempo, aunque este grupo de sufridores se llevó la fama, también los hubo que, puestos a morir, se dedicaban al vicio, pero como de estos siempre ha habido no llamaban tanto la atención.

43

JUANA DE ARCO: ¿FUE LA HEROÍNA FRANCESA UNA GUERRERA HÁBIL?

Juana de Arco (1999), dirigida por Luc Besson y protagonizada por Milla Jovovich, es una película épica que narra la vida de la célebre heroína francesa, quien, impulsada por visiones divinas, lideró al ejército francés en su lucha contra los ingleses durante la guerra de los Cien Años. La película sigue la transformación de una joven campesina piadosa a una líder militar inspiradora, hasta su captura y juicio por herejía. Todo esto arropado del clásico de Hollywood de «persona de origen humilde llega al poder», cuando, para variar, se cree que el padre de Juana era un señor local, aunque también es verdad que, según la tradición, ella escuchó al Altísimo mientras paseaba a su rebaño. Visualmente es impactante y ofrece una interpretación psicológica y emocional de la protagonista, aunque se toma muchas licencias históricas en su representación. La primera de ellas es quizá pensar que las imágenes que se le formaban en la cabeza eran prácticamente películas guionizadas, aunque en este caso dirigidas por Dios. No obstante, esto es un recurso que funciona bien y, además, como espectadores, nos facilita entender qué está pasando por la cabeza de alguien que asegura ver cosas que nadie más puede. El mayor problema es otro: situar a la líder militar como una experta combatiente.

Es normal pensar que Juana era una guerrera como cualquier otro luchador, al fin y al cabo, la mayoría de sus representaciones en el arte la ponen con armadura, espada y un estandarte gigante. Pero para entender que aquí la lógica nos juega una mala pasada, tenemos que conocer su vida. Ella era una chica de diecisiete años, que vivía en un pueblito de Francia durante la Edad Media, y tenía la particularidad de escuchar voces. No voces tipo «Ve a por más patatas fritas, que hoy te lo has ganado, aunque sabes que no deberías consumir más calorías», sino de santos importantes. Estos le decían que tenía que salvar a Francia de los ingleses en plena guerra de los Cien Años. Ella se presentó ante el jefe de la guarnición local para que le diese hombres a su cargo, pero este la consideró una tarada y pasó de ella. Sin embargo, un año más tarde, por intercesión del padre de Juana, pudo hacer realidad su deseo. Poco a poco fue ascendiendo y motivando a las tropas, lo que le resultó muy útil al futuro rey de Francia Carlos VII. Muchos pensaban que estaba un poco loca o que era un tanto hereje por creerse una elegida de Dios, pero cuando gana una serie de batallas cruciales, incluyendo la liberación de Orleans, dejaron de lado sus reparos. No obstante, durante una campaña fue capturada por los borgoñones (aliados de los ingleses), que la entregaron a sus enemigos y la sometieron a un juicio por herejía. La declararon culpable y, con apenas diecinueve años, la quemaron en la hoguera en 1431. Años después, la Iglesia dijo: «Ups, nos equivocamos», la canonizaron y ahora es una de las santas más famosas de la historia. En términos generales la película representa bien su vida, sobre todo las tramas políticas que llevaron a falsear el juicio y su ardiente final. Pero ¿liderar ejércitos significa ser un caballero experto? Ciertamente no.

La cinta presenta a Juana como una guerrera altamente entrenada, liderando con destreza y luchando físicamente en la batalla. Sin embargo, Juana de Arco no era una guerrera en el sentido tradicional. No tenía formación militar formal y no participaba directamente en el combate cuerpo a cuerpo. Su papel en la guerra era más bien inspirar y liderar a las tropas, portar el estandarte y motivar a los soldados, más que blandir espadas. Es como decir que todos los oficiales del ejército están en el campo de batalla, cuando a veces su trabajo es más administrar y dirigir el enfrentamiento en vez de darse de guantazos. Eso, por supuesto, no le quita valor a sus acciones. De hecho, llegó a ser herida por una flecha y, en otra ocasión, cuando había sido apresada, trató de huir y se lanzó al foso de un castillo saltando desde la muralla, acción que se usó en el juicio para acusarla del pecado de intentar suicidarse. No tenemos duda de que era valiente. Yo no me metería con un megáfono en medio de una batalla a animar a las tropas, pues probablemente me moriría de miedo y solo se escucharían balbuceos inconexos, pero ella hizo de eso su profesión.

¿SABÍAS QUE LAS BATALLAS CAMPALES ERAN LA EXCEPCIÓN EN LA EDAD MEDIA?

Aunque la imagen popular de las batallas medievales es la de dos grandes ejércitos enfrentándose en campos abiertos en un brutal intercambio de golpes, la realidad era mucho más compleja y menos romántica. Sí, siento dinamitar esto también, aunque resulte espectacular en las películas. Las batallas campales eran bastante raras, ya que eran extremadamente arriesgadas para ambas partes; perder podía significar no solo la derrota militar, sino también el colapso político. Asimismo, arrasar por completo a las fuerzas contrarias era exponerse a no tener mano de obra en los terrenos conquistados, y dejar heridos era rentable estratégicamente para que el enemigo dedicase recursos a su cuidado. Los conflictos medievales a menudo consistían en asedios prolongados, escaramuzas, emboscadas y tácticas de desgaste. Incluso cuando ocurrían enfrentamientos abiertos, no eran un caos de ataques desorganizados: la disciplina, las formaciones y la estrategia eran clave, y los caballeros a menudo evitaban riesgos innecesarios, porque un rescate podía valer más que una muerte gloriosa. En definitiva, las campañas militares eran más una cuestión de estrategia y resistencia que de épicas peleas cuerpo a cuerpo, cosa que suena bastante lógica si lo piensas. Eran medievales, no estúpidos.

44

EL ÚLTIMO DUELO: ¿CÓMO ERAN LOS DUELOS MEDIEVALES?

Tras más de cuarenta capítulos puede que pienses que mi objetivo es que odies a Ridley Scott, pero alguien que ha dirigido *Alien* (1979) o *Blade Runner* (1982) debería tener el eterno reconocimiento de cualquier ser vivo que haya poblado la Tierra. Eso no quita que, a la hora de abordar la historia, el director tenga sus cosillas.

El último duelo (2021) es un drama histórico basado en hechos reales que narra el último juicio por combate autorizado en la Francia medieval. Como podrás suponer, si los que protagonizaron este enfrentamiento viesen la película, es muy probable que no se sintiesen identificados. La trama sigue el conflicto entre Jean de Carrouges (Matt Damon), un caballero que acusa a su antiguo amigo, el escudero Jacques Le Gris (Adam Driver), de haber violado a su esposa, Marguerite (Jodie Comer). La gracia de la cinta es que está contada desde tres perspectivas distintas, dejándonos claro que cada persona tiene su punto de vista de los acontecimientos y difícilmente podamos saber la verdad al cien por cien, salvo que creamos que quien gane a la hora de darse guantazos tiene la razón porque Dios está de su parte. Además, explora temas de justicia, honor, y el papel de la mujer en una sociedad patriarcal, todo ello con el típico filtro azul para representar el estereotipo de ser un momento frío y oscuro.

Pongamos un poco de contexto. Estamos en la Francia medieval del año 1386, cuando Jean de Carrouges, un caballero respetado, empezó a tener problemas con su examigo Jacques Le Gris, un escudero astuto que iba subiendo en la escala social. Marguerite, la esposa de Carrouges, acusó a Le Gris de violarla, lo que hizo que su marido se enfureciese y quisiese defender su honor, por lo que pidió al rey un juicio por combate. Quien perdiera sería considerado un mentiroso y, por tanto, Dios lo castigaría. El derrotado fue Jacques. Este caso es raro, porque está muy bien documentado hasta por cinco textos históricos contemporáneos que describen el proceso, incluyendo relatos de primera mano bastante precisos. Además, existe una ilustración medieval en la que vemos cómo uno tiene la cabeza del otro, que yace decapitado en el suelo. Así que hay fuentes suficientes para saber cómo se desenvolvieron estos dos guerreros, y no tiene mucho que ver con lo que vemos en la película o, por lo menos, fue menos emocionante. Para desgracia de los asistentes, no hubo una justa, lo que lo hizo menos interesante, pero al menos no murió ningún caballo en el envite tal como vemos. El enfrentamiento no duró tanto porque ambos eran relativamente mayores, Carrouges no estaba enfermo y no acabaron revolcándose en el suelo a dagazos. Es probable que ni usaran escudos, porque ya tenían una armadura completa que les protegiese. En definitiva, hay demasiada acción, cosa comprensible porque es una película, pero no podemos pensar que los juicios solían ser así, sino algo más comedido, aunque con idéntico resultado fatal.

Por si fuera poco, esto tampoco era la manera usual para tratar las violaciones, que era algo regulado y condenado, por lo que es bastante improbable que se condenase a Marguerite a la hoguera en caso de que su marido fuese derrotado. Tan solo una fuente medieval de las cinco disponibles menciona la amenaza de quemarla, la del cronista Jean Froissart, pero él estaba en Flandes en el momento del combate, a diferencia de quienes escribieron los otros textos. Tanto es así que él incluso ubica el duelo en un lugar diferente.

Por otra parte, a Hollywood le encanta titular sus productos con «El último *algo*»: mohicano, *boy scout*, samurái, emperador, cazador, guerrero, hombre, etc. Cualquier cosa de la que solo quede un ejemplar tiene su película. En este caso habría que matizar que se trataría del último duelo judicial, ese procedimiento en el que dos bandos contendientes luchan en combate singular, ya sea para resolver una disputa pactada previamente o para que Dios se pronuncie sobre quién dice la verdad en ausencia de testigos. Otra cosa son los duelos de honor, que continuaron siendo bastante habituales. De hecho, Ridley Scott dirigió una película al respecto, *Los duelistas*, que está ambientada en la época napoleónica y, por tanto, es raro que afirme que el último enfrentamiento de este tipo es medieval. Hablaremos de ella llegado el momento. En cualquier caso, en los duelos judiciales (y no de honor) se establecen normas precisas y se trata de reparar un agravio con un árbitro perteneciente a un organismo público, que es lo que pasa en este largometraje. Se cree que este tipo de duelo tuvo lugar por última vez en Francia en 1547 en el castillo de Saint-Germain-en-Laye, cuando el rey Enrique II autorizó a dos nobles a luchar para reparar el honor de uno de ellos.

¿SABÍAS QUE LOS CABALLEROS MEDIEVALES PODÍAN MOVERSE CON AGILIDAD?

Rara vez lo muestra el cine, pero los caballeros medievales podían moverse con agilidad, saltar o dar volteretas, o al menos si nos referimos a las armaduras de los últimos siglos de este periodo. (Porque, de nuevo, estamos hablando de cientos de años y no hubo un estándar de protección, por mucho que en el cine se haya generalizado un solo modelo). Es verdad que cuesta creerlo debido al peso de sus armaduras, pero no tienes más que ir a cualquier feria medieval y asistir a la recreación de un combate para comprobar lo bien que se mueven, o incluso ver vídeos en YouTube de enfrentamientos, ya que al parecer existen competiciones actualmente. Las armaduras de placas completas estaban diseñadas con articulaciones avanzadas que permitían una gran movilidad. Aunque podían pesar entre 20 y 30 kilos, esa carga estaba distribuida de manera uniforme por todo el cuerpo, lo que permitía a los caballeros correr, montar a caballo, e incluso realizar maniobras como agacharse, saltar y levantarse rápido del suelo. Obviamente, eso parece mucho esfuerzo y es posible que tanto tú como yo acabásemos desmayados tras cinco minutos con eso puesto, pero hablamos de guerreros que entrenaban intensamente para combatir con ese equipamiento. Es probable que este mito provenga de películas y relatos inexactos que exageran las dificultades de llevar una armadura, ignorando la sofisticación de la tecnología medieval. Por si no te ha quedado claro, la historia no es como la muestra Hollywood.

45

DRÁCULA, LA LEYENDA JAMÁS CONTADA: ¿QUIÉN FUE EL VERDADERO VLAD TEPES?

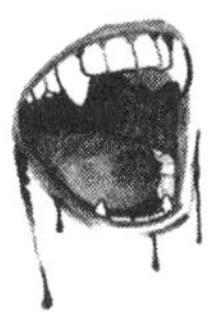

Drácula es uno de esos personajes que cada poco tiempo tienen una nueva readaptación en Hollywood, aunque normalmente se centran más en el mito vampírico inspirado por la novela de Bram Stoker, publicada en 1897, que en el personaje histórico real, y pocas veces se ve en la pantalla algo que nos acerque a Vlad Tepes, el príncipe de Valaquia que se enfrentó a los otomanos en el siglo xv. Este señor, por si tienes alguna duda, no tenía nada que ver con seres de ultratumba y no fue considerado como alguien mágico hasta que el romanticismo lo rodeó de ese halo en el siglo xix.

Drácula, la leyenda jamás contada (2014) mezclaba (o lo intentaba) mito e historia, imaginando cómo el regente transilvano pudo haberse convertido en un ser sobrenatural, pero también exponiendo sus problemas con las invasiones otomanas, así que trataban de poner un marco histórico real. Pese a la interpretación de Luke Evans, que venía de un pico de popularidad gracias a *El hobbit*, la cinta tuvo una recepción terrible tanto en crítica como en taquilla, y se considera el primer clavo en el ataúd de lo que Universal Studios había bautizado como Dark Universe, un intento de crear una saga revisitando los clásicos de terror. Tras eso, lo intentaron de nuevo en 2017 con un *remake* de *La momia*, con Tom Cruise de protagonista, y fallaron de manera estrepitosa, por lo que dieron por finalizado el proyecto. Aun así, en esta ocasión, al menos se agradecía la intención de poner un marco real, pese a añadir una gran capa de fantasía. Otra cosa es que lo hiciesen tan rematadamente mal.

El personaje histórico real que inspiró la leyenda es Vlad III Dracul, más conocido como Vlad el Empalador, sobrenombre que permite suponer qué tipo de persona era. Él fue el segundo hijo de Vlad Dracul, un noble que vivió en el siglo xv y que era gobernante de Valaquia, una región histórica de Rumanía que hacía frontera al norte con Transilvania, que era parte del Reino de Hungría. Este noble se tenía que enfrentar al avance de los otomanos y de los húngaros, y tanto el padre de Vlad como su hermano fueron asesinados tras la invasión, por lo que se desencadenó una lucha de poder en la que regentes colocados a dedo y descendientes se aliaban con unos y con otros. Este caos de cambios de regentes terminó cuando Vlad se hizo con el poder de Valaquia en 1456. Como necesitaba un gobierno estable decidió que lo mejor era no tener opositores políticos, menos aún a los boyardos, quienes estaban detrás de la muerte de varios príncipes de Valaquia, incluyendo su padre, y se jactaban de ello abiertamente. Ordenó saquear todas las villas que habían apoyado levantamientos contra su familia y empaló a todos los prisioneros, de ahí su apodo. Más tarde, el sultán otomano, Mehmed II, quien había tomado Constantinopla poco antes, acabando con el Imperio bizantino, ordenó a Vlad que le rindiera homenaje en persona, pero Vlad hizo capturar y empalar a los dos enviados del sultán. No solo eso, Vlad atacó territorio otomano, masacrando a decenas de miles de turcos y búlgaros, y, sí, de nuevo mandó empalar a los prisioneros. Se dice que llegó a crear bosques enteros de gente torturada así. Tras alguna batalla más, tuvo que huir y refugiarse en Hungría, pero ahí fue encarcelado durante doce años, tiempo en el que las historias sobre su crueldad fueron dándose a conocer en toda Europa. En ese tiempo se hizo famoso un poema titulado *Historia de un déspota llamado Drácula, voievoda de Valaquia*, donde se cuentan cosas como que ordenó empalar a dos monjes para que estuviesen más cerca del cielo y a un burro que rebuznaba tras la muerte de sus amos; también ordenó clavar los turbantes de dos mensajeros otomanos a sus propias cabezas al negarse estos a quitárselos ante su presencia como muestra de respeto. Decían que desayunaba mientras sus hombres empalaban a los prisioneros enemigos y que su castillo, supuestamente la Fortaleza de Bran, que es espectacular y aún se puede visitar, fue construido por sus enemigos políticos, que fueron usados como mano de obra. En resumidas cuentas, Vlad fue alguien que incluso para la época iba de sobrado, pero no sabemos qué hay de cierto en todo esto. Después de que todas estas vivencias se fuesen dando a conocer, fue liberado para encabezar batallas contra los otomanos, que seguían invadiendo, a lo que él proponía seguir con sus métodos de disuasión, en parte porque, en contra de lo que vemos en la película, nunca tuvo un ejército masivo con el que plantar cara, y tenía que recurrir a la guerra de guerrillas y al terror psicológico para garantizar su supervivencia. En otras palabras, hizo lo que pudo. Así hasta que en el año 1477 murió en batalla.

Está claro que este señor tenía un gusto especial por la sangre, o al menos no le importaba derramarla. Pero ¿vampiro? En *Drácula: la leyenda jamás contada*, Vlad se convierte en vampiro para obtener poderes sobrenaturales que le permitan defender su reino contra el Imperio otomano. Sin embargo, no existe ninguna relación entre Vlad Tepes y leyendas de vampirismo en su vida real. Fue el escritor irlandés Bram Stoker quien basó su novela *Drácula* en este personaje histórico. Ahí cuenta cómo un joven abogado se tiene que reunir con un noble del reino de Transilvania, que poco a poco muestra costumbres tan desconcertantes como sangrientas, algunas atribuidas según la leyenda al propio Vlad, como beber la sangre de sus víctimas en copas. Esto tiene sentido porque el mito de los vampiros tiene un gran arraigo en Rumanía, donde llaman *strigoi* a los muertos que salen de sus tumbas para alimentarse de la gente. Simplemente, el escritor se aprovechó del folclore local para crear esta historia y añadir cositas como que beben sangre, les molesta la luz del día, temen los crucifijos... y el mito fue creciendo y se fue añadiendo que tampoco les gusta el ajo y que, además, son muy seductores.

Por si fuera poco, la parte histórica en la que la película decide profundizar sobre las relaciones entre otomanos y Valaquia queda reducida a «el sultán Mehmed II es un conquistador malvado». Lo cierto es que Vlad fue rehén del Imperio otomano en su juventud, como parte de un acuerdo para asegurar la lealtad de su padre, Vlad II Dracul, hacia el sultán, pacto que era totalmente habitual y normal en la Edad Media. El protagonista sabría que, pese a las ansias conquistadoras del Imperio, no era una fuerza del mal con un señor oscuro, sino una potencia haciendo lo que hacían todas. Es más, Mehmed no exigió niños transilvanos para su ejército en esa época, cuando era lo normal. Lo podría haber hecho, pues los otomanos tenían un sistema de tributo conocido como *devşirme*, que reclutaba (más bien secuestraba) a mozos cristianos de ciertas regiones del Imperio para entrenarlos como jenízaros, las tropas de élite. Además, los convertían al islam pese a que todo esto era una práctica contraria al trato a los creyentes según el Corán. Este pago se realizó en un par de ocasiones durante el reinado de Alejandro I Aldea, quien fue sucedido por Vlad II Dracul, padre del Empalador, y quien logró terminar con este tributo obligado en su región. Por tanto, aunque tiene encaje histórico, se trata de una figura anterior al momento de la película, pero al menos aprendemos esa curiosidad de tan solo unas décadas antes.

¿SABÍAS QUE DRÁCULA ES CONSIDERADO UN HÉROE NACIONAL EN RUMANÍA?

En realidad, la pregunta para plantearte esta curiosidad tiene trampa. Es *clickbait*. Sin embargo, el personaje histórico que inspiró al Drácula ficticio sí que es considerado un héroe nacional por los rumanos debido a su resistencia contra el Imperio otomano y su defensa de la independencia de Valaquia en el siglo XV. Aunque su brutalidad es legendaria, y destacar por ser alguien especialmente bestia en esa época es todo un logro, muchos rumanos ven a Vlad Tepes como un líder firme que luchó por su pueblo. En 1976, el dictador comunista Nicolae Ceaușescu reforzó esta imagen al declararlo oficialmente un héroe nacional, como parte de su propaganda para glorificar figuras históricas que representaran el nacionalismo, la resistencia y el sacrificio por Rumanía. Ceaușescu utilizó a Vlad como símbolo de la lucha contra la opresión extranjera, ignorando deliberadamente su reputación sanguinaria para construir un relato de orgullo patriótico en un momento de creciente aislamiento político del régimen.

46

EL JOROBADO DE NOTRE DAME: ¿ERAN LAS CATEDRALES GÓTICAS OSCURAS?

La catedral de Notre Dame de París sufrió un grave incendio en 2019 que acabó con parte de la bóveda del legendario lugar. En 2024, tras la reconstrucción, se volvieron a abrir las puertas de la que es quizá una de las iglesias más famosas y queridas del mundo. Para sorpresa de mucha gente, el interior ya no era gris, sino blanco y luminoso, y pronto llegaron las críticas diciendo que habían modernizado la estructura y no habían sido fieles al estilo original. Lo cierto es que, aprovechando el desaguisado, los restauradores limpiaron la piedra, que quedó pulida y pálida como fue en el momento de su construcción en el siglo XII. Era, por primera vez en siglos, la representación más exacta del estilo gótico, algo que no queda recogido en la película que traemos en este capítulo.

La construcción de Notre Dame de París comenzó en el siglo XII y terminó en el siglo XIV. Representa uno de los hitos arquitectónicos más importantes de la humanidad y uno de los grandes ejemplos del estilo gótico. Solemos relacionar este movimiento con lo oscuro e incluso lo tenebroso, y ha habido ramificaciones artísticas posteriores que sin duda han ido por estos derroteros. En el instituto siempre estaba ese chico o esa chica gótica, vistiendo de negro, con el pelo teñido y escuchando música alternativa, posiblemente interesado en las ilustraciones de cementerios victorianos o bosques iluminados por la luna llena. Pero la concepción original del arte gótico es muy diferente. Surgió en Europa durante el final de la Alta Edad Media, aproximadamente en el siglo XII, y fue una respuesta a las limitaciones del arte románico anterior que trató de glorificar lo divino a través de la luz, la altura y la majestuosidad. Las catedrales imponentes, con torres altas, arbotantes y rosetones exagerados, creaban una sensación monumental, teniendo además un efecto dramático al dejar entrar la luz multicolor a través de las vidrieras. Por otra parte, las estatuas del exterior de este gran centro sagrado se muestran en la película tal como están ahora, y tal como creemos que eran: de piedra lisa. Lo cierto es que estaban policromadas, como la mayor parte de las estatuas de Grecia, Roma y Egipto. Por consiguiente, la fachada no era de piedra negra, sino de colores. Obviamente, si comparas esto con, por ejemplo, la Capilla Sixtina, pensarás que todo puede ser susceptible de ser más coloreado y resultar más alegre, pero tenemos que pensar con la mentalidad de la época, cuando para ellos este tipo de arte no era oscuro, sino, de hecho, todo lo contrario, un paso adelante con respecto a lo que había antes.

Por último, habría que añadir que este tipo de construcciones masivas en realidad nunca han terminado de construirse del todo, sino que han ido añadiendo cosas con el tiempo o corrigiendo defectos anteriores. La famosa escena de Quasimodo cantando agarrado a la aguja superior no habría sido posible porque no fue añadida hasta el siglo XIX, o sea cinco siglos más tarde. En definitiva, aunque la cinta propone personajes simpáticos que van cantando por ahí y no darte una clase de arte, sí que ayuda a crear una imagen falsa sobre cómo era la arquitectura en esa etapa de la historia.

Gracias a esta película también mucha gente ha dado por hecho que en algún momento hubo un señor encerrado en la catedral. Se deduce que la trama y los motivos serían del todo diferentes, pero que sí hubo un pobre Quasimodo torturado y martirizado en los trasfondos de la construcción. Que sepamos esto nunca pasó. Cuando Víctor Hugo escribía esta novela, en el siglo XIX, había un tallador de piedra jorobado que trabajaba en las obras de restauración de la catedral. El autor estaba vinculado con estas construcciones por su interés en la arquitectura gótica y porque era amigo del supervisor de este tallador, que se llamaba Jean Trajin y sería la inspiración para el personaje de Jean Valjean de *Los miserables*. Posiblemente, al pasar tiempo juntos, acabó conociendo a este trabajador que, de manera involuntaria, fue la fuente de inspiración para la novela.

¿SABÍAS QUE LA FIESTA DE LOS LOCOS REALMENTE SÍ EXISTIÓ?

La Fiesta de los Locos, representada en *El jorobado de Notre Dame*, fue una celebración medieval que se llevaba a cabo principalmente en Francia entre los siglos XII y XV, aunque su alcance llegó a otras partes de Europa. Originada como una festividad asociada al clero, se celebraba alrededor del Año Nuevo o el Día de los Santos Inocentes (28 de diciembre). Durante la fiesta, se invertían los roles sociales: un «obispo de los locos» o un «rey burlesco» era elegido entre los plebeyos o el clero menor, y las reglas tradicionales eran reemplazadas por el caos. Los participantes se disfrazaban, organizaban desfiles ruidosos, y realizaban actos de burla y parodia, incluso en lugares santos, lo que lógicamente escandalizaba a las autoridades eclesiásticas. Aunque fue tolerada por un tiempo, el exceso de burla hacia la religión y la autoridad, para sorpresa de nadie, llevó a varios intentos de prohibición. El papa Inocencio III y varios obispos ya intentaron limitar la fiesta en el siglo XIII, y en 1444 la facultad de Teología promovió su supresión, aunque quedaron vestigios hasta bien entrado el siglo XVI. En resumen, era una celebración que combinaba el humor, el desorden y una crítica social encubierta en el espíritu de la fiesta, pero no todo el mundo tiene la disposición de aceptar todo eso.

47

ASSASSIN'S CREED: ¿ERA LA INQUISICIÓN ESPAÑOLA EL MAYOR TERROR DE LA EDAD MEDIA?

Assassin's Creed (2016) lo tenía fácil. La adaptación de esta saga de videojuegos les daba a los guionistas el suficiente contexto, tramas y estéticas como para hacer un producto al menos pasable, pero se ve que incluso ser mediocre les pareció un objetivo demasiado ambicioso. A nivel visual era espectacular, y daba vida a los famosos movimientos acrobáticos inspirados en el *parkour* que hicieron las delicias de los jugadores; no obstante, tanto en argumento, como en personajes, trama y recrear lo que habían jugado en sus pantallas millones de personas en todo el mundo fue más bien decepcionante.

La trama sigue a Callum Lynch (interpretado por Michael Fassbender), quien, a través de una tecnología avanzada llamada Animus, revive los recuerdos de su ancestro, Aguilar de Nerja, un miembro de la Orden de los Asesinos en la España del siglo xv. Mientras explora el pasado, Lynch descubre secretos sobre su linaje y se ve atrapado en la guerra ancestral entre los Asesinos y los Templarios, quienes buscan controlar el libre albedrío de la humanidad. ¿Y quiénes querían controlar a la humanidad, sino los inquisidores españoles, en especial el famoso Tomás de Torquemada? Básicamente, la película es una compilación extensa de estereotipos. Eso sí, hay que reconocer que vemos la toma de Granada en 1492 de forma espectacular, que no es algo que se haya representado mucho en el cine.

El gran enemigo en esta película es Tomás de Torquemada, cosa comprensible, porque era una persona que podía representar fácilmente a un villano. Es cierto que en el siglo XV se creó el tribunal de la Inquisición, y que bajo su mandato se juzgó en los famosos autos de fe a entre dos mil y diez mil personas, pero son cifras muy discutidas. Muchísimo. De hecho, la mayoría tiran a las cifras más bajas de esta horquilla. Fue el confesor de la reina, lo que le daba un gran estatus y control, sobre todo cuando tras la unión dinástica de Aragón y Castilla quisieron fomentar el cristianismo en detrimento de la religión musulmana y la judía, lo que llevó a la expulsión de los sefardíes y a miles de falsas conversiones. O sea, que el tipo manejaba mucho, pero se suele olvidar que el propósito final era más bien político, pues se trataba de crear una unidad territorial gracias a una unidad confesional. Torquemada era influyente sin duda, pero era él quien debía seguir los objetivos de los reyes y no al revés, tal como vemos en la película. De hecho, fue la reina quien le puso en el cargo. No es que hubiese un gobierno basado en la superstición porque un loco adorador de las llamas había llegado al poder y controlaba a la realeza. Además, la propia ceremonia de quemar gente en esta película es realmente extraña. ¿Por qué narices hay gente vestida como de carnaval, haciendo que la ceremonia se asemeje más a una fiesta pagana que cristiana? Se supone que eso es justo lo contrario de lo que quieren representar.

No hay duda de que Torquemada es el máximo exponente mundial de la Inquisición, como si este fuese un órgano internacional. Lo cierto es que hubo instituciones similares en muchos reinos europeos, y la Inquisición española no fue ni la más bestia ni la que más gente sentenció. Está más que demostrado que el periodo con el mayor número de gente condenada al fuego se desarrolló en Europa, ya bien pasada la Edad Media. Por ejemplo, a la hora de buscar brujas, que no es exactamente lo que buscaba la Inquisición, pero está relacionado, entre 1560 y 1630 podemos encontrar muchos ejemplos: los juicios de Trier, Alemania (1581-1593), a raíz de los cuales mil personas ardieron; los juicios de Fulda, Alemania (1603-1606), que condenaron a doscientas cincuenta personas a morir tostadas; los juicios de Zugarramurdi, España (1609-1611), que culminaron con una barbacoa sobre la que ardieron dieciocho supuestas brujas; el juicio de Würzburg, Alemania (1626-1631), que condenó a doscientas diecinueve personas a ser cocinadas a la brasa, y los juicios de Bamberg, Alemania (1626-1631), como resultado de los cuales mil personas se reunieron calurosamente con Dios. También fueron conocidos los juicios de brujas del norte de Escocia de Berwick; los juicios de brujas suecos de Torsåker en Finlandia, en los que setenta y una personas fueron ejecutadas por brujería en un solo día; y los juicios de brujas de Salzburgo en Austria (donde ciento treinta y nueve personas fueron ejecutadas entre 1675 y 1690). Algo más tarde, en 1692, acontecieron los famosos juicios de brujas de Salem en Nueva Inglaterra, Estados Unidos. Como vemos, Alemania tiene el dudoso honor de liderar el ranking de países que más gente se cargó persiguiendo brujas. Las cifras se discuten ampliamente, pero si tiramos por lo bajo podemos decir que los germanos acabaron con veinticinco mil personas, los suizos con diez mil, y ya en torno a dos mil estarían España, Escocia, Países Bajos, Portugal y los países escandinavos. Por supuesto, a estos números se pueden sumar las persecuciones a los cátaros en la Francia medieval, pero no fueron exactamente juicios por brujería.

Si crees que las brujas encarnan el mal, estos números pueden ser una buena noticia para ti, pero en general la visión es que esto fue una barbaridad y que en Alemania se pasaron tres pueblos. ¿Por qué esto no se sabe o no queda representado en los grandes productos de la cultura popular? Puede ser por varios motivos: el primero es la propaganda antiespañola en la época del Imperio, la cual promovía una imagen de que quien dominaba el mundo o se lo disputaba con Inglaterra no era más que una fuerza destructiva y cruel; el segundo es porque la Inquisición española era bastante metódica y dejaba todo registrado, por lo que hay más rastros históricos de todos los desmanes que cometió. Sin duda, la representación en la ficción también tiene mucho que ver, que es como nos creamos las imágenes históricas. Puede que sea porque Alemania ya ha salido en el cine haciendo auténticas barbaridades y matando a enormes masas de gente en la Segunda Guerra Mundial, y ya que se hicieron famosos por ello igual no queremos seguir ahondando en la herida.

En definitiva, en la Inquisición española hubo quemas, torturas y confiscaciones, pero no era un régimen tan brutal como nos quieren hacer creer, en el que el pueblo estaba subyugado a base de sangre y fuego, o no tanto si lo comparamos con otros reinos. ¿Que está mal de todas maneras? Sí, pero atribuir el monopolio de la crueldad a una sola persona o país es de ser muy simples. Además, la hoguera no era el castigo por defecto hasta el punto de que, como vemos en *Assassin's Creed*, atan a un prisionero y le prenden fuego. En realidad, les vestían con el sambenito y eran entregados a tribunales reales. Esta película no es más que una visión disparatada de la realidad; ejemplo de estos desvaríos es hacer aparecer a la reina Isabel con la cara tatuada cual rapero moderno, decisión artística que no tiene ningún sentido, pero que, teniendo en cuenta el nulo respeto manifestado por la historia, encaja en su propuesta.

¿SABÍAS QUE LOS TRIBUNALES DE LA INQUISICIÓN ESPAÑOLA APENAS «VIVIERON» EN LA EDAD MEDIA?

Aunque el tribunal del Santo Oficio suele relacionarse con el Medievo, lo cierto es que apenas funcionó durante este periodo. Es más, está más cerca de nuestros días de lo que la gente cree. La Inquisición española fue oficialmente abolida el 15 de julio de 1834 bajo la regencia de María Cristina de Borbón, durante la minoría de edad de Isabel II, tras casi 356 años de funcionamiento desde su fundación en 1478 por los Reyes Católicos. (Bueno, técnicamente fue disuelta por los liberales durante el Trienio, pero Fernando VII la restableció, aunque no volvió a funcionar plenamente). A pesar de que llevaba tiempo sin operar realmente, su supresión definitiva respondió a los cambios políticos y sociales del siglo XIX, incluyendo la influencia del pensamiento ilustrado, el auge del liberalismo y las presiones internas y externas para limitar el poder de la Iglesia en asuntos estatales, que lo hicieron incompatible con los ideales de modernidad y libertad religiosa emergentes en Europa.

48

1492: LA CONQUISTA DEL PARAÍSO. ¿LA GENTE CREÍA QUE LA TIERRA ERA PLANA?

De nuevo vamos con Ridley Scott. Quiero recalcar otra vez que no odio al director y que en general disfruto de sus películas, y agradezco su esfuerzo por recrear el pasado, aunque cabría preguntarse por qué el británico tiene asesores históricos si luego los va a ignorar en aspectos importantes.

En *1492: la conquista del paraíso* (1992) se explora la visión idealista de Colón sobre la expansión del mundo europeo y sus esperanzas de construir una nueva civilización, contrastada con la dura realidad de los enfrentamientos con los pueblos indígenas y las tensiones internas entre los europeos. Su cinematografía es impresionante, pues recrea los paisajes naturales del Caribe y la magnitud de los viajes marítimos de manera efectista y emocionante (adjetivos que suelen ponerse en las críticas de cine y que no tengo muy claro qué significan, pero tenía que ponerlos). Además, hay que mencionar la emotiva banda sonora compuesta por Vangelis, que es, sin duda, un referente para los compositores de Hollywood. En resumidas cuentas, este largometraje está bien para un domingo tonto por la tarde.

La idea es representar el viaje de Colón a América y la frase introductoria que nos sitúa en el contexto histórico es la siguiente: «Hace quinientos años España era una nación atrapada en el miedo y la superstición, gobernada por la Corona y una Inquisición despiadada que perseguía a los hombres por atreverse a soñar. Un hombre desafió este poder». Así que plantea la llegada al Nuevo Mundo como un enfrentamiento contra la monarquía y la religión, casi como si a Colón en realidad no le apeteciera mucho embarcarse en un viaje de tal envergadura, pero le compensaba con tal de tocar las narices a los de arriba. Esto se desmorona con facilidad porque, tal como hemos visto en el anterior capítulo, la Santa Inquisición no era tan extrema ni tenía tanto poder, y, sobre todo, porque, si tan estúpidos eran los reyes, jamás habrían financiado esta expedición. Irónicamente, fue gracias a la intercesión del fraile Juan Pérez que el explorador llegó a convencer a los monarcas de apostar por él, o sea, la propia Iglesia, que en la película pintan de horrible, fue clave para lograr sus objetivos.

Veamos el porqué de esta expedición. En esa época, las Indias Orientales (Asia, especialmente la India, China y las islas de las Especias en el sudeste asiático) eran famosas por sus valiosas especias, como la pimienta, la canela y el clavo, además de seda y otros productos exóticos muy demandados en Europa. Ahora estas cosas nos suenan tan solo a condimentos para el arroz, las salsas o los postres, pero entonces eran una parte fundamental del comercio. Colón estaba convencido de que podía abrir una ruta más rápida y directa hacia los mercados asiáticos, navegando hacia el oeste a través del Atlántico en lugar de seguir las rutas que pasaban por Oriente Medio o África. De hecho, la vía africana era bastante reciente, pero estaba bajo el control de Portugal, por lo que los Reyes Católicos no podían usarla, motivo por el cual no les terminase de interesar la propuesta del navegante, que se la intentó vender antes al rey luso, quien al tener la suya propia en desarrollo le dijo que pasaba del tema. (Como es sabido, se terminó arrepintiendo, pero ya era tarde). Por si fuera poco, las rutas tradicionales habían sido bloqueadas por el Imperio otomano, que tras la conquista de Constantinopla en 1453 tenía el control de la zona y ya no dependía de las repúblicas italianas como Venecia. Por tanto, llegar a las Indias por el otro lado parecía una opción que considerar, sobre todo si tenemos en cuenta que así el reino que financiase esta expedición obtendría una gran ventaja con respecto a los demás competidores europeos. Además, a título personal, todo esto tenía el añadido de que, tal como se acordó en las Capitulaciones de Santa Fe, una parte significativa de las riquezas que pudiera descubrir serían para él. Todo esto se menciona de pasada en la película y es correcto, pero también añaden que era una empresa arriesgada porque había quienes pensaban que la Tierra era plana y que existían monstruos al final del océano. Esta creencia es falsa. Nadie en la Edad Media ni en la Antigüedad pensaba que el planeta donde vivimos no era redondo. Quizá habitantes de tierras interiores que no habían visto el mar en su vida podrían haber llegado a creer eso, pero era más una superstición infundada que otra cosa, y así se ha considerado a lo largo de la historia. Solo chalados y personas profundamente ignorantes pensaban que la Tierra era plana, y ahora algunos de los amantes de las teorías de la conspiración, pero son gente que encaja en los grupos mencionados.

Eruditos y marineros sabían que la Tierra era redonda, algo de común conocimiento desde la Antigüedad, sobre todo gracias a los antiguos griegos. Ya Pitágoras en el siglo VI a. C. proponía que la Tierra era esférica porque esta es la figura perfecta, pero igual esa demostración es más filosófica que científica. Ya para el siglo IV, tanto Platón como Aristóteles daban por hecho que nuestro planeta era redondo, en parte porque la sombra que proyectaba sobre la Luna durante los eclipses era de esta forma. Sin embargo, en el siglo III a. C. el astrónomo y matemático griego Eratóstenes fue uno de los primeros en medir con precisión el tamaño de la Tierra. Utilizó un método ingenioso basado en las sombras proyectadas por el Sol en posiciones de Siena y Alejandría durante el solsticio de verano. Comparando la inclinación de los rayos solares en ambos lugares y sabiendo la distancia entre las dos ciudades, calculó la circunferencia de la Tierra con notable precisión. Eratóstenes, por su parte, estimó la circunferencia de la Tierra en unos 40.000 km, bastante cerca de la medida real de 40.075 km en el ecuador. Este cálculo fue sorprendentemente preciso, considerando los recursos disponibles en su época, lo que demuestra que si eres muy listo, tampoco necesitas muchos aparatos modernos para llegar a conclusiones adecuadas. Si viajamos a otras culturas, en la India ya habían desarrollado la idea de la esfericidad de la Tierra en el siglo V gracias al matemático Aryabhata; en el mundo islámico, el geógrafo del siglo X Al-Biruni, que vivió en la corte de Bagdad, también llegó a la misma conclusión, y en China ya había habido suficientes exploradores como para que en el siglo XV esta fuese la creencia más popular. Por otro lado, los mayores implicados en este asunto eran los marineros corrientes, quienes con tan solo fijarse en la curva del horizonte o la variación en la posición de las estrellas según se viaja más al norte o al sur, les valía para dar por hecho que la Tierra no es plana.

Respecto a la creencia de monstruos en los límites de los océanos, también parece tener bastante de mito, o quizá de exageración de nosotros mismos en nuestras interpretaciones de cuando se habla de seres marinos enormes. Hasta hace relativamente poco tiempo, gran parte del océano era inexplorado y misterioso, y de hecho sigue siéndolo en parte. No hay duda de que fue la falta de conocimiento sobre la fauna marina, junto con el avistamiento de criaturas extrañas o desconocidas, lo que alimentó la idea de que había monstruos en las profundidades.

En suma, en la Edad Media, como ahora, era de conocimiento común que solo un tonto o un niño pensaría que la Tierra era plana.

¿SABÍAS QUE EN LOS BARCOS EUROPEOS NO HUBO HAMACAS HASTA QUE SE LLEGÓ A AMÉRICA?

Si has estado en Huelva, España, una de las visitas obligadas es el Campus de la Rábida. Ahí, en el Muelle de las Carabelas, hay tres copias de la Pinta, la Niña y la Santa María, las tres embarcaciones con las que Colón viajó a América por primera vez. Una de las cosas que más llama la atención es lo pequeñas que eran y... ¡que los navegantes dormían en el suelo! Cuando los españoles llegaron al Caribe y vieron las hamacas de los pueblos nativos, les pareció un gran invento, puede que incluso se sintiesen un poco tontos por no habérseles ocurrido a ellos una idea tan sencilla que les haría dormir más cómodamente. Decidieron así incorporar esta tecnología puntera a sus medios de transporte, ganando, además, espacio al poder poner a dormir a un marinero encima de otro.

EDAD MODERNA

49

APOCALYPTO: ¿ERAN LOS MAYAS IGNORANTES ASTRONÓMICOS QUE SE PASABAN EL DÍA SACRIFICANDO GENTE?

Mel Gibson es otro director que siempre hace arquear una ceja a los académicos. En general cualquier película de ambientación histórica lo hace, pero él y Ridley Scott son los que más a prueba ponen a los estudiosos del pasado, muestra de ello es que ambos cineastas ya se han mencionado varias veces en este libro. Y habrá más, pero por ahora vamos con los mayas, o los aztecas, o lo que sea, porque aquí lo confunden todo.

Apocalypto (2006) es una película histórica y de acción ambientada en los últimos días de la civilización maya antes de la llegada de los conquistadores europeos. O eso nos dicen, porque en realidad, como he comentado, mezclan muchas cosas de muchos periodos de varios pueblos precolombinos. Al menos, como Hollywood tampoco ha prestado mucha atención a este momento del pasado americano, se agradece el intento. La historia sigue a Garra de Jaguar, un joven cazador de una pequeña aldea, cuya vida pacífica se ve brutalmente interrumpida cuando su comunidad es atacada por una banda de guerreros mayas que buscan cautivos para sacrificios humanos. Garra de Jaguar es capturado junto a otros aldeanos y llevado a una ciudad en decadencia, donde los prisioneros son destinados a ser sacrificados a los dioses. No obstante, nuestro protagonista logra escapar y emprende una carrera contra el tiempo para regresar a su hogar, salvar a su familia y luchar por su libertad, que esto último es el elemento que no puede faltar en el cine comercial. Hay que agradecer los esfuerzos por recrear el mundo mesoamericano prehispánico hasta el punto de haberse filmado en lengua maya, o incluso nos muestran el famoso juego en el que debían introducir una pelota por un aro, pero en general se alimenta de ciertos estereotipos que, por ser finos y respetuosos, no son del todo exactos.

En primer lugar, ¿los mayas se pasaban el día sacrificando gente? Según esta película, sí, y es cierto que alguna que otra persona se cargaban, pero el problema está en que parecen confundir la civilización maya con el Imperio mexica o azteca. Los primeros se situaban más en torno a los espacios de los actuales estados mexicanos de Campeche, Quintana Roo, Tabasco y Chiapas, a lo que se sumaría Guatemala, Belice y el occidente de Honduras y El Salvador, y existieron desde el 2000 a. C., y los segundos estaban en el centro de México y se desarrollaron mucho más tarde, desde el siglo XIV. Por ende, fueron coetáneos tan solo en los últimos cientos de años en su mayor periodo de influencia y esplendor, y tuvieron muchos puntos en común, pero nunca fueron iguales. Una de las similitudes era, efectivamente, los sacrificios, rituales que fueron comunes en toda Mesoamérica, e incluso en otros espacios como los Andes. Los mayas creían que la sangre era un alimento potente para sus deidades, así que, de vez en cuando, tenían que dar matarile a algún ser vivo, y si era un prisionero enemigo de alto rango, mejor. Daba más puntos. Hay evidencias de esta costumbre desde el periodo clásico (250-900 d. C.) hasta su desaparición en el siglo XVI, y la técnica fue variando desde la decapitación y el asaetamiento al principio, hasta la extracción del corazón en la última etapa. Es decir, aunque nos creamos que esto último era lo único que hacían, en realidad eran más creativos, pero lo importante es que, en aras de la verdad, no sacrificaban tanto. Está claro que el solo hecho de que mates a una persona en un ritual ya está mal, pero lo que quiero decir es que, en comparación con los aztecas, los mayas deberían ser santificados.

Lo que vemos en la película, que es básicamente una industria del asesinato en masa, no fue para nada algo representativo de los mayas, sino del Imperio mexica, que digamos que depuraron la técnica. El protagonista ve montañas de cadáveres en una escena grotesca, pero esta escala no representa la civilización en la que supuestamente nos ubican. Las cifras explican con claridad esta diferencia: con respecto a los mayas, no hay un consenso, pero las investigaciones sugieren que el número era relativamente pequeño, quizá en el rango de decenas o cientos por año, dependiendo de la época y la región. Los aztecas eran ya un asunto mayor. Ellos creían que los sacrificios humanos eran necesarios para mantener el orden cósmico, alimentar al Sol y a los dioses, lo que llevó a prácticas masivas en festivales religiosos. En la inauguración del Templo Mayor en Tenochtitlán en 1487, las crónicas del momento sugieren que fueron sacrificadas entre cuatro mil y ochenta mil personas durante varios días de festividades. Sin embargo, estas cifras parecen enormemente infladas, porque eso implicaría varios ejecutados al minuto, y no habían depurado tanto la técnica. La estimación más aceptada ronda entre diez mil y veinte mil sacrificios para esa ocasión, esto es, muchísimo más que sus vecinos. Por lo menos unas cien veces más. Se entiende que los cronistas españoles quisieron dejar mal a sus adversarios, pero esta práctica es suficientemente aborrecible en sí misma como para necesitar empeorarla. En cualquier caso, Mel Gibson parece confundir ambos pueblos en su película, porque pone a los mayas como aztecas.

Por otra parte, una de las escenas más famosas de la cinta es cuando Garra de Jaguar va a ser sacrificado, y de pronto hay un eclipse, lo que sorprende a los sacerdotes, quienes acaban interpretando que el joven protagonista merece ser perdonado. Esto sugiere que los mayas eran unos ignorantes astronómicos, o directamente estúpidos. Con todo, pese a esa imagen de civilización que se desarrolla solo para sacrificar esclavos y poco más, tenían un conocimiento muy avanzado de los movimientos astrales, por lo que un eclipse no debería haberles sorprendido en absoluto, ya que tenían registradas las frecuencias astrales. Se sabe que usaron el calendario Haab, que marcaba 365 días que se usaba para actividades agrícolas y civiles. Estaba dividido en dieciocho meses de veinte días cada uno, más un mes adicional de cinco días, llamado «Wayeb», que se consideraba un periodo de mala suerte. También estaba el calendario Tzolk'in, que marcaba 260 días y combinaba un ciclo de trece números con veinte nombres de días. Este calendario estaba relacionado con ceremonias religiosas y la adivinación. Ambos quedaban unidos en la rueda calendárica, un sistema de cincuenta y dos años, que era un ciclo de gran importancia para las festividades y las predicciones. Esto significaría que esta civilización registraba los movimientos celestes de manera tan precisa que, dada su experiencia, se atrevían a prever eventos astronómicos futuros incluso con siglos de antelación. Un eclipse no solo no debería sorprenderles, sino que ya sabrían que estaba por venir.

En general la película es un *totum revolutum* de distintas civilizaciones y momentos. También nos muestran el colapso de la civilización maya, algo que ocurrió en el año 900, cuando por hambrunas y crisis se pierde el registro histórico de ellos hasta su reaparición posterior. Vemos los campos de maíz secos y la gente pasando hambre, por lo que nos hacen entender que para ellos es importante sacrificar gente, y así los dioses les sacarían de ese periodo de carestía, pero esto ocurrió en el siglo x. ¿Por qué entonces nos muestran a los conquistadores españoles llegando a sus costas cuando esto pasó en los siglos xv y xvi? El cine histórico siempre se va a permitir licencias, pero mostrar saltos temporales de seiscientos años es cuando menos arriesgado. Sería como poner a Juana de Arco luchando contra los ingleses con ametralladoras y recibiendo apoyo aéreo con bombarderos.

¿SABÍAS QUE GRACIAS AL CALENDARIO MAYA SE HIZO VIRAL LA CREENCIA DE QUE EL MUNDO ACABARÍA EN 2012?

¿Recuerdas dónde estabas el 21 de diciembre de 2012? Si eres muy joven o ni siquiera eras un proyecto, igual no lo sabes, pero esa noche gran parte del mundo estuvo atenta a una teoría viral realmente absurda que decía que el mundo se iba a acabar. ¿De qué forma? No se sabía bien del todo, pero al parecer lo predijeron los sabios precolombinos. Esta creencia de que la civilización acabaría ese día surgió de una interpretación errónea del calendario maya. En esa fecha se marcaba el fin de un ciclo de 5.125 años conocido como el *baktún*. Esto es lo que se llamaba la Cuenta Larga, compuesta por trece *baktunes*; cada *baktún* era unos 394 años solares, y estaba formado por veinte *katunes*, que son alrededor de unos veinte años solares. Muchas personas malinterpretaron este cambio como una profecía de apocalipsis, influenciadas por teorías pseudocientíficas, especulaciones sobre desastres naturales y fenómenos cósmicos, y una explosión mediática que incluyó libros, documentales y películas. Sobra decir que, en realidad, muy poca gente se lo creyó del todo a excepción de los amantes de las teorías de la conspiración, siempre dispuestos a ver el fin de nuestra era. Sin embargo, los expertos en cultura maya explicaron una y otra vez que este evento no era el «fin del mundo», sino el inicio de un nuevo ciclo, similar a cómo se reinicia un calendario moderno al terminar un año. Para los mayas, el cambio era más bien un momento de renovación y transformación. Si estás leyendo esto es que, en efecto, sobrevivimos al fin del mundo en 2012.

50

ETERNALS: ¿ERAN LOS CONQUISTADORES ESPAÑOLES PERSONAS SANGRIENTAS ÁVIDAS DE ROBAR TODO EL ORO POSIBLE?

No es ningún secreto que el cine de superhéroes no pretende ser histórico, pero sí es cierto que se alimenta de pasajes de nuestro pasado para crear y desarrollar sus personajes. Ahí tenemos a *Thor*, un dios nórdico, o *Wonder Woman*, la Mujer Maravilla, una mujer inmortal inspirada en las amazonas de la mitología griega. Por tanto, aunque no lo queramos, estos universos ficticios también ayudan a crear clichés. *Eternals* (2021) es un ejemplo perfecto.

Dirigida por Chloé Zhao, nos presenta a un grupo de seres inmortales que fueron enviados a la Tierra hace miles de años para proteger a la humanidad de los *deviants*, unas criaturas monstruosas. De hecho, su ritmo lento y su propuesta alejada de la ligereza habitual de Marvel Studios despistaron mucho al público y generaron muchas críticas, algo que se acentuó por una escena en particular de la película. Nos mostraban que, a lo largo de los siglos, los *eternals* habían influido notablemente en el desarrollo de las civilizaciones humanas, como cuando dotaron de tecnología muy moderna a los españoles y estos la aprovecharon para arrasar a los aztecas. Sí, una vez más Hollywood volvió con la idea de representar a los conquistadores como gente cuyo mayor pasatiempo era matar y saquear.

Pongamos un poco de contexto. En el siglo XVI, el mundo estaba a punto de cambiar de manera irremediable. En el corazón de lo que hoy conocemos como México, se alzaba la impresionante ciudad de Tenochtitlán, una enorme civilización con templos majestuosos y canales espectaculares. Los aztecas, liderados por su emperador Moctezuma II, eran los reyes de esta metrópoli vibrante y llena de vida. Es cierto que gran parte de su desarrollo se debió al hecho de haber sometido y esclavizado a pueblos colindantes, pero, por lo que sea, eso no se cuenta. No sea que pensemos que la historia no va de buenos y malos en la mayor parte de las ocasiones, y que de eso de acabar con el vecino pocos se libran. En cualquier caso, al otro lado del océano, en Europa, un grupo de exploradores españoles, entre ellos el famoso Hernán Cortés, se había propuesto conquistar nuevas tierras. En 1519, el extremeño llegó a las costas de México con un puñado de hombres, pero pronto comenzó a forjar alianzas con pueblos indígenas que estaban descontentos con el dominio azteca, como los tlaxcaltecas. Después de un camino lleno de aventuras, emboscadas y una serie de alianzas estratégicas, Cortés y su ejército finalmente llegaron a Tenochtitlán. Moctezuma, confiado y curioso, recibió al español. Es cierto que la amabilidad inicial del regente fue en parte porque, tal como le habían hecho saber, el conquistador había masacrado varias localidades problemáticas por el camino. Ese destino no le resultaba atractivo y quería evitar arriesgar su vida y la de su pueblo, y optó por ser comedido; sin embargo, las tensiones crecieron rápidamente. En 1520, la situación estalló y tras la trágica Noche Triste, donde los españoles fueron derrotados, Cortés regresó con más fuerzas. Después de un asedio de varios meses, Tenochtitlán cayó en agosto de 1521, lo que marcó el inicio de una nueva era: la llegada de los españoles y el fin del Imperio azteca.

Es esa caída de la ciudad la que vemos representada en esta película. Los conquistadores españoles son presentados de manera negativa, enfocados en la violencia y la destrucción, y también la avaricia. Seguro que hubo mucho de eso; no obstante, hemos mencionado un dato que igual has pasado por alto: el apoyo de los pueblos nativos a los invasores. Tlaxcaltecas, totonacas, texcocanos, huejotzingas y otros pueblos indígenas fueron el grueso del ejército en ambos enfrentamientos. Las cifras se discuten, pero se estima que había cerca de dos mil castellanos y varios cientos de miles de soldados de pueblos locales, por lo que se alcanzaron cifras de por lo menos ochenta mil. ¿Por qué harían esto? En parte por la superioridad tecnológica española y porque no les quedaba otra, pero además porque ellos también estaban hasta las narices de aquellos que veían como opresores, así que siguieron la vieja máxima de que el enemigo del enemigo es amigo. En otras palabras, muchos pueblos precolombinos ansiaban ver caer a los mexicas y aprovecharon la situación. Nada de esto queda reflejado en la cinta, cosa rara porque, entre otras cosas, es una circunstancia que se ha dado en prácticamente todos los procesos de conquista y colonización.

Todo esto forma parte del debate histórico conocido como la leyenda negra española, donde se ensalzan los episodios de violencia hasta el punto de que casi son la única motivación en sí misma. Si hay otro interés sería el oro, pero eso tampoco los hace quedar mejor. No hay duda de que pudo haber gente que se movía únicamente por eso; no obstante, pensar que cualquier persona que se ponía un casco en la cabeza y cruzaba el océano lo hacía solo por lo divertido que es matar y violar, y de paso ganar unas moneditas, es simplificar y reducir la historia. Sobre todo porque podríamos decir lo mismo de cualquier otro conquistador, como Alejandro Magno o Julio César, que, por lo que sea, en Hollywood parecen gente más decente. O por no hablar de los procesos de colonización de Canadá, Australia, Inglaterra, Estados Unidos o Bélgica, donde se cometieron barbaridades y abusos de todo tipo, en algunos casos hasta la década de los setenta del siglo XX. Aunque el argumento de «otros lo hicieron peor» tampoco es muy bueno del todo, al fin y al cabo, cada uno debe responsabilizarse de sus propios actos. Así que sigamos hablando de España.

Ya en el siglo XVI, hubo varios autores españoles que debatieron cómo se estaban haciendo las cosas en América, destacando un sacerdote español que denunció los abusos y crueldades de la conquista. Fray Bartolomé de las Casas, en su libro *Brevísima relación de la destrucción de las Indias* (1552), pedía al rey crear una especie de territorio autónomo misional bajo control eclesiástico en lugar de bajo el de los encomenderos y defendía, además, una conquista basada en la evangelización sin violencia. De las Casas, vapuleado por algunos y adorado por otros, era un jugador político y, gracias a su texto, la Corona tuvo una excusa jugosa para recortar y limitar el poder de los conquistadores, quienes por su parte tendían a querer convertirse en nobleza, algo que a la monarquía no le interesaba en absoluto. Por otra parte, existe lo que los historiadores han calificado como «leyenda rosa», que es lo contrario y pone a España como una fuerza civilizadora que acabó con los imperios sacrificadores de humanos, que llevaron cultura, una religión con un gran trasfondo filosófico, ciudades, universidades y modernidad en general, principalmente gracias a reinvertir todo el oro extraído de las minas. Alegan que hubo tratados legales, como las Leyes de Burgos de 1512 o las Leyes Nuevas de 1542, que reconocían a los indígenas como súbditos, y por tanto deberían ser tratados como iguales. En definitiva, dicen que los conquistadores eran héroes y santos. Sin embargo, tampoco se puede negar que muchos de los españoles allí pasaron de esta supuesta legalidad haciendo un poco lo que querían, que perpetuaron estructuras de poder en las que había poderosos y sometidos... Y tampoco se puede negar que hubo masacres. No hay que olvidar detallitos tales como que Colón llegó a ser mandado de vuelta a España encadenado en el año 1500, tras una desastrosa administración, tan violenta y cruel que incluso escandalizó a sus propios seguidores. A todo esto hay que sumar que los europeos llevaron consigo enfermedades como la viruela, que fue mortal en extremo por ser un patógeno desconocido para los americanos. Obviamente su intención no era hacer la guerra biológica, pero la globalización tiene estas cosas.

En resumen, los historiadores siguen partiéndose la cara con este tema y cada vez que este periodo sea representado en la cultura popular, volverá a surgir el debate, sobre todo en el mundo hispano. Por lo que sea, cuesta asumir que este proceso fue bastante parecido a lo que la humanidad lleva haciendo toda la vida, con momentos más cercanos a la leyenda negra y con momentos más cercanos a la leyenda rosa, con buenos y malos. Hollywood no parece querer situarse en una posición intermedia, o investigar si lo que representa es más una cosa u otra, sino que abraza el discurso negrolegendario con independencia de qué momento del proceso estamos hablando. Es de suponer que, en parte, lo hacen así porque esta leyenda está asumida por el gran público y es lo cómodo para situar al espectador, pero también porque pararse a leer un poquito más da pereza. *Eternals* no es la excepción, y películas como *Jungle Cruise* (2021) o incluso *Piratas del Caribe* (2003), donde la gente sufre maldiciones por la avaricia extrema de los españoles, no hacen más que fomentar esa visión negativa y parcial.

¿SABÍAS QUE TAMBIÉN HUBO CONQUISTADORAS?

Cuando hablamos de conquistadores a todos nos vienen nombres a la cabeza como Francisco Pizarro o Hernán Cortés, pero hay muchos más. En el caso de la conquista de los pueblos de la actual Chile, esta fue liderada por hombres como Pedro de Valdivia, pero un dato curioso es la importancia de Inés Suárez, una mujer española que desempeñó un papel clave en este proceso. Suárez acompañó a Valdivia y otros más en su expedición, y su valentía quedó registrada en la historia. En 1541, los indígenas mapuches asediaron Santiago, ciudad que Inés Suárez había ayudado a fundar, y ella asumió un rol activo en la defensa, llegando incluso a liderar a los españoles en momentos críticos. Por si fuera poco, no se cortó un pelo a la hora de mandar decapitar a varios líderes prisioneros a quienes los atacantes pretendían liberar. Aunque no fue «quien conquistó Chile» oficialmente, su participación destaca como un ejemplo raro de una mujer con protagonismo en las campañas españolas, lo que la convirtió en una figura legendaria en la historia colonial.

51

PIRATAS DEL CARIBE IV: ¿LA GENTE CREÍA QUE HABÍA UNA FUENTE DE ETERNA JUVENTUD EN AMÉRICA?

La cuarta entrega de *Piratas del Caribe* (2011) no es precisamente la mejor de la saga, pero viene al caso para el tema que vamos a tratar en este capítulo. Hablaremos de la mítica primera parte más adelante porque, por si no te has percatado, en este libro estamos avanzando por la historia en orden cronológico, y la época famosa de los piratas aún tardaría un par de siglos en llegar. Lo que pasa es que aquí, aunque sea la película número cuatro, hacen referencias a eventos que ocurrieron en el siglo XVI. Fue en este siglo cuando se popularizó un mito: la existencia de la fuente de la eterna juventud. Quien bebiera de sus mágicas aguas se curaba de sus males o se hacía inmortal. Sorprendentemente sí que hubo gente que se tragó este cuento, pero como suele pasar, la mayor parte de la sociedad consideraba eso historias para niños. Tanto es así que esta creencia no es algo exclusivo de la época. Venía de muy atrás, e incluso hoy día hay gente que cree en lugares fantásticos. Como ves, uno de los mensajes de este libro es que el monopolio de la estupidez no lo tiene ni una nación, ni los habitantes de una época, sino más bien la humanidad en general. (Y de la misma forma el honor, el bien, la genialidad y los valores buenos, aunque a veces cueste verlo).

En esta cinta que llevaba por subtítulo *En mareas misteriosas*, seguimos al inigualable capitán Jack Sparrow, interpretado como siempre por Johnny

Depp. En esta ocasión acaba buscando este lugar legendario compitiendo contra el temido pirata Barbanegra (al que da vida Ian McShane) y su hija (y exnovia de Jack), la astuta Angélica, interpretada por Penélope Cruz. Como siempre, hacen gala de humor irreverente, escenas de combate trepidantes y el toque de fantasía en forma de sirenas y desafíos sobrenaturales. Este largometraje anunciaba el agotamiento de la saga, pero al menos planteaba una pregunta interesante: ¿buscaron los españoles la fuente de la eterna juventud?

Los protagonistas encuentran los restos encallados de un navío español del siglo XVI, lo que para ellos es un gran hallazgo, porque nadie había estado en ese lugar en doscientos años. Dentro se encuentra ni más ni menos que el esqueleto de Ponce de León, uno de los exploradores más famosos de la época, quien fue el primer descubridor europeo de Florida en 1513 y el conquistador de Puerto Rico. En realidad, no sabemos mucho más de él. Creemos que es probable que naciera en 1460 y seguramente embarcó al Nuevo Mundo en 1493, en el segundo viaje de Cristóbal Colón. Se estableció en el Caribe y, con el tiempo, se convirtió en gobernador de Puerto Rico en 1509. Durante esos años llegaron a sus oídos los rumores de un sitio llamado Tierra de Bimini, donde había una gran prosperidad, según decían los indios conocidos como arahuacos. Las islas Bimini son en la actualidad un conjunto de playas azules típicas de la zona, así que a lo mejor había buena pesca y alimentos en general, lo que es garantía de una buena vida, sin duda, y tal vez de ahí vino la confusión. Se cree que la existencia de este rumor fue parte de la motivación de Ponce de León para explorar y conquistar.

En la *Historia general y natural de las Indias* (1535) de Gonzalo Fernández de Oviedo y Valdés, se menciona que Ponce de León sí que trató de hallar las aguas de Bimini para recobrar la juventud. En la *Historia general de las Indias* de Francisco López de Gómara (1551) se menciona lo mismo. En *Memoria de las cosas y costa y indios de la Florida* (1575), de Hernando de Escalante Fontaneda, se asegura que Ponce de León buscó la fuente en Florida. Este autor, por cierto, fue un superviviente de un naufragio y vivió diecisiete años entre nativos americanos de Florida, lugar que acabó conociendo bastante bien. Él aseguraba que el explorador creía que por ahí había un río al que él llamó Jordan, que iba a dar a la fuente de la eterna juventud. Lo interesante es que el mismo Escalante Fontaneda pensaba que eso era una chorrada monumental; al fin y al cabo, se había pasado casi dos décadas viviendo por ahí, así que algo sabría. Finalmente, Antonio de Herrera y Tordesillas, un cronista e historiador español, en su *Historia general de los hechos de los castellanos en las islas y tierra firme del mar Océano* (otro título muy sencillito y fácil de recordar), afirma que los caciques locales hacían visitas regulares a la fuente. Un anciano frágil podría recobrarse tan completamente que podría reanudar «todos los ejercicios varoniles... tomar una nueva esposa y engendrar más hijos». Además, agrega que los españoles habían buscado sin éxito la legendaria fuente en cada «río, arroyo, laguna o estanque» a lo largo de la costa de Florida. No obstante, toda esta información no está contrastada, aunque tantos rumores nos dan a entender que algo hubo. Al final, entre unos y otros, se forjó la leyenda. Lo único que sabemos es que el bueno de Ponce de León no consiguió la inmortalidad. Preparó una expedición, llegó a las costas de esta región, construyó un fuerte y, tras unos meses, se le pasó eso de ser tan ambicioso porque fueron atacados. Más concretamente, porque murió tras recibir el impacto de una flecha que, bien estaba envenenada, bien le ocasionó una herida que se le gangrenó. Como fue enterrado en la catedral del Viejo San Juan, en Puerto Rico, y ahí sigue, es complicado pensar que podríamos encontrarlo en un barco abandonado.

Entonces sí, los españoles buscaron la fuente de la eterna juventud. Sin embargo, el matiz es que no es un mito que se centre exclusivamente en América, sino en todo el mundo. Desde que existe memoria, hay registros de lugares mágicos similares. Ya el historiador Heródoto, en el siglo v a. C., en el libro III de su *Historia*, nos habla de un pueblo de etíopes longevos que habitaban en la costa del sur de Libia. Los llamó macrobianos, que significa «los de la larga vida». Aseguraba que algunos llegaban a los ciento veinte años. Posible, sí, pero complicado sin un buen seguro médico o un buen estado del bienestar consolidado. Pero es que incluso mucho antes ya había menciones a lugares así. De hecho, en el que muchos sostienen como el primer libro de la historia, la *Epopeya de Gilgamesh*, una colección de cinco poemas sumerios del 2500 a. C., tenemos a un protagonista que busca escapar de la muerte y hallar la inmortalidad, algo reservado solo a los dioses. Se ve que el hecho de palmar es un asunto que en general preocupa bastante a los humanos, y que buscamos cualquier cosa para evitarlo. En la Edad Media también hubo leyendas semejantes. Por ejemplo, en el

Corán se habla de un personaje legendario llamado Al-Khidr, que es una persona que supuestamente sigue viva porque bebió del agua de la fuente de la eterna juventud. Había encontrado su ubicación porque Alejandro Magno, en sus viajes en el siglo IV a. C., también había oído la historia de Gilgamesh y supo localizar este lugar mágico, al parecer ubicado en lo que llamaban la Tierra de las Tinieblas. Esto se cuenta en el *Romance de Alejandro*, un poema del siglo IV donde se cuenta la vida del conquistador, y este fue evolucionando hasta tener elementos mágicos. Por si fuera poco, tanto en China como en Japón, hay antiguos mitos sobre el «agua de la vida» o el «elixir de la inmortalidad», y un concepto muy parecido se menciona en *Las mil y una noches*.

En resumen, la fuente de la eterna juventud no es como sostiene hoy en día la creencia popular, ni como Hollywood ha alimentado en películas como esta, o la más actual *Jungle Cruise* (2021). No es un manantial oculto en algún lugar de Centroamérica, sino un conglomerado de mitos milenarios de todas partes del mundo. Igual los conquistadores y exploradores españoles fueron los que más tiempo perdieron buscando este lugar, aunque tampoco es algo que podamos aseverar de manera categórica. Si juzgamos desde nuestra perspectiva moderna, podemos pensar que eran muy supersticiosos o poco científicos, pero, de nuevo, tampoco está de más recordar la cantidad de cremas mágicas y potingues reparadores que venden farmacéuticas e *influencers* y aquí seguimos, envejeciendo, más calvos, más gordos y con dolor de rodillas.

¿POR QUÉ FLORIDA DEJÓ DE SER ESPAÑOLA?

En este capítulo hemos mencionado que los primeros exploradores europeos de Florida fueron los españoles. De hecho, este lugar se llama así porque Ponce de León llegó a este territorio en 1513 durante la festividad cristiana de la Pascua Florida, aunque también pudo ser por la abundante vegetación. Tras eso, otros aventureros como Álvar Núñez Cabeza de Vaca, quien naufragó en sus costas en 1528, se adentraron durante casi una década en lo que hoy es Estados Unidos y México. Este era un momento muy prometedor para España, pero tres siglos más tarde, las guerras de independencia americanas habían debilitado la posición del reino, que no podía prestar recursos y atención a esta parte del mundo. Viendo que Florida era un caso perdido, y que pillaba muy lejos, se la vendieron por cinco millones de dólares a Estados Unidos en 1819 como parte del Tratado de Adams-Onís. Curiosamente, este país no pagó esos cinco millones, sino que los usó para liquidar reclamaciones de ciudadanos estadounidenses contra España por supuestas pérdidas previas al tratado; así que las arcas españolas no vieron un duro a pesar de que era lo que habían firmado. En cualquier caso, cinco millones al cambio de hoy serían unos 284 millones, por si estás interesado en hacer una oferta para hacerte con este territorio, pero seguramente en la Casa Blanca no te tomen en serio.

52

LA RUTA HACIA EL DORADO: ¿EXISTIÓ UNA CIUDAD PREHISPÁNICA HECHA DE ORO?

Seguimos con gente buscando cosas imposibles en lugares improbables. Por desgracia, no son pocos los que han dedicado tiempo, dinero y su propia vida a encontrar un sitio en el que hacerse de oro. Para entender esto habría que estudiar la condición humana, algo que sigue siendo un misterio. Quizá fue por desesperación o por pegar el pelotazo y enriquecerse de forma súbita, pero lo cierto es que muchos perecieron en el intento.

Estrenada en el año 2000, *La ruta hacia El Dorado* sigue a dos pícaros aventureros, Miguel y Tulio, quienes se embarcan en una travesía hacia el mítico El Dorado, una ciudad de oro escondida en el Nuevo Mundo de la que muchos exploradores españoles han oído hablar, pero que nadie ha encontrado y, como era de esperar, sigue sin haberse encontrado todavía. Los dos protagonistas, tras ganar por azar un mapa que conduce a la ciudad, se ven inmersos en una serie de situaciones cómicas y peligrosas que los llevan a ser confundidos con dioses por los habitantes del enclave legendario. Intentan aprovechar la situación para obtener la mayor cantidad de oro posible, pero por el camino descubren que hay cosas más importantes, como el amor, el honor y la integridad. Vaya, eso que hemos escuchado toda la vida de que «el dinero no da la felicidad», aunque creo que todos estamos de acuerdo en que ayuda mucho a conseguirla. Los protagonistas lidian con un sacerdote celoso llamado Tzekel-Kan y con el conquistador Hernán Cortés, quien se acerca con intenciones de conquistar la ciudad pese a que nunca estuvo en su agenda algo así. La película mezcla comedia, aventura y romance, con una genial banda sonora compuesta por Elton John y Hans Zimmer. Funciona muy bien, pero también es verdad que mezcla todas las culturas prehispánicas como si fueran una sola, uniendo mayas y aztecas, y se alimenta de un mito conocido. ¿Existió El Dorado? Otra vez estamos hablando de una exageración y una malinterpretación de una parte de las culturas prehispánicas.

Tras la llegada de Cristóbal Colón a costas americanas en 1492, comenzó la conquista del Nuevo Mundo. Durante este proceso, además de dominar a los nativos o aliarse con ellos según tocara, darles a conocer nuevas enfermedades y explorar lo desconocido, empezaron a surgir mitos, los más famosos de los cuales fueron el de la fuente de la eterna juventud o El Dorado. Muchos de los conquistadores se aventuraron en lo desconocido para encontrar esos sitios, pero ya de primeras, hay que negar que la motivación de España para dominar nuevos terrenos fuese encontrar una fábrica de oro mitológica, sobre todo porque no supieron de un sitio así hasta décadas después de haber puesto un pie en América. Es decir, aunque buscaban riquezas, esta en particular no estaba en los planes. Todo apunta a que las habladurías sobre un lugar así se originaron en Quito, Ecuador, unos cuarenta años más tarde del descubrimiento del Nuevo Mundo, y la búsqueda de este lugar transcurrió en los años y siglos posteriores.

Ambrosio Alfinger, comerciante y explorador alemán, montó en 1533 una expedición de doscientos alemanes y españoles junto con mil esclavos, pero casi todos acabaron muertos por enfermedades. Alfinger en particular murió a causa de una flecha envenenada disparada por un nativo. En 1530, otro alemán, Nicolás Federmann, realizó su propia expedición paralela en busca de indicios de un reino de oro siguiendo el cauce del río Orinoco, pero sin éxito. Lo volvió a intentar en 1534 y 1539, y, de nuevo, no consiguió nada. No podemos tampoco olvidar la expedición en 1531 del veterano de la conquista de México, Diego de Ordaz, que luchó junto con Hernán Cortes y participó en los eventos de la Noche Triste. Él solicitó y obtuvo de la Corona española el derecho a explorar los territorios de una imaginaria ciudad de oro que supuestamente, de acuerdo con los rumores, se encontraba en el interior de los actuales territorios de Colombia y Venezuela. Así, se dirigió al norte de América del Sur y exploró de manera ardua el río Orinoco, pero jamás llegó a descubrir nada como lo que buscaba. Otro intento tuvo lugar alrededor de 1535, cuando un grupo de banqueros alemanes de la familia de Welser al mando de Philipp von Hutten se internaron en la selva con objeto de lograr el preciado tesoro. En 1541 Francisco Orellana recorrería las tierras comprendidas cerca del Amazonas sin éxito, pero al menos bautizaron el río así en honor a unas guerreras indias contra las que lucharon. Además, cabe mencionar que él participaba en ese momento en la búsqueda del País de la Canela (un lugar lleno de esta preciada especia), misión encabezada por el hermano menor de los Pizarro, Gonzalo. Sin embargo, Orellana se aburrió de buscar elementos gastronómicos y se fue a explorar; así, logró salir al Atlántico y se dirigió a España, dejando en el proceso a sus colegas tirados en la selva. Al menos los que quedaron descubrieron árboles de canela, pero vieron que eran de peor calidad que los asiáticos y que su búsqueda había sido una pérdida de tiempo. En 1570, Hernán Pérez de Quesada financió un viaje con el único fin de dar con este lugar, pero no solo no lo encontró, sino que de una expedición de casi dos mil personas, apenas sobrevivieron sesenta y cuatro. Durante los siglos posteriores más exploradores ingleses, alemanes, holandeses, españoles y portugueses buscaron El Dorado, pero no hubo suerte. En otras palabras, muchos intentos y ningún resultado. Aunque hay que reconocer que, con independencia de sus métodos, su necedad y sed de riqueza, y la cantidad de gente que murió por nada, eran personas con una valentía por encima de la media.

Visto en perspectiva, parece que los historiadores tienen claro que no encontraron nada porque lo que buscaban no existía, y las habladurías crearon un mito muy alejado de la realidad. Se cree que los responsables de la leyenda fueron los fundadores de la ciudad de Bogotá, Gonzalo Jiménez de Quesada y Sebastián de Belalcázar. A ellos les llegó la leyenda de los indios chibchas, que hablaba de una espectacular ceremonia durante la consagración del nuevo Príncipe Dorado. «Desnudaban al heredero y lo untaban con una liga pegajosa, y lo rociaban con oro en polvo, de manera que iba todo cubierto de este metal. Metíanlo en la balsa, en la cual iba de pie, y a su alrededor depositaban un gran montón de oro y esmeraldas para que ofreciese a su dios», escribió muchos años después el cronista Juan Rodríguez Freyle. La idea era que tanto las piezas de oro como el polvo de oro que cubría al rey formaban parte de la ofrenda que pretendía apaciguar a un terrible dragón que habitaba el fondo del lago. Por tanto, El Dorado no era una ciudad, sino una persona cubierta de oro en una laguna, y lo que había que encontrar era el lugar donde se celebraba este ritual. No obstante, toda esta *performance* ya se había dejado de efectuar en la época de la conquista porque, según los cronistas, el cacique que disfrutaba de cubrirse de riquezas había sido derrotado tiempo atrás, cuando luchaba contra otras tribus de la región. Aun así, después de enterarse de esta historia, Gonzalo Jiménez de Quesada y Sebastián de Belalcázar, ya ancianos, financiaron una expedición en 1569 en busca de la laguna del Príncipe Dorado. En el proyecto emplearon a sus mejores hombres para recorrer unos 800 kilómetros en dirección a Cundinamarca, pero no tuvieron suerte.

Otra película que nos presenta El Dorado como una estructura de oro es *La búsqueda 2* (*National Treasure: Book of Secrets*), de 2007. Aquí el mítico El Dorado ya no es una ciudad tal como se ha imaginado la cultura popular, sino un gigantesco templo de oro escondido en Estados Unidos, más concretamente bajo el monte Rushmore, en Dakota del Sur. Esta interpretación está incluso más alejada de la realidad y no tiene ningún sentido, así que casi que nos quedamos con la película de este capítulo, que al menos es divertida y sí recrea el mito tal como muchos lo tenemos en la cabeza. Y es que no se puede negar que es mucho más interesante pensar en una ciudad de oro que en un señor lanzando pepitas a un lago.

NO, CORTÉS NO MANDÓ QUEMAR SUS NAVES PARA QUE NADIE PUDIESE VOLVER A CASA

La famosa historia de que Hernán Cortés quemó sus naves al llegar a Veracruz en 1519 es más mito que realidad. Lo que hizo en realidad fue ordenar su desmantelamiento, no para impedir la retirada de sus hombres, sino para reutilizar los materiales en la construcción de asentamientos y refuerzos. Este acto estratégico también tenía el propósito de eliminar cualquier posibilidad de huida y forzar a sus tropas a comprometerse por completo con la conquista, pero sería absurdo prenderles fuego pudiendo aprovechar los recursos. Aunque no hubo fuego, la metáfora de «quemar las naves» se popularizó posteriormente como símbolo de determinación y compromiso irrevocable, consolidando la figura de Cortés como un líder audaz.

53

¿FUE LA ARMADA INVENCIBLE DERROTADA POR LOS MAGNÍFICOS ESTRATEGAS INGLESES?

El reinado de Isabel I de Inglaterra durante la segunda mitad del siglo XVI está representado en dos películas dirigidas por Shekhar Kapur: *Elizabeth* (1998) y *Elizabeth: la edad de oro* (2007), ambas protagonizadas por la excepcional Cate Blanchett. La primera parte se centra en los desafíos políticos y personales de la reina, las intrigas de la corte, y la segunda, en las amenazas de la Armada Invencible española liderada por Felipe II y las conspiraciones de los Estuardo, la familia real escocesa. Podemos destacar una magnífica cinematografía y gran vestuario, así como la manía de representar a los españoles como gente supersticiosa sometida por la religión, que serán, por supuesto, los que quieren acabar con la libertad. Representar todo como la lucha del bien contra el mal es lo que, en parte, lleva al gran error de la película: la representación de la Armada Invencible.

Nos situamos en una época que podemos definir como una montaña rusa política y religiosa. Es cierto que cualquier época podría resumirse de esa manera, pero en este caso más. Isabel I, que llevaba en el trono desde 1558, se enfrenta a un montón de problemas serios. El más importante era Felipe II de España, un rey con el que había convivido en paz durante la primera etapa de su reinado, pero con quien luego, por cosas de monarcas, no se llevó tan bien. Los españoles habían sufrido constantes ataques en el Caribe por gente como el pirata John Hawkins y su primo sir Francis Drake, que actuaban con expediciones financiadas por Inglaterra, algo que subía mucho la temperatura de la situación en el ya de por sí caliente Caribe. A esto, se le suma el hecho de que el papa Pío V promulgó en 1570 una bula que excomulgaba a Isabel I y autorizaba a cualquier católico a asesinarla. En principio, el mandamás español no estaba interesado en el asunto, aunque seguro que no le hubiese hecho ascos. Sin embargo, los agentes papales insistían mucho en que alguien acabase a la molesta figura reinante de las islas Británicas. Estamos en un momento de división religiosa, ya que la monarquía inglesa se había separado de la Iglesia católica, así que Felipe incitó conspiraciones como la de María Estuardo, que era una escocesa seguidora del papa y reclamaba también sus derechos sucesorios. Fallado este ataque, la situación escaló: los corsarios atacaron costas del norte de España y Felipe II se vino arriba con la idea de invadir el reino de su enemiga para quitarla de en medio, teniendo así ventajas religiosas y geopolíticas. En resumen: política. Es cierto que algo de personal había en esta relación, ya que Isabel y Felipe habían sido cuñados durante el matrimonio del último con la hermanastra de la primera, María Tudor, pero es que en esa época (y ahora) los apellidos se repetían mucho entre aquellos que firmaban las grandes decisiones internacionales.

Así, en 1588 Felipe organiza la Armada Invencible, que en realidad recibió el nombre de La Grande y Felicísima Armada. Grande lo era sin duda, aunque no sabemos si muy feliz, pero tal como acabó, bien podría haber sido la tristísima. Era una expedición militar marítima que, tras la batalla de Lepanto contra los turcos, debía acabar con el problema inglés. Un total de 137 navíos y 55.000 personas debían ser suficientes para destronar a Isabel, pero a veces las cosas no salen como queremos. En la película, Elizabeth se coloca una armadura y pronuncia un discurso a sus tropas, motivándolas a luchar cuando los enemigos lleguen a tierra, porque estas cosas siempre quedan muy bien en la pantalla. Al mismo tiempo, su amante, sir Walter Raleigh, un aventurero, explorador y pirata inglés, dirige la defensa en el mar. Este es representado como el auténtico artífice de la victoria inglesa, al dar la vuelta a la batalla. No obstante, este señor estaba en tierra durante los enfrentamientos, por lo que poco pudo hacer. Posiblemente estaría negociando algún contrato relacionado con la venta de tabaco, porque él fue el responsable de introducir la costumbre de fumar en Europa: es, en suma, el culpable indirecto de miles de muertes por cáncer de pulmón. Volviendo a la batalla, la realidad es más compleja porque, aunque la gente suele imaginarse una batalla con barcos y cañonazos, en realidad fueron diversos desastres y derrotas. El plan original era llegar a los Países Bajos para recoger a las tropas españolas veteranas de los Tercios, el auténtico músculo para la conquista de las islas, pero el líder de esta operación, Alonso de Guzmán y Sotomayor, también conocido como el séptimo duque de Medina Sidonia, no supo coordinarse con Alejandro Farnesio, el gobernador de los Países Bajos. Al no haber posibilidad de conseguir un puerto adecuado y al no cesar la presión de los corsarios holandeses, conocidos como los vagabundos del mar, el plan quedó condenado. Vista la imposibilidad de llevar a miles de personas a dar guantazos a los ingleses en sus casas, se decidió reunificar las naves al norte, evitando así las corrientes del canal de la Mancha que les impedían retroceder. Navegarían alrededor de Escocia, rodearían las islas y volverían por la zona de Irlanda, esperando apoyos en ambos sitios. Con todo, tuvieron que enfrentarse contra otro enemigo: el clima inglés. Unas tormentas brutales asolaron toda la región y destrozaron gran parte de la flota, a lo que hay que sumar refriegas puntuales en las que los ingleses, conocedores del terreno, hostigaron a los españoles. En pocas palabras, la travesía fue un absoluto desastre. España perdió sesenta y cinco de los más de ciento treinta barcos, unos quince mil hombres (muchos de los cuales fueron náufragos ejecutados en el acto) y el orgullo.

La película nos muestra, por tanto, una batalla épica en la que la astucia inglesa es clave. No obstante, exagera ese factor, ya que hasta los propios historiadores ingleses reconocen que el elemento fundamental fue el mal tiempo. La historia tiene estos elementos aleatorios, fuerzas que escapan a nuestro control, que es algo que no tiene sentido narrativo y no funciona en un guion de una película, porque no es una situación que se vaya desarrollando para que luego todo tenga lógica. Simplemente pasa. La película no oculta el tormentón apocalíptico que justo llegó en esas fechas, pero lo reduce al mal tiempo inglés en favor de la estrategia militar que se va forjando poco a poco. Funciona a la hora de contar una trama, porque la audiencia conecta más con la lucha del bien contra el mal que con el hecho de que un nubarrón lo arruine todo, pero no es real. Por si fuera poco, la mayoría de las bajas inglesas no fueron nada heroicas, de bravos hombres luchando por su libertad, arriesgando el pellejo en el campo de batalla…, sino que unos ocho mil marineros fallecieron en los días posteriores a la batalla a causa de la falta de salubridad en sus naves, detalle que, por supuesto, no se menciona.

LOS DOS MITOS SOBRE LA ARMADA INVENCIBLE: NI *BLACK IRISH* NI DEFORESTACIÓN EN LOS MONEGROS

Un final romantizado para los náufragos españoles de la Armada es que acabaron varados en las costas irlandesas y fueron amparados por los ciudadanos que empatizaban con ellos debido a la ocupación inglesa. Incluso algunos, como el capitán Francisco de Cuéllar, tuvieron un papel destacado en la resistencia irlandesa. Pero no solo eso: al tener enemigos comunes, el roce hizo el cariño y se quedaron ahí, generando descendencia con rasgos típicos españoles. Estos *black Irish* habrían heredado genes de la península ibérica, pero se ha demostrado que esto es falso, y que las relaciones comerciales con gente de toda Europa tuvieron mucho más que ver. Puede que incluso esto ponga más en valor las capacidades seductoras de los marineros mediterráneos. Por otra parte, aunque se diga que el bosque de los Monegros en Aragón, España, fue completamente arrasado para construir barcos para la flota, los biólogos tienen muy claro que el que fue el mayor encinar de Europa en su momento desapareció más por causas ambientales que militares. No hay duda de que tuvieron que usar mucha madera, pero este emplazamiento en particular ya estaba condenado de por sí.

54

SHAKESPEARE IN LOVE: ¿*ROMEO Y JULIETA* ESTÁ INSPIRADA EN LA INTENSA VIDA AMOROSA DEL DRAMATURGO?

Uno de los escritores más famosos de la historia merece una película, aunque quizá no esta. No está mal, funciona, pero no llega a ser excelente, algo que se esperaba dado el impacto cultural de su obra. Puede que el hecho de no saber prácticamente nada de la vida de Shakespeare también complicaba las cosas a la hora de ser rigurosos con la historia; a lo mejor, por eso hicieron un poco lo que quisieron y al menos se lo pasaron bien.

Estrenada en 1998 y dirigida por John Madden, esta comedia romántica mezcla ficción y realidad en torno a la vida del joven William Shakespeare, interpretado por Joseph Fiennes. Ambientada en el Londres isabelino de 1593, la película retrata a un Shakespeare en pleno bloqueo creativo. En medio de esta crisis, conoce a Viola de Lesseps (Gwyneth Paltrow), una joven de la aristocracia que sueña con actuar en el teatro, pero estaba prohibido para las mujeres en la Inglaterra de la época. Ella supera este impedimento fácilmente al disfrazarse de hombre y presentarse para el papel de Romeo, lo que da pie a que comience un apasionado romance con el dramaturgo. Este amor imposible entre Shakespeare y Viola se convierte en la inspiración para la tragedia que el primero estaba escribiendo: *Romeo y Julieta*. El resultado es una ingeniosa mezcla de hechos históricos con elementos ficticios, humor ligero y múltiples referencias a las obras del propio autor. En conclusión, es recomendable si no tienes nada que hacer esta tarde o puedes posponer el hacer la compra para mañana.

El primer problema de esta película es que, como hemos apuntado más arriba, sabemos bastante poco de la vida de William Shakespeare. Nuestro conocimiento se basa en recopilaciones de registros históricos y documentos legales, por lo que la ficción puede rellenar el hueco de su vida personal como quiera, porque no tenemos evidencias de casi nada. Es decir, podemos negar que tal o cual cosa pasó, o decir lo que pensaba el poeta o lo que realmente quería. De hecho, la película nos sitúa en 1593, justo al final de un lapso de tiempo en el que no tenemos ni la más mínima idea de por dónde andaba el dramaturgo. Tan solo sabemos que nació el 23 de abril de 1564 en Stratford, que con dieciocho años se casó, en 1582, con Anne Hathaway, que era ocho años mayor que él, y juntos tuvieron tres hijos, dos de los cuales eran mellizos. Sin embargo, entre 1585 y 1592 no tenemos ni idea de qué hizo con su vida. Es lo que se conoce como «los años perdidos». Sabemos que se movió de Stratford a Londres y por el camino, quizá, estuvo viviendo en el campo, pero también pudo haber sido actor, maestro itinerante o puede que hasta cazador de dragones. Puestos a rellenar vacíos, cada uno lo hace como quiere. El caso es que nada de este periodo queda representado en la película, que omite su vida anterior, porque igual la audiencia no empatizaría con un padre que ha abandonado a su familia en busca de aventuras y amoríos. Para 1592 Shakespeare ya estaba conquistando Londres, se convirtió en el dramaturgo más famoso de la ciudad y escribió obras que desafiaban las reglas y, a menudo, a la realeza misma. Como evidencian comedias como *El sueño de una noche de verano* o tragedias como *Hamlet*, su talento para capturar la locura y la belleza del ser humano era excepcional, lo que lo hizo inmortal. Regresó a su Stratford natal, compró una casa con jardín y, tras una vida de dramas, risas y, seguramente, alguna que otra copa de vino, se fue de este mundo el 23 de abril de 1616, dejando atrás un legado que continúa deslumbrando a audiencias en todo el planeta. Por consiguiente, no. No era un joven con una maleta llena de sueños que llegó a la gran ciudad y se vio envuelto en un romance inesperado: era un adulto en su treintena con una carrera extensa y una familia.

Al mismo tiempo nos hacen creer que la famosísima *Romeo y Julieta* es una reinterpretación de su vida, para cuya escritura se ha inspirado en los momentos más dramáticos y románticos. Nos muestran a un Shakespeare corto de dinero e ideas que encuentra inspiración en Viola, una mujer adinerada que lucha por hallar su lugar en un mundo gobernado por hombres. Por ende, estamos ante dos protagonistas de distintos orígenes y familias que están enamorados. No sabemos si la vida amorosa del dramaturgo fue tan emocionante, pero sí que los personajes de Romeo y Julieta ya existían en una historia de antes incluso que naciese Shakespeare. Arthur Brooke tradujo al inglés en 1562 el cuento italiano *Los amantes de Verona* y lo tituló *La trágica historia de Romeo y Julieta.* Es más, puede que fuese incluso anterior. En 1476 el autor italiano Masuccio Salernitano publicó una compilación de relatos titulada *Il novelino*, donde encontramos la historia de Mariotto y Gianozza, que es extremadamente parecida. En fin, esta trama tenía casi un siglo de vida antes de que Shakespeare la adaptase. ¿Le quita eso el mérito de ser una gran obra? No. Es una gran adaptación, pero no es suya. De hecho, habría que ver si la ley de propiedad intelectual permitiría estas cosas hoy en día, porque los parecidos son excesivos. Por otra parte, no es ningún secreto que el autor inglés se basaba en leyendas y mitos para adaptarlos a la visión e ideas que él quería aportar en sus tramas, y dentro de la propia cinta dejan entrever que él en realidad no escribió sus obras. Esto nunca se ha confirmado, pero sí es algo que se ha valorado como una posibilidad.

Por tanto, si combinamos estos dos hechos (Shakespeare ya era un hombre adulto con familia del que no sabemos nada de su vida amorosa, y que su obra cumbre en realidad ya existía) podemos intuir que la película reduce todo a que simplemente era un tipo con fortuna. Si era un hombre pobre sin inspiración, necesitado y desesperado por una musa, podríamos decir que incluso era alguien normal, y que tan solo tuvo suerte cuando su amor apareció y le ayudó a crear una gran obra, por lo que descarta que fuera un autor dotado de un gran talento.

¿SABÍAS QUE SE MANIPULÓ LA CAMPAÑA DE LOS OSCAR PARA QUE *SHAKESPEARE IN LOVE* FUESE CONSIDERADA LA MEJOR PELÍCULA DEL AÑO?

La victoria de *Shakespeare in Love* como mejor película en los premios Oscar de 1999 fue polémica porque muchos consideraban que *Salvar al soldado Ryan* (dirigida por Steven Spielberg) era la favorita indiscutible.

La cinta bélica no solo arrasó en taquilla, sino que también había recibido un enorme reconocimiento crítico por su innovadora dirección y su impactante retrato del Día D. La controversia se intensificó porque con el tiempo se descubrió que Harvey Weinstein, entonces al frente de Miramax, llevó a cabo una agresiva campaña de promoción sin precedentes para *Shakespeare in Love*. Este magnate cinematográfico envió de forma masiva materiales promocionales a los votantes de la Academia, organizó proyecciones privadas (con toda seguridad mediante sobornos) y se centró en influir directamente en sectores clave de la industria. La campaña de Weinstein marcó un antes y un después en cómo los Oscar podían «ganarse» mediante estrategias de mercadotecnia intensivas y dejó la percepción de que la cinta triunfó más por su promoción que por su mérito artístico. Al final el mayor error histórico de esta película es haberse llevado el Oscar.

55

LOS SIETE SAMURÁIS: ¿ERAN LOS GUERREROS JAPONESES TAL COMO NOS LOS IMAGINAMOS?

Dirigida por el legendario Akira Kurosawa y estrenada en 1954, nos encontramos con un épico drama de acción ambientado en el Japón feudal de finales del siglo XVI. Quizá por lo exitosa y atractiva que nos resulta esta etapa, se ha idealizado mucho, pero eso no quita que esta película sea genial. Este largometraje es tan mítico, tan influyente para los grandes directores posteriores, que cuesta ponerle pegas. Los combates son magníficos para la época y redefinieron el género de acción, convirtiéndose incluso en una de las grandes influencias para la saga Star Wars que se estrenaría dos décadas más tarde. Sin embargo, ¿hasta qué punto se ha romantizado a los famosos guerreros japoneses? ¿Por qué hay gente que hoy en día los ve como una inspiración cuando igual no deberían?

En esta producción nos cuentan cómo un grupo de siete guerreros, liderados por el sabio Kambei, son reclutados para defender una aldea de campesinos pobres que viven con la constante amenaza de un posible ataque por parte de bandidos despiadados. Lo hacen sin pedir nada a cambio, porque honor es lo que se espera de alguien con un código moral recto. En este capítulo vamos a ver hasta qué punto eran así estos guerreros. Pero al menos nos quedamos con que es una interesante reflexión sobre la valentía y los sacrificios necesarios para enfrentar la adversidad, al mismo tiempo que muestra las complejas relaciones entre las distintas clases sociales de la época.

Pongamos un poco de contexto. Estamos en el siglo XVI, uno de los periodos más violentos y caóticos de la historia japonesa: el periodo Sengoku (1467-1603), que literalmente significa «el periodo de los Estados combatientes», que ya nos da una pista de lo bien que iban las cosas. Durante este tiempo, la autoridad del shogunato Ashikaga (el gobierno militar central) se desplomó, y Japón quedó dividido en territorios controlados por poderosos señores de la guerra, los llamados daimio. Esta lucha de todos contra todos hizo que Japón se pareciera a una especie de tablero de Risk, donde cualquier movimiento podía cambiarlo todo. En otras palabras, un caos de la leche sin nadie que pudiera poner orden. Los samuráis, esos guerreros que ahora nos parecen superhonorables, estaban vinculados en su mayoría a su señor, aunque había casos de mercenarios o samuráis independientes. El problema era que los daimios luchaban entre sí y se movían entre discutibles alianzas y traiciones comunes. O sea, que su motivación no eran el bien y la justicia, sino servir a su jefe, quien podía tomar decisiones del todo contrarias a estos valores sin que ellos vieran problema en ello. Los *ronin*, como los siete de la película, eran samuráis sin amo, ya sea porque su jefe fue derrotado o porque perdió el poder y, por consiguiente, vagaban buscando trabajo como guardaespaldas, mercenarios o guerreros. Como este periodo de inestabilidad generó hordas de bandidos que hacían un poco lo que les daba la gana, había mucha gente necesitada de ayuda, en especial los campesinos. ¿Eran arroz y cobijo suficiente pago? Seguramente no, pero depende de tu estándar de vida y lo mal que te haya ido.

Ahora bien, la imagen que tenemos de los samuráis está bastante romantizada. Es normal, porque tal como pasa con espartanos, vikingos y cruzados, cuesta creer que existiese gente así, y en la ficción están representados de una manera genial. Con todo, la historia no tiene tan claro que las cosas sean como las vemos en la gran pantalla. Sí que sabemos que existía esta clase guerrera desde más o menos el siglo VIII y eran inicialmente luchadores locales que ayudaban a aristócratas y emperadores a solucionar sus problemas, que ya sabemos lo que significa eso. Desde el siglo XII, con el surgimiento del primer shogunato (el de Kamakura), los samuráis empiezan a consolidarse como una clase militar organizada y poderosa. Ya en el periodo Edo (1603-1868), una época de paz bajo el shogunato Tokugawa, los samuráis dejaron de ser guerreros activos y pasaron a ser algo parecido a burócratas y administradores en un sistema feudal muy organizado. Así,

¿tiene sentido pensar que estas figuras históricas fueron igual a lo largo de mil años? Cuesta creerlo. No tenemos tantas fuentes como nos gustaría, pero la lógica nos dice que, aunque las cosas se estanquen, un milenio da para mucho y que posiblemente un samurái del siglo XIX no tuviera nada que ver con uno del siglo VIII, ni se rigiera por los mismos valores, ni tuviera una visión de la vida y la muerte similar.

El famoso código de honor samurái, el Bushido («camino del guerrero»), no se desarrolló hasta el periodo Edo. Durante el periodo Sengoku (siglos XV-XVI), los samuráis no seguían un manual definido, o no hemos encontrado ninguno. Eran guerreros prácticos, a menudo guiados por la estrategia y el beneficio de sus señores. No fue hasta 1716 cuando Yamamoto Tsunetomo escribió sobre los valores que debían representar a este tipo de luchadores. Lo hizo en su libro *Hagakure*, donde habla del sacrificio o las grandes virtudes y reflexiona sobre si realmente hacía falta mantener una clase militar como la suya en etapas de paz. Es un texto muy interesante, hasta el punto de que rompe con la visión honorable que tenemos de estos señores con katana, ya que insiste mucho en que el único propósito que deben tener es servir y morir. Si asumes que puedes morir en cualquier momento actuarás rectamente y, además, cumplirás con tu deber, idea que llevaron al extremo en el Japón del siglo XIX y XX, cuando decidieron conquistar a todos sus vecinos y plantar cara en la Segunda Guerra Mundial. Desde Occidente, quizá en parte por películas como esta, nos gusta ver una clase de guerreros regidos por el honor, por un especie de código de caballería medieval que ya hemos mencionado que no existía, sino que también es producto del romanticismo. No obstante, desconocemos si siempre fueron exactamente como nos los imaginamos, pero lo poco que sabemos nos lleva a pensar que eran más bien una casta feudal bien posicionada.

En la película, algunos campesinos ven con recelo y temor a los samuráis, pero terminan aceptándolos como protectores, entre otras cosas porque ellos, al ser *ronin*, buscaban recuperar el honor de no tener señor. Esta desconfianza inicial es normal, porque históricamente la relación entre samuráis y campesinos solía ser tensa, en especial en tiempos de guerra. Los campesinos a menudo eran víctimas de abusos por parte de estos guerreros, que requisaban sus cosechas y los obligaban a trabajos forzados.

¿SABÍAS QUE LOS SAMURÁIS, SI QUERÍAN, PODÍAN MATAR A ALGUIEN DE UNA CLASE INFERIOR?

Para romper la imagen de que un samurái era un caballero que solo se regía por el honor, tenemos un ejemplo perfecto: el privilegio *kiri-sute gomen* (derecho de atacar). Durante el periodo feudal de Japón, a estos señores se les permitía, bajo ciertas circunstancias, desenvainar su katana y matar a cualquier persona de clase social inferior que les hubiera insultado gravemente o deshonrado, sin enfrentar consecuencias legales inmediatas. Es cierto que este derecho estaba sujeto a estrictas normas de conducta y se entiende que el uso de la fuerza debía ser proporcional y justificado, pero habría que ver qué es exactamente una ofensa contra tu honor, sobre todo en una sociedad tan encorsetada como la japonesa, que aún lo era más entonces. Se entiende que no era un derecho para asesinar de manera indiscriminada, pero sí que deja claro que eran una casta privilegiada y, como tal, muchos de sus esfuerzos estarían destinados a mantener su estatus.

56

SHOGUN: ¿ERA LA MUERTE POR *SEPPUKU* HABITUAL PARA LOS SAMURÁIS?

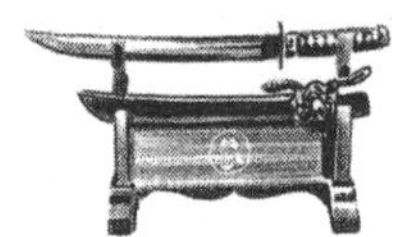

Otro estereotipo de la cultura japonesa es que les encanta suicidarse, como si no hubiese nada más satisfactorio que quitarse la vida. Esta visión de conseguir la felicidad plena a base de cerrar sesión es un poco sesgada, aunque las cifras confirman que, en efecto, en el país del sol naciente tienen un problema con esto. Su sociedad es tan estricta y su miedo al repudio social es tan profundo que acarrea consecuencias terribles, algo que parece venir de una herencia cultural de siglos. Esto, desde ojos extranjeros, resulta especialmente alarmante y llamativo, y la serie trata de reflejarlo, pero quizá no termina de acertar del todo en los motivos por los cuales alguien decide borrarse del mapa.

Shogun (2024) está basada en la famosa novela homónima de James Clavell publicada en 1975, por lo que tiene el reto de, no solo adaptar la historia, sino también un producto posterior. En este sentido, hay que decir que el trabajo que hicieron sus creadores fue realmente bueno. El filme nos cuenta las aventuras de John Blackthorne, un navegante inglés que llega a Japón a comienzos del siglo XVII tras naufragar en sus costas. Este personaje está inspirado en William Adams, quien efectivamente llegó al Lejano Oriente en algún momento de 1598. Encontró un país muy distinto, con costumbres y valores diametralmente opuestos a los de Europa, lo que es un motor de trama fascinante, más cuando se trata de un lugar tan exótico como Japón. Así, nos sumergimos en un mundo de intrigas políticas, guerras de clanes y el estricto código de honor de los samuráis, todo ello rodeado de paisajes impresionantes. Es muy recomendable e históricamente está fenomenal, hasta el punto de que no solo contaron con asesores y expertos, sino que también los escucharon, e incluso les hicieron caso tras valorar lo que les dijeron. Esto no suele suceder en las grandes producciones. Sin embargo, por la propia trama, podemos crearnos una imagen mental de que la muerte más habitual para un samurái era el suicidio.

Como comentábamos en el capítulo anterior, el Japón del periodo Azuchi-Momoyama (1568-1603, la etapa final del periodo Sengoku) fue caótico. Hubo décadas de luchas entre poderosos clanes samuráis que aspiraban al control del país, algo que comenzó a conseguirse con las unificaciones bajo el liderazgo de figuras como Oda Nobunaga, protagonista de la serie, o Toyotomi Hideyoshi y, por último, Tokugawa Ieyasu, quien, tras la decisiva batalla de Sekigahara en 1600, consolidó su poder e inició el shogunato Tokugawa, con lo que consiguió por fin un largo periodo de estabilidad que duraría hasta mediados del siglo XIX. Es decir, muchos intereses políticos y militares y, en consecuencia, mucha gente muriendo. Una de las maneras de hacer esto último era a través del suicidio ritual; como supondrás, no ha sido una fórmula escrita en piedra desde tiempos pretéritos y tampoco todo el mundo lo hacía igual durante siglos sin salirse un ápice de las instrucciones oficiales.

Según los registros históricos, el primero al que le dio por quitarse la vida así fue al samurái Minamoto no Yorimasa en 1180. Tras sufrir una derrota militar en la guerra Genpei, consideró que era más honorable acabar consigo mismo que ser capturado. Este acto marcó un ejemplo que seguir y definió el ritual del *seppuku* en la cultura de estos guerreros, pero seguramente, dada la urgencia, el pobre Minamoto no contaba con toda la parafernalia que asociamos a este acto. Lo suyo es tener testigos, ropa adecuada, rajarte el vientre y que un asistente te decapite, es decir, que es algo elaborado. Si lo haces de manera improvisada, sin la *performance* adecuada, estaríamos hablando del harakiri, palabra que también significa «autoejecución», pero que no se usa tanto en Japón para describir este acto. Es decir, que como cualquier creación humana, ha ido evolucionando con los siglos. Sin embargo, eso no quiere decir que se alterase tanto hasta ser el método favorito de morir y que se deseara que todo el mundo finalizara sus días así. La serie da un poco la sensación de que rara vez había otra salida, y eso que le bajaron varios tonos a la novela, donde todo el mundo andaba pidiendo permiso constantemente para matarse, algo que acabó agobiando a algunos lectores.

El *seppuku* era una práctica asociada al honor, y no era para nada el destino más común de todos los samuráis. Se realizaba en situaciones extremas, como evitar la captura o el deshonor en el campo de batalla, tras ser castigado por el señor feudal para redimir errores o traiciones, o restaurar el honor de la familia o del propio samurái tras una falta grave. Esto es, para llevar a cabo este ritual hacía falta una razón poderosa y, en muchos casos, los samuráis preferían otras soluciones antes que llegar a esta decisión extrema. A la hora de castigar tampoco fue la condena más habitual, ya que la idea es que estuviese reservado a ofensas graves, especialmente en el periodo Edo (1603-1868). Antes, durante el periodo Sengoku (siglo XV-XVI), un tiempo de guerras y batallas constantes, los castigos eran a menudo la muerte en combate o la ejecución simple, igual porque no tenían tiempo para cosas más elaboradas. Ya en un periodo de paz se podían poner más creativos y recrearse con la muerte que, al fin y al cabo, ya no era tan habitual. Además, si piensas como un regente, no tiene mucho sentido desprenderte de decenas de guerreros poderosos obligándoles a morir, puesto que te podrían servir en algún momento. Se supone que la clase samurái representaba en esa época, como mucho, el 10 por ciento de la población. Partiendo de este hecho, habría que ver cuántos de entre ellos estaban supuestamente obsesionados con recuperar su honor a través del suicidio; esto es, habría que ver cuántos realmente perseguían el *seppuku* a cualquier precio.

No es ningún secreto que el país del sol naciente tiene una relación extraña con la muerte y que su cultura se ha contaminado de la idea de que quitarse la vida es algo digno para sobrellevar un deshonor. Las estadísticas son claras: Japón ocupa el número 12 en la tasa de suicidios por cada cien mil habitantes y Corea del Sur, el número 6. Este nefasto ranking está encabezado habitualmente por países con grandes tasas de alcoholismo y poco desarrollo financiero y educativo, como Rusia, Groenlandia o naciones del Este europeo, pero en el caso de los nipones no tiene tanto que ver con estos factores, sino con una tradición centenaria bastante oscura. Quizá es esto lo que lleva a la audiencia a pensar que es normal ver a una persona practicando el *seppuku*, porque lo conectamos de manera natural con nuestros conocimientos presentes y lo que ya hemos visto en otros productos de ficción. Sin embargo, como viene siendo habitual, las cosas en la pantalla normalmente son mucho más exageradas.

¿SABÍAS QUE EL ÚLTIMO EN PRACTICAR EL *SEPPUKU* FUE UN ESCRITOR MODERNO DE GRAN RENOMBRE?

Quien tiene el dudoso honor de ser la última persona conocida en practicar *seppuku* de manera pública fue el escritor japonés Yukio Mishima, el 25 de noviembre de 1970. Fue un influyente novelista, dramaturgo y figura pública, candidato a numerosos premios internacionales, pero, cosas de la vida, las letras ya no le hacían tan feliz. Sus motivaciones acabaron derivando en entrenar su cuerpo duramente y tratar de dar un golpe de Estado con su grupo nacionalista, la Sociedad del Escudo (Tatenokai). Literato y seguidores tomaron brevemente una oficina militar en Tokio y exigieron que las Fuerzas de Autodefensa restauraran en el poder al emperador, pero tras pronunciar su discurso ante los soldados, tan solo escuchó burlas y rechazo. En consecuencia, Mishima realizó el *seppuku* siguiendo las tradiciones samuráis: se apuñaló en el abdomen con una espada corta *(tantō)*, y uno de sus compañeros intentó decapitarlo, aunque de manera torpe y fallida al principio. Este acto fue un intento de reivindicar los valores tradicionales japoneses en una época de modernización rápida y pérdida de identidad cultural, debido en gran parte a la presencia e influencia de Estados Unidos tras la Segunda Guerra Mundial. Según otras fuentes, sería el yudoca y medallista olímpico Isao Inokuma el último en acabar así con su vida en 2001, pero su final no fue tan ritualizado como el de Mishima. Esto hace que su caso se debata entre un acto influenciado por el concepto de honor japonés y un suicidio personal.

57

POCAHONTAS: ¿UNA PRECIOSA HISTORIA DE AMOR O UNA VIDA LLENA DE VIOLENCIA Y ABUSOS?

Sin saber mucho de historia uno puede suponer que una película animada infantil que aborde el encuentro entre los colonos ingleses y nativos americanos debe omitir ciertos aspectos controvertidos. No hay que tener un doctorado en la conquista de América para saber que hay capítulos un poco oscuros en este proceso, y *Pocahontas* (1995), consciente de esto, prefiere evitar este tema. Uno de esos capítulos lo podemos ubicar a principios del siglo XVII, cuando la joven indígena, hija del jefe Powhatan, conoce al capitán inglés John Smith. La película muestra a la protagonista como una mujer valiente y curiosa, en busca de un camino de paz para evitar la confrontación entre su pueblo y los colonos, mientras que Smith es retratado como un aventurero que cuestiona las intenciones de los ingleses. Aunque visualmente es genial y con una banda sonora inolvidable, digamos que la película presenta una versión muy idealizada de los eventos históricos, por no decir que omite momentos en verdad turbios.

A mucha gente le sorprende descubrir que Pocahontas existió, pero sí, ella fue real. Es un hecho. Pero, como suele pasar en estos casos, no tenemos mucha idea de su vida. Sabemos de esta nativa gracias al capitán Smith y por la tradición de su pueblo, que cuestiona bastante los hechos desde el punto de vista inglés. Así que tenemos pocos datos y los que tenemos son dos versiones contrapuestas. Su nombre era Matoaka, pero Pocahontas era el mote cariñoso que le dio su padre, que significa «pequeña traviesa». Nació alrededor de 1595 y fue la hija mayor del jefe Powhatan, líder de la confederación algonquina en Virginia, persona que se cree que tuvo varias mujeres y un par de decenas de hijos, algo que omiten en la cinta. Es comprensible no mostrar esto, porque las conversaciones con niños sobre modelos de familias diferentes pueden ser complicadas, más cuando se trata de poligamia y una veintena de hermanos. Esto nos lleva también a deducir que, por mucho que fuese hija del mandamás, el rango de princesa Disney se le queda lejos, a menos que lo compartiese con un enorme puñado de familiares. Además, al parecer, en la cultura nativa no se le daba esa importancia al descendiente del líder, sino que era uno más. Pocahontas conoció a John Smith y perdió el contacto con él después de que este se volviese a Inglaterra, y tras eso se casó con el estoico guerrero Kocoum en 1610. O sea, que no era un candidato como vemos en la película, sino la opción real. Tras esto la cosa se puso turbia. Pocahontas fue secuestrada por los ingleses después de que estos comenzasen una guerra con los nativos. En su reclusión tuvo una depresión enorme, hasta el punto de que, según las crónicas, se permitió que algunos familiares fuesen a verla, y estos aseguraron que ella había sido violada. Tras esto fue bautizada como lady Rebbeca y se casó (o la casaron) con John Rolfe, un empresario del tabaco que se encaprichó de ella y se la llevó a Londres, donde fue un objeto de curiosidad entre la nobleza del rey Jacobo I. Tuvo un hijo llamado Thomas Rolfe y se desconoce si volvió a hablar con John Smith. Murió de tuberculosis en 1617 con veintiún años de edad. Como ves, su vida es un poco más dramática de lo que nos muestran en la película infantil.

Por su parte, John Smith era un colono y es conocido porque fue quien estableció el primer asentamiento británico en Norteamérica. Con dieciséis años ya estaba luchando como mercenario en Holanda para el rey Enrique IV de Francia, apoyando la independencia de esta región de los españoles; con veinte luchó en Transilvania contra el Imperio otomano, por lo que fue aliado de los descendientes de la familia de Vlad Tepes, el que inspiró el mito del conde Drácula y del que hemos hablado en este libro. Fue capturado por sus enemigos, quienes le vendieron como esclavo y, según él, fue utilizado como regalo para la amante de un noble. Vamos, que era su juguete sexual, algo que habría sido raro mencionar en una película para niños. Esta mujer se enamoró de él y le ayudó a escapar. Años más tarde trabajó para el empresario John Ratcliffe (el villano de la película, que realmente nació bajo el nombre John Sicklemore), y viajó al Nuevo Mundo con la Virginia Company de Londres. ¡Así que en realidad era un aventurero! ¡Qué emocionante! Espera, no vayas tan rápido, que el protagonista de la película era un imbécil de cuidado, tan insoportable que se pasó la mayor parte de la travesía bajo arresto. De hecho, Ratcliffe estuvo a punto de ejecutarle al poco de zarpar, pero Smith logró hacerse con el control de la nave. Ya como líder, participó en la fundación del primer asentamiento inglés en el Nuevo Mundo, esto es, Jamestown, en Virginia. Ahí conoció a Pocahontas, una niña entonces, que le ayudó a estar en contacto con los nativos de la zona. Tras un accidente con un barril de pólvora, volvió a Londres y, tiempo más tarde, siguió explorando América. Fue capturado por un pirata francés cerca de las Azores y, tras escapar, regresó a casa, donde se dedicó a escribir libros hasta su muerte en 1631, a los cincuenta y un años. O sea, tuvo una vida bastante movidita.

De estas biografías sacamos dos conclusiones: ambos personajes son el uno para el otro capítulos tangenciales, y totalmente secundarios en su vida. Coincidieron en un momento y lugar, y durante ese tiempo fueron amigos..., todo lo amigo que puede ser un señor de veintisiete años de una niña de once. Visto así, mejor que los guionistas no hubiesen planteado un romance siendo fieles a las edades reales, por eso de no blanquear la pedofilia. Por si fuese poco, según los textos de Smith, Pocahontas le llamaba padre, lo que hace aún más rara toda esta situación.

A este terrible contexto hay que añadir un dato que lo empeora más, y eso que es complicado dado el nivel. El gobernador John Ratcliffe, que es el malo de la película, tuvo un final un poquito más violento de lo que vemos. Después de que las relaciones de los nativos y los ingleses se deteriorasen, fue invitado a firmar un pacto comercial, pero le hicieron una emboscada en el camino y le capturaron. Le ataron a un árbol enfrente de una hoguera, le desollaron poco a poco con conchas de mejillón para que pudiese ver cómo arrojaban porciones de su propia carne a las llamas y le prendieron fuego. Por suerte, nada de lo mencionado en este capítulo sale en una película, cuyo público objetivo son niños. La idea es que pasen un buen rato y no traumatizarlos de por vida.

¿SABÍAS QUE EL ACTOR EDWARD NORTON ES DESCENDIENTE DE POCAHONTAS?

Esta es posiblemente una de las curiosidades más raras que vas a leer en este libro, pero es cierto. El actor de *El club de la lucha* (1999) o *American History X* (1998) fue el protagonista en 2023 de una serie documental llamada *Finding Your Roots* (Encontrando tus raíces), cuyo propósito es hacer un estudio genético a famosos y estudiar su origen, ancestros y posibles antepasados famosos. Curiosamente, tras trazar el árbol genealógico de Norton, vieron que, sin ningún tipo de dudas, era descendiente directo de Thomas Rolfe, el hijo que tuvo Pocahontas con el empresario John Rolfe, el mismo que se la llevó a Londres. Aunque estamos hablando de un parentesco muy lejano, pues la legendaria figura indígena es su duodécima bisabuela, poca gente puede decir que hay famosos en su familia. Aun así, la estrella de Hollywood no terminó de sorprenderse del todo, porque confesó que siempre había sido un rumor en su familia. Se sorprendió más cuando en la misma investigación descubrieron que sus bisabuelos tuvieron siete esclavos, incluyendo niños.

58

EL HOMBRE DE LA MÁSCARA DE HIERRO: ¿EXISTIERON D'ARTAGNAN Y LOS MOSQUETEROS?

Estrenada en 1998 y dirigida por Randall Wallace, quien previamente había sido guionista de *Braveheart* (1995), esta película es una adaptación muy libre del ciclo de la trilogía de novelas de Alejandro Dumas *Los tres mosqueteros* (1846), *Veinte años después* (1847) y *El vizconde de Bragelonne* (1848). De esta colección, es la última entrega la que más peso tiene en la trama, pues es en la que se habla de la leyenda del prisionero con el rostro oculto por una máscara de hierro. Ambientada en la Francia del siglo XVII, la película narra la historia de un envejecido D'Artagnan (interpretado por Gabriel Byrne) y sus viejos amigos mosqueteros: Athos (John Malkovich), Porthos (Gérard Depardieu) y Aramis (Jeremy Irons), quienes se ven obligados a enfrentarse al joven, despiadado y caprichoso rey Luis XIV, interpretado por Leonardo DiCaprio. El rey ha sumido al país en una pobreza extrema mientras vive rodeado de lujos, y los mosqueteros, junto con un misterioso prisionero enmascarado que podría tener un oscuro vínculo con el monarca, intentan salvar a Francia. Aunque la película se toma una gran cantidad de licencias respecto a las novelas de Dumas y la historia real, ofrece un enfoque dramático y épico, lleno de acción, lealtades divididas y dilemas morales. Es, en definitiva, cine de aventuras muy bien llevado. Pero ¿qué hay de verdad en todo esto?

Pensemos en el siglo XVII, una época en la que ser rey no solo significaba vivir en castillos y dar fiestas, sino también enfrentarse a la política y a la eterna amenaza de las conspiraciones. En el caso de Francia, Luis XIV (1638-1715), conocido como el Rey Sol, estaba construyendo un reino tan centralizado que ni siquiera tu sombra podría moverse sin su permiso. De hecho, una de sus frases famosas es «El Estado soy yo». Pese a su fama de déspota, gracias a su administración eficiente acabó consolidando su reino como una potencia mundial, además de promocionar las artes, la ciencia y las letras. Al mismo tiempo, con todo este poder y fama, Luis XIV también era conocido por su estilo de vida extravagante, que mantenía mientras los ciudadanos comunes sufrían hambre y pobreza, algo que por desgracia no ha sido una excepción en la historia de la humanidad. Para solucionar esto, los protagonistas idean el alocado plan de suplantar al rey con su hermano gemelo, quien era prisionero desde pequeño y portaba una máscara de hierro para que ningún guardia lo reconociese. Con respecto a esto, curiosamente sí hay algo de verdad, y es que sí existió un prisionero anónimo y enmascarado, pero la verdadera identidad del hombre sigue siendo un misterio histórico y no hay evidencia de que tuviera relación con la familia real. Por lo que en la película hubiese sustituido al monarca por una persona aleatoria y todo el mundo se hubiese dado cuenta. Su único hermano era Felipe de Orleans, quien ni es mencionado porque, al parecer, no viene al caso. Al mismo tiempo, obvian otros detalles, como que, al estar ambientada en 1662, el rey llevaba dos años casado con María Teresa de España, quien probablemente sí hubiese notado el cambiazo, aunque a lo mejor no le hubiese importado.

Por otra parte, D'Artagnan sí existió. Su nombre completo era Charles de Batz-Castelmore d'Artagnan, y fue un oficial de la guardia francesa durante el reinado de Luis XIV. No era el hijo de un noble menor, como se presenta en la novela de Alejandro Dumas, sino un soldado hábil que logró ascender en el ejército. D'Artagnan fue alguien muy cercano al cardenal Mazarino y llegó a ser capitán de los mosqueteros. De hecho, su vida tiene mucho de épica: participó en misiones de espionaje, ocupó cargos políticos que no disfrutó porque le gustaba mucho la acción, y murió en la batalla de Maastricht en 1673, lo cual le proporcionó una gran aura de leyenda. Dumas embelleció y dramatizó muchos aspectos de su vida, añadiendo detalles heroicos y ficticios que lo convirtieron en el personaje romántico que conocemos hoy. Cabe mencionar también la fuerza militar de la que él formó parte: los mosqueteros. Estos fueron una unidad militar de élite en Francia, conocida como *Les mousquetaires du roi* (los mosqueteros del rey), que eran un cuerpo de soldados fundado en 1622 por Luis XIII, el padre de Luis XIV, para servir como su guardia personal. De hecho, la primera novela de la trilogía se ambienta en 1625, tan solo tres años más tarde de su creación. Por eso, en la última entrega de la saga, nos presentan a unos protagonistas ya envejecidos, porque ha pasado mucho tiempo desde entonces. Lo que más llama la atención es cómo suele estar representada esta fuerza militar, sobre todo con respecto a su estilo de lucha. En la mayoría de las representaciones de Hollywood, este grupo de gente se desenvuelve con sables, pero si le damos un par de vueltas a la palabra «mosqueteros» llegaremos fácilmente a la conclusión de que su arma preferida eran los mosquetes. También combatían con espadas, de ahí su fama como duelistas expertos, pero conocían la eficiencia del armamento de fuego y lo usaban de manera habitual. Estaban divididos en dos compañías: los «mosqueteros grises», denominados así por el color de sus caballos, y los «mosqueteros negros». Su lealtad era para con el rey, y aunque no eran aventureros en el sentido de las novelas, sí eran conocidos por su valentía y habilidad en combate. O eso dicen, porque es lo típico que todo país declara con respecto a sus hombres de armas. Fueron desmantelados en 1776 y reinstaurados brevemente durante el reinado de Luis XVIII, hasta que desaparecieron de forma definitiva. Por desgracia, en ningún momento su lema fue: «Uno para todos y todos para uno», aunque habría sido genial.

Recapitulando: la historia real fue dramatizada y novelada por el escritor Alejandro Dumas, cuyos escritos fueron exagerados y guionizados por Hollywood decenas de veces. Los mosqueteros son como el rey Arturo o Robin Hood: cada poco tiempo encontramos una nueva adaptación en el cine, añadiendo capas a la trama. Quizá, lo curioso de esta adaptación es que no se centran en las conspiraciones del cardenal Richelieu, el poderoso estadista y primer ministro de Francia bajo el reinado de Luis XIII. Este señor suele estar representado como un embaucador y enemigo de España, pero lo cierto es que era alguien que movía los hilos del alto poder en favor de su reino, así que en realidad era un hombre más de su época. De todas las adaptaciones de los mosqueteros podemos destacar *Los tres mosqueteros* de Stephen Herek, quien en 1993 decidió hacer caso omiso del libro y la historia y apostar solo por una trama de aventuras; *Los tres mosqueteros* de Paul W. S. Anderson (2011), el cual decidió apostar por lo espectacular y meter barcos aéreos volando como si fuesen zepelines; o la francesa *Los tres mosqueteros: D'Artagnan* (2023) de Martin Bourboulon que trató de darle un toque más histórico. Probablemente desde que empezaste este libro hasta que lo acabes hayan anunciado un par de adaptaciones nuevas.

¿SABÍAS QUE LUIS XIV SOBREVIVIÓ A PRÁCTICAMENTE TODA SU FAMILIA?

En la película vemos a un joven Luis interpretado por un Leonardo DiCaprio de veinticuatro años. Viéndole tan lozano cuesta imaginárselo en su vejez, pero lo cierto es que Luis XIV de Francia, el apodado Rey Sol, tuvo una longevidad sorprendente para su época. Vivió hasta los setenta y seis años, lo que le permitió sobrevivir a todos sus hijos legítimos, todos sus nietos y a la mayoría de sus bisnietos. De sus seis hijos legítimos con la reina María Teresa, solo uno llegó a la edad adulta, pero murió antes que él. También tuvo numerosos nietos, pero las enfermedades y las intrigas cortesanas hicieron que muchos de ellos fallecieran jóvenes o antes de que él se fuese con el buen Dios. Al final de su vida, solo uno de sus bisnietos, el futuro Luis XV, sobrevivió, asegurando la continuidad de la dinastía Borbón. Esta sorprendente serie de muertes hizo que Luis XIV se convirtiera en el abuelo y bisabuelo de dos generaciones que nunca llegaron a gobernar.

59

LAS BRUJAS DE SALEM: ¿UNA VEINTENA DE PERSONAS FUERON EJECUTADAS POR UNA TRAMA AMOROSA QUE SE FUE DE MADRE?

Es curioso que el caso de persecución de brujas más famoso de la historia no ocurrió en la Edad Media, ni en Europa, ni la Inquisición española tuvo nada que ver, ni hubo la necesidad de prender fuego a nadie para matarlo. Sin duda, la ficción y la cultura popular ayudan a crearnos constructos que, por emocionantes que sean, tienen poco que ver con la realidad.

Estrenada en 1996 y dirigida por Nicholas Hytner, la película cuenta con un guion adaptado por Arthur Miller, quien reescribió su obra para el cine en una primera adaptación de 1953, manteniendo la esencia de su historia sobre los juicios por brujería en Salem, Massachusetts, en 1692. La trama sigue a John Proctor, interpretado por el fenomenal Daniel Day-Lewis, un granjero honesto atrapado en una maraña de acusaciones falsas y fanatismo religioso después de rechazar las insinuaciones de Abigail Williams, interpretada por Winona Ryder, una joven que busca vengarse y manipula a la comunidad para desatar una ola de histeria y persecuciones. Aunque nos encontramos con una trama ambientada en un contexto histórico real, el autor la escribió en los años cincuenta como una alegoría del macartismo, el movimiento de persecución anticomunista en Estados Unidos que estaba en auge en ese momento, por lo que de primeras su intención no era tanto divulgar la historia, sino criticar a la sociedad y el ambiente opresivo de la Guerra Fría. Esta adaptación logra capturar la tensión, el drama y la atmósfera de la obra original, mostrando el peligro de las acusaciones infundadas, la falta de justicia y los extremos de la superstición y la represión. Sin embargo, el motivo original de las acusaciones queda totalmente desdibujado.

Viajamos al año 1692 y nos situamos en el territorio inglés de Salem, una pequeña comunidad del Massachusetts actual, donde todos se conocían y vivían bajo reglas estrictas, con una vida centrada en la fe puritana, la rama protestante más conocida por su rigor moral y religioso... y un miedo enorme al diablo y a cualquier cosa que parezca sobrenatural. De repente, Elizabeth Parris, hija del reverendo Samuel Parris, y su prima Abigail Williams empezaron a tener ataques nerviosos, convulsiones, mostrar agresividad... y, según dicen, incluso comportarse como animales imitando a perros y lobos. No está claro el motivo de esta actitud, quizá fuese magia, una broma pesada, una intoxicación en la comida, epilepsia o que la adolescencia es muy complicada y acabas haciendo lo que sea por llamar la atención. El sacerdote local llegó a la conclusión de que la culpa era de la familia de su esclava, una mujer llamada Tituba, quien, según él, les había relatado en alguna ocasión algún cuento de brujería y miedo. Parris también acusó al marido de Tituba de haber alterado la comida, concretamente de haber envenenado un pastel con orina de niño. Por lo que sea, creía que este plato de *nouvelle cuisine* producía efectos demoniacos. Esto desencadenó una histeria colectiva incontrolable en la que todo el mundo se acusaba de brujería, por lo que hubieron de intervenir los jueces locales. Las dos niñas, Elizabeth y Abigail se sintieron tan presionadas por la sociedad y por querer encontrar una solución a su mal que acusaron de practicar magia oscura a Tituba y, ya que estaban, a otros que pasaban por ahí: a una mujer llamada Sarah Good, que era pobre, tenía muchas deudas y estaba embarazada de un esclavo; y a Sarah Osbourne, que pasaba de ir a la iglesia desde hacía tres años, aunque según ella era por enfermedad.

En el juicio, Tituba cargó con la culpa para librar a su marido, y las otras dos se declararon inocentes. De poco sirvió, porque las tres acabaron ahorcadas. Mucha gente da por hecho que, siendo brujas, deberían haber acabado en la hoguera, pero aquí lo importante no era el método, sino terminar con lo sobrenatural. La gente de Salem, muy puritanos ellos, abrieron la veda de acusar a gente. Para el final de 1693, más de ciento cincuenta personas fueron detenidas y encarceladas tras decenas de acusaciones. De todas ellas, diecinueve acabaron colgando de una soga, algunas por motivos tan variopintos como no creer en las brujas, como es el caso de una mujer llamada Martha Corey, o por tener espasmos, como la anciana Rebeca Nurse, de setenta y un años, quien aunque siendo bastante piadosa, no se libró. Para como estaba el ambiente, una veintena de personas no parece tanto, pero es una veintena más de lo necesario.

El problema de la película no solo es que su intención sea criticar la política americana de caza de brujas comunista en las décadas de la Guerra Fría, sino que intenta aportar lógica a todo lo anterior. La trama necesita causas y consecuencias con sentido narrativo, pero es algo bastante difícil de encontrar en lo que es básicamente una comunidad de pirados que entraron en un proceso de histeria colectiva. En el filme, Abigail Williams y John Proctor tienen una relación romántica que desencadena gran parte de la historia, pero lo cierto es que entonces ella tenía once años y él sesenta, algo que por suerte en la película no respetan, porque si no, lo menos escandaloso habrían sido las ejecuciones. Obviamente, dada la diferencia de edad, no hay pruebas históricas de que hubiera una relación amorosa entre ellos y es algo descartado por completo. Además, esta pareja busca su venganza personal en las acusaciones, pero hubo otros factores complejos en juego aparte del pánico y la superstición, como las rivalidades familiares, disputas por tierras y tensiones sociales que no se exploran. No todos los enjuiciados estaban directamente vinculados con las niñas que desencadenaron todo, sino que hubo gente que aprovechó la situación para quitarse de en medio a la competencia molesta. Esto, por muy mal que hable de la especie humana, es algo bastante más habitual de lo que uno podría pensar, como evidencia el hecho de que ya entonces había legislación tanto religiosa como civil para evitar acusaciones falsas que respondan a otros motivos personales.

¿SABÍAS QUE DURANTE LOS JUICIOS DE SALEM TAMBIÉN SE EJECUTÓ A DOS PERROS?

Sí, durante los Juicios de Salem en 1692, se acusó y ejecutó a dos perros bajo la sospecha de estar «poseídos» o ser «familiar de brujas». En el ambiente de histeria que envolvía a la comunidad, no solo las personas fueron víctimas de las acusaciones de brujería, sino también los animales, que debieron de mostrar actitudes muy perversas. Los perros en particular eran vistos como posibles criaturas asociadas con las brujas que les ayudaban a realizar sus maleficios. Esto refleja el nivel de irracionalidad, paranoia y miedo extremo que dominaba esos procesos judiciales, aunque quizá también querían desprenderse de la mascota una vez acabaron con el dueño. Muerto el perro se acabó la magia.

60

LA FAVORITA: ¿TENÍA LA REINA ANA DE INGLATERRA UNA RELACIÓN AMOROSA CON UNA AMIGA CERCANA?

Estrenada en 2018 y dirigida por Yorgos Lanthimos, estamos ante una película histórica ambientada en la corte de la reina Ana de Gran Bretaña a principios del siglo XVIII. La monarca, interpretada por Olivia Colman, debe lidiar con dos grandes problemas: el turbulento contexto de la guerra contra Francia y la rivalidad de dos mujeres que buscan ganarse su favor. Lo primero no parece importar mucho, al fin y al cabo, es el telón de fondo y hasta el siglo XX ingleses y franceses han estado a guantazos sin parar, así que no resulta nada novedoso. Por tanto, se centran más en lo de la gente que hace amigos por interés. En este caso las arribistas de turno son Sarah Churchill, duquesa de Marlborough (interpretada por Rachel Weisz), y su prima, Abigail Hill (interpretada por Emma Stone). La cinta captura la atmósfera y las tensiones de la época de forma intrigante y visualmente impactante, con un estilo a veces extraño y excéntrico, que en ningún momento pretende dar una clase de historia, sino explorar las relaciones entre personas. Para que la trama funcione tiene que haber un romance basado en los posibles amoríos lésbicos de la Corona, pero esta hipótesis sobre su vida privada está tan solo en el campo de la especulación. De haberlo habido, desde luego no sabemos si era tan mórbido y lascivo.

La película se ubica en 1708, durante la guerra de Sucesión española (1701-1714). Este conflicto fue uno de los asuntos internacionales más importantes del momento. Gran Bretaña y sus aliados (la coalición de los Países Bajos y Austria) luchaban contra los Borbones en Francia y España. Esta guerra puso a prueba los recursos de Inglaterra y afectó profundamente la política interna, pero eso nos da igual, porque aquí queremos líos de faldas. En este contexto, el largometraje plantea una relación amorosa entre la reina Ana y su amiga cercana, Sarah Churchill, duquesa de Marlborough, cuyo marido estaba en la guerra y que compite por las atenciones amorosas de la reina con Abigail Hill. Sin embargo, aunque la relación entre Ana y Sarah fue muy cercana y compleja, no existen pruebas concluyentes de que fuera romántica o sexual. Es cierto que sí se ha debatido como una posibilidad, pero, en general, los historiadores lo ven como improbable. Se sabe que Sarah, cuando perdió poder, intentó chantajear a Ana con la amenaza de publicar cartas privadas entre ellas, lo que ha llevado a algunos a preguntarse si esas cartas contenían evidencias de que las dos mujeres tenían una relación sexual. Al mismo tiempo, otras misivas de la reina, incluidas las posteriores con Abigail, podrían ocultar a simple vista términos cariñosos que pueden dar lugar a interpretaciones más modernas y abiertas de mente. Pensemos que los romances homosexuales dejaban menos rastros porque no eran muy bien vistos, por lo que es algo que trataría de ocultarse. Al mismo tiempo, como no conllevan hijos ilegítimos, son menos evidentes que los revolcones heterosexuales. Por otra parte, es muy probable que Ana, que era muy piadosa y una vez protestó porque se le veían mucho los hombros en su retrato en una moneda, no hubiera admitido tener tales deseos homoeróticos, y mucho menos los hubiera llevado a la práctica, aunque tampoco sería la primera vez que una persona con mucha fe se ve arrastrada por deseos que considera impropios. En definitiva, no hay pruebas que respalden estas teorías, pero hay dudas suficientes que han llevado a algunos historiadores a ser prudentes con las afirmaciones categóricas.

Por otro lado, en la película se muestra a la reina muy débil, algo que es verídico, y sus problemas de salud eran tan graves que igual no estaba como para tener amantes, pero a lo mejor era lo que le alegraba su triste existencia. Cada uno lleva estas cosas de manera muy personal. Los médicos de la época consideraban que Ana sufría gota y miopía severa, aunque ahora se especula con que sufría lupus, que puede causar artritis crónica, abortos repetidos, erupciones cutáneas rojas y dolor en las articulaciones de manos y piernas. Esto, además, podría haber sido la causa de obesidad en las últimas etapas de su vida. Tanto es así, que incluso en su coronación tuvo que ser llevada en una silla de manos. Por si fuera poco, su salud mental tampoco era de lo mejorcito, y no es para menos, pues se pasaba el día de duelo. A los dieciséis años había perdido a su madre, a su institutriz favorita y a seis hermanos; en 1688, se había visto obligada a abandonar a su padre, Jacobo II, debido a su catolicismo; y entre 1685 y 1700, vio morir a sus diecisiete hijos (bebés nacidos muertos, lactantes, niños…), todo ello bajo un intenso escrutinio público. Esto es lo que le lleva en la película a tener diecisiete conejos, haciendo toda esta situación más extravagante. Su último hijo superviviente, al que obviamente quería y adoraba por haber superado todas esas desagracias, era el príncipe Guillermo, duque de Gloucester, pero murió a los once años por complicaciones relacionadas con la hidrocefalia. Quizá, dadas las circunstancias, es normal que estuviese un poco triste, o que se volviese emocionalmente dependiente de sus amigas, haciendo su relación más intensa.

Todos estos problemas llevaron a representar a la reina como un poquito incapaz, puede que incluso no merecedora de ese cargo porque estaba a otras cosas. Lo cierto es que su reinado es recordado como una etapa de consolidación territorial y militar para Gran Bretaña, pero la película se centra en los dramas personales y luchas políticas que hicieron del palacio un verdadero campo de batalla, enfatizando cuán influyentes podían ser las relaciones en una época donde las decisiones de la corte moldeaban el destino de naciones. Al mismo tiempo, hay que recordar que esta producción debe ubicarse como parte del espíritu de la época del #MeToo (la revelación de numerosos escándalos de abusos sexuales a mujeres en Hollywood), y no es raro que relegue a los cortesanos masculinos a un segundo plano, ya sea porque no salen o porque son fáciles de manipular. Las decisiones importantes parecen recaer solo en los hombros del trío protagonista, tres mujeres fuertes que, sin embargo, no abusan del tópico heroico porque no son precisamente ejemplos edificantes. En este sentido cabe recordar que, según Sarah, al final la política dependía del duque de Marlborough y el tesorero real lord Godolphin.

¿SABÍAS QUE LA CANCIÓN «MAMBRÚ SE FUE A LA GUERRA» ESTÁ RELACIONADA CON LA FAMILIA DE WINSTON CHURCHILL?

En la película nos hacen ver la importancia de la familia Marlborough, que fueron realmente influyentes en las decisiones de los monarcas. Esta estirpe de nobles son los antepasados directos del famoso mandatario inglés Winston Churchill, quien desciende de John Churchill, duque de Marlborough. Este señor es curiosamente el responsable de la canción infantil española «Mambrú se fue a la guerra». La canción se originó en Francia como una sátira después de la batalla de Malplaquet (1709), durante la guerra de Sucesión española, que es el telón de fondo de *La favorita*. Ahí, John Churchill lideró las tropas británicas y logró una victoria muy costosa en vidas humanas, lo que llevó a los franceses a burlarse del noble inglés con esta canción, insinuando que su victoria era equivalente a una derrota. Como la palabra «Marlborough» resulta bastante impronunciable para un no nativo, se acabó simplificando a «Mambrú». Inevitablemente, la tonada se popularizó en otros países, perdió su conexión directa con Churchill y quedó como una inocente melodía infantil.

61

PIRATAS DEL CARIBE: ¿ERA LA VIDA PIRATA UNA EMOCIONANTE SUCESIÓN DE AVENTURAS EN LIBERTAD?

Ha habido mucho cine de piratas a lo largo de la historia de Hollywood, pero nada tan grande como *Piratas del Caribe: la maldición de la perla negra* (2003). La primera entrega de la saga de Disney arrasó en taquilla y fama gracias en gran medida a Johnny Depp como el excéntrico y carismático Jack Sparrow, pero también por la divertida trama de aventuras, la recreación de la época, y la característica y épica banda sonora de Hans Zimmer. Curiosamente, esta película no está inspirada en una novela de aventuras, sino en una atracción de los parques temáticos de la compañía, por lo que no fue más que un producto publicitario exitoso. La combinación derivó en una excelente mezcla de fantasía, aventura, acción y humor, donde vemos al protagonista recuperar su preciado barco, La Perla Negra, del temible capitán Barbossa y su tripulación maldita, quienes, tras robar un tesoro azteca, están condenados a vivir como esqueletos vivientes bajo la luz de la luna. Fue sin duda un fenómeno mundial maravilloso, pero que tuvo la contrapartida de alimentar ciertos estereotipos sobre cómo era la vida de estos atracadores de los mares.

Piratería ha habido siempre. Existía en la antigüedad y existe ahora, pero sin duda hubo un momento donde fue especialmente popular: la edad dorada de la piratería, que podemos situar entre los años 1650 y 1730, y en lugares como el Caribe, el Atlántico y hasta en el océano Índico. Este lapso de tiempo y ubicación geográfica es tan extenso porque los imperios europeos se habían extendido mucho. España, Inglaterra, Portugal, Francia y Holanda estaban haciéndose con el llamado Nuevo Mundo y, por tanto, transportando toneladas de oro, plata y riquezas por los océanos, algo que llamaba mucho la atención a empresarios individuales especializados en la economía sumergida, o sea, piratas. Pero ellos no eran los únicos interesados en mangar todo lo posible, sino también los reinos mencionados, que contrataban a corsarios para que ejerciesen la misma labor, pero bajo su mandato y llevándose un porcentaje de las ganancias. Es lo que se llamaba patente de corso. La película nos sitúa a principios del siglo XVIII, es decir, durante la guerra de Sucesión española (1701-1714), que no es una elección casual, ya que, con la firma de la paz, una enorme cantidad de mercenarios se quedaron sin trabajo, así que en realidad habría que esperar un poquito para ver tanta acción en los mares. Estos soldados eran expertos en navegar, luchar y saquear, y, sin embargo, no tenían a nadie a quien servir, de modo que se hicieron *freelances* para poder comer como mínimo. Si había suerte podían enriquecerse con botines como el del famoso barco Urca de Lima, el cual naufragó frente a las costas de Florida en 1715 y atrajo la atención de muchos de estos autónomos al margen de la ley. Si no había suerte, palmaban, pero eso puede pasar en cualquier profesión si algo se te da realmente mal, incluso en una oficina si me apuras. Es en esta época cuando surgen los piratas más famosos como Barbanegra, que vemos en la cuarta entrega de la saga; las famosas Anne Bonny y Mary Read y otros como William Kidd, Charles Vane, Samuel Bellamy, Bartholomew Roberts o Calico Jack, a quien se le atribuye la creación de la Jolly Roger, la famosa bandera pirata con la calavera y los huesos (aunque había varios modelos parecidos previos). No obstante, aunque este es el contexto histórico y sí hubo un incremento de personas que iba por la vida a lo Jack Sparrow, en realidad no sabemos prácticamente nada de la vida de los piratas más famosos, o sobre esta gente en general.

Lo que sabemos sobre los piratas históricos es algo difuso. Hay pocos documentos de primera mano que hayan sobrevivido, más allá de las órdenes de persecución y ejecución de muchos de estos forajidos. El texto más influente es *Historia general de los robos y asesinatos de los más famosos piratas*, que como título es un poco largo, pero no miente con respecto a lo que nos podemos encontrar en sus páginas: biografías muy interesantes. Publicado en dos volúmenes en 1724 por el capitán Charles Johnson, nos habla de los piratas de la época, pero las historias se han embellecido y dramatizado sin ningún pudor. De hecho, como no hay registro del autor, se cree que es un seudónimo de Daniel Defoe, el novelista que escribió la historia de *Robinson Crusoe*, lo que nos hace dudar mucho de sus intenciones de relatar con fidelidad nuestro pasado, dada su tendencia a crear historias. Es más, se cree que algunas de las biografías de piratas relatadas en estas páginas son ficticias, ya que no hay ningún otro rastro histórico que las avale. No parece una fuente muy fiable, ¿verdad? Siendo esto lo único a lo que agarrarnos, no nos queda otra que dar por hecho que aquí se sustentan algunos de los estereotipos que conocemos hoy, como el uso del parche en el ojo constantemente, las patas de palo o mapas del tesoro, algo también a lo que se ha recurrido mucho en la ficción posterior. Antes de la película de los *Goonies* (1985), *La isla de las cabezas cortadas* (1995), o *La isla del tesoro* (1950), fue el autor Robert Louis Stevenson quien popularizó la idea de piratas escondiendo sus ganancias en un cofre enterrado en mitad de ninguna parte, dejando tan solo un mapa con una X, y perdido hasta que un aventurero se hiciera con él. Lo hizo en su famosa novela *La isla del tesoro*, publicada en 1883, pero solo sabemos de un único pirata que probablemente hiciese eso: William Kidd, quien antes de ser juzgado en 1701 escondió un tesoro en Gardiners Island, cerca de Long Island, Nueva York, como una posible forma de soborno o negociación con las autoridades. Sin embargo, el supuesto «tesoro de Kidd» fue recuperado por las autoridades poco después de su captura y no quedó rastro de un gran botín escondido. Lo cierto es que la mayoría de los que ejercían ese oficio y obtenían mucho dinero se lo gastaban, al fin y al cabo, iban a vivir poco y rápido. No estaban pensando en ahorrar para comprarse una casa en el futuro y poder pagarles a sus hijos una buena universidad.

Las películas de piratas, especialmente las que mencionamos en este capítulo, se alimentan de esa romantización posterior, y fomentan la idea de que eran unos forajidos carismáticos y de vida libre. Lo cierto es que eran en su mayoría criminales y saqueadores, acostumbrados a una vida dura y al repudio social. Las condiciones a bordo eran duras, las enfermedades y las heridas eran comunes, y la mayoría morían jóvenes. Las ejecuciones eran rápidas y casi siempre muy violentas. También, en contra de lo que suele indicarnos la cultura popular, no eran adoradores del combate y la sangre, pues si podían evitar hundir un barco, lo hacían, al fin y al cabo, era mejor robarlo y venderlo o hacer crecer su flota. Al mismo tiempo, elegían a sus capitanes y repartían el botín de manera más o menos equitativa, porque todo su sistema estaba pensado para lograr la mayor eficiencia a la hora de saquear. Y, aunque había normas en cada embarcación, no podemos considerar eso un código de honor forajido ni nada por el estilo.

El capitán Jack Sparrow es divertidísimo y hace que estemos ante una gran película, pero pensemos en la secuencia inicial, cuando se quita el sombrero ante dos esqueletos ahorcados, mostrando respeto por sus compañeros de profesión. No obstante, es muy probable que esos criminales fuesen ajusticiados por robar, asesinar y violar, no por cometer el delito de simplemente querer vivir en libertad. El público sabe diferenciar estas cosas a poco que le dé una vuelta, pero nunca está de más recordar que no sabemos casi nada de cómo eran los piratas realmente, y lo que conocemos no habla bien de ellos, por lo que mejor rellenar ese vacío histórico con humor y aventuras.

¿SABÍAS QUE EL PIRATA MÁS TEMIBLE DE LA HISTORIA FUE UNA MUJER CHINA?

La mayor pirata de la historia no fue un hombre, ni siquiera alguien que viviese en la edad dorada de la piratería a principios del siglo XVIII. Quien tiene este título es Ching Shih, una pirata china que operó a principios del siglo XIX y comandó una flota de más de mil ochocientos barcos y alrededor de ochenta mil piratas, superando en número a muchos ejércitos navales de su tiempo. Originalmente trabajadora en un burdel, Ching Shih se casó con un famoso pirata, Zheng Yi, y tras su muerte, asumió el control de su ejército de marineros. Bajo su liderazgo, implementó un estricto código de leyes que consolidó su poder. Sus actividades desafiaron tanto al Imperio chino como a las potencias europeas en la región. En lugar de ser capturada o derrotada, negoció un acuerdo con el Gobierno chino en 1810, que le permitió retirarse con su riqueza intacta y vivir una vida pacífica hasta su muerte, lo que hace de ella uno de los pocos casos de persona que, dedicándose a este negocio, no acabó colgada de una soga o con una bala en la cabeza.

62

ROBINSON CRUSOE: ¿CUÁL FUE LA HISTORIA REAL DEL NÁUFRAGO MÁS FAMOSO DE LA HISTORIA?

Si hiciésemos una lista de los diez peores motivos por los que hacerse famoso y pasar a la historia, seguro que naufragar y acabar durante años solo en una isla desierta está en una posición muy alta. Por desgracia, nuestro pasado está lleno de casos así, pero son pocos los que pasan a la imaginación popular. El ascenso al olimpo de vidas miserables en lugares donde no hay nadie suele venir de la mano de la ficción, y eso es precisamente lo que pasa con *Robinson Crusoe* (1997), que es una adaptación interesante, aunque distinta a la novela y a la realidad.

Protagonizada por Pierce Brosnan, quien entonces estaba en su pico de popularidad, en parte gracias a su papel como el famoso espía 007 en la saga James Bond, este Robinson no solo es simplemente un marinero abandonado en una isla desierta, sino también un hombre que huye de una vida de duelos y conflictos personales en su natal Inglaterra. La película toma por tanto varios giros en comparación con la obra original, añadiendo elementos que hacen de Crusoe una especie de antihéroe romántico y con más conflictos internos, dinamizando un poco la trama. Por supuesto, este enfoque hace que su interés por el contexto histórico sea mínimo, así como su intención de contar la historia del náufrago real.

Nos situamos a finales del siglo XVII y principios del XVIII, una era de exploración donde los imperios europeos estaban expandiéndose como locos, con barcos navegando a todos los rincones del mundo, desde las Américas hasta Asia y África. Es una época de piratas, colonizadores, comerciantes y aventureros. La gente estaba descubriendo nuevas tierras, culturas y también muchas enfermedades. Todo esto era tan emocionante que tuvo su impacto en la sociedad del momento, sobre todo entre esos que no se dedicaban a arriesgar su vida por ahí, sino a escribir relatos sobre tierras exóticas y vivencias de quienes se iban de aventuras. Era el Netflix de la época.

En este contexto conocemos a Alexander Selkirk, un marinero escocés que terminó como náufrago en una isla desierta en el océano Pacífico, específicamente en el archipiélago de Juan Fernández, frente a la costa de Chile. El motivo de esta situación es bastante absurdo y, por ende, muy poco digno de la ficción, si pensamos que una trama debe ceñirse a cosas lógicas como las causas y las consecuencias, o decisiones con las que la audiencia pueda empatizar. Para 1704 Selkirk había acabado trabajando como oficial en un barco corsario inglés llamado Cinque Ports, por lo que, digamos, la vida no le había llevado del todo por el camino de la honradez. Fue entonces cuando tuvo una fuerte discusión con su capitán, porque creía que no estaban en condiciones de navegar, así que antes de adentrarse en el mar y encontrar lo que para él era una muerte segura, decidió que prefería quedarse en una isla desierta. Esta decisión no parece del todo injustificada, pues el barco aguantó hasta la isla Malpelo, hoy Colombia, y se fue a pique, dejando a la tripulación al albur de los españoles, que hicieron prisioneros a los supervivientes. Lo que quizá no anticipó Selkirk es que terminaría cuatro años y cuatro meses en esa isla completamente solo. ¿Qué es mejor, ser prisionero de tus enemigos o sobrevivir casi un lustro en medio de la nada? Te dejo que lo pienses.

Durante ese tiempo, Selkirk tuvo que sobrevivir cazando cabras, construyendo refugios rudimentarios y fabricando ropa con pieles de animales. En 1709 vio en la lejanía un barco que resultó ser el Duke, comandado por el famoso corsario Woodes Rogers, uno de los mayores cazapiratas de la historia y futuro gobernador de las Bahamas. Tras ser rescatado se convirtió en una celebridad en Inglaterra. Su historia se contó en tabernas, mercados y hasta en periódicos, lo que inspiró al autor Daniel Defoe, que poco más tarde, en 1719, publicó *Vida y extrañas y sorprendentes aventuras de Robinson Crusoe, marinero de York*. No se sabe si este libro pudo llegar a leerlo el protagonista real de esta historia, porque no podía estarse quieto. Para ese año ya estaba de nuevo navegando. Falleció por enfermedad en 1721, cuando su embarcación recorría las costas africanas.

Se cree que hubo otras dos posibles inspiraciones para esta historia. Es el caso de Pedro Serrano, un capitán español, que en 1526 sobrevivió con un compañero durante ocho años en un banco de arena desierto en el mar Caribe, alimentándose solo de pescado y tortugas hasta que fue rescatado en 1534. También está la historia del fraile Jerónimo de Aguilar, que en 1511 quedó aislado cerca de las costas de lo que es hoy Belice. Él y un pequeño grupo de sobrevivientes lograron llegar a la costa, pero en lugar de encontrarse en un refugio seguro, fueron capturados por los mayas. Fue esclavizado durante ocho años, tiempo en el que aprendió el idioma y la cultura local, algo que le fue muy útil porque en 1519, tras la llegada de Hernán Cortés a la zona, se escapó y se unió al conquistador para trabajar como traductor. No obstante, estos dos relatos, aunque fascinantes, no parecieron tener tanto impacto en el escritor Daniel Defoe, quien vivió dos siglos más tarde, y sin duda quiso aprovechar la popularidad del relato del escocés Alexander Selkirk.

Por tanto, la película se alimenta más del mito fomentado por la novela que por la historia real. Es cierto que, desde el punto de vista del guion, es más acertado que el protagonista haya sido capturado por piratas y trate de escapar, en vez de que decida aislarse por voluntad propia, lo que a muchos nos parecería una decisión realmente estúpida por muy real que fuese. También es más convincente que, tal como vemos en la cinta, una tormenta hunda la embarcación y arrastre a un único superviviente a la isla. Más allá de que toda esta trama ocurrió en el Pacífico y no en el Caribe, el enfoque real de la novela es mucho más introspectivo y detallado en temas como la religión y la cultura de los pueblos indígenas. De hecho, refuerza mucho la idea de civilizar a los locales. Por tanto, no tiene ningún sentido la relación con el compañero nativo al que llama Viernes como si fuese una relación de igual a igual, cuando en realidad Crusoe lo percibe como un subordinado a quien debe educar y llevar a la modernidad. No es un intercambio de culturas como quien se va a estudiar a otro país una temporada. Sin duda, el filme incurre en la teoría del «buen salvaje», representando a los pueblos indígenas como personas inocentes, simples y pacíficas, sin complicaciones sociales o tecnológicas. Este cliché es un mito romántico. Si algo tenemos claro es que los humanos somos más parecidos de lo que nos gustaría pensar, seamos de donde seamos, pues todas las culturas tienen complejidades y sistemas propios, con sus estratos, clases y opresiones de todo tipo. En cualquier caso, nada de esto afectó a Alexander Selkirk, porque al no tener absolutamente a nadie alrededor, no se tenía que plantear esos dilemas morales. De hecho, ante la ausencia total de socialización, reconoció haber acabado hablando y cantando a las cabras, a las que también puso nombre. Habría sido precioso ver eso en la película.

¿SABÍAS QUE LA ISLA DONDE NAUFRAGÓ SELKIRK SE LLAMA AHORA ROBINSON CRUSOE DE MANERA OFICIAL?

El 1 de enero de 1966 la isla donde Alexander Selkirk vivió como náufrago fue oficialmente rebautizada como Robinson Crusoe, mientras que la isla más occidental del archipiélago Juan Fernández, que probablemente nunca visitó, recibió el nombre de isla Alejandro Selkirk. Además, alrededor del año 2000, una expedición liderada por el japonés Daisuke Takahashi encontró instrumentos náuticos del siglo XVIII en la isla Robinson Crusoe, que probablemente pertenecieron al marinero extraviado, reforzando la conexión entre su historia y la famosa novela de Defoe.

63

ROB ROY: ¿ERA CUALQUIER NOBLE ESCOCÉS UN HÉROE DE LA LIBERTAD FRENTE A LA OPRESIÓN INGLESA?

Rob Roy (1995) no se entiende sin *Braveheart* (1995), y eso que fue estrenada un mes antes. El arrollador éxito del William Wallace de Mel Gibson hizo que la gente se interesase por los procesos de independencia escocesa, y justo tenían en taquilla otra película reciente que, aunque no estaba ambientada en la Edad Media, mantenía el tono de «los ingleses hacen barbaridades y los escoceses luchan por la libertad».

Dirigida por Michael Caton-Jones, la cinta transporta al espectador a las Highlands escocesas del siglo XVIII, adaptando en parte la novela de Walter Scott publicada en 1817. Protagonizada por Liam Neeson como el intrépido Robert Roy MacGregor, conocido popularmente como Rob Roy, y con actuaciones de Jessica Lange, John Hurt y Tim Roth, estamos ante una versión dramática y romántica de la vida del famoso héroe y forajido escocés, que intenta asegurar un préstamo para proteger a su clan de la pobreza, pero sus planes se ven destrozados cuando el dinero es robado y él, acusado injustamente. Obligado a huir y enfrentarse a poderosos enemigos, Rob Roy se convierte en un símbolo de la resistencia escocesa contra la opresión, que lucha no solo por su familia, sino por su honor y sus ideales. O eso nos cuentan. En resumen, lo de siempre: justicia, lealtad y orgullo, todo ello aliñado con los espectaculares paisajes escoceses.

Viajamos a principios del siglo XVIII. En esta época, en Escocia se vivían múltiples tensiones entre los clanes de las Tierras Altas (o Highlands) y el sistema político inglés empezaba a expandir su influencia, poniendo a los escoceses trabas económicas e impedimentos a su religión (los amantes de las gaitas permanecieron católicos en su mayoría) y a su lengua gaélica. A todo esto, el clima era duro y un descenso de las temperaturas provocó graves hambrunas, o sea que no fue todo por culpa de los ingleses como nos muestran. Rob Roy, que era un terrateniente escocés, negociaba y pactaba distintas medidas en favor de la prosperidad de su gente, algo que no era fácil, porque entre los siglos XVII y XVIII tuvieron lugar las guerras jacobitas, una gran cantidad de rebeliones especialmente en Escocia e Irlanda. En ellas participaron los partidarios de la dinastía Estuardo, quienes buscaban restaurar en el trono a los monarcas de esa casa real después de que fueran destronados por la dinastía de los Hannover. Los jacobitas eran llamados así porque apoyaban a Jacobo II de Inglaterra y VII de Escocia y, posteriormente, a sus descendientes, para retomar el trono. En fin, que el panorama estaba muy complicado para el protagonista.

El problema está en que, de nuevo, hay que poner a un personaje que caiga bien desde el principio y, por tanto, nos presentan a un héroe romántico, casi un Robin Hood de Escocia que lucha contra la opresión para ayudar a su gente. Sin embargo, en realidad, Rob Roy era más un jefe de clan con intereses propios que un bandolero altruista. De hecho, su clan, los MacGregor, ganaba dinero a base de cobrar un impuesto a los granjeros para protegerlos. Si no pagaban, les robaban sus vacas; esto es la fina línea que separa las actitudes mafiosas del sistema feudal, puede que incluso del sistema tributario actual. Como él era respetado y le fue más o menos bien en este oficio, pidió dinero prestado al marqués de Montrose para ampliar su rebaño. Aquí es donde todo se complicó. Según la versión que prefieras, Rob Roy robó el dinero o lo hizo su pastor jefe. Sea cual sea la verdad, las monedas habían desaparecido y él no podía devolver el préstamo. Como resultado, Rob Roy fue declarado proscrito y huyó de su hogar en Inversnaid, dejando en él a su esposa, Mary, y a sus hijos. Los hombres de Montrose, en represalia, quemaron la casa de Rob Roy y obligaron a su familia a marcharse, aunque relatos posteriores sugieren que violaron a su mujer, hecho que no se ha podido confirmar y que la película da como cierto en una terrible escena. Rob Roy vagó por montañas y terrenos yermos, a veces atracando a los hombres de su enemigo. Finalmente, en 1722, fue capturado y encarcelado durante cinco años. Fue durante su cautiverio cuando la leyenda de Rob Roy empezó a superar a la realidad. El autor Daniel Defoe (el de *Robinson Crusoe*) escribió en 1723 un relato muy colorido de su vida llamado *Highland Rogue, el forajido de las Tierras Altas de Escocia*, que es un nombre con mucho gancho y gustó mucho, teniendo como resultado que el protagonista se hizo tan famoso que llegó incluso a ser indultado por el rey Jorge I en 1727. Tras eso regresó a su lugar de origen y vivió sin problemas hasta 1734, momento en el cual consiguió la tranquilidad eterna por eso de morir.

Por consiguiente, la realidad no da para crear un mito legendario tal como vemos en el largometraje. No era amigo de Montrose, por lo que no hubo un sentimiento de traición, tan solo tenían una relación laboral; ni existió el antagonista Archibald Cunningham, ese malo muy malo para crear un choque moral en la trama; ni su trabajo era especialmente honrado; ni era una persona con un código de honor inquebrantable, porque más bien lo que hacía era proteger lo suyo en un ambiente de desigualdad y corrupción; ni era un legendario espadachín que se alzaba victorioso en duelos muy complicados; ni su mujer fue violada; ni lideró una épica campaña contra la opresión inglesa; ni estuvo mucho tiempo haciendo de forajido bueno, porque en realidad estuvo más días en prisión mientras crecía su fama. En pocas palabras, Rob Roy es una película visualmente impactante y emocionante que captura el ambiente de las Highlands escocesas y la historia de los clanes, pero que también perpetúa una imagen mítica y heroica de su protagonista. Más resumido aún: o cambiabas del todo su vida o la trama hubiese sido más bien aburrida. Todo se podría traducir en otra frase: «Moroso es indultado por un golpe de suerte».

¿SABÍAS QUE ESCOCIA ES EL PAÍS CON MÁS PELIRROJOS Y QUE SEGÚN LAS SUPERSTICIONES DAN MALA SUERTE?

Escocia es el país con el mayor porcentaje de pelirrojos en el mundo. Aproximadamente un 10-13 por ciento de su población tiene cabello rojo y hasta un 40 por ciento porta el gen recesivo MC1R, que es responsable de esta característica. No todos los escoceses poseen este gen, pero es más común allí y en Irlanda que en cualquier otro lugar. La alta prevalencia se debe a un fenómeno de selección genética en regiones con menor exposición solar. Los pelirrojos tienden a producir más vitamina D en condiciones de poca luz, lo que les dio una ventaja evolutiva en climas nublados como el de Escocia. Sin embargo, esta particularidad tan única no ha sido muy bien vista por algunos. En la Europa medieval existía la superstición de que los pelirrojos daban mala suerte o eran traicioneros, creencia que provenía del falso mito de que Judas, el apóstol que traicionó a Jesús, tenía el pelo de este color, cosa de la que no hay constancia. Así, el arte acabó representando como pelirrojos a varios personajes «malvados»; son los casos de Judas, Caín o Esaú. En contra de esta irracional creencia, no podemos afirmar que Escocia sea un lugar lleno de gente terrible.

64

OUTLANDER: ¿TODOS LOS ESCOCESES ERAN REBELDES JACOBITAS BAJO EL MANDO DE UN PRÍNCIPE ESTÚPIDO?

Outlander, cuya primera temporada fue estrenada en 2014, es una serie de televisión épica que mezcla amor, historia, un toque de ciencia ficción y muchos estereotipos sobre Escocia. Por lo que sea, ya van varias veces en este libro que hablamos de este país, que al parecer es un lugar que le interesa mucho a la ficción y al público. Siempre, por supuesto, alimentando los mismos estereotipos, pero ¿si en España siempre suena flamenco de fondo, en París un acordeón y en Italia una mandolina, por qué aquí debería ser diferente?

Basada en los exitosos libros de la estadounidense Diana Gabaldon, la historia comienza cuando Claire Randall, una enfermera inglesa de la Segunda Guerra Mundial, disfruta de una luna de miel junto a su esposo. Sus días de descanso acaban siendo un poco distintos a lo planeado, pues todo da un giro inesperado cuando Claire toca una misteriosa piedra y viaja en el tiempo al año 1743 en las montañas escocesas, que es tal vez uno de los peores momentos de la historia de este país; aunque viniendo del conflicto más grande de la historia igual no está tan mal. Se podría decir que la protagonista tiene una suerte terrible, de no ser porque por el camino conoce a Jamie Fraser, un atractivo y aguerrido guerrero de las Highlands con el que se enreda en un romance que desafía el tiempo y las circunstancias. A lo largo de sus temporadas, viajamos no solo por el actual Reino Unido, sino hasta la Francia del siglo XVIII y, eventualmente, a las colonias americanas, traslados que son tan rápidos en la serie que nos hacen plantearnos si ya conocían los aviones supersónicos. A medida que la trama se expande, conocemos los desafíos políticos, guerras y dilemas familiares típicos de la época, así como la famosa batalla de Culloden en 1746 y el conocido Bonnie Prince Charlie, quien es retratado como la persona más inepta e insoportable que te puedas echar a la cara.

Nos encontramos en el contexto de las guerras jacobitas, una serie de conflictos que venían arrastrándose desde varias décadas antes de los eventos de la serie. Cuando Jacobo II fue destronado en 1688, se armó un gran lío. Él fue rey de Inglaterra durante tres años en los que católicos y protestantes se disputaban su poder e influencia, pero como él era seguidor del papa de Roma promovió medidas para eliminar restricciones a su fe y, de paso, puso limitaciones a la fe contraria. Lo de siempre. Los anglicanos aguantaron el chaparrón porque su hija María era de los suyos y pensaban que algún día llegaría al poder y volvería a dar la vuelta a todo. Lo de siempre otra vez. Por ende, el plan de los anglicanos era esperar, porque sería demasiada mala suerte que justo Jacobo fuese el primer monarca inmortal de la historia, pero todo cambió en 1688 cuando nació un nuevo príncipe varón y sus esperanzas se fueron al traste. Hubo entonces conspiradores que intentaron deponer al monarca y, al mismo tiempo, Guillermo de Orange, un holandés que pretendía el trono, inició la revolución conocida como la Gloriosa. Esto fue una oportunidad de oro para los anticatólicos, que se aliaron con el rebelde y, aprovechando una visita de Jacobo a Francia, activaron todos los protocolos como si hubiese abdicado, lo que no sentó muy bien al rey, que siempre se reconoció como el legítimo mandamás. Años más tarde, Jacobo Francisco Eduardo Estuardo, ese hijo varón que había nacido y sido desplazado, exigió su derecho al trono, promoviendo varios alzamientos que no llegaron a nada. Este fue el mismo destino de su hijo, Carlos Eduardo Estuardo, también conocido como Bonnie Prince Charlie. Este mote viene de que *bonnie* en escocés es una palabra para guapo, que si has visto la serie no lo es mucho, pero sí que es parecido a su retrato más famoso. En cualquier caso, lo importante es que intentó demostrar su valía y liderazgo, y que en 1745 dio inicio a una nueva rebelión que sería la definitiva, la de verdad, la de «esta sí que sí». Tras varias victorias en las que conquistó Edimburgo, sus tropas fueron arrasadas en 1746 en la batalla de Culloden, que vemos en la serie y está magníficamente representada. (Por lo menos, si no nos ponemos tiquismiquis con eso de que la mayoría de las tropas rebeldes llevan espada, pero no escudo). El fuego de cañón arrasó la infantería y dos mil escoceses se fueron a tocar la gaita al cielo. En contraposición, tan solo murieron trescientos ingleses.

Por supuesto, el príncipe Carlos cometió muchos errores, como todo humano y como toda aquella persona que monta una rebelión sin tener formación militar, ni experiencia gestionando reinos. Estaba tan seguro de sus posibilidades que fue a Escocia en busca de la corona sin prácticamente ningún ejército preparado, y tampoco era el mejor líder. Pero de ahí a ser un idiota consumado hay mucho, y de la misma manera tampoco fue la figura romantizada que algunos han querido promover por motivaciones políticas. Lo normal, salvo contadas excepciones a lo largo de la historia, es que la gente tiende a ser un punto medio entre la más absoluta estupidez y la máxima bondad y genialidad, aunque a veces la especie humana se incline hacia lo primero más de lo que nos gustaría. De hecho, al contrario de lo que se muestra en la serie, sus posibilidades no eran tan evidentes, hasta el punto de que muchos clanes escoceses no se alzaron contra los ingleses. A la ficción le cuesta asumir esto, pero hay escoceses que están cómodos con sus vecinos, y no les caen mal. ¡Y también hay ingleses a los que les gusta Escocia! Es cierto que en la época, los habitantes de las Highlands habían sufrido limitaciones a su religión y a su lengua, aunque tampoco es que el gaélico fuese algo tan extendido como vemos en esta producción, y en cuanto a la economía tampoco salían bien parados, pero peor serían las circunstancias en tiempos de guerra o apoyando al bando rebelde que claramente veían como perdedor. La prueba de esto es que tras la derrota en Culloden no es que Carlos desapareciese sin más como nos muestran, sino que estuvo huyendo durante meses en un barco por las islas Hébridas, éxodo durante el cual fue acosado por tropas inglesas que le daban caza. Pero ¡también por escoceses que estaban dispuestos a cobrar 21.000 libras por entregarle! Finalmente, Bonnie Prince Charlie escapó a Francia y murió en Roma en 1788. Intentó financiar otro golpe, pero para sorpresa de nadie, por muy católicos que fuesen los escoceses y muy protestantes que fuesen los ingleses, prefirieron quedarse como estaban.

Más allá de incurrir en el clásico Escocia contra Inglaterra como si fuese un partido de fútbol, sin matices, sin gente con dobles orígenes o líderes que simplemente no querían participar en el conflicto, la serie está francamente bien. Es cierto que ella, al ser enfermera, aplica conocimientos modernos que salvan a mucha gente, pero quizá sea exagerado, porque también requiere medios actuales, pero nos lo creemos porque nos gusta que a la prota le vaya bien. Sin embargo, no está mal suponer que, aunque mucha gente crea que si viajase al pasado deslumbraría a todos con sus conocimientos, lo cierto es que las comodidades del mundo moderno hacen que vivamos sin saber cosas básicas, como conocer dónde y cómo generar electricidad, cómo fabricar medicinas o crear maquinaria industrial para fabricar bienes en cadena. Muchos de nosotros, de viajar a un tiempo anterior, seríamos unos absolutos inútiles.

También vemos un juicio por brujería, cosa rara si tenemos en cuenta que desde 1740 era ilegal acusar a nadie de dedicarse a esta ¿profesión?, ¿pasatiempo? La serie reúne elementos anteriores y posteriores para captar los aspectos más interesantes de la Escocia de las rebeliones jacobitas, pero simplifica demasiado las cosas. No obstante, esas incoherencias reman a favor de la trama y el resultado es muy bueno.

¿SABÍAS QUE LOS COLORES DE LOS CLANES ESCOCESES NO FUERON POPULARES HASTA QUE LOS PROHIBIERON?

Solemos identificar a los escoceses con su traje tradicional que incluye el famoso *kilt*, la falda escocesa, que dependiendo del clan tiene un patrón de colores diferentes. Lo interesante es que, aunque es un estereotipo que se asocia a la historia general de este país, como en la película *Braveheart* (1995) ambientada en la Edad Media, no fue hasta las guerras jacobitas cuando esta manera de vestir empezó a ser importante en la creación del sentimiento nacional. Durante y después de las rebeliones, en especial tras la derrota en la batalla de Culloden en 1746, fue cuando el uso del tartán se popularizó como un símbolo de resistencia cultural. Irónicamente, después de que el Gobierno británico prohibiera su uso en 1747 mediante el Acta de Proscripción, este tejido se convirtió en un emblema de la identidad escocesa. Cuando la prohibición se levantó en 1782, el tartán y el *kilt* ya eran símbolos indiscutibles del orgullo escocés. Esto es lo que se conoce socialmente como efecto Streisand, donde la censura incrementa el interés y la difusión del objeto o idea prohibida, algo de lo que hay cientos de ejemplos en todo el mundo. Se llama así en honor a la actriz y cantante Barbra Streisand, que en 2003 denunció al fotógrafo Kenneth Adelman y la página de fotografías *pictopia.com* para que retirase unas fotos de su casa y así nadie pudiese verlas. Su batalla legal logró que fuese la única instantánea recordada de una amplia colección. Si ella hubiese conocido la historia de la indumentaria escocesa, igual lo hubiese pensado dos veces.

65

BARRY LYNDON: ¿SON LAS DESCARGAS DE MOSQUETES TAN MORTALES COMO VEMOS EN LAS PELÍCULAS?

Stanley Kubrick era un genio, de eso no hay duda, pero su buen hacer en el séptimo arte no solo era por su gran talento, sino por ser muy perfeccionista en todos los sentidos. Tanto en los aspectos técnicos del cine como en la narrativa, tenía ese punto maníaco que podría crispar a quienes trabajaban con él, pero que daba como resultado películas muy sólidas como es este caso.

En *Barry Lyndon* (1976) nos presenta la vida de Redmond Barry, un joven irlandés que, impulsado por la ambición, medra en la rígida sociedad europea del siglo XVIII. Desde soldado en la guerra de los Siete Años hasta su matrimonio con la aristocrática lady Lyndon, el protagonista persigue riqueza y estatus en un mundo de lujo, traiciones y protocolos, pero también conocemos la inevitable caída de quienes buscan poder sin medir sus consecuencias. No obstante, pese al mensaje de la película, conviene recordar que no hace falta ascender en la escala social ni ser poderoso para comportarte como un energúmeno.

La historia de Redmond Barry se desarrolla durante momentos clave como la mencionada guerra de los Siete Años (1756-1763), que fue uno de los conflictos más importantes de la época, hasta el punto de que algunos se han atrevido a bautizarla como la verdadera Primera Guerra Mundial o

Guerra Mundial Cero, pues involucró a gran parte de Europa, así como en todos sus dominios en América, África y Asia. Los principales bandos fueron Gran Bretaña y Prusia contra Francia, Austria, España y Rusia. En otras palabras: los de siempre liándola, aunque había más aliados por ahí. Los intereses en juego eran muchos: poder, expansión territorial y supremacía económica. Es decir, lo habitual. Gran Bretaña y Francia competían por dominar el comercio y las rutas marítimas, así como por el control de territorios en América del Norte y la India. Por su parte, Prusia y Austria rivalizaban en Europa por el control de las tierras del Sacro Imperio Romano Germánico. La guerra dejó a muchas naciones endeudadas y, en particular, a Francia debilitada financieramente. La derrota de los galos en América del Norte le obligó a ceder territorios a Gran Bretaña en Canadá y en la India, lo que marcó el inicio del dominio británico en estas áreas; y en el viejo continente, Prusia emergió como una potencia militar. Se estima que la tontería supuso entre novecientos mil y un millón cuatrocientos mil muertos, sumando soldados y civiles, así como las hambrunas provocadas por el conflicto. En la película, sin embargo, esto es una oportunidad para alguien como Barry Lyndon, quien, como irlandés de origen humilde, el ejército le ofrece una vía de escape de su situación precaria y un camino hacia la riqueza. No está muy claro hasta qué punto un irlandés podría haber prosperado tanto en la aristocracia inglesa, sobre todo con las enormes limitaciones a las clases bajas y a las regiones católicas, pero mantengamos el sueño de que si quieres, puedes, por muy infrecuente que pudiera ser.

¿Y qué hay de cierto en todo esto? Barry Lyndon sube posiciones en la escala social porque se basa en dos protagonistas reales. La novela *The luck of Barry Lyndon* (La suerte de Barry Lindon), publicada en 1844 por William Makepeace Thackeray, crea un personaje muy complejo a partir de un par de personalidades muy particulares. Por un lado, está inspirado en Andrew Robinson Stoney (1747-1810), un aventurero y cazafortunas irlandés que, como Barry, utilizó un matrimonio para ascender socialmente, y que era famoso por ser tan intrigante como manipulador. Su vida estuvo marcada por escándalos y abusos, sobre todo en su relación con Mary Eleanor Bowes, una rica aristócrata a quien engañó para casarse con ella y que maltrató hasta el punto de generar la indignación pública. Por otra parte, tenemos a Thomas «Buck» Whaley (1765-1800), un aventurero hijo de una familia acomodada, que fue conocido por su amor por las apuestas, y su vida de excesos y viajes extravagantes. Si te gusta la película y te preguntabas por qué el protagonista tenía esa manera de ser tan especial, que sepas que es por eso, por ser dos mitades de dos caras duras de cuidado.

La película en general funciona muy bien y tiene pocas incoherencias reseñables, tal como era de esperar de un director que buscaba afinar todo lo posible, pero sí es verdad que alimenta la idea de que los campos de batalla del siglo XVIII eran absurdamente estáticos. Ya ves, en Hollywood creen que en la Edad Media las estrategias militares eran parecidas a los *hooligans* de dos equipos rivales lanzándose mobiliario urbano a la salida del estadio, y un par de siglos más tarde todo es inamovible, el paraíso de alguien con un trastorno obsesivo-compulsivo por el orden. Ya lo hemos mencionado diversas veces en las páginas anteriores: todo esto no es más que una visión exagerada. En la guerra de los Siete Años que muestran en la película, vemos a un regimiento en fila formado por soldados que van avanzando alineados contra sus enemigos, paran, ponen rodilla en tierra y descargan los mosquetes con regularidad. Dichos soldados van cayendo, pero nadie rompe la formación y caminan al ritmo de una marcha marcial, reponiendo los huecos con nuevos militares que, con mirada estoica, siguen hacia su destino. Así varias veces, hasta que llegan aún más cerca de sus enemigos y disparan de nuevo. Es fácil entender que Kubrick busca dramatizar el absurdo y la brutalidad de la guerra con esta secuencia, y quizá por eso, en su afán perfeccionista, hizo hasta ochenta y cuatro tomas, pero es más estético que realista. La guerra no era así en ese momento. No es que hubiese generales jugando al ajedrez o a un videojuego y las formaciones tuviesen que ubicarse en una casilla para luego atacar cuando llegara su turno. Aunque se trata de un conflicto prerrevolucionario, y algo de esto había porque era fundamental mantener el orden, para esos años ya se empezaban a usar tácticas más dinámicas debido a los cambios en el armamento. Las cosas eran cada vez más rápidas y normalmente había apoyo de artillería al mismo tiempo que la infantería usaba las armas de fuego.

Prueba de todo esto es que tenemos datos que demuestran que los mosquetes eran bastante ineficientes, o por lo menos no acertaban tanto como uno podría pensar. Apenas podían impactar más allá de cincuenta metros y el ritmo de disparo era realmente lento, unas dos o tres veces por minuto, por lo que en la película han dopado un poco a los franceses, pero es de suponer que la idea es dar ligereza a la escena. Al final todo dependía de quién podía descargar las armas de fuego más veces con más gente estando a muy corta distancia. Por ejemplo, la batalla de Fontenoy en 1745, durante la guerra de Sucesión austriaca, es famosa por la letal descarga de la brigada de guardias británica contra las tropas francesas, que tuvieron seiscientas bajas de golpe, lo que llegó a romper la cohesión de la formación y sembrar el caos. No obstante, esto fue porque llegaron a disparar a menos de 30 metros, una separación sorprendentemente corta para la época. Esto no era lo normal. La realidad queda mejor descrita en un famoso informe militar obtenido tras la batalla de Chotusitz en 1742, también en el marco de la guerra de Sucesión austriaca. En él se informa de que los prusianos dispararon seiscientas cincuenta mil veces en total contra los austriacos, lo que provocó dos mil quinientos muertos y otros tantos heridos. Esto se traduce en que, para provocar una baja, necesitabas disparar ciento treinta veces. O sea, que si mantenemos eso de disparar como mucho tres veces por minuto, necesitaríamos estar disparando constantemente cerca de una hora hasta matar o herir a alguien. Todo esto en campo abierto mientras suceden más cosas alrededor. En resumidas cuentas, los mosquetes, como las descargas de cañones, las catapultas, las ballestas... en general han sido mucho más ineficientes de lo que muestra Hollywood, por lo menos en esa época. Incluso así, no me gustaría encontrarme delante de cualquiera de estas armas.

¿SABÍAS QUE LA GUERRA DE LOS SIETE AÑOS PROVOCÓ INDIRECTAMENTE LA INDEPENDENCIA DE ESTADOS UNIDOS Y LA REVOLUCIÓN FRANCESA?

Hemos definido la guerra de los Siete Años (1756-1763) como una especie de Guerra Mundial Cero, y aunque implicó muchas batallas en diferentes lugares del globo, lo cierto es que tuvo consecuencias totalmente imprevistas. Tanto Gran Bretaña como Francia acabaron con una gran deuda adquirida para financiar el esfuerzo bélico, y cada uno resolvió las cosas a su manera. O sea, mal y de forma cortoplacista. El gobierno británico decidió imponer nuevos impuestos a sus colonias americanas, como el Stamp Act y el Tea Act, que buscaban tasar los territorios de ultramar donde había habido guerras como la franco-india. Estas medidas, a su vez, generaron un descontento creciente en las colonias, que desembocó en la Revolución americana en 1775. Al mismo tiempo, los galos tuvieron que enfrentarse a una gran crisis financiera y una inflación desbocada, así que se vengaron de ello apoyando a los rebeldes estadounidenses para hundir más a los británicos y desquitarse por la pérdida de sus territorios en América. Como tampoco sacaron tanto a cambio más allá del gustazo de ver a Gran Bretaña perder, la situación monetaria se agravó drásticamente, contribuyendo a las tensiones que llevaron a la Revolución francesa. Esto es un buen ejemplo para demostrar que la historia es un cúmulo de procesos que arrastran causas y consecuencias durante décadas, aunque también vemos que, una vez más, los gestores que buscan la gloria a corto plazo suelen dejar las cosas peor de como estaban antes. Además, podríamos concluir que estamos ante otro caso de aventuras políticas que salen mal, donde los de siempre acaban pagando el pato. Es más, por estadística te diré que, de haber vivido tú y yo en esa época, seguramente estaríamos en el grupo de desgraciados que se tragan las consecuencias.

66

LA MISIÓN: ¿GUARANÍES Y JESUITAS ERAN AMIGOS MIENTRAS QUE ESPAÑOLES Y PORTUGUESES ERAN ENEMIGOS?

La reacción natural al ver *La misión* (1986) de Roland Joffé es sentirse completamente envuelto por el hermoso paisaje de las selvas amazónicas, las impresionantes cascadas, la emotiva banda sonora del genial Ennio Morricone y la dramática muerte del sacerdote atado a la cruz. Si crees que esto último es un *spoiler*, quiero recordarte que la película tiene cuarenta años, así que tiempo has tenido para verla. Además, la propia imagen promocional de la película destripaba el brutal desenlace. En cualquier caso, es un filme maravilloso y emocionante, pero romantiza absolutamente todo lo que pasaba ahí.

La historia sigue a Rodrigo Mendoza, interpretado por Robert De Niro, un cazador de esclavos español que, tras una crisis de conciencia, se convierte en misionero y protector de los indígenas guaraníes en el siglo XVIII. Junto al padre jesuita Gabriel, que cobra vida gracias a Jeremy Irons, busca expiar sus pecados y proteger a los locales de la opresión colonial. Según nos cuentan, la trama se desarrolla en una de las misiones jesuitas situadas en la frontera entre los territorios de España y Portugal, en un momento en que ambas potencias rivalizan por controlar esa parte del Nuevo Mundo. Por tanto, mezcla emociones, con política, temas trascendentales e historia, todo ello con actuaciones magistrales y una gran fotografía.

Pongamos un poco de contexto. En el siglo XVIII Europa estaba en modo conquistador total. En dos siglos pasaron del «voy a ver que hay por aquí» al «a ver qué consigo». Los éxitos españoles habían sido muchos, y todos querían su parte del pastel, de modo que competían por ver quién llegaba primero a nuevos territorios y plantaba la bandera correspondiente. En especial España y Portugal estaban colonizando Sudamérica, lo que desataría ciertas polémicas y debates históricos en el futuro, pero eso no les importaba mucho en el momento. Después de que ambos reinos reclamasen distintas zonas, acordaron sentarse a hablar, teniendo como resultado el Tratado de Madrid en 1750, donde ponían un poco de orden para saber hasta dónde llegaban sus dominios. En realidad, cuánto territorio ocupaba cada uno tampoco se sabía del todo, pero al menos querían poner una base legal. Para añadir más complicaciones, las misiones que los jesuitas fundaban para evangelizar a los indígenas se hallaban en un lugar estratégico entre ambos imperios, en lo que hoy es la región norte de Argentina entre Paraguay y Brasil. Estos religiosos tenían una misión casi imposible: convertir a los guaraníes al cristianismo, mientras los protegían de los cazadores de esclavos portugueses. No es ninguna sorpresa que no llegaron a hacer del todo bien ninguna de las dos cosas y fueron obligados a ceder el control de las misiones. Esto se convirtió en un jaleo a tres bandas que desembocó en la guerra Guaranítica, que se extendió de 1754 a 1756, en la que los guaraníes se enfrentaron a una alianza de ejércitos de España y Portugal, que defendían la imposición de las nuevas fronteras. Obviamente les dieron para el pelo y acabaron desplazando a los nativos de su hogar ancestral, y tras eso, con el Tratado de El Pardo en 1761, España recuperó el control sobre las misiones. Más tarde, en 1773, el papa Clemente XIV decidió la supresión oficial de la compañía. *La misión* se sitúa al principio de este momento clave, cuando los jesuitas y los guaraníes luchan por su autonomía, y muestra ese último intento de resistencia.

¿Significa todo esto que los jesuitas y los guaraníes eran mejores amigos? Podríamos pensar que les compensaba llevarse bien, pues al menos unos protegían a los otros, aunque sea a cambio de ponerles a rezar. Sin embargo, hay detalles que merece la pena mencionar. La película presenta a los religiosos casi como santos, completamente dedicados al bienestar de los nativos, y aunque algunos sacerdotes defendieron sus derechos, también imponían una estructura rígida de vida religiosa y, en algunos casos, limitaban ciertas prácticas culturales indígenas. Esto no resulta raro ni impactante, pero ni se pone énfasis ni se muestra, no sea que nos caiga un poquito mal el protagonista, que igual se pasa a la hora de insistir en cómo deben vivir los demás, por mucho que crea que en el fondo les está haciendo un bien. Además, estamos de nuevo, como vimos en Robinson Crusoe, ante la figura conocida como «el buen salvaje», donde todos los pueblos prehispánicos son iguales, y no distintas comunidades a veces enfrentadas, y donde todos viven en paz coexistiendo sin problemas, como si no hubiese estructuras de poder con privilegiados y oprimidos y se rigieran solo por el buen rollo, la alegría y el amor por la naturaleza. Es, una vez más, una simplificación típica de Hollywood.

Es cierto que, de primeras, hubo cierta convivencia pacífica, pero con el tiempo los jesuitas se beneficiaron económicamente de que los guaraníes desempeñaran el papel que les correspondía en las misiones, que era en los esfuerzos para financiarse con plantaciones azucareras y empresas ganaderas, donde los trabajadores eran nativos subyugados por su propio pueblo. Estos sí que pudieron encontrar refugio a la esclavitud en los brazos de la orden, pero al mismo tiempo quedaban sujetos a sus normas y estilo de vida. Por consiguiente, no logran demostrar en la cinta que los guaraníes no tenían tanta libertad dentro de las misiones como podríamos imaginar. En suma, una vez más, es todo mucho más complejo.

El error menos grave es que concentra eventos históricos de incluso décadas en tan solo el año 1750. Los avances jesuitas en Sudamérica se desarrollaron en su apogeo durante la primera mitad del siglo XVIII, y no solo en un periodo específico, y como hemos visto fue en 1773 cuando los largaron el rey de España y el de Portugal. No pasó todo a la vez. A esto hay que sumar que el hecho de contar solo la historia de una comunidad tiene el efecto indeseado de crear la imagen de que todo era tal como pasaba en ese grupo específico de gente. Aunque *La misión* se sitúa en el área de las cataratas del Iguazú, muchas de las misiones en Paraguay, Brasil y Argentina no estaban tan cerca de esta ubicación.

Por otra parte, *La misión* muestra el conflicto principalmente como una lucha entre España y Portugal, cuando la situación era más compleja. Resumiendo mucho: el Tratado de Madrid ordenaba la entrega de siete pueblos y el traslado de decenas de miles de guaraníes a la zona lusa. Estos odiaban a los portugueses por ser tradicionales enemigos de los *bandeirantes* (cazadores de esclavos), por lo que, lógicamente, no les gustaba ese pacto. Para España y Portugal era preciso solucionar el tema de la frontera, por lo que los españoles entregaron esas posesiones a cambio de los territorios en la región del Río de la Plata, con lo que terminaron con los choques en aquella frontera entre ambos de una vez por todas y marcaron un límite a las pretensiones expansionistas en la región amazónica. En teoría, claro, porque Portugal tenía intereses en continuar creciendo en la Amazonía, por lo que consideraba a los guaraníes como parte de sus dominios, sin darles el reconocimiento de pueblos autónomos que les otorgó España. Ambas potencias estaban interesadas en que se aplicara el tratado, por lo que se unieron para hacerlo valer, mal que les pesase a los pobres guaraníes de la banda oriental, que quedaron como moneda de cambio. Por tanto, aunque existía tensión por los territorios y no se consideraban amigos, los intereses de ambas Coronas eran en realidad colaborativos en muchos casos. No por nada lograron firmar varios pactos en pocos años. Si algo parecían tener claro era esa vieja norma de que el enemigo de tu enemigo es tu amigo.

¿SABÍAS QUE HAY PAÍSES QUE SIGUEN DEBATIENDO SI DEBEN INCORPORAR LAS TRIBUS AISLADAS A LA MODERNIDAD?

¿Qué hacemos con alguien que se ha criado alejado del mundo moderno sin nuestros valores o tecnología actuales? ¿Es mejor dejarle a su aire y respetar su libertad, incluso cuando vemos actos inhumanos o se niega a beneficiarse de los avances de la medicina? Este debate sigue en pie hoy día en algunos países, y la respuesta no está clara para muchos. Por ejemplo, en la isla Sentinel del Norte, en la India, se preservan varias comunidades de cazadores-recolectores que viven allí desde hace sesenta mil años, y casi todos los contactos con ellos han acabado mal. Es el caso del misionero estadounidense John Allen Chau, que en 2018 fue a predicar por allí y acabó con varias flechas clavadas en el pecho. Su asesinato no acabó en manos de la policía porque no tienen posibilidad de interrogar a la tribu que lo mató, así que debieron cerrar el informe con algo parecido a «¿quién te manda meterte ahí?». Esta gente vive allí tranquilamente, alimentándose de la tierra y animales, paseando con sus collares hechos con mandíbulas de sus fallecidos, y en principio no hay interés en integrarlos. El Estado indio tampoco ha hecho esfuerzos por incorporar a la modernidad a los Aghori, una secta que, digamos, tiene un estilo de vida un poco distinto: van desnudos, practican el canibalismo entre ellos, beben en cráneos humanos, fuman marihuana y también meditan, comen, duermen y disfrutan del sexo en medio de cadáveres en llamas en los campos de cremación de la India. Podríamos decir que, como mínimo, tienen unos códigos morales alejados de los nuestros, pero igual para ellos nosotros somos los raros. Al mismo tiempo, hay casos de sociedades en Tanzania que rechazan que ellos o sus hijos reciban tratamiento médico, lo que hace que muchos se queden por el camino. ¿Qué hacemos? ¿Cómo planteamos estos dilemas sobre derechos humanos y desarrollo? ¿Sus nietos agradecerán ser incorporados a la modernidad aunque se pierda gran parte de su cultura? ¿Toda cultura es válida? Cada uno verá lo que opina. Hollywood suele optar por obviar la dicotomía y mostrar que una tribu vive en igualdad y armonía, y que, en el fondo, acaba valorando ser civilizada cuando igual su esquema mental con respecto a lo bueno, lo malo y el progreso es tan diferente al nuestro que no puede aceptar nuestros valores de un día para otro, o incluso puede que su comunidad tarde generaciones en ver las cosas de forma parecida a nosotros.

67

EL ÚLTIMO MOHICANO: ¿INTEGRACIÓN CULTURAL Y ALIADOS DE IGUAL A IGUAL?

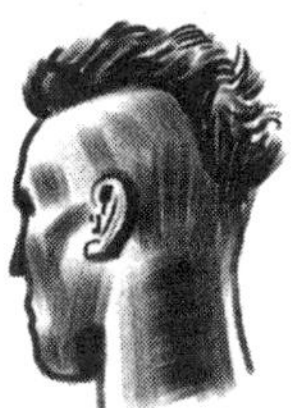

El último mohicano (1992), dirigida por Michael Mann y protagonizada por Daniel Day-Lewis, es una película épica y romántica ambientada en 1757, durante la turbulenta época de la guerra Franco-India en América del Norte. Si no has visto la película, seguro que en alguna ocasión has escuchado la banda sonora, compuesta por el sudafricano Trevor Jones y el estadounidense Randy Edelman, que adaptaron la canción tradicional conocida como *The Gael*, del escocés Dougie MacLean. Si no te suena, tras este capítulo puedes buscarla, que seguro que te gusta y te evoca paisajes como los de la película. Por el contrario, si sabes de lo que estoy hablando, no me cabe duda de que ahora mismo están resonando esas notas en tu cabeza.

La historia sigue a Hawkeye (Ojo de Halcón), un colono blanco criado por nativos mohicanos, y su lucha por salvar a Cora Munro, interpretada por Madeleine Stowe, la hija de un oficial británico. En un relato cargado de acción, romance y temas de identidad y honor, donde el protagonista se encuentra entre el fuego cruzado de la lucha entre los colonos británicos y franceses y sus respectivas tribus aliadas. Ahora bien, aunque estamos ante una adaptación de la famosa novela de James Fenimore Cooper, publicada en 1826, que es parte de la serie de libros conocidos como *Leatherstocking tales*, es bastante diferente, sobre todo en cuanto al papel de ciertos personajes y el tono se refiere, que en las páginas es más lento, reflexivo y detallado. De la misma manera, tampoco es una adaptación de la historia real.

No sé si cuando estabas estudiando el siglo XVIII en el colegio hicisteis un parón para entender la guerra Franco-India (1754-1763), pero seguramente no. Estamos hablando de un conflicto que sucedió mucho antes de que Estados Unidos fueran ni siquiera una idea. En 1754, en Norteamérica no solo estaban los colonos británicos y franceses tratando de expandir sus territorios, sino que también había un montón de naciones indígenas que ya tenían sus propias historias y culturas mucho antes de que Europa se asomara por allí. Como suele pasar, estos no eran un grupo unificado viviendo en un remanso de paz. En cierto modo, cada tribu tenía su propia agenda, variando por región y momento las simpatías hacia ingleses o franceses, pero, en general, los bloques fueron relativamente firmes. Así, los galos consiguieron la alianza con los grupos de los Grandes Lagos, el valle de Ohio, el del Mississippi y la región noreste, mientras que los británicos se apoyaron especialmente en la Confederación Iroquesa y algunas tribus del sureste, pero fueron relaciones mucho más inestables que las de los franceses, que lograron aliados más sólidos. Al mismo tiempo, sucedía la guerra de los Siete Años, ese lío internacional del que hemos hablado en otros capítulos y que también se peleaba en Europa y otros rincones del mundo y del cual este conflicto del que hablamos aquí era algo así como el primer capítulo. Por consiguiente, cada reino buscaba posicionarse internacionalmente, y mientras todos discutían en el viejo continente, Gran Bretaña y Francia peleaban por el control de América del Norte. Ambos querían más tierras y, sobre todo, controlar el comercio de pieles en el norte, muy rentable en la época. Para luchar entre ellos, ofrecían pactos a los aliados locales, acuerdos que muchas veces luego no cumplían, pero eso es otra historia. Al final, esta guerra dejó una huella profunda, y el territorio cambió para siempre. Francia perdió casi todas sus colonias en América del Norte, lo que dejó a los británicos como los grandes ganadores, al menos hasta que los mismos colonos británicos empezaron a cansarse de las reglas y tasas de Inglaterra, y optaron por su independencia, pero eso vino después, por mucho que aquí en el largometraje ya planteen ciertos posicionamientos.

En *El último mohicano*, toda gira en torno a 1757 y al sitio del Fort William Henry, que se encuentra en el estado de Nueva York, en Estados Unidos. Los franceses avanzaban y los británicos estaban intentando defender sus puestos. La tensión era altísima, y en medio de este caos, nos presentan a Hawkeye, un joven blanco adoptado, que vive junto con su familia mohicana, que tratan de no verse arrastrados al conflicto; sin embargo, como necesitamos una película, no logran evitar la confrontación, porque de otra manera no habría trama. No obstante, todo el planteamiento inicial nos lleva a pensar que los mohicanos desempeñaron una función determinante en la guerra y que fueron exterminados en ella. Ya comentamos en el episodio de *El último duelo* que poner «el último» en un título funciona muy bien en Hollywood, pero rara vez eso tiene un sentido histórico real. Los mohicanos, aunque afectados por la guerra y el desplazamiento, sobrevivieron al conflicto y hoy en día existen comunidades de sus descendientes. Al mismo tiempo, esta tribu no desempeñó un papel tan relevante en la guerra Franco-India, y es que los mohawks eran los aliados principales de los británicos, mientras que los hurones se aliaron con los franceses. Además, no te muestran que en realidad había decenas de otras tribus involucradas, aunque no fuesen la fuerza principal. Como supondrás, a ninguna les fue muy bien tras el conflicto.

A riesgo de repetirme, hay que aclarar que a Hollywood le encanta poner a un blanco que entiende a los nativos mejor que los otros blancos, como en *Pocahontas*, *Bailando con lobos* o *El último samurái*, aunque aquí se justifica este recurso porque el protagonista es adoptado por los mohicanos. A todas luces una persona criada entre nativos americanos los entenderá mejor que un recién llegado, pero es un truco narrativo para encontrar a alguien con el que identificarnos como audiencia, un protagonista que, además, nos aclara y resuelve las dudas, al explicar a otros cómo funcionan las cosas ahí, pero en realidad nos lo aclara a nosotros, los que estamos al otro lado de la pantalla. Por otra parte, la creación del personaje de Day-Lewis como un hombre blanco criado para ser indio, que se desenvuelve mejor que los demás, es más sabio y que se enamora de una mujer blanca de élite evoca el concepto de que al final la naturaleza supera a la crianza, algo que estaba muy descartado para cuando se hizo la grabación. Aun así, en el momento del estreno, se agradecieron los esfuerzos de contratar a nativos americanos para la película; algunos de ellos eran activistas conocidos como Russel Means y Wes Studi. Sin embargo, no es difícil imaginar que el intercambio cultural no era tan sencillo, y mucho menos romántico. Las relaciones interraciales en la frontera durante el siglo XVIII eran extremadamente inusuales, por no decir que mal vistas, tanto por colonos como por indígenas debido a las diferencias culturales y la desconfianza.

Por otra parte, nos muestran la batalla del Fort William Henry, que ocurrió en agosto de 1757. En general es bastante real lo que vemos. Este fuerte británico, situado en el lago George, Nueva York, fue asediado por tropas francesas bajo el mando del general Louis-Joseph de Montcalm, quien contaba con unos ocho mil soldados franceses y aliados indígenas. En la película nos muestran a este señor como muy respetuoso con los nativos americanos, pero la realidad es que, como tantos europeos del momento, los veían como inferiores, salvajes y como simplemente útiles para sus causas. Por su parte, los británicos contaban con aproximadamente dos mil quinientos soldados al mando del teniente coronel George Monro, quienes se defendieron con valentía antes de verse abrumados tras días de intensos combates. El 9 de agosto, sin esperanza de recibir refuerzos y agotados, Monro se rindió a Montcalm. Esto debería haber terminado con todos los problemas, pero siempre hay espacio para que todo empeore. Según los términos de la rendición, los británicos debían retirarse pacíficamente hacia Fort Edward, con la promesa francesa de protegerlos en el camino. Eso sí, al contrario de lo que vemos, les dejaban regresar a casa con la condición de no volver a luchar contra ellos en dieciocho meses y, lo más importante, con sus armas pero sin munición, lo cual suena bastante lógico por si acaso traicionaban lo pactado.

Sin embargo, en un episodio trágico y brutal, varios de los aliados indígenas de Montcalm salieron en persecución de los derrotados en lo que se conoció como la masacre de Fort William Henry. Tradicionalmente se calculaba que entre doscientos y mil británicos fueron asesinados, pero los estudios posteriores sugerían que la cifra sería de 187. Además, luego los cautivos habrían sido liberados. O sea, no es tan dramático como vemos en la película, y los motivos tampoco eran de odio absoluto a los británicos por parte de una tribu necesitada de venganza. Se cree que este ataque fue en parte porque los nativos americanos creían que los franceses les estaban privando de los botines de guerra, así que fueron a coger su parte. Sea como sea, el episodio se convirtió en un símbolo de los horrores de la guerra en las fronteras de América del Norte, y, de no ser por el libro o la película, jamás habríamos oído hablar de esto, de modo que cumple con eso de despertar la curiosidad al tiempo que entretiene con una buena producción.

¿POR QUÉ HAY CASINOS EN LAS RESERVAS INDIAS?

Hoy en día, los mohicanos, representados principalmente por la tribu Stockbridge-Munsee, tienen derechos específicos aceptados por el Gobierno de Estados Unidos, similares a otras tribus indígenas reconocidas a nivel federal y gestionados por el Bureau of Indian Affairs (Despacho de Asuntos Indios). Tienen cierto grado de autonomía para gobernarse a sí mismos en sus territorios, solo ellos pueden administrar su tierra y se les permite operar casinos. Esto queda recogido en la Ley de regulación del juego indígena de 1988, lo que ha sido una fuente importante de ingresos para muchas tribus que han puesto en marcha muchos establecimientos de juegos de azar, negocio por el cual no pagan impuestos. Curiosamente, estos privilegios también tienen una contrapartida. En muchos casos, los jóvenes criados en las reservas no tienen fácil incorporarse a la sociedad. Ya sea por falta de oportunidades educativas y económicas, estigmatización y discriminación, acaban siendo víctimas de un gran desempleo. Esto lleva a que las tasas de alcoholismo, adicción a los juegos y suicidios sean más altas en estas sociedades.

68

EL PERFUME: ¿LA SOCIEDAD FRANCESA DEL SIGLO XVIII VALORABA UNA BUENA FRAGANCIA?

A nadie le gusta oler algo desagradable, pero en cuanto a la posición opuesta, la de olfatear algo que nos guste, no todo el mundo tiene predilección por las mismas fragancias. Es más, hay perfumes tan intensos que nos resultan molestos. Puede que incluso no queramos que el ambiente huela a nada. La gente de nuestro pasado no era tan diferente en este aspecto, y la sociedad francesa del siglo XVIII no era una excepción, por mucho que esta película lo plantee así. En este contexto histórico, nos hacen creer que todos están interesados en conseguir deleitar sus sentidos, desde el más noble al más humilde. Sin embargo, mucha gente pasaba del asunto de los perfumes y no valoraba su importancia.

El perfume: historia de un asesino (2006), dirigida por Tom Tykwer, es una adaptación cinematográfica de la famosa novela del mismo nombre, escrita por Patrick Süskind en 1985, uno de los libros más vendidos en Alemania a finales del siglo XX. La trama se desarrolla entre los años 1738 y 1756. Nos encontramos con una mezcla de thriller, horror y drama histórico, que sigue la vida de Jean-Baptiste Grenouille, interpretado por Ben Whishaw, un hombre nacido con un increíble sentido del olfato. Desde que es un niño, Grenouille se siente fascinado por los olores y pasa su vida persiguiendo el perfume perfecto. Este «perfume perfecto», sin embargo, tiene un coste: para crearlo, es necesario asesinar a jóvenes vírgenes para capturar su esencia. Obviamente, no hay ninguna evidencia científica de que la mejor fragancia se consigue descuartizando humanos, pero como espectador asumimos esa licencia. Aunque, por otra parte, no ha habido casos de estudio, por suerte, pero se entiende que esto tiene más que ver con los problemillas psicológicos del protagonista y su fijación por las pelirrojas.

La Francia del siglo XVIII era una época tan caótica y compleja como cualquier otra, pero tenía que enfrentar el reto de que desde hacía cuatro siglos la población no paraba de crecer, lo que generaba muchos problemas. Desde el punto de vista extranjero, uno de los retos era el propio hecho de que hubiese más franceses en el mundo, pero eso era visto como algo positivo por los nobles franceses, por mucho que no gestionasen demasiado bien el incremento de jóvenes. Muchas veces se mantenía un urbanismo medieval sin demasiada planificación, calles estrechas con cada vez más gente, mercados saturados, ríos contaminados, olores... El ambiente estaba sobrecargado. En este periodo, París era conocida como una de las ciudades más sucias y malolientes de Europa, nada de la ciudad del amor a la que viajar en tu luna de miel, salvo que te apasiones y sepas disfrutar de la ausencia de un buen sistema de saneamiento, tufos de animales, basura y orines inundando el ambiente. Las clases altas se protegían de estos olores con fragancias exquisitas y aceites perfumados, lo que los hacía sentirse «frescos», contrarrestando lo antes descrito. Además, algunos llegaron a defender que el olor tenía efectos directos en la salud y el estado de ánimo, por lo que el perfume no solo era una moda, sino una forma de medicina preventiva, lo que obviamente tiene la validez científica de las dietas milagrosas de hoy en día. Esta moda adquirió un gran auge cuando Luis XV subió al trono en 1715, cargo que ocupó hasta 1774, por lo que tiempo tuvo para establecer sus normas. Su amante, madame de Pompadour, aficionada a la moda y el lujo, fue también clave en la popularización de los perfumes. Tanto es así que esta corte era conocida como *la cour parfumée* (la corte perfumada), y era desde el amanecer hasta el anochecer un festival aromático continuo de rosas, jazmín, lavanda o almizcle. Cada habitación era perfumada con esencias distintas, utilizando maderas aromáticas, aguas de olor y ramilletes de flores frescas. El rey, en particular, exigía un matiz diferente para su apartamento cada día. Esto, además, fomentó los cultivos de plantas especializadas en esta industria, lo que pudo haber asentado los cimientos para que Francia siga siendo hoy en día uno de los centros mundiales de diseño y comercio de estos preciados líquidos.

Todo esto puede resultar bastante exagerado, pero ya sabemos que hay gente un poquito desconectada de la sociedad. Todos hemos conocido a alguien que abusa del perfume y llega a ser molesto, pero hay que reconocer que eso no es lo habitual. Lo mismo pasa con esta película, que es una hipérbole porque todo ese ambiente refinadísimo no llegó a permear en la sociedad en absoluto. En la Francia del siglo XVIII, los perfumes eran populares sobre todo entre las clases altas y en especial en la corte del rey, pero son una excepción, incluso dentro de las monarquías. En realidad, durante la Ilustración, ese movimiento intelectual para promover la razón, la ciencia y el humanismo, el sentido del olfato y el uso de perfumes eran menos venerados y considerados algo extravagante propio de las clases adineradas, no un valor universal. Había maestros perfumistas reales como Jean-Louis Fargeon, y su trabajo era valorado, pero nuestro protagonista utiliza su superpoder como una herramienta para medrar socialmente, ya que todo el mundo era capaz de reconocer que tenía un don sin igual para una industria muy de moda, algo que sería imposible porque a la mayoría de la gente los perfumes le importaban un pimiento, así como las fragancias exóticas con nombres pedantes. De hecho, tener un olfato excesivamente desarrollado podía ser hasta una maldición, sobre todo en ciudades como París, algo que sí desarrollan en la novela.

Grenouille está obsesionado con conseguir la fragancia perfecta, y para ello tiene que cometer algún que otro delito execrable, pero cuando lo consigue y este preciado líquido acaba esparcido en la plaza pública en el momento de su ejecución, todo acaba en una orgía monumental porque el pueblo se ve embriagado de esa esencia mística. Lo más probable es que la gente hubiese dicho: «Ah, pues no huele mal, sigamos con el tema de ahorcarle, que al fin y al cabo se ha cargado a mucha gente. Y deprisa, que se me hace tarde y quiero ir a regar los geranios». Es comprensible la exageración y la fantasía, pero las fragancias eran símbolo de estatus, algo reservado a unos pocos.

¿SABÍAS QUE EN ESPAÑA EXISTIÓ UN ASESINO QUE HACÍA JABÓN CON SUS VÍCTIMAS?

Manuel Blanco Romasanta, conocido como el Hombre lobo de Allariz, es uno de los asesinos en serie más notorios de España, con una historia que recuerda al Grenouille de *El perfume*. A mediados del siglo XIX, Romasanta fue acusado de asesinar en Galicia al menos a nueve personas, principalmente mujeres y niños. Al igual que el personaje ficticio, se descubrió que utilizaba las grasas de sus víctimas para hacer jabón, que luego vendía. Obviamente, esto supuso una gran sorpresa para sus vecinos, sobre todo para aquellos que habían comprado sus productos y se habían aseado con ellos o se los habían regalado a los sobrinos por su comunión. Durante su juicio, afirmó sufrir una maldición que lo transformaba en lobo, por lo que no podía recordar haber cometido esos crímenes, ya que no los cometió cuando era un humano normal. Esta defensa no se consideró demasiado sólida, y el jurado, por lo que fuese, no terminó de creerse esa historia, por lo que Romasanta acabó condenado a muerte bajo el viejo sistema del garrote vil. Su caso es uno de los más extraños en la historia criminal española, pues mezcla crímenes brutales con superstición y leyendas.

69

EL PACTO DE LOS LOBOS: ¿HUBO EN FRANCIA UNA SECTA AMANTE DE LOS LOBOS QUE IBAN MATANDO POR AHÍ PARA FOMENTAR LA REVOLUCIÓN?

Los asesinatos gustan. No son algo que la gente suela desear, pero sí que nos resultan interesantes y funcionan genial en el cine. El lado más sombrío del ser humano resulta fascinante, quizá por eso suele ser motivo de rumores y habladurías, y acaba formando parte de nuestra historia y creando el caldo de cultivo perfecto para una trama de misterio, terror y aventura.

En este caso no estamos ante una película de Hollywood, sino una producción francesa que funcionó al mismo nivel. *El pacto de los lobos*, dirigida en 2001 por Christophe Gans, se sitúa en la Francia del siglo XVIII, y sigue a Grégoire de Fronsac, interpretado por Samuel Le Bihan, un caballero y naturalista francés, y a su amigo y compañero de aventuras, Mani, interpretado por Mark Dacascos, un guerrero indígena norteamericano forjado en las guerras Franco-Indias y que, por algún misterioso motivo, es experto en artes marciales. Raro, pero muy útil llegados los momentos de peligro. Ambos son enviados a la provincia de Gévaudan por el rey Luis XV para investigar una serie de brutales asesinatos que aterrorizan a la región, circunstancias que son cien por cien históricas. Cuesta creerlo, pero hubo un caso de un animal que mató a decenas de personas entre 1764 y 1767: la bestia de Gévaudan.

Nos situamos en la Francia de la Ilustración bajo el reinado del ya citado Luis XV, el amante de los perfumes. Pese a que el ambiente cultural presumía de raciocinio, pensamiento científico y empirismo, no paraban de llegar rumores de una bestia salvaje que iba aniquilando a los habitantes de Gévaudan. En la cinta, todo esto ocurre porque hay un lobo descomunal, que es en realidad un león con una armadura estrambótica que el villano tomó en África cuando era una cría. Este bicho está controlado por una sociedad secreta llamada la Hermandad del Lobo, la cual está trabajando para socavar la confianza pública en el rey y, en última instancia, apoderarse del país. Como supondrás, no existió tal organización, o de haberlo hecho, era una conjura tan oculta que nunca llegó a salir a la luz, así que se podría decir que cumplieron con su cometido de ser una secta que pasa desapercibida. Sin embargo, sí que hubo un animal bastante peligroso que llamó la atención de la corte.

La bestia de Gévaudan recibe este nombre por la región del mismo nombre, en el sur de Francia, donde comenzó sus ataques en 1763. Un pastor aseguró que un enorme lobo había atacado directamente a su hijo e ignorado a las ovejas. Este hecho en particular no tiene nada de especial, al menos si tenemos en cuenta que se calcula que en la Francia de entonces morían cien personas al año por ataques de lobo, así que uno más. Pero pronto hubo más ataques, sobre todo a niños, algo que suelen hacer los depredadores porque las crías son más pequeñas y, por tanto, son fáciles de vencer, y puede que, desde el punto de vista del animal, estén más ricas. Con el tiempo hubo más víctimas, y los alcaldes y regidores locales empezaron a organizar batidas de caza, aunque no hubo suerte. Las víctimas presentaban heridas descomunales e incluso en ocasiones, aparecían decapitadas y desgarradas, pero no daban con el bicho. Es en este punto cuando los rumores y habladurías completaron la historia asegurando que era una bestia salida del infierno, con ojos inyectados en sangre, e incluso algunos afirmaron que caminaba sobre dos patas y se comunicaba con los humanos. Otros dijeron que tenía el don de la ubicuidad, porque los ataques habían sido muy seguidos y en diferentes lugares. Aunque mucho de esto suene inverosímil, las noticias volaban, normalmente en su versión más exagerada. Para diciembre de 1764 había muchas más víctimas y llevaban seis meses de ataques, de modo que los ayuntamientos de la región de Languedoc ofrecieron una recompensa: 2.000 libras por matar a la bestia, lo que serían unos 200.000 euros al cambio de hoy, que está muy bien, pero adéntrate tú en un bosque con las armas del momento a matar a semejante criatura. Hubo más ataques y los sacerdotes de la región llegaron a la conclusión de que eso era un castigo divino por no haber vencido a los protestantes en la guerra de los Siete Años. Estos religiosos creyeron encontrar una solución: rezar. Por lo que fuese, no funcionó, y los ataques continuaron. En 1765 la bestia atacó a un grupo de niños y uno de ellos, llamado Jacques Portefaix, llegó a defenderse e incluso provocar alguna herida al atacante. Esta historia llegó a Versalles y el propio Luis XV financió la educación y carrera militar de este campesino. El monarca mandó loberos especializados, aunque ninguno logró nada.

Finalmente, un cazador llamado François Antoine fue a la región y consiguió atrapar a un gran lobo que, en sus propias palabras, era tan grande que cuando lo vio de lejos pensó que era un burro. Llevó el cuerpo a Versalles y cobró una recompensa, pero los ataques continuaron. Dos años más tarde, otro cazador llamado Jean Chastel finalmente hizo caer a la amenaza gracias a su puntería y una buena cantidad de perros de caza. Fue en ese momento cuando se confirmó que era un lobo inusualmente grande y agresivo. Se calcula que la bestia de Gévaudan fue responsable de entre 84 y 120 muertes en la región. O sea, un centenar menos de franceses en el mundo, lo que muchos verían como buena noticia, pero los locales lo valoraron como una gran desgracia. Nuestro héroe, Jean Chastel, quiso cobrar la recompensa ofrecida por el rey, pero solo le dieron una parte. Tras la Revolución francesa, su hijo exigió el pago, pero el nuevo gobierno alegó que estaban en crisis económica y que ya le pagarían cuando pudiesen. Como supondrás, ahí se quedó la cosa.

En definitiva, este relato es un buen ejemplo de cómo se crean las habladurías y perduran en la historia. Ante el desconocimiento surgen las hipótesis y los testimonios sesgados, alterados y exagerados, que son recogidos por los medios e historiadores del momento, los cuales llegan hasta nuestros días casi como leyendas. Ante el vacío histórico, ante los huecos en los eventos reales que nunca podremos saber, el cine aporta un relleno en forma de ficción que trata de explicar la realidad; con todo, es evidente que estamos ante un caso que lo que pretende de verdad es entretener aprovechando el poder de atracción de la leyenda.

¿QUÉ ERA LA BESTIA DE GÉVAUDAN?

La bestia de Gévaudan ha generado muchas hipótesis entre naturistas y biólogos, pero aunque hay muchos registros de sus ataques y sus víctimas, nunca ha quedado claro qué tipo de animal podría haber sido. Mientras que muchos testigos la describieron como un lobo gigantesco, algunos detalles no cuadraban del todo con un lobo común. Por ejemplo, se mencionaba que tenía el pecho ancho, la cabeza grande y una cola larga y musculosa, lo que llevó a algunos a pensar que podría haber sido una especie de híbrido entre un lobo y un perro. Otra teoría más exótica sugiere que la bestia podría haber sido un león o algún otro animal salvaje llevado a Francia desde África o Asia. Esta hipótesis surge de ciertas descripciones que indican que la criatura tenía una melena corta y un comportamiento más típico de grandes felinos que de lobos. La posibilidad de que fuera un animal exótico, quizá un león que hubiera escapado de su cautiverio o incluso una especie desconocida, alimenta el misterio y las leyendas alrededor de la bestia de Gévaudan hasta la actualidad. Otros han teorizado que bien podría haber sido un animal entrenado, pues algunas de las víctimas presentaban signos evidentes de haber sufrido abusos sexuales antes o después de su muerte. Tal vez hubo personas tan malvadas que, aprovechándose de las circunstancias, dieran rienda suelta a sus peores instintos, violando, asesinando y mutilando a varias de las víctimas atribuidas a la bestia.

70

AMADEUS: ¿SALIERI ODIABA A MOZART Y POR ESO LO MATÓ?

Si hay una película que crea un problema donde no lo hay es *Amadeus* (1984). ¿Qué necesidad hay de enfrentar a dos personas que, en principio, se respetaban? Eso son ganas de malmeter, como ese compañero tóxico que está en todas las oficinas.

Bajo la dirección de Milos Forman y adaptando la obra teatral de Peter Shaffer, esta película logró acercar la música clásica al gran público gracias a explorar la vida de uno de los compositores más brillantes de la historia: Wolfgang Amadeus Mozart. Estrenada en 1984, combinaba drama, chistes guarros y tragedia, lo que conquistó a la crítica y al público, e hizo que se convirtiera en un fenómeno cultural. Tanto es así que acabó llevándose nada menos que ocho premios Oscar, incluyendo mejor película, mejor director y mejor actor para F. Murray Abraham, quien interpretó al compositor rival Antonio Salieri. Pese a que uno podría pensar que el protagonista debería ser uno de los genios universales de la música, la trama está narrada desde la perspectiva del villano, el músico cortesano italiano que, en este relato, vive consumido por los celos dado el talento desbordante de Mozart.

Nos situamos en la Viena del siglo XVIII, el epicentro musical de Europa y un lugar donde el talento artístico estaba a otro nivel. Estamos en plena era de la música clásica, término que es un poco complejo, porque suele abarcar barroco, clasicismo y romanticismo, que son diferentes periodos desde el año 1750 hasta 1900. Mucha gente lo suele identificar como «música antigua para gente muy lista» y ya está, pero digamos que es poco preciso, por lo que vamos a concretar que el periodo en el que se ubica la película es el clasicismo. En esos tiempos, la realeza austriaca vivía obsesionada con el arte, y la corte de los Habsburgo, con figuras como el emperador José II, era considerada una de las más importantes de Europa. Si has visitado Viena y tuviste la sensación de que ese lugar es como una tarta de boda gigante, es precisamente porque la pomposidad y el boato se dispararon en esta época. Como la ópera, los conciertos de cámara y las sinfonías estaban en auge, los nobles competían para tener a los mejores músicos y compositores en sus palacios. Aquí es donde aparece nuestro protagonista, Wolfgang Amadeus Mozart, un niño prodigio que empezó a tocar el piano y a componer desde que apenas sabía hablar. ¡Para cuando era adolescente ya estaba de gira por Europa con su padre! Su genialidad lo llevó a convertirse en una celebridad de su época, aunque su vida no fue precisamente fácil. Viena lo recibió con los brazos abiertos, y también con mucha competencia y envidias. Es en este ambiente donde surgen personajes como Antonio Salieri, otro compositor talentoso de la corte, quien en la película es retratado como un hombre devorado por los celos, algo que no es que sea exagerado, sino que es simple y llanamente mentira.

La trama avanza en torno a la rivalidad de estos dos compositores, y Salieri se muestra como un manipulador que trata de moldear la mente del emperador. Pero ¡este odio no existía! No se despreciaban mutuamente, sino que solo eran cordiales competidores en la escena musical de la Viena de finales del siglo XVIII. Su enfrentamiento no era más que profesional. De hecho, ambos colaboraron en *Der Stein der Weisen* (*La piedra filosofal*), Salieri asistió a varias representaciones de la ópera de Mozart *Die Zauberflöte* (*La flauta mágica*) y nunca ocultó su admiración por la genialidad del joven músico. El italiano incluso le dio lecciones de piano al segundo hijo de Mozart a principios del siglo XIX. Y en virtud de la correspondencia que se ha conservado, podemos asegurar que tenían un trato cordial. Esta supuesta continua competición también la llevan en la cinta al plano amoroso, donde ambos sienten atracción por Caterina Cavalieri. Sin embargo, en la película Antonio Salieri afirma que, aunque atraído por ella, no le puso un dedo encima porque antes había jurado celibato a Dios. Su castidad es algo difícil de creer, porque sabemos que tuvo dos hijos y, además, era italiano. Por su parte, se conserva una carta de Mozart a su padre en la que le explica que en ese año no había tenido relaciones con mujeres, así que deducimos que Caterina tendría que haber buscado satisfacción en otras personas.

También podemos concluir que, si no odias a alguien e incluso puedes hasta tener cierto respeto profesional, no hay necesidad de matarle. No hay evidencia alguna de que Salieri tuviera algo que ver con la última enfermedad y muerte de Mozart. Esta creencia tiene origen en un rumor de la época, en parte por la temprana muerte del joven compositor a los treinta y cinco años y la necesidad de dar con una explicación a tal desagracia. La realidad es que hasta los progresos de la medicina moderna, eso de irse de este mundo antes de tiempo se puede justificar de dos formas: «mala suerte» o «te ha tocado a ti la enfermedad de turno para la cual todavía no hay cura». Y el hecho de haber dilapidado su fortuna y haber sido un absoluto zote a la hora de gestionar su economía no ayudó, por lo que Wolfgang Amadeus acabó en la pobreza. A esto se le suma otro rumor que afirma que Salieri, al final de su vida, padecía demencia y acabó confesando ese asesinato, pero no hay ninguna prueba.

Quizá los guionistas se alimentaron de que en realidad el autor italiano no es tan famoso, y se podría afirmar que mucha gente no le conocería de no ser por esta película, pero lo cierto es que en la época tenía una excelente reputación como compositor e instructor de música. Su lista de alumnos incluía a otros grandes compositores como Liszt o Beethoven. Era un maestro reconocido y, por ende, solicitado por la realeza; contaba, además, con ventaja por ser italiano, porque eran muy reputados entonces. Es decir, se basó en su talento y fama para ganarse la vida como una persona honrada. Así que el pobre Salieri ha pasado a ser uno de los grandes villanos del cine cuando simplemente era un compositor que pasaba por ahí.

¿SABÍAS QUE MOZART TENÍA UN SENTIDO DEL HUMOR MUY PUERIL?

El humor infantil de Mozart, tal como se muestra en la película *Amadeus*, refleja fielmente lo que se encuentra en sus cartas reales, en especial cuando escribía a su padre, hermana y prima. Mozart solía utilizar un lenguaje bastante colorido y juguetón, por decirlo de una manera fina. Un ejemplo notable de esto es su canon titulado *Leck mich im Arsch* en si bemol mayor, que se traduce como «Lámeme el culo». Ahora, antes de pasar al siguiente capítulo, haz una pausa mental y dedica un par de minutos a imaginar un coro de niños cantando esta composición.

71

EL PATRIOTA: ¿HOMBRES HONORABLES INDEPENDIZARON ESTADOS UNIDOS DE LA EXTREMA CRUELDAD DESPÓTICA DE INGLATERRA?

Si algo ha quedado claro a lo largo de la historia es que muchas de las guerras o procesos políticos tienen que ver más con el dinero que con sentimientos e ideales. La independencia de Estados Unidos no es tan diferente, por mucho que en *El patriota* (2000) arropen de gritos de libertad todo este proceso y blanqueen ciertos personajes. Dirigida por Roland Emmerich y protagonizada por Mel Gibson, nos cuentan la vida de Benjamin Martin, un veterano de guerra que, después de perder a uno de sus hijos a manos del ejército británico, se ve forzado a liderar una milicia rebelde. Es decir, estamos ante el prototipo de héroe que ha sacrificado mucho por una causa mayor, pero como veremos ahora su contraparte real era más bien todo lo contrario, alguien que no querrías tener como vecino. Sin embargo, pese a su más bien escasa fidelidad histórica, la cinta presenta batallas espectaculares, lo que hizo que fuera un éxito de taquilla y lograra tanto la atención del público como de la crítica.

Nos encontramos en la década de 1770, en el actual Estados Unidos, que era entonces un lugar compuesto por trece colonias británicas que no estaban muy felices con su madre patria, Inglaterra. El motivo era que pagar impuestos altos para financiar guerras en otros lugares del mundo de los cuales ni siquiera habían oído hablar resultaba muy molesto, porque lo suyo era conquistar todos esos nuevos terrenos que tenían cerquita, y además no contaban con representación parlamentaria. Es decir, se sentían ciudadanos de segunda, y un americano no merece otra cosa más que ser el primero. Así que los colonos, como si de adolescentes rebeldes se tratase, decidieron mandar a paseo a sus padres en 1775, declarando que iban a ir por libre desde el 4 de julio de 1776; no obstante, la mayoría de las firmas de la famosa declaración se hicieron un mes más tarde porque la gente estaba muy liada. Sea como sea, toda esta situación no sentó muy bien a los británicos. La guerra de Independencia duró desde 1775 hasta 1783, y fue un conflicto muy significativo porque cambió el curso de la historia mundial. El resultado fue la creación de Estados Unidos, que eventualmente se convertiría en una potencia global amante de las hamburguesas, las barbacoas y las armas. En esta guerra se consolidaron figuras emblemáticas como George Washington y se establecieron los ideales de libertad e igualdad, o eso decían.

Veamos cuán heroico era el protagonista principal de *El patriota*, que es un señor llamado Benjamin Martin, quien está inspirado en Francis Marion, conocido como el Zorro del Pantano. Este es, sin duda, una figura tan fascinante como sangrienta, lo que aporta cierta controversia a la guerra de Independencia de Estados Unidos. Natural de Carolina del Sur, Marion se destacó como líder de la milicia estadounidense durante el conflicto contra los británicos. Con respecto a esto, sí que podríamos considerarlo un héroe de tácticas de guerrilla que luchó incansablemente por la independencia, y gracias a ello logró marcar alguna diferencia. Ahora bien, las emboscadas solían acabar en masacres horripilantes, donde no se tomaban prisioneros y los heridos eran ejecutados en el lugar. Al mismo tiempo, él no dudaba en reducir a cenizas los pueblos leales a la Corona británica, intimidando a sus posibles futuros enemigos. Era esclavista y dependía del trabajo forzado en sus propiedades, algo que sabemos que era lo normal en la época; sin embargo, se ha documentado la sospecha de que violaba recurrentemente a sus esclavas. También se cuenta que participó activamente en el exterminio de poblaciones cherokees y que formó parte de procesos de tortura. En otras palabras, su historia es ambivalente. Por un lado, nos podemos quedar con la heroicidad en cuanto a los enfrentamientos militares contra los ingleses o la causa que defendía, pero, por otro, destacó por una insensibilidad extrema con los débiles, mucho más allá de lo habitual en el momento. Sabiendo que se trataba de una figura polémica, en la película optaron por inspirarse tan solo en una parte de su historia y cambiarle el nombre, una decisión acertada para evitar que la crítica se les echase encima. Normalmente la audiencia no suele empatizar con los abusadores y asesinos, y ponerlos como los grandes ejemplos que cimentaron los valores de su país puede ser arriesgado.

Por su parte, los ingleses no eran una panda de asesinos maniacos. Como en cualquier conflicto, hubo gente que se pasó de frenada, pero hechos como meter a todos los civiles de un pueblo en una iglesia y prenderles fuego sería algo ampliamente documentado y recordado. De haber pasado algo así puede que incluso Estados Unidos jamás hubiese acudido en ayuda de Inglaterra en la Primera y Segunda Guerra Mundial, por muchos beneficios económicos que viese. Fue una guerra violenta, pero esa imagen de que los ingleses eran villanos absolutos es demasiado artificial. No hacía falta dotar de una crueldad innecesaria al ejército enemigo para empatizar con el lado del protagonista en la trama que nos proponen. También podríamos criticar este bando, pues una de sus motivaciones era seguir expandiendo su territorio a base de robárselo a los indios, pero, por lo que sea, esto tampoco se menciona.

¿SABÍAS QUE ESTADOS UNIDOS LOGRÓ SU INDEPENDENCIA GRACIAS EN PARTE A LA AYUDA ESPAÑOLA?

Cuando el expresidente de Estados Unidos Joe Biden visitó España en 2022 le dijo al rey Felipe VI: «Dicen que no hubiéramos sido un país independiente sin vosotros». Y tenía razón, en parte. Conociendo el contexto histórico de las colonias inglesas en América cabe hacerse la siguiente pregunta: ¿cómo los colonos, que eran en su mayoría granjeros y ciudadanos comunes, sin mucha formación militar, se enfrentaron al ejército británico? Cuesta creer que lograsen vencer al imperio más poderoso del mundo en ese momento, pero lo cierto es que no solo contaban con la determinación de personajes como los que vemos en el largometraje, sino que contaron con la ayuda de otros países como Francia o España, aunque en la película solo muestren a los primeros. Los españoles desempeñaron un papel crucial al proporcionar apoyo financiero, militar y logístico. Bajo el liderazgo de Carlos III, España se unió formalmente a la guerra en 1779, ofreciendo asistencia a los colonos americanos, en parte para perjudicar a la Corona inglesa. El gobernador de Luisiana, Bernardo de Gálvez, lideró campañas militares exitosas contra los británicos en el sur, asegurando territorios clave como Pensacola y Nueva Orleans. Además, España facilitó suministros esenciales como armas, pólvora y dinero a través de rutas en el Caribe y la citada Nueva Orleans. Otra forma de ayudar a los rebeldes fue abrir varios frentes nuevos a los británicos para que no pudiesen centrarse en los norteamericanos, como fue el ataque sobre Florida, el hostigamiento en el Caribe, el asedio de Gibraltar o la recuperación de la isla de Menorca. Obviamente, algunos de estos movimientos eran por interés propio, pero también para perjudicar a los enemigos. Esta ayuda debilitó la posición británica en múltiples frentes y contribuyó de manera significativa a la victoria final de Estados Unidos.

72

MARÍA ANTONIETA: ¿FUERON LOS LUJOS DE UNA REINA MALCRIADA EL MOTIVO DE LA REVOLUCIÓN FRANCESA?

Rumores, escándalos, excesos, fiestas, sexo, fama... No estamos hablando de una estrella del rock, sino de la visión artística de la película *María Antonieta* (2006). Dirigida por Sofia Coppola y protagonizada por Kirsten Dunst, se nos presenta una visión exagerada de la corte francesa en los años previos a la Revolución. Los desmanes en el palacio de Versalles, regidos por dos jóvenes, llevan a un polémico reinado que acaba molestando un poco al pueblo, que toma afiladas medidas para solucionar la situación. Todo esto relatado con un estilo muy diferente a lo que podríamos esperar del cine histórico, con un enfoque más juvenil, como si fuese un cuento de hadas pop lleno de paletas pastel, grupos de rock moderno como banda sonora, moda exquisita y, claro, esa despreocupación por el estamento llano. Esta combinación acabó con un premio de la Academia al mejor diseño de vestuario, un reconocimiento merecido, porque era en lo que querían enfocarse más, sin dar una gran importancia a lo histórico. Pero, aunque hay algo de verdad en este estilo de vida lujoso, la monarca no era una persona completamente ajena al reino.

La política en la Francia de 1770 puede compararse a la actividad de un funambulista en el alambre, donde un paso en falso podía hacerle caer al abismo; en este caso, sin embargo, el acróbata tiene una pierna amputada, ceguera y está haciendo malabarismos con dinamita. Todo parecía ir mal y, si seguimos con la analogía, las soluciones podían equipararse al hecho de añadir francotiradores disparando al equilibrista. En última instancia, los encargados de que todo acabase bien eran los monarcas, quienes eran dos jóvenes muy inexpertos. La película se enfoca en María Antonieta de Habsburgo-Lorena, una princesa austriaca enviada a Francia para casarse con el futuro rey Luis XVI, en una alianza que buscaba fortalecer los lazos entre Austria y Francia. La joven María Antonieta tenía solo catorce años cuando llegó a Francia en 1770, y la vida en Versalles la deslumbró desde el primer momento. El famoso palacio era un lugar de fiestas interminables, vestuarios de ensueño, banquetes fastuosos y chismes palaciegos. La corte era también un escenario de intrigas, donde cada acción se juzgaba, y donde las apariencias y el estatus lo eran todo. Pero en el exterior las cosas iban de mal en peor: la economía estaba en crisis por años de guerras y mala gestión financiera. Había que devolver el dinero empleado en la independencia de Estados Unidos y en la guerra de los Siete Años. Si tenemos en cuenta, además, que tanto el clero como los nobles, aunque obligados a un pago anual, gozaban de numerosas exenciones fiscales, los encargados de pagar eran el Tercer Estado, es decir, los campesinos y trabajadores, que eran quienes peor estaban. Para colmo, en la década de 1780, Francia sufrió varias cosechas malas, lo que aumentó la pobreza y el hambre. Aunque María Antonieta no tenía un poder directo sobre las decisiones políticas, se convirtió en el símbolo de la opulencia de la monarquía, por lo que, al ser tiempos difíciles, a ella se la culpó debido a sus extravagancias y porque era extranjera. Cuando estalló la Revolución francesa en 1789, se convirtió en uno de los primeros objetivos, y fue ejecutada cuatro años más tarde en la guillotina a los treinta y siete años.

El enfoque de la cinta es parecido al de una trama de adolescentes rebeldes, más interesados en la moda y las fiestas que en la política. Nos muestra a una Antonieta muy social, siempre rodeada de amigos en su palacio privado conocido como el Petit Trianon, donde no había jolgorio constante, sino que era más bien su refugio personal. Incluso proponen una relación romántica con el conde Axel von Fersen, un aristócrata sueco, que en realidad tan solo tenía cercanía con ella. Con todo, la vida entre los nobles también estaba llena de reglas estrictas y rituales sociales, por lo que no todo era un desmadre. Absolutamente cualquier cosa que hiciese estaba en el punto de mira y se la juzgaba con severidad, por lo que el ambiente no era tan distendido como nos podríamos imaginar. Al mismo tiempo, la culpan a ella del desastre económico del país, como si los peinados extravagantes fuesen el motivo de haber dilapidado la fortuna real. Por lo que sea, la terrible situación heredada de malas políticas durante las décadas anteriores no es un factor importante aquí. Como ella tampoco era estúpida: por mucho que viviese en el exceso, no sufría una profunda alienación. Sabía lo que estaba pasando a su alrededor. De hecho, la famosa frase «¡Que coman pasteles!» atribuida a María Antonieta es un mito, pues no hay evidencia de que ella dijera esas palabras más que un testimonio de Rousseau, escrito cuando ella era una niña y no vivía en Francia. A medida que las tensiones aumentaron y la crisis económica empeoró, especialmente hacia finales de la década de 1780, la reina empezó a tomar mayor conciencia de la insatisfacción popular y la precariedad del país. Entonces, hizo donaciones a los pobres e incluso intentó reformas menores en sus círculos, pero estas acciones fueron limitadas y poco efectivas en el contexto de una crisis tan grave.

Recapitulando, aunque llegó a percibir el malestar, su capacidad y disposición para entender y aliviar el sufrimiento del pueblo fueron limitadas, algo por lo que pagó un alto precio. Es decir, no vivía en un mundo paralelo de felicidad y alegría sin darse cuenta de lo que pasaba a su alrededor.

¿SABÍAS QUE SI TE QUEDAS CON EL PELO BLANCO DE GOLPE PADECERÍAS EL SÍNDROME DE MARÍA ANTONIETA?

Aunque en la película pongan a María Antonieta con el pelo blanco por defecto, lo cierto es que ella era castaña, y fue en los últimos días de su vida, durante la Revolución, cuando se le aclaró de golpe. Esto es lo que se conoce como síndrome de María Antonieta, un fenómeno poco común en el que el cabello de una persona se aclara en muy poco tiempo debido a un estrés extremo o trauma. La reina, al parecer, era muy sensible al hecho de no saber dónde estaban sus hijos, que ejecutasen a su marido y a miles de personas frente a las prisiones en las que ella había estado, y a saber que su final no sería distinto. Por lo que sea, eso la estresaba mucho. Aunque no hay pruebas concluyentes de que esto le sucediera exactamente a ella, el caso ha sido documentado en la literatura médica con otros individuos que sufrieron eventos traumáticos graves. Esta «canicie súbita» creada por un estrés severo podría acelerar la pérdida del pigmento en el cabello, aunque la explicación exacta sigue siendo objeto de debate entre los científicos.

EDAD CONTEMPORÁNEA

73

NAPOLEÓN: ¿DECISIONES POLÍTICAS EN FUNCIÓN DEL AMOR QUE SENTÍA POR JOSEFINA?

Napoleón (2023) es uno de los mejores ejemplos para entender que el cine histórico tiene que dar prioridad al entretenimiento y no al rigor, porque sin lo primero no funciona lo segundo. Si la película hace aguas por todas partes, sin mostrar interés por la evolución del personaje, sus conflictos o la coherencia narrativa, lo normal es aburrirse. Aunque hubo aplausos por este ambicioso intento de Ridley Scott de capturar el personaje a través de escenas de épicas batallas, intriga política y una tumultuosa historia de amor, la crítica tuvo, siendo educados, opiniones encontradas. Tanto amantes de la historia general, como de este personaje en concreto, o todos aquellos que esperaban ver espectaculares enfrentamientos como en *Gladiator* (2000) o *El reino de los cielos* (2005), quedaron bastante decepcionados. A pesar de todo, la interpretación de Joaquin Phoenix dando vida al francés, y Vanessa Kirby como Josefina de Beauharnais, eran notables, pero al mismo tiempo su relación resultó demasiado exagerada.

Nos situamos al final del siglo XVIII y comienzos del XIX, y Europa está en caos. Es la época de la Revolución francesa, cuando el pueblo se levantó contra la monarquía y se estableció el Régimen del Terror, que pretendía acabar con cualquiera que se opusiese al cambio. En medio de esta tormenta, emergió un joven militar corso, Napoleón Bonaparte, que rápidamente escaló posiciones gracias a su talento militar y su ambición sin límites. Así, en 1804, se proclamó a sí mismo emperador, instaurando un imperio que desafió las monarquías europeas, que se aliaron en numerosas ocasiones para evitar tener el mismo final que en Francia y sus preciosas cabezas fuesen guillotinadas. Bajo el mando de Napoleón, el país galo vivió un periodo de dominio militar y reformas internas, como la implementación del código civil napoleónico, que buscaba estandarizar las leyes y modernizar la Administración francesa. Esta y varias medidas administrativas son consideradas parte de la base de los Estados modernos. A lo largo de las guerras napoleónicas, el corso expandió su imperio y se convirtió en una amenaza para reinos como Prusia, Austria, España, Rusia y, sobre todo, el Reino Unido. Pero el éxito no es eterno, y las derrotas en Rusia y Waterloo sellaron su caída. La película trata de recoger todo esto, lo que da como resultado un metraje larguísimo, en el que además no se profundiza en nada en concreto. Lo único que desarrollan es la relación con Josefina, que es excesivamente tóxica, irracional y dependiente, hasta el punto de alterar las labores militares y de Estado.

La cinta retrata a Josefina casi como el único motor detrás de las acciones de Napoleón, dando a entender que toda su ambición y decisiones políticas giraban en torno a ella. En realidad, aunque Napoleón estaba profundamente enamorado de Josefina en sus primeros años, su motivación para el poder iba mucho más allá de su relación con ella. Es posible que retozasen como leones en celo tanto como se ve, pero desde luego eso no era el motor de sus vidas. En líneas generales, sí que su romance se puede resumir en que el corso era muy intensito en las cartas, tan pasteloso que la propia lectura puede producir diabetes, por ese enfoque de que él quería que ella le reconociese como su amo y señor, encumbrándole como el genio que se creía que merecería ser, es muy exagerado. De hecho, es posible que Josefina no estuviese enamorada, sino que le vio como un método de sobrevivir al quedarse viuda, aunque esto no se sabe a ciencia cierta. Tampoco, que sepamos, se peleaban en público lanzándose comida, y no hay prueba de que él abandonaba sus campañas militares para volver a casa porque había rumores de que ella tenía amantes, algo que nos muestran cuando Napoleón se va de Egipto, o cuando escapa de su exilio en Elba, aunque ya estuviesen divorciados. Tanto él como ella tuvieron líos amorosos constantemente, así que el militar y político no solo no era nadie para exigirle fidelidad, sino que tampoco le suponía un problema pasar la noche con otras mujeres, vivencia que en el filme nos tratan de vender como traumática. Es más, para cuando se divorciaron en 1810, porque ella ya no podía concebir hijos, llevaban años sin dormir juntos.

La lista de errores históricos en esta película es infinita, y podría dar lugar a un libro más largo que la Biblia, pero sí hay una incoherencia constante y perpetuada en el propio planteamiento de la relación entre Napoleón y Josefina. Él no sentía una vinculación tal por su primera esposa hasta el punto de ligar su destino político y ambición a su amor, como si ella también fuese una figura ligera y casi sin relevancia en términos de ambiciones propias. La francesa era conocida por sus habilidades diplomáticas, sus conexiones dentro de la aristocracia y su influencia en la corte. Fue una pieza clave para ayudar a Napoleón a ganarse la aceptación de la nobleza y la burguesía, y tenía una red de contactos importante en Francia, lo cual fue fundamental en sus primeros años de ascenso. Las guerras napoleónicas fueron devastadoras en pérdidas humanas, y decir que si entre 3,5 y 6 millones de personas murieron entre 1803 y 1815 fue porque dos amantes se atraían mucho puede resultar hasta irrespetuoso, por no decir estúpido.

NO. NAPOLEÓN NO ERA BAJITO

El mito de que Napoleón era bajito proviene en gran parte de una confusión entre las unidades de medida francesas e inglesas de la época. En realidad, Napoleón medía aproximadamente 1,68 metros, una estatura bastante común para su tiempo, ya que la media de altura para los hombres europeos en el siglo XIX rondaba los 1,65 metros, lo que significa que era un poco más alto de lo habitual. Su apodo de Petit Caporal (Pequeño Cabo) también contribuyó al malentendido, aunque este término era más una muestra de afecto que una referencia a su altura. Además, su guardia, quienes solían ser más altos, reforzó la percepción de que medía poco. Actualmente, el cuerpo de Napoleón está enterrado en Les Invalides en París, y su estatura ha sido corroborada a través de registros históricos y mediciones de su cadáver.

74

LOS DUELISTAS: ¿LOS OFICIALES SE RETABAN POR HONOR EN LA ÉPOCA NAPOLEÓNICA?

Los duelistas (1977) da sentido a una historia real bastante rocambolesca. Es de esas cosas que cuesta creer que hayan pasado, por lo que el resultado suele ser una gran película, como es el caso. Basada en el relato corto «The Duel» de Joseph Conrad, nos narra la obsesión y rivalidad entre dos oficiales del ejército napoleónico, el teniente Armand d'Hubert (interpretado por Keith Carradine) y el teniente Gabriel Feraud (interpretado por Harvey Keitel), que a lo largo de década y media se enfrentan, reflejando el honor y la testarudez que definían a muchos hombres de esa era, siempre que creamos la versión más romántica de nuestro pasado. La cinta fue aclamada por su impresionante cinematografía, lograda con un presupuesto modesto, y ganó el Premio a la mejor ópera prima en el Festival de Cannes. Ridley Scott demostró su talento visual, usando técnicas que recuerdan a los pintores clásicos, con una fotografía que captura la atmósfera y el drama de la época con precisión. Aunque no fue un éxito de taquilla, la película se convirtió en un clásico de culto, y fue el trampolín para los numerosos éxitos posteriores del director, y también para algunas de las producciones que hemos traído en este libro.

Nos encontramos en la Europa de principios del siglo XIX, en pleno periodo napoleónico, cuando Francia se había convertido en el epicentro de poder del continente. Suponiendo que las cosas son como en el largometraje, con un Napoleón que no tiene detractores en el ejército y no tiene que lidiar con divisiones internas, el hecho de lograr un gran dominio requiere una estructura militar sólida. Para alcanzarlo, cuestiones como el honor no son precisamente lo que regían el día a día. *Los duelistas* perpetúa el mito de que los oficiales del corso estaban tan interesados en cuestiones de nobleza e integridad personal, como si se tratase de una visión romantizada de los caballeros medievales, que cosillas como los complejos problemas políticos y sociales de la época no les llamasen tanto la atención. Este enfoque simplista omite el contexto más amplio de los conflictos, que no solo eran un juego de espadas y duelos, sino un conjunto de turbulentos cambios en todos los aspectos de la sociedad. Precisamente por esto mismo los duelos estaban más orientados a remediar disputas con implicaciones en la gobernanza, la fiscalidad o la gestión de la gente, resolviendo diferencias cuando las instituciones legales no eran confiables y accesibles, y desde luego no eran tan glamurosos como vemos en pantalla. En conclusión, estamos ante un nuevo «no era tan así», o por lo menos la atmósfera que plasma era diferente; prueba de ello es que la historia real de los duelistas que inspiraron la película es mucho más disparatada, muy alejada de gente notoria que presume de rectitud.

Por un lado, tenemos a François Fournier-Sarlovèze (1773-1827), quien era conocido por su carácter impetuoso, su habilidad con la espada y su amor por los duelos, hasta el punto de considerarlos un pasatiempo. Era famoso por desafiar a la gente por ofensas menores o, simplemente, porque estaba aburrido. El honor era algo secundario en comparación con la diversión. Su reputación como duelista feroz e implacable le ganó notoriedad dentro del ejército francés. Por otro lado, tenemos a Pierre Dupont de l'Étang (1765-1840), un oficial mucho más sensato y pragmático, conocido por su diplomacia y habilidades estratégicas. A diferencia del anterior, su interés en las disputas por preservar la honra era mínimo. La historia entre estos dos hombres comenzó en 1794, durante las guerras revolucionarias francesas, o sea, un poco antes de lo que vemos en la cinta. En la vida real, Dupont fue enviado a hablar con Fournier, no para arrestarle como nos muestran, sino para decirle que había decepcionado a todos al matar a su último oponente y que por eso no estaba invitado a una fiesta esa noche. Ya está. Sí, eso fue todo lo que hizo falta para desencadenar lo que fueron diecinueve, y no quince, años de feroces combates. O sea, que la realidad es mucho peor que la ficción, y más absurda. Es, además, todo un ejemplo de querer matar al mensajero. El pobre Pierre Dupont de l'Étang debió de maldecir su suerte por haber tenido que entregar esa misiva y haber conseguido que un loco lo persiguiera durante casi dos décadas. En ese tiempo, se retaron al menos treinta veces, utilizando diversas armas, como sables y pistolas, aunque esto último era la opción menos preferida de Dupont, que sabía que su enemigo era un experto tirador. En cualquier caso, aunque no luchaban a muerte, sino tan solo con la idea de herir o incapacitar al oponente, tras tantos años, hubo una gran variedad de condiciones, incluyendo duelos a caballo, y un acuerdo por escrito que especificaba que siempre que se encontraran, debían pelear. Este contrato se vio interrumpido en ocasiones, ya que hubo lapsos de tiempo en los que no podían cumplir con lo propuesto, como cuando Dupont fue detenido dos años por orden de Napoleón tras la rendición en la batalla de Bailén en España, o cuando este, al haber ascendido, no podía aceptar desafíos por parte de militares de menor rango.

No se sabe mucho del último combate, pero después de casi dos décadas de duelos, ambos hombres decidieron poner fin a su disputa. No fue porque uno de ellos hubiera matado al otro, sino porque, irónicamente, se cansaron de pelear, lo que también es un final muy poco cinematográfico al no haber un derrotado como tal. Al parecer, Dupont logró convencer a Fournier de que ya era suficiente, aunque quizá lo hizo tras una victoria. La cinta, sabiendo que el motivo original del conflicto es francamente estúpido, decidió apostar por temas universales como el honor, el orgullo y la futilidad de las *vendettas* personales, algo que funcionó de maravilla.

¿SABÍAS QUE DOS FRANCESES SE RETARON A UN DUELO EN GLOBOS AEROSTÁTICOS?

En 1808, al mismo tiempo de los acontecimientos que vemos en esta película, mientras Fournier y Dupont trataban de dirimir sus diferencias en constantes enfrentamientos, hubo otros dos franceses que protagonizaron el que es posiblemente uno de los duelos más raros de la historia. Tan solo nos han llegado sus apellidos, pero se trataba de monsieur de Grandpré y monsieur Le Pique, quienes, por motivos desconocidos, se enfrentaron en el cielo de París montados en globos aerostáticos. El objetivo era disparar al globo del oponente para que se desplomara. Le Pique fue derribado y murió en la caída. ¿Es este el combate por honor más extraño de la historia? Posiblemente compita contra la batalla que tuvieron dos hombres llamados Lefant y Melfant en 1843, cuando tras una partida de billar, por un desacuerdo en el resultado, acordaron batirse. Como no tenían armas a mano, usaron las bolas del juego, pactando doce pasos de distancia. Melfant ganó tras el primer lanzamiento al fracturar el cráneo a su oponente, pero, pese al honor de salir victorioso, tuvo que sufrir la vergüenza de ser acusado de homicidio.

75

MASTER AND COMMANDER: ¿HEROÍSMO EN LA ROYAL NAVY?

Cuando Hollywood quiere ser riguroso con la historia lo consigue y *Master and Commander* (2003) es un gran ejemplo. La pena es que los grandes aciertos demuestran lo insultantes que son los fracasos, probando que la mayoría de las veces no están interesados en recrear nuestro pasado de manera fidedigna. Bajo el subtítulo *Far Side of the World* (Al otro lado del mundo) estamos ante la mejor película del género «acción naval ambientada en el Atlántico y el Pacífico en 1805 durante las guerras napoleónicas». Seguramente no haya muchos largometrajes de un tema tan acotado, pero por ahora este es el mejor de todos.

Dirigida por Peter Weir y protagonizada por Russell Crowe, como el carismático capitán Jack Aubrey, y Paul Bettany, como el cirujano y naturalista Stephen Maturin, traslada a la pantalla la famosa serie de novelas de Patrick O'Brian, que narran las aventuras del HMS Surprise. Como adaptación que es, hay varios cambios, como poner que los antagonistas son los franceses y no un barco estadounidense, y esto seguramente se hizo pensando en el público objetivo, que prefiere pensar que los malos son los demás y no ellos. Además, el tono es más bélico y menos centrado en la vida diaria en el mar, pero tiene sentido porque, de nuevo, es algo que la audiencia agradece, así que nos vemos envueltos en una trama en la que la tripulación debe perseguir al poderoso navío galo Acheron. La película fue nominada a diez premios Oscar y se llevó a casa dos galardones, los de mejor fotografía y mejor edición de sonido, aunque se vio eclipsada por el éxito arrollador de *El señor de los anillos: el retorno del rey* (2003). A pesar de no alcanzar el éxito de taquilla esperado, *Master and Commander* ha sido alabada por críticos y aficionados al cine por su autenticidad, su guion cautivador y sus emocionantes secuencias de batalla.

Durante la época napoleónica, a principios del siglo XIX, Gran Bretaña y Francia estaban enemistadas, en parte por un capricho que le había surgido a Napoleón Bonaparte: conquistar Europa. La Royal Navy británica, que no le deja expandir su imperio al otro lado del canal de la Mancha, fue uno de los grandes enemigos que batir. La lucha no solo fue en tierra, dado que los océanos del mundo se convirtieron también en campos de batalla. La Marina Real Británica además de patrullar sus aguas, estaba decidida, asimismo, a cortar cualquier intento de Francia de establecer un dominio marítimo. Aquí es donde entra nuestro capitán Jack Aubrey que, aunque ficticio, está inspirado en famosos capitanes británicos como Thomas Cochrane, conocido por ser una especie de *rockstar* de los mares: audaz, temerario y siempre un paso por delante de sus enemigos.

En términos generales casi toda la película es perfecta en cuanto a precisión histórica. O'Brian, el autor de las novelas, era un absoluto defensor de la precisión histórica, y los productores hicieron todo lo posible para garantizarla. Por ejemplo, el barco Surprise está muy bien representado en la película, con esquemas que coincidían bastante bien con el verdadero HMS Surprise, que ganó fama por capturar corsarios, y vencer en un abordaje muy disputado para recuperar el amotinado HMS Hermione en 1799. Esta embarcación seguramente no podía enfrentarse a grandes navíos de guerra como vemos, por ser más ligera, rápida y, por tanto, maniobrable, pero es creíble. La película sabe transmitir lo que es estar en un barco de madera, rodeado de cañones, velas ondeando, y marineros que deben navegar con precisión milimétrica mientras cantan. Todo esto en un momento en que la medicina naval consistía en amputaciones con sierras y el ron era la solución a casi todos los problemas. No parece el mejor lugar en el que estar, sin embargo, nos hacen ver que si tu capitán es alguien que se jacta de ser honorable, todo es más fácil. Aquí es donde posiblemente falle más la película: romantiza la vida de los marineros.

Master and Commander pinta a la Marina Real Británica como una fuerza casi invencible y moralmente superior, cosa bastante cuestionable. Si bien la Royal Navy era formidable, no estaba exenta de problemas, como la disciplina brutal, las pésimas condiciones de vida a bordo y las constantes enfermedades. Y sus tácticas no siempre fueron tan heroicas como la película sugiere. A menudo recurrían a métodos que nos chocarían en la actualidad, como el reclutamiento forzado y el bloqueo de suministros, que afectaban tanto a civiles como a enemigos. A menudo eran brutales con los oponentes, aunque supieran que sus ataques podían arrasar con cualquiera que estuviese por ahí, aunque fuesen civiles. Esto no era exclusivo de ellos, por supuesto, pero seguramente la dureza de pasar tiempo en los océanos acabe haciendo que nuestros códigos de honor sean más laxos de lo que pensamos. Además, la relación entre el capitán Aubrey y el cirujano Maturin está llena de un respeto mutuo que raya en la amistad perfecta, y esto puede estar en consonancia con las fuertes normas sobre la blasfemia, los insultos y las faltas de respeto en la Royal Navy. Había duros castigos inmediatos para esas conductas, aunque variaba según el periodo. (Aunque seguramente tolerasen alguna que otra palabrota de alguien al que le han arrancado la pierna de un cañonazo en combate). Puede parecer exagerado en la película y que te cree la sensación de que sería muy emocionante ser un miembro de la tripulación, pero en general está bien conseguido.

A pesar de eso, los detalles son magníficos. Cuando se producen escenas de batalla en la película, se oyen disparos de cañones y mosquetes reales y sus impactos en la madera, y eso es así porque decidieron microfonar todo para dar un ambiente real. Hay tantos elementos históricos en esta cinta que resulta difícil creer que se trata de una película de Hollywood de gran presupuesto. Al mismo tiempo, puestos a fijarse en la fidelidad más detallada, hay un descuido muy evidente: al final de la película, el Acheron capturado es enviado al puerto colonial español de Valparaíso, en Chile. El problema radica en que Valparaíso no solo estaba más lejos que otros puertos aceptables y mucho más desarrollados, sino que estamos hablando de una ciudad española y, por tanto, aliada de Francia y Napoleón, algo que el capitán debía saber. Enviar el barco capturado ahí sería lo mismo que devolvérselo a los franceses, y es una pena que todo el esfuerzo que vemos en dos horas de película acabe en no tener sentido.

¿SABÍAS QUE EXISTIERON ESCUADRONES PARA APRESAR CIUDADANOS Y FORZAR SU RECLUTAMIENTO?

Un buen día vas a comprar el pan y acabas en un galeón rumbo al Caribe para matar franceses. Sin duda, poca gente puede intuir que semejante giro de los acontecimientos llegará a sus vidas, pero esto podía pasar gracias a las *press gangs* o «escuadrones de presas». Estos grupos estaban encargados de reclutar a la fuerza a marineros para la Armada real, a menudo utilizando métodos muy agresivos. Si un hombre no se podía escapar de ser reclutado, era forzado a servir en la marina británica bajo condiciones duras. Este sistema era necesario debido a la constante falta de marineros experimentados en tiempos de guerra, especialmente durante las guerras napoleónicas, cuando la Armada real británica se encontraba en guerra constante con la Armada francesa. A pesar de la dureza del sistema, muchos marineros, incluidos algunos piratas y aventureros se unían voluntariamente a la marina por la estabilidad económica que proporcionaba. Por otra parte, cabe señalar que esta práctica no ha sido exclusiva de los británicos, aunque se lleven la fama, sino que ha sido bastante habitual a lo largo de la historia. Por ejemplo, en el conflicto reciente entre Rusia y Ucrania, han salido a la luz pública vídeos de ambos bandos arrastrando a ciudadanos a furgones para luego mandarlos al frente.

76

EL RENACIDO: ¿UNA HISTORIA DE VENGANZA Y OSOS ASESINOS?

Ha pasado mucho tiempo ya, pero hubo una época en la que una broma habitual de Hollywood era decir que Leonardo DiCaprio nunca ganaría un Oscar aunque fuese nominado innumerables veces. Desde 1994 a 2016 el famoso actor fue candidato cinco veces a mejor actor, pero fue gracias a *El renacido* (2015) como lo consiguió. Tan solo tuvo que casi dejarse comer por un oso para hacerse con la estatuilla. Tras eso, fue una opción de nuevo en 2020, pero tampoco hubo suerte. Sea como sea, en general toda su filmografía es muy interesante, pero en este caso estamos ante una actuación especialmente buena, por lo que la cinta es muy recomendable.

En *El renacido*, de Alejandro González Iñárritu, se nos cuenta la desgarradora historia de Hugh Glass, un explorador y trampero que, tras ser brutalmente atacado por un oso, es abandonado por su grupo en las gélidas tierras del Oeste americano. Estos paisajes nevados fueron capturados con gran precisión porque también se hicieron con la estatuilla a la mejor fotografía, aunque para más de uno, tanto plano ambiental resultó tedioso por muy bonito que fuera. Lo interesante de todo esto no es solo la propuesta cinematográfica, sino todo lo que pasó tras las cámaras, ya que fue un rodaje conocido por ser extremadamente duro, con todo el equipo enfrentando temperaturas bajo cero en localizaciones remotas. DiCaprio incluso tuvo que comer hígado crudo de bisonte en una escena, algo que podría considerarse como una enorme irresponsabilidad por su parte. Como especie, hemos aprendido hace mucho las ventajas de cocinar la carne y de tratar de evitar pillar enfermedades a lo tonto, o sea que el director también podría haberlo impedido.

Nos situamos en la América salvaje de 1820, que era un mundo sin carreteras pavimentadas, sin wifi y sin Uber Eats. Estamos hablando de la época de los exploradores, tramperos y nativos americanos, donde la vida era más dura que pasar un invierno en el Polo Norte en bañador. En ese contexto, conocemos la historia del personaje real Hugh Glass, quien sí existió durante la era del comercio de pieles en América del Norte. En ese momento, los ríos y montañas eran las autopistas para los aventureros que querían hacerse ricos cazando castores, nutrias y osos, cuyos pelajes eran un lujo en Europa. Estos hombres, conocidos como *mountain men* (montañeses), eran los verdaderos supervivientes, al tener que hacer frente cada día al peligro de ataques de animales salvajes, confrontaciones con tribus nativas y las inclemencias del tiempo. Glass formaba parte de la expedición de William H. Ashley, que buscaba establecer rutas comerciales a lo largo del río Misuri, pero la cosa se complicó un poco, o más bien mucho. Tal como nos muestran en *El renacido*, después de un ataque feroz por un oso, fue dejado atrás por su grupo porque creían que estaba muerto. Ya está. No hay más. No existe una trama en la que buscaba obtener justicia porque su hijo fue asesinado, porque eso en realidad nunca pasó, entre otras cosas porque no tuvo un hijo mestizo. Es cierto que buscó venganza por haberlo abandonado, pero tras sobrevivir, perdonó a sus antiguos colegas, así que se ve que era una persona más tranquila de lo que nos muestran en pantalla. En la cinta Glass logra localizar al que él considera como una persona terrible por creer que nadie sobrevive al ataque de una bestia parda enorme, pero quizá todos hubiésemos pensado igual. Además, el final sería poco lógico si lo analizamos en frío. De haber matado a Fitzgerald, el antagonista, quien era soldado, habría cometido un crimen y habría sido ahorcado por ello, lo que sería muy anticlimático tras haber sobrevivido a tantas desgracias. Se cree que le amenazó con que nunca saliese del ejército, porque entonces acabaría con él, aunque hay otra versión de la historia que cuenta que Fitzgerald se vio obligado a pagar 300 dólares a Glass a modo de compensación. Tras eso, no relató su historia en un libro tal como vemos, sino que siguió con su vida de trampero y sobrevivió a múltiples escaramuzas contra los guerreros arikara en las que perdió a muchos amigos, y once años más tarde, en 1833, murió en un ataque de perpetrado por estos. Sin embargo, gozó de un poco de fama, dado que una publicación de Filadelfia contó su historia en 1825.

Lo interesante de todo esto ya no es que hubiese sobrevivido al ataque de un oso grizzly, que ya de por sí es algo único, sino su vida anterior, que no cuentan en la película... porque igual el protagonista no nos caería tan bien. En realidad, con anterioridad a toda esta aventura en el norte de América buscando pieles y luchando contra nativos, Hugh Glass fue pirata. ¡Sí, pirata! Hay sospechas muy fundadas de que antes de toda esta travesía hubiese abandonado a su mujer e hijos, y se dedicase a la piratería en la costa de Texas en 1816, todo esto bajo el mando del pirata francés Jean Lafitte, uno de los corsarios más famosos de la historia. Aunque otras versiones aseguran que Glass fue marinero y como tal fue obligado a unirse a la tripulación. Después de un año de saqueos, secuestros, asesinatos y cosas por el estilo, vio que esa vida no era para él (aunque quizá era porque estaba rodeado de franceses), así que saltó por la borda con un amigo y huyó. En una de sus travesías acabaron como prisioneros de un grupo de nativos americanos, los pawnee, que también salen en la película, pero no explican que habla su idioma precisamente por haber sido su huésped forzoso una temporada. Tampoco nos cuentan que este grupo de gente tan amigable que lo curan y ayudan en realidad hacían sacrificios humanos y, si no le mataron a él en su día, fue porque el jefe de la tribu quedó impresionado con un frasco de cinabrio que encontró entre sus pertenencias. Este mineral rojizo era bastante apreciado, pues se usaba para el maquillaje y la cerámica, y gracias a él pudo salvar el pellejo, no así su amigo pirata, que fue asesinado en un ritual.

En suma, la película sí acierta en reflejar que el protagonista vivió una larga vida llena de aventuras de todo tipo, pero decide no contar los aspectos más polémicos de su existencia, porque, si no, el público acabaría con sentimientos encontrados. El guion tiene que ofrecer un contraste entre personalidades, porque no podría ser que el villano, tal como vemos, sea alguien que mata a jóvenes y abandona a sus amigos por dinero; tampoco se entendería que el bueno sea alguien que abandonó a su familia para irse de aventuras cometiendo crímenes en un barco, y que los que le ayudan son gente que no duda en sacrificar humanos. Al final no empatizaríamos con nadie, salvo con la mamá oso que está protegiendo a sus oseznos.

¿TAN LUCRATIVO ERA EL NEGOCIO DE LAS PIELES?

Los tramperos pasaban largas temporadas cazando y desollando en las montañas. Tras eso, se reunían una vez al año en los llamados *rendezvous* de las Montañas Rocosas, donde vendían su mercancía. Una piel de castor bien curtida podría valer unos 5 dólares de la época, lo que sería unos 100 en la actualidad, a lo que hay que sumar el transporte hasta que llegase a diferentes sitios. Por consiguiente, podían sacar enormes cantidades de dinero tras una buena temporada en las montañas. A cambio, el precio que pagar era que su vida peligraba a menudo, ya que debían enfrentarse a bestias, a nativos y al propio clima. Muchos de ellos lucharon por amasar una fortuna y acabaron siendo los más ricos del cementerio.

77

EL ZORRO: ¿UN ESPADACHÍN JUSTICIERO CONTRA LA OPRESIÓN ESPAÑOLA?

Poca gente sabe que *El Zorro* (1998) no solo es una adaptación de una novela, sino que además se inspira en un personaje histórico real, pero no de origen español, sino irlandés. Como supondrás, poco importa esto en la película dirigida por Martin Campbell, donde prima la acción, el romance y un toque de humor que la convirtió en un éxito instantáneo, revitalizando el género de aventuras clásicas, duelos con espadas y un Robin Hood español.

La historia sigue al legendario espadachín don Diego de la Vega (Anthony Hopkins), quien pasa el mando al joven e impulsivo Alejandro Murrieta (Antonio Banderas). Ambos personajes unen fuerzas para luchar contra la tiranía de don Rafael Montero, el corrupto gobernador español que oprime al pueblo de California y que se asocia con los villanos para explotar minas de oro en secreto y así sobornar a quien toque para sus intereses políticos. Además, como es de esperar, no falta la chispa de romance entre Alejandro y la hija de Diego, Elena de la Vega, interpretada por Catherine Zeta-Jones.

Gracias a las numerosas adaptaciones, ya sea en películas o series, el personaje original ha quedado totalmente desdibujado. El Zorro fue creado por Johnston McCulley en 1919 en su primera novela *La maldición de Capistrano*, publicada en una revista *pulp*. Desde entonces ha sido un símbolo del clásico luchador por la justicia, precediendo incluso a Batman en su papel de héroe enmascarado. Hasta tiene su propia marca distintiva, la Z, que es todo un icono cultural. Lo curioso es que existe una contraparte real: Guillén de Lampart, un aventurero irlandés que terminó en la Nueva España, actual México, durante el siglo XVII, y se le considera un precursor del movimiento independentista mexicano por sus ideas rebeldes contra la Corona española. Su vida fue una mezcla de intriga, aventura y desafío al poder establecido. Nació en Irlanda bajo el nombre de William Lamport y se formó en el ámbito militar y académico en Europa, pero en 1640, huyó de España tras problemas políticos y llegó a la Nueva España, donde cambió su nombre a Guillén de Lampart. Allí, se convirtió en un defensor de los derechos indígenas y mestizos, y planeó una revuelta por la independencia; de paso, pensaba autoproclamarse rey y emperador del territorio, que ya que uno conspira algo tendrá que llevarse. Fue arrestado por la Inquisición y pasó diecisiete años en prisión antes de ser quemado en la hoguera, que eso de motivar revueltas no era algo muy bien visto. Como es obvio, no se refleja esto en pantalla porque sería terrible ese final. Puede que los paralelismos no sean suficientes, pero habitualmente se reconoce a este señor como un precedente histórico, aunque no hay registros de que Lampart usara una máscara. Se podría decir que su vida oculta y su capacidad para pasar desapercibido entre las autoridades lo hacían similar al Zorro, quien se oculta tras su famoso antifaz.

Sabiendo que el protagonista no es exactamente real, conozcamos el contexto. Nos situamos en la década de 1820, cuando California no era el paraíso de Hollywood, sino un territorio bajo el control de la Corona española. Antes de los rascacielos y la fama (y las grandes avenidas con vagabundos viviendo en tiendas de campaña), esta región estaba llena de misiones, haciendas y mucha intriga política. La economía se basaba en la agricultura, la ganadería y el comercio marítimo, mientras que la sociedad estaba dividida entre los ricos hacendados y los pobres trabajadores. La opresión y la desigualdad estaban a la orden del día, pero no porque los españoles fuesen terribles como nos muestran, sino porque exportaron las estructuras de poder habituales, donde los pueblos indígenas y los campesinos mestizos sufrían bajo el yugo de los colonos ricos y gobernadores, en ocasiones corruptos. Obviamente el ambiente estaba caldeado de por sí y la figura de un héroe, enmascarado o no, habría sido muy necesaria.

Sumado a esto, llegó la independencia de México en 1821 como reacción a la subida al poder en España de los liberales durante el denominado Trienio Liberal, y es que en Nueva España las guerras de independencia las ganaron los realistas, que al ver a sus enemigos políticos en el poder rompieron con España para estar a su aire. ¿Acabó eso con el sistema de ricos y oprimidos? Lo cierto es que no, pero eso no hay que mostrarlo en la película porque necesitamos villanos y, lo más importante, cerrar con un futuro ilusionante. Grandes películas del cine histórico acaban con el protagonista sacrificándose para abrir una ventana de esperanza a sus contemporáneos, como *Braveheart* (1995) o *Gladiator* (2000), pero lo cierto es que todo siguió más o menos igual y con gente resolviendo sus problemas a guantazos. La supuesta alegría tampoco duraría mucho porque Estados Unidos entraría en guerra con México un par de décadas más tarde, y se haría tanto con Texas como con California y varios estados vecinos. Como recapitulación, de haber existido el Zorro, a lo mejor un niño campesino lo vio luchar con sus típicas peripecias, pero este pequeño seguiría siendo un labriego con una vida miserable, algo que continuó cuando dejó de ser español y pasó a ser mexicano, y que siguió igual cuando dejó de ser mexicano y pasó a ser estadounidense. Todo eso en menos de veinte años, pero al menos podría decir que un día vio a un señor enmascarado con una espada, lo que es bastante espectacular. Aunque lo de vestir de negro todo el día a la solana también es algo digno de estudio.

En cualquier caso, además de mostrar California como un bastión de la corrupción española donde los abusos son la norma y nadie parecía tener buenas intenciones, cabe destacar que la mayoría de los combates en esa época eran con armas de fuego. Es cierto que las espadas se seguían utilizando con frecuencia, pero iban cayendo en desuso. Al menos para las refriegas, ya que en los duelos dependía de lo que se pactase. En general, salvo estos casos, habría que plantearse cuánta gente de verdad estaría dispuesta a resolver sus problemas con un florete y no despejando el camino directamente a tiros, ahorrándose un precioso tiempo que podría aprovecharse para ir a tomar el aperitivo con esos míticos paisajes californianos de fondo.

¿SABÍAS QUE MÉXICO LLEGÓ A SER UNO DE LOS PAÍSES MÁS GRANDES DEL MUNDO?

En su apogeo México era inmenso, pues abarcaba no solo el territorio actual, sino también grandes extensiones del suroeste de lo que hoy es Estados Unidos, incluyendo California, Texas, Arizona, Nuevo México, Nevada, Utah, y partes de Colorado y Wyoming. Si te preguntabas por qué hay tantas ciudades con nombres en español ya sabes por qué es, al fin y al cabo, este vasto territorio fue parte del Virreinato de Nueva España hasta que en 1821 los mexicanos dijeron «Adiós, cielito lindo» y se independizaron. Sin embargo, el nuevo país comenzó a perder estas tierras en una serie de eventos cruciales: primero, la independencia de Texas en 1836, luego la derrota en la guerra contra Estados Unidos (1846-1848), que resultó en la cesión de más de la mitad de su territorio por el Tratado de Guadalupe Hidalgo, y finalmente la venta de La Mesilla en 1853. Si México no hubiera perdido estos territorios, hoy sería uno de los países más grandes del mundo en términos de extensión geográfica, comparable en tamaño a Canadá.

78

LOS MISERABLES: ¿UN LEVANTAMIENTO POPULAR MASIVO?

La revolución si es cantando funciona mejor, o eso nos proponen en esta película. *Los miserables,* pese a sostenerse en la romantizada visión de que los pobres son buenos por su humildad y los ricos malos por definición, es un musical genial. Dirigida por Tom Hooper y basada en el legendario musical de teatro, que a su vez se inspira en la famosa novela homónima de Víctor Hugo publicada en 1862, fue estrenada en 2012 y arrasó tanto en taquilla como en premios. Con la estatuilla de mejor actriz a Anne Hathaway, mejor maquillaje y mejor sonido, nos adentramos en la Francia del siglo XIX. El protagonista, Jean Valjean (interpretado por Hugh Jackman), es un exconvicto que busca redimirse mientras huye de la implacable persecución del inspector Javert (interpretado por Russell Crowe). Otros personajes icónicos incluyen a Fantine (la premiada Anne Hathaway) y Cosette, quienes aportan al drama y la profundidad emocional de la narrativa. Pero ¿por qué había que alzarse contra el poder?

La gente suele creer que tras la Revolución francesa no volvió a haber reyes en Francia, pero para bien o para mal la monarquía tuvo un resurgimiento durante varios años, concretamente desde 1814 a 1830 cuando, tras la caída de Napoleón Bonaparte, los Borbones volvieron al poder. Estos monarcas, como Luis XVIII y Carlos X, eran bastante conservadores y trataron de devolver el país a los tiempos antiguos, cosa que no gustó nada y motivó la Revolución de 1830. París había demostrado ser buena en alzamientos populares previamente, así que decidieron seguir fieles a la tradición. Tras instalar una monarquía constitucional bajo el reinado de Luis Felipe I de Orleans, conocido como el Rey Ciudadano, la pobreza y las desigualdades sociales seguían desbocadas. Al parecer, cambiar la figura del jefe del Estado no hace que las demás cosas se resuelvan por sí solas. Así llegamos a 1832, cuando hubo una serie de disturbios protagonizados por estudiantes y obreros que estaban cansados de las injusticias y querían cambiar el sistema; es lo que se llama la Insurrección de Junio, que fue un poco como la «primavera estudiantil» de su época. Victor Hugo se inspiró en estos eventos reales para mostrar cómo las injusticias sociales y la miseria humana podían llevar a la desesperación y, a veces, al heroísmo. Por tanto, tildar de levantamiento descomunal a lo que eran jóvenes que estaban hasta las narices es quizá exagerado, sobre todo si se considera que es algo que pasa habitualmente con cada nueva generación, y más en Francia, país donde la huelga y la protesta es parte del ADN nacional. Fueron más unos idealistas enfadados que una revuelta masiva. Se calcula que hubo unos tres mil insurgentes que fueron aplacados por treinta mil soldados del ejército francés, teniendo como resultado 93 rebeldes muertos y 291 heridos, y 73 militares muertos y 344 heridos en el otro bando. Estas son cifras bastante sorprendentes porque podríamos considerar que es un empate técnico cuando hay una facción con diez veces más de efectivos.

Las consecuencias tampoco tuvieron demasiado impacto más allá de ser el contexto histórico para una gran novela. Es triste pensar que los protagonistas no consiguieron mucho, pero es así. Sufrieron un toque de queda y, para colmo, se retiró del museo donde estaba expuesto el famoso cuadro de *La Libertad guiando al pueblo* de Eugène Delacroix, no fuera a dar malas ideas. Más allá de eso no hubo otras consecuencias. Tal vez la amargura quedó enquistada en los rebeldes y por eso en 1848, tras una nueva revolución, el régimen de Luis Felipe fue finalmente derrocado.

Por último, se podría debatir si la película, al igual que la novela, tiende a romantizar la pobreza y el sufrimiento. Aunque es cierto que el siglo XIX francés fue un periodo de grandes desigualdades, la presentación de personajes que encuentran redención espiritual a través del sufrimiento puede ser una exageración del enfoque romántico de Victor Hugo.

¿SABÍAS QUE MÁS DE DOS MILLONES DE FRANCESES PARTICIPARON EN EL CORTEJO FÚNEBRE DE VICTOR HUGO?

El escritor de *Los miserables* o *Nuestra Señora de París* (la novela del Jorobado de Notre Dame) no participó directamente en la insurrección de junio de 1832, pero su legado literario y político estuvo profundamente marcado por los ideales y las luchas sociales de ese tiempo. Eso le hizo ser querido por todo el pueblo, que sintió un gran vacío cuando murió en 1885 a la edad de ochenta y tres años. Se estima que más de dos millones de personas participaron en el cortejo fúnebre, y entre ellas, se encontraban figuras importantes de la política y la cultura. Fue un acto que reflejó el profundo respeto y admiración que el pueblo francés sentía por el autor, tanto por su legado literario como por su activismo político. Victor Hugo fue enterrado en el Panteón de París, un lugar donde descansan otros grandes de la historia de Francia, como Voltaire y Rousseau, lo que subraya la importancia de su figura en la cultura y la historia del país. Y tú, ¿cuántos millones de personas crees que acudirán a tu entierro?

79

GANGS OF NEW YORK: ¿UNA CIUDAD POBLADA DE MAFIAS?

No es ningún secreto que Martin Scorsese es un fanático de todo lo relacionado con la mafia, puede que incluso, en su interior, haya querido formar parte de un grupo criminal en algún momento de su vida. Eso le lleva a hacer una representación exagerada de cómo funcionan estos empresarios de la economía sumergida. El caso de *Gangs of New York* (2002) no es una excepción.

Este drama histórico nos sumerge en el caos y la violencia del bajo mundo neoyorquino de mediados del siglo XIX. Con gran un reparto, la historia sigue a Amsterdam Vallon (Leonardo DiCaprio), quien regresa a Five Points, un barrio lleno de caos y brutalidad, para vengar la muerte de su padre a manos de Bill «The Butcher» Cutting (Daniel Day-Lewis). Por el camino, hay un polémico lío amoroso con una mujer llamada Jenny Everdeane (Cameron Diaz). La trama se desenvuelve en un torbellino de luchas de poder entre bandas callejeras, mientras la ciudad hierve, a punto de estallar por la Guerra Civil y los disturbios por el reclutamiento forzoso. La película fue un éxito tanto de taquilla como de críticas, con diez nominaciones al Oscar, entre ellas mejor director para Scorsese y mejor actor para Day-Lewis, aunque no logró llevarse ninguno de esos premios, por lo que debió de ser una noche un poco decepcionante para el equipo. Al menos, los amantes de la novela original, el libro homónimo de Herbert Asbury publicado en 1927, estarían contentos con el resultado porque la adaptación era tan libre que no tenía nada que ver.

El Nueva York que nos presentan en la película es completamente distinto a la Gran Manzana moderna llena de rascacielos y taxis amarillos. En vez de eso, aterrizamos en los sucios y turbulentos años de 1846 a 1863, justo en el corazón de Five Points, uno de los barrios más infames de la ciudad que para ese momento ya había cambiado de nombre y, de hecho, había mejorado mucho, en parte por la presión de los cristianos evangélicos preocupados por la pecaminosidad en el lugar. En cualquier caso, pese al desajuste de algunos años, Five Points fue el hogar de los inmigrantes, en especial de los irlandeses, que llegaban a Estados Unidos escapando de la Gran Hambruna Irlandesa. En lugar de la «tierra de oportunidades» que esperaban, se encontraron con pobreza extrema, calles llenas de barro, peleas constantes entre distintos grupos étnicos y bandas que luchaban por controlar el territorio. No era tan ideal como se lo habían vendido. Por si fuera poco, la Guerra Civil americana (1861-1865) estaba en pleno apogeo, y la Ley de conscripción de 1863 obligaba a muchos hombres (en su mayoría pobres) a alistarse en el ejército, mientras que los ricos podían pagar 300 dólares para evitarlo, lo que sería unos 9.000 dólares hoy día, o el salario anual de un obrero de entonces. Esto llevó a los famosos Disturbios de Nueva York de 1863, uno de los mayores estallidos de violencia civil en la historia de Estados Unidos, con una mezcla explosiva de racismo, resentimiento de clase y caos urbano. La película captura esta tensión en una serie de escenas frenéticas que muestran la ciudad al borde del colapso.

El personaje Bill «The Butcher» está basado en William Poole, un carnicero y líder de la banda Know-Nothings. No obstante, Poole fue asesinado en 1855, mucho antes de los reclutamientos forzosos y las protestas que conllevaron. De nuevo, han jugado con las fechas, pero es normal para conseguir una buena trama.

Donde la película falla y crea un mito es en la propia estructura de las bandas criminales. Aunque las pandillas existían y eran violentas, no había batallas masivas a plena luz del día como se muestra, ni la policía era tan absolutamente estúpida e inútil. Las pandillas de la ciudad de Nueva York eran sobre todo clubes y, a menudo, se reunían para hablar de política local, y si acababan a puños o amedrentaban a la gente, era porque estas prácticas eran bastante populares en momentos de elecciones, no porque fuesen mafias modernas que ejerciesen control sobre todas las facetas de la sociedad, desde negocios, justicia, religión o decisiones públicas. Por otra parte, en los guetos, donde la vida era muy dura, no eran nada raras las peleas de bar. No solo por la pobreza, sino porque había una correlación entre alcoholismo y exclusión social, lo que conllevaba numerosas reyertas en locales. Por tanto, no había ejércitos armados con espadas y hachas, tal como vemos en la secuencia inicial. De hecho, la media de asesinatos en Nueva York en el momento, una ciudad de unas 850.000 personas en la década de 1860, era de 66 asesinatos al año. Esto es una ratio de 7,7/100.000 habitantes, lo cual es mucho, pero si lo comparamos con las cifras actuales de tasas de homicidio no parece tanto: 5,3 en Nueva York y 6,5 en Estados Unidos. Esto nos haría preguntarnos si este país ha mejorado mucho en siglo y medio, pero si no nos imaginamos las ciudades actuales como un foco de violencia extrema como la de la cinta, tampoco deberíamos considerar que era algo generalizado en esa época.

¿SABÍAS QUE AL CAPONE FORMÓ PARTE DE LAS PANDILLAS QUE VEMOS EN LA PELÍCULA?

Al Capone, quien décadas más tarde sería el gánster más famoso de todos los tiempos, formó parte de las Five Points Gang de Nueva York, una de las bandas criminales más poderosas y temidas a principios del siglo XX, heredera de las formaciones delictivas que vemos en *Gangs of New York*. Esta pandilla, dirigida por Johnny Torrio y luego por Frankie Yale, fue conocida por su influencia en el Lower East Side de Manhattan y por sus actividades delictivas, que incluían extorsión, robo y asesinatos. Capone comenzó su carrera criminal en esta banda a principios del siglo XX, cuando apenas tenía catorce años, y fue ahí donde aprendió las tácticas del mundo del crimen organizado. Posteriormente, se trasladó a Chicago para trabajar con Torrio, lo que marcaría el inicio de su ascenso al poder como uno de los mafiosos más célebres de la historia. La Five Points Gang fue un trampolín fundamental en su camino hacia convertirse en el infame jefe del Chicago Outfit. Hay pocas cosas tan bonitas como ver a un niño apuntar maneras desde temprana edad y admirar cómo cumple sus sueños, aunque estos sean levantar un emporio criminal.

80

DJANGO DESENCADENADO: ¿EXISTIERON LAS LUCHAS DE ESCLAVOS?

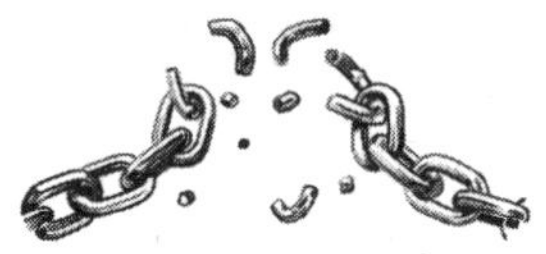

Django desencadenado (2012) es la primera película del género wéstern dirigida por Quentin Tarantino, quien no es precisamente famoso por su interés en recrear la historia, sino por sus diálogos memorables y escenas sangrientas. Esta cinta no es la excepción y pretende mezclar acción, humor negro y criticar la esclavitud en Estados Unidos. Para ello nos presenta a Django (interpretado por Jamie Foxx), un esclavo liberado que, junto a un cazarrecompensas alemán llamado doctor King Schultz (interpretado por Christoph Waltz), se embarca en una misión para rescatar a su esposa, Broomhilda (Kerry Washington), de las garras del brutal terrateniente Calvin Candie (Leonardo DiCaprio). Por tanto, estamos ante un reparto espectacular que acabó con un éxito rotundo tanto de taquilla como de crítica. Recaudó más de 425 millones de dólares en todo el mundo y se convirtió en la película más taquillera del director hasta el momento. Además, fue aclamada por su guion, que le valió a Tarantino su segundo Oscar en esa categoría, y sus actuaciones con un Waltz que también recibió el Oscar al mejor actor de reparto; este fue su segundo premio de la Academia tras su absolutamente inmortal representación del general Landa en *Malditos bastardos*, de 2009.

La película es una especie de *spaghetti western* moderno, inspirada en el clásico filme italiano *Django* de 1966, dirigido por Sergio Corbucci, aunque no es una adaptación directa, sino más bien un tributo al estilo y tono de los wésterns italianos de los años sesenta y setenta. Como tal, viaja por otros derroteros, aunque también está interesada en mostrar el cruel mundo de la esclavitud en Estados Unidos. Sin embargo, aunque desde luego estamos ante un sistema económico demencial a nuestros ojos, y absolutamente reprobable, opta por la exageración absoluta para potenciar nuestra repulsa. Como si fuera necesario añadir recursos crueles e inverosímiles para hacernos saber que tener a una persona en propiedad está mal.

La cinta se sitúa en 1858, en pleno Sur esclavista, cuando Estados Unidos estaban divididos entre el Norte (industrializado y antiesclavista en gran medida) y el Sur (agrícola y dependiente de la esclavitud). Django, nuestro héroe *badass*, es un esclavo que gana su libertad con la ayuda del doctor King Schultz, un cazarrecompensas alemán que tiene un corazón más grande que su pistola. A medida que Django y Schultz cabalgan por el sur de Estados Unidos, descubrimos las atrocidades del momento: plantaciones con castigos brutales, la compraventa de seres humanos como mercancía y la violencia racista que impregnaba cada rincón de la vida en esa época, algo que, aunque cueste admitir, tiene bastante de auténtico. Si alguna vez pensaste que el Viejo Oeste era todo diversión y duelos al amanecer, tal vez estabas errado. Es más, vivir entonces era bastante menos emocionante que en las películas, con malas condiciones de vida y el aburrimiento como gran tormento, lo que creaba patologías en los niños y explicaba el gran nivel de alcoholismo en el periodo. En este contexto tenemos a propietarios que viven en la más absoluta opulencia y no en casas normales, pero es de suponer que en la época habría de todo, aunque en la cinta optan por representar lo más extremo. Por consiguiente, tenemos a un villano desprovisto de humanidad, que no solo vive rodeado de lujos, sino que disfruta de la crueldad con los esclavos y propone, por ejemplo, combates entre ellos. Esto es lo que se conoce como luchas de mandingos. Sin embargo, casi todas las fuentes apuntan a que esto es un mito.

En la época de la esclavitud en las plantaciones del sur de Estados Unidos, los esclavistas, en especial en las plantaciones más grandes, a veces fomentaban peleas entre esclavos para demostrar su fuerza física o para entretenimiento de los blancos. Esto es cierto, pero el primer matiz es que estos enfrentamientos no eran necesariamente entre individuos específicamente de la etnia mandinga (provenientes de regiones de Gambia, Senegal, Malí y Sierra Leona), sino que el término «mandingo» se asoció de forma estereotipada a un tipo de esclavo físicamente fuerte y combatiente, en gran parte debido a la visión que los esclavistas tenían de los africanos como bestias o animales de trabajo. Como es obvio esto no mejora la situación, porque estamos diciendo que no era solo de un grupo exclusivo de gente privada de su libertad, sino de todos en general. Ahora bien, aunque se celebraron peleas y exhibiciones de fuerza, no eran en absoluto tan frecuentes ni tan organizadas como se presenta en la ficción, y desde luego no eran a muerte. Es probable que, tal como pasaba con los gladiadores en Roma, al propietario no le merecía la pena perder su fuerza de trabajo porque perdería mucho dinero. Así, no tendría sentido armarlos con martillos tal como nos muestran.

En resumen, estos episodios sí están documentados, pero más como la excepción que como la norma, y siempre evitando finales fatídicos dentro de lo posible, que se consideran casos puntuales. Serían, en todo caso, luchas precedentes al boxeo. De hecho, los amantes de este deporte conocerán al famoso boxeador a puño limpio y exesclavo Tom Molineaux, quien afirmó que había aprendido pugilismo cuando su antiguo amo lo enfrentó a otros esclavos. Después de obtener su libertad, usó su conocimiento y experiencia para ascender en las filas de este deporte, y finalmente desafió al campeón de Gran Bretaña en dos encuentros que se tradujeron en sendas derrotas.

Estamos, en consecuencia, ante un nuevo «no era tan así». Las películas y la literatura que popularizan este concepto suelen exagerar estos eventos con fines dramáticos o sensacionalistas, como es el caso de la película *Mandingo* de 1975. Las luchas de mandingos no eran una práctica masiva en absoluto, sino más bien una leyenda que, de haber ocurrido, sería algo excepcional. En cualquier caso, funciona a nivel narrativo.

¿SABÍAS QUE EXISTIÓ UNA RED CLANDESTINA DE LIBERACIÓN DE ESCLAVOS DURANTE UN SIGLO?

El llamado Ferrocarril Subterráneo fue una red clandestina de rutas y refugios utilizada durante los siglos XVIII y XIX para ayudar a los esclavos afroamericanos a escapar hacia los estados libres del Norte y Canadá. No era un ferrocarril como tal, sino un sistema secreto operado por abolicionistas, conocidos como conductores, que guiaban a los esclavos fugitivos a través de «estaciones» o refugios seguros. Con líderes como la exesclava Harriet Tubman, quien arriesgó su vida hasta en trece misiones para liberar a otros esclavos (y luego fue espía y se hizo pasar por enfermera en el bando esclavista en la Guerra Civil), esta red permitió que miles de personas encontraran la libertad. A pesar del peligro constante para todos los involucrados, el Ferrocarril Subterráneo se convirtió en un símbolo poderoso de resistencia contra la esclavitud y desempeñó un papel crucial en la lucha por la abolición en Estados Unidos.

81

LINCOLN: ¿EL ADALID DE LOS DERECHOS AFROAMERICANOS?

Proclamar el fin de la esclavitud en tu país es sin duda una buena manera de alzarte como un líder de los derechos afroamericanos, aunque quizá el hecho de estar a favor de reunirlos a todos y mandarlos a una isla caribeña puede ensombrecer un poco esa imagen. No obstante, la cultura popular ha decidido ser positiva y quedarse con lo mejor de Lincoln, cosa comprensible por otra parte porque, a pesar de algunas de sus ideas, él fue quien dio los pasos para enmendar una injusticia histórica.

La mejor cara de Lincoln es la que refleja esta película de 2012 de Steven Spielberg interpretada por el fenomenal Daniel Day-Lewis, quien se retiró del cine tras esta actuación que le valió el Oscar a mejor actor. El largometraje se basa principalmente en un libro publicado en 2005 titulado *Team of Rivals: The Political Genius of Abraham Lincoln* (Equipo de rivales: el genio político de Abraham Lincoln) escrito por Doris Kearns Goodwin, donde se nos cuenta los esfuerzos de Lincoln por aprobar la Decimotercera Enmienda, que prohibiría la esclavitud en todo el país en un contexto de gran división política y social.

Nos situamos, por tanto, en un momento crucial de la historia de Estados Unidos, en el que el país estaba totalmente dividido. A finales de los años cincuenta y principios de los sesenta del siglo XIX, Estados Unidos estaba al borde de la guerra civil. Las tensiones entre los estados esclavistas del Sur y los estados libres del Norte eran muy altas y nadie podía predecir qué iba a pasar, aunque ahora es fácil verlo. Cuando Abraham Lincoln se convirtió en presidente en 1861, el Sur ya había empezado a separarse y formar sus propios estados, lo que dio inicio a la Guerra Civil. Mientras tanto, Lincoln, con todo su poder y determinación, trató de evitar que la nación se destruyera desde dentro enfrentándose a los confederados del Sur y también a su propio Congreso, que estaba repleto de gente que no quería cambiar el sistema de la esclavitud; lo veían feo en general, pero eso de no pagar el trabajo daba muchos beneficios... Es cierto que la idea no era prohibir tener personas en propiedad en todos los estados, sino solo en los nuevos estados que fuesen incorporándose a la nación. Recordemos que el objetivo era extenderse de costa a costa americana, pero los sureños pensaron que, una vez que se lograse aquello, la prohibición también llegaría a sus territorios. Primero empezarían con las adscripciones recientes y luego, les obligarían a ellos, así que decidieron intentar emanciparse, pero les salió mal. La Decimotercera Enmienda fue aprobada en 1865, cuando oficialmente se abolió la esclavitud. No hay duda de que esta medida fue un gran paso y que el título de héroe de la paz y la justicia es justificado, pero vayamos con los detalles.

En el Norte de Estados Unidos, la esclavitud nunca fue tan integral para la economía como en el Sur, que dependía del trabajo esclavo para la agricultura. A partir de finales del siglo XVIII, varios estados del Norte comenzaron a abolir la esclavitud de manera gradual, entre otras cosas porque tenían interés en implementar el libre mercado y, en caso de guerra, tendrían soldados «gratis», que serían los desertores negros del Sur. Por ejemplo, Pensilvania fue el primer estado en implementar un sistema de abolición gradual en 1780, o sea casi un siglo antes. Otros estados como Massachusetts y Nueva York también adoptaron medidas similares en las siguientes décadas. A medida que avanzaba el siglo XIX, la mayoría de los gobiernos del Norte ya habían dado ese paso, mucho antes de que se declarara a la Guerra Civil. Ya entrados en este conflicto, que duró de 1861 a 1865, la Proclamación de Emancipación llegó en 1863, a la mitad del proceso de solucionar las cosas a guantazos. Con esta medida se otorgaba la libertad total en los territorios sureños, pero como la Decimotercera Enmienda ilegalizó la esclavitud en todo el país en 1865, tenemos un desfase de dos años en los que los esclavos del Norte seguían con ese estatus legal. Esto pasó concretamente en Delaware, Maryland y New Jersey, que aún eran esclavistas. No era lo habitual y para nada algo generalizado, hasta el punto de basar la economía en este tipo de mano de obra, pero los esclavos en el Norte fueron los últimos en obtener la libertad, y eso que pertenecían al bando que se había propuesto acabar con semejante injusticia.

¿Obtendría la población negra una igualdad legal tras la guerra? Bien es sabido que no. Tras el conflicto, se buscó la consolidación de una moral nacional en 1865 al extender el fin de la institución de la esclavitud como modelo económico y forma de tratar a otros seres humanos. Lo que no significa que los negros pasasen a ser bien vistos o apreciados, como claramente se iría viendo en los años siguientes con fenómenos como el peonaje por deudas (trabajo obligatorio para devolver el dinero debido), también conocido como *Slavery by another name*, o el sistema de *convict leasing* (trabajos forzados), entre otros modelos y abusos; se llegó incluso a linchamientos y ahorcamiento de negros y se sacaban hasta fotos festivas, algo que se mantuvo hasta bien entrado el siglo XX. En 1896, dos décadas después del conflicto civil, aconteció el Caso Plessy contra Ferguson, donde se decidió que era constitucional mantener la segregación racial, lo que se conoció como «iguales pero separados», medida que duraría hasta 1965.

De todo esto Lincoln no se enteró, ya que fue asesinado en 1865. Él pasó a la historia como el que abolió la esclavitud, aunque se le critica que fue muy tibio a la hora de abordar esta medida, la cual ya era una exigencia presente en algunos sitios; y quizá lo hizo solo por interés político y por no enfadar a los territorios limítrofes entre un bando y otro, o como maniobra estratégica en caso de conflicto armado. También hay que recordar que estamos a mediados del siglo XIX, y que algo de racista tendría, como cualquiera en la época, por lo que igual tiene incluso más mérito haber defendido los derechos de los negros. Sin embargo, como la mayoría de los blancos de entonces, no creía en la convivencia entre unos y otros. De hecho, pensó en mandar a todos los afroamericanos a colonias en Haití; de haberlo hecho, igual habría cambiado un poco nuestra percepción sobre él. Lincoln, en una carta que escribió al senador Archibald Dixon, afirmó: «Naturalmente que soy antiesclavista. Si la esclavitud no está mal, nada está mal. Afirmo que no he controlado los sucesos, pero confieso dolorosamente que los sucesos me han controlado a mí». O sea, que no podemos dudar de sus valores, pero en otra carta afirmó que las ideas abolicionistas «aumentarían sus males (a los negros) más que disminuirlos». La frase más sorprendente es aquella en la que aseveraba que «no le importaba que los negros especialmente inteligentes empuñasen armas», dado que en principio se negaba a su reclutamiento. Y ya puestos a criticar su figura, se le acusa de suprimir el derecho de *Habeas corpus* en Maryland, así como de tener la mano suelta a la hora de firmar ejecuciones de nativos americanos. En suma, es un personaje complejo en momentos complejos y, por consiguiente, tenía sus luces y sus sombras; con todo, sabemos que la cultura popular prefiere quedarse con lo bueno, y hace bien. Hace falta esperanza en el mundo. Quizá, gracias a figuras como Lincoln, mucha gente pasó a aceptar la esclavitud como algo malo, aunque hoy en día existe la figura del becario, en la que ni pagan al estudiante, ni le ponen casa ni comida, pero al menos gana experiencia, o eso dicen.

¿SABÍAS QUE LA GUERRA CIVIL DE ESTADOS UNIDOS OFICIALMENTE NUNCA OCURRIÓ?

Una curiosidad interesante sobre la Guerra Civil de Estados Unidos es que, técnicamente, nunca se declaró formalmente una guerra. El conflicto, que duró de 1861 a 1865, fue tratado por el gobierno de la Unión (el norte) como una insurrección interna en lugar de una guerra contra otro país soberano. Por esta razón, nunca se firmó una declaración de guerra oficial, y por tanto tampoco una rendición con un posterior tratado de paz. Desde la perspectiva del norte, los estados del sur que se separaron para formar la Confederación eran simplemente estados rebeldes que necesitaban ser reintegrados a la Unión, no una nación independiente en guerra. Este enfoque también tenía implicaciones internacionales, ya que evitaba que otras potencias extranjeras reconocieran oficialmente la Confederación como un estado soberano.

82

BAILANDO CON LOBOS: ¿VIVÍAN LOS NATIVOS AMERICANOS EN UN REMANSO DE PAZ?

Estamos ante un clásico de los noventa que nos hizo valorar a todos la vida en la naturaleza. O sea, no es que necesitáramos esta obra para comprender que matar a los pueblos nativos está mal y que hay que querer a los animales, pero nunca está de más recordarlo.

La cinta de 1990, protagonizada y dirigida por Kevin Costner, nos pone en la piel de John J. Dunbar, un oficial del ejército de la Unión durante la Guerra Civil estadounidense que se adentra en territorio indígena y forja una conexión profunda con una tribu de los sioux. La película fue un éxito de crítica y público, y recibió varios premios importantes, entre los que destacan siete premios Oscar en 1991, entre ellos mejor película, mejor director y mejor guion adaptado, que escribió Michael Blake, autor de la novela original. La idea era humanizar a los nativos, ya que siempre se habían retratado como los villanos en los wésterns, lo cual seguramente sea de agradecer, pese a la condescendencia de poner a un salvador blanco. Al mismo tiempo, al romantizar tanto su estilo de vida se pasa de frenada y representa una realidad que dista mucho de ser precisa.

Durante el siglo XIX, Estados Unidos experimentó una expansión masiva hacia el oeste del país, en parte motivado por la doctrina conocida como Manifest Destiny (el destino manifiesto). Básicamente, la idea era que los estadounidenses tenían el derecho divino de expandirse desde la costa este hasta la costa oeste, conquistando territorios, sin importar las culturas y naciones que ya vivían allí, para crear una nación de la que el buen Dios estaría orgulloso. Este proceso se resume en que si eras de Estados Unidos podías hacer lo que te daba la gana con aquellos de fuera, y acabaron desplazando a las comunidades nativas americanas hasta el punto de quitarles gran parte de sus tierras y recursos, por no decir todo. En la época de *Bailando con lobos*, durante la Guerra Civil americana, es decir en la década de 1860, los sioux lakota, que son la tribu que aparece en la película, estaban sufriendo la pérdida de sus tierras tradicionales debido a la construcción del ferrocarril y la creciente emigración de colonos. La película nos muestra, a través de los ojos de Dunbar, la expansión hacia el oeste y la forma en que los colonos blancos veían a los nativos. Ahora bien, ¿eran los primeros pobladores de América del Norte unos señores que vivían en un remanso de paz?

Aunque la película presenta a los sioux de una manera más respetuosa que otras representaciones históricas, muchos historiadores sostienen que *Bailando con lobos* romantiza la vida de los nativos, pues los presenta como una cultura idealizada que estaba en perfecta armonía con la naturaleza, sin haber perdido los valores ancestrales que abrazan la vida salvaje para descubrir nuestra verdadera humanidad. Esto es, básicamente, el mito del buen salvaje del que ya hemos hablado en el capítulo de *La misión*, y tiene mucho que ver con la culpa que siente Estados Unidos por su brutalidad en su pasado expansivo, algo que se aprecia mucho en el cine de la segunda mitad del siglo XX. Si bien los nativos americanos sí tenían una relación profunda con su entorno, su vida también estaba marcada por luchas internas, conflictos con otras tribus y prácticas que desde nuestra perspectiva moderna se verían como violentas o tribales. Al mismo tiempo, los pawnee son representados como seres malignos y prácticamente estúpidos. En cierta manera es bonito que se nos muestre un vínculo positivo entre Dunbar y los sioux, que son siempre buenos y maravillosos, pero la realidad histórica era mucho más compleja, hasta el punto de que había numerosos conflictos violentos entre blancos y nativos. O entre ellos. Los siuox (los majísimos según la película), más allá de las broncas con los europeos, se enfrentaban constantemente contra los pawnee, contra los cheyenne y arapahoe, con los que se aliaron en ocasiones, y también se dieron de palos contra los crow, enemigos persistentes de los sioux, y contra los ojibwa. Vamos, que les iba la marcha.

No solo eso, en su intento de dar visibilidad a la historia de los nativos, demostraron que en realidad no se lo tomaban muy en serio. Los protagonistas de la novela de Blake de 1988 son los comanches, pero en la película los cambiaron por los lakotas, esto es, los sioux al oeste del río Misuri. Cambiaron una tribu por otra sin más, sin alterar los eventos históricos clave, como si fuese lo mismo. Es como si en Hollywood quisiesen hacer una película sobre los países europeos menos conocidos y ambientando una película en Dinamarca resultara que todos los ciudadanos son checoslovacos. Sería raro. Al mismo tiempo, vemos a un anciano sosteniendo un morrión, el conocido casco de un conquistador español, mientras recuerda los antiguos enfrentamientos de su nación con los colonos españoles; ello habría estado bien si los protagonistas hubieran sido los comanches de las llanuras del sur, que era como estaba pensado originalmente. O si hubiesen pasado por ahí los aventureros hispanos en el siglo XVI, cosa que no ocurrió hasta más tarde, cuando a lo mejor también llevaban lustrosos sombreros de ala ancha.

¿SABÍAS QUE SÍ EXISTIÓ UN JOHN DUNBAR QUE TUVO RELACIÓN CON LOS PAWNEE?

Curiosamente, aunque el John Dunbar de la película no parece tener un precedente histórico, sí existió en la época en la que se ambienta *Bailando con lobos* una persona llamada así. El John Dunbar real fue un misionero presbiteriano del siglo XIX, conocido por su trabajo con las tribus indígenas en el oeste de Estados Unidos, particularmente con los pawnee. Este predicador llegó a trabajar en las Grandes Llanuras durante la década de 1830, cuando el gobierno de Estados Unidos estaba comenzando a interactuar más intensamente con las tribus nativas a través de misiones religiosas y acuerdos territoriales. Aunque no hay evidencia directa de que Michael Blake, el escritor de la novela, basara su personaje en este religioso, es posible que la figura histórica y su experiencia en las tierras fronterizas sirviera como una inspiración general para la creación del oficial que vemos en pantalla.

83

EL BUENO, EL FEO Y EL MALO: ¿ARMAMENTO MODERNO EN BATALLAS ANTIGUAS?

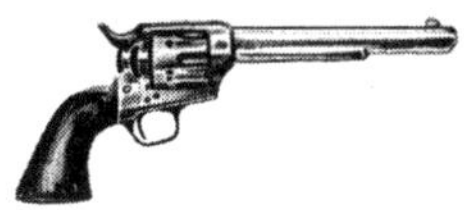

Lo malo de hablar de películas del Oeste es que condensamos ciento veinte años de historia en un mismo momento, como si las cosas no hubiesen cambiado en todo ese largo tiempo. Lo mismo que cuando hablamos de la Antigua Roma o la Edad Media, que en realidad son periodos de siglos donde se evolucionó, un poco al menos. Al igual que un franco nacido en el año 500 no tiene mucho que ver con un italiano que vivió en la década de 1420, un colono explorando ríos en la América del año 1800 seguramente no se sintiese identificado con un obrero de Luisiana que trabajase en 1910, preocupado porque en unos años estaría luchando en la Primera Guerra Mundial en Europa.

Esta película, al situarse en mitad de eso que llamamos Viejo Oeste, abarca absolutamente todo, lo de antes y lo de después. Eso no quita que sea una obra maestra, y quizá el *spaghetti western* más famoso de la historia, o por lo menos el duelo más icónico del cine, ese momento final cuando los tres protagonistas se están apuntando entre ellos. Esta escena legendaria, por cierto, se rodó en el valle de Mirandilla, en Burgos, España, y es un lugar que ahora puedes visitar. Dirigida por Sergio Leone, con la música icónica de Ennio Morricone, *El bueno, el feo y el malo* (1966) es la tercera entrega de la conocida como Trilogía del Dólar, tras *Por un puñado de dólares* (1964) y *La muerte tenía un precio* (1965), y consolidó el estatus de Clint Eastwood como una estrella global.

La historia sigue a tres personajes principales: el bueno (Clint Eastwood), el feo (Eli Wallach) y el malo (Lee Van Cleef), que forman una alianza tensa mientras buscan un tesoro de oro escondido durante la Guerra Civil estadounidense. Por ello la trama comienza en 1861. Su tono innovador, la atmósfera arenosa, los primeros planos intensos y el uso magistral de los silencios hacen de esta película un clásico absoluto. La música de Morricone, especialmente el tema principal *The Ecstasy of Gold* (El éxtasis del oro), se convirtió en un elemento cultural instantáneamente reconocible. La película fue un éxito comercial y crítico, aunque en un inicio recibió críticas mixtas en Estados Unidos por su enfoque brutal y su tono cínico. Si no has visto esta película te invito a que cierres este libro y te vayas a verla inmediatamente.

Ahora que ya has visto *El bueno, el feo y el malo*, sabes que el contexto en el que nos ubican es el de la Guerra Civil (1861-1866), también conocida como la guerra de Secesión, que, como sabes porque has estado leyendo este libro, fue un conflicto entre el Norte industrializado (la Unión) y el Sur esclavista y agrario (la Confederación). Aunque la esclavitud fue un factor importante, las diferencias económicas y políticas entre ambas regiones desempeñaron a su vez un papel clave. En la película, el conflicto se convierte en un telón de fondo caótico donde la verdadera lucha es por la supervivencia. Lo interesante es cómo Sergio Leone, siendo italiano, ofrece una visión externa del mito estadounidense. En lugar de glorificar la guerra, muestra su lado más sucio, nihilista y absurdo. Nos muestra los campos de prisioneros, como el que aparece en la cinta, que está inspirado en Andersonville. De hecho, se queda corto. En este campo de concentración confederado, de los cuarenta y cinco mil prisioneros unionistas, unos trece mil murieron de hambre y enfermedades debido al trato inhumano que recibieron.

Sin embargo, una de las pocas críticas severas que se pueden hacer a esta película se centra en la representación del aparato militar. Como historia de forajidos y justicieros es genial, pero las batallas en las que se ven envueltos acaban usando tácticas de siglos pasados con armas de siglos siguientes. Es confuso. La famosa escena del puente, que muestra a soldados de ambos bandos luchando por una posición estratégica, es hasta cierto punto absurda. Es cierto que la lucha por puntos clave como el control de los ríos o estaciones era fundamental, pero, en realidad, muchos de estos enfrentamientos eran menos improvisados y mejor organizados de lo que se muestra. Representan la batalla del Paso de la Glorieta, que enfrentó a unionistas y confederados en marzo de 1862 en un intento de controlar territorios del oeste y, aunque los confederados ganaron tácticamente en el campo de batalla, la destrucción de su tren de suministros por fuerzas de la Unión obligó a su retirada, lo que marcó el fracaso de los planes del sur de extender su control sobre el suroeste estadounidense. Era, por tanto, una lucha táctica, y la idea de ambos bandos cargando en un combate cuerpo a cuerpo entre sí es disparatada. No hubo unos mil soldados de cada bando atravesando el puente en una carga para encontrarse en el medio. Eso suena más a la época medieval que a la Guerra Civil, y tampoco era del todo así en el Medievo, tal como hemos mencionado en los capítulos sobre la época.

Al mismo tiempo llama la atención la ametralladora Gatling, arma que no se utilizó en 1862 porque era muy moderna para la época. De hecho, se podría contar con los dedos de una mano la cantidad de aparatos de este tipo que hubo en la Guerra Civil. Las que se utilizaron fueron en Petersburg y, ocasionalmente, en los buques de la Unión Naval, no en Nuevo México, que es donde se sitúa la película. Ya a finales del siglo XIX y principios del XX este mortífero armamento comenzó a ser más popular y sí se utilizó en el llamado Viejo Oeste.

En cualquier caso, pese a abusar de ese estereotipo, de que la vida en el oeste no cambió ni evolucionó en ciento veinte años, *El bueno, el feo y el malo* es cine en mayúsculas y con todas las letras. Nos da una visión cínica de la guerra, nos muestra cómo la codicia y la supervivencia eclipsan cualquier moralidad en tiempos difíciles, y lo más importante: nos ofrece un entretenimiento único.

¿SABÍAS QUE A JOHN WAYNE, EL ACTOR MÁS FAMOSO DE WÉSTERNS, NO LE GUSTABA *EL BUENO, EL FEO Y EL MALO*?

El mítico actor John Wayne, el vaquero por excelencia, no era fan de *El bueno, el feo y el malo*, porque consideraba que los *spaghetti westerns*, en particular los de Sergio Leone, no representaban de manera auténtica el espíritu del Viejo Oeste, pues los consideraba demasiado violentos y cínicos, en contraste con los wésterns tradicionales de Hollywood que él protagonizaba, que solían exaltar valores heroicos y de justicia. Tanto es así que le molestaba que el personaje de Clint Eastwood disparase a sus enemigos por la espalda, algo que él jamás había hecho en más de doscientas películas sobre el Oeste. En su último wéstern, *The shootist* (1976), Wayne interpreta a un pistolero envejecido llamado J. B. Books, que muere en un tiroteo final, al enfrentarse a varios adversarios en un bar después de aceptar que está muriendo de cáncer, un paralelo con la propia vida de Wayne, quien falleció de cáncer en 1979. Lo curioso de esta escena es que su personaje fallece, precisamente, al ser disparado por la espalda.

84

LO QUE EL VIENTO SE LLEVÓ: ¿SE ESTABA CÓMODO SIENDO ESCLAVO?

Si hay una película que puede retar al público moderno es esta. ¡Casi cuatro horas de drama! Incluso a nuestros abuelos esta película les pareció larguísima, pero también hay que recordar que eran otros tiempos y que, pese a todo, estamos ante una de las producciones más emblemáticas de la historia.

Este clásico dirigido por Victor Fleming y basado en la novela homónima de Margaret Mitchell, una de las novelas más leídas en Estados Unidos en el siglo XX, publicada en 1936, tres años antes de la película, nos cuenta la historia de Scarlett O'Hara, una testaruda y carismática mujer del sur de Estados Unidos, que vive la caída de su privilegiado estilo de vida durante la Guerra Civil y la Reconstrucción. El filme fue un rotundo éxito desde su estreno y recaudó más de 390 millones de dólares. Si ajustamos esta cifra con la inflación, sería más de 3.000 millones, lo que lo convierte en uno de los más exitosos de todos los tiempos. Fue pionera en el uso del tecnicolor y marcó un hito al ganar ocho premios Oscar, incluido el de mejor película, y dos honoríficos. También destacó al convertir a Hattie McDaniel, quien interpretó a Mammy, en la primera actriz afroamericana en ganar un Oscar. Sin embargo, este gran éxito de la liberación negra igual se vio un poquito empañada por el hecho de que la intérprete quedó excluida de todas las celebraciones. Hattie no pudo recoger con normalidad el premio, ya que la ceremonia se celebró en el Cocoanut Grove Ambassador

Hotel de Los Ángeles, lugar que no permitía la entrada de personas negras, así que tuvo que intervenir el productor David O. Selznick para que pudiera asistir, aunque fue obligada a sentarse en una mesa al fondo del salón, apartada del resto de sus compañeros de reparto. Tampoco pudo asistir a la celebración de después del evento, puesto que esta tuvo lugar en otro local que no permitía el acceso a no blancos.

De nuevo viajamos a la Guerra Civil estadounidense (1861-1865) y el periodo de la Reconstrucción que le siguió, pero no todo era tan glamuroso como aparece en la pantalla. En 1861, el sur de Estados Unidos se basaba en una economía de plantaciones que dependía del trabajo esclavo. El algodón era el rey y la lucha por su control desataba tensiones entre el Norte industrial y abolicionista, y el Sur esclavista. El conflicto era la consecuencia de esta fractura, y aunque el Sur soñaba con la independencia, terminó derrotado en 1865, lo que marcó el inicio de la abolición de la esclavitud y la reconstrucción del país. Es, por tanto, un momento caótico: las ciudades no asediadas estaban sumidas en crisis económicas, los terratenientes perdían su poder y los esclavos recién liberados se enfrentaban a obstáculos inimaginables. Lo que hace la película es envolver todo esto en un romance épico, mientras pone su mirada en cómo los sureños lidian con la pérdida de su estilo de vida. No hay duda de que es una pena que tu vida cambie a peor, pero si lo es porque ya no te dejan tener personas en propiedad, igual es que no merecías esa vida. Por consiguiente, detrás de los vestidos y las frases románticas, hay una visión idealizada del sur esclavista.

Ya hemos mencionado en un capítulo anterior que las luchas de mandingos es más bien una leyenda, pero ¡eso no significa que la vida esclava fuese cómoda! Las jornadas podían ser de dieciséis horas al día en plantaciones, era habitual que las viviendas fuesen cabañas precarias, la alimentación era más bien regular, los castigos físicos estaban a la orden del día y el acceso a la atención médica y a la educación brillaba por su ausencia. Por no hablar de que era común que los miembros de una misma familia fueran vendidos a diferentes dueños, destrozando sus vínculos. Con este contexto, presentar una visión idealizada de la vida en el Sur esclavista es arriesgado, pues muestra la vida en los cultivos como idílica y armónica, ignorando las brutales condiciones a las que se enfrentaban los esclavos. ¡Es que incluso a los personajes esclavizados, como Mammy y Prissy, se los muestra como leales y satisfechos con su situación! Es posible que el público estadounidense de la década de los años treinta no se plantease esto como un problema, pero hay productos de la cultura popular que envejecen mejor y otros peor, como esta película. Eso no quiere decir que no se pueda disfrutar hoy día, pero está bien conocer los sesgos de la época y los actuales, para saber qué vamos a ver y juzgarlo, siendo críticos con cómo se muestran algunas cosas.

Curiosamente, la primera versión del guion era mucho más fiel a la realidad. El historiador David Vincent Kimel compró en 2020 por 15.000 dólares una copia rara de uno de los primeros guiones de la película. Ahí, la descripción de los trabajadores esclavizados era mucho más dura y salvaje, y se incluían referencias a palizas y amenazas a Mammy de echarla del lugar por no trabajar lo suficiente. Esto hubiese sido tan incómodo de ver que, seguramente, la audiencia no hubiese podido centrarse en el romance, que era lo que querían resaltar. Otra cosa que llamó la atención es una revelación curiosa: la emblemática frase de Clark Gable «Francamente, querida, me importa un bledo», originalmente iba a ser «Francamente, querida, no me importa».

¿POR QUÉ LAS PELÍCULAS HAN VUELTO A SER LARGUÍSIMAS?

Lo que el viento se llevó se hizo famosa por su éxito, pero también por su extensa duración (cuatro horas). Otras cintas como *Ben-Hur* (1959) llegaban a las tres horas y cuarenta minutos, tiempo que en las siguientes décadas resultó demasiado largo para las nuevas generaciones. Sin embargo, paulatinamente las producciones fueron recortándose y, si en los sesenta la duración media de una cinta era de ciento diecinueve minutos, en los ochenta era de ciento diez. O sea, los jóvenes nacidos a partir de los años setenta se acostumbraron a filmes de entre hora y hora y media. ¿Por qué? Muy sencillo: en las cintas de vídeo VHS no hay espacio para más. Si querías hacer algo como *Braveheart* (1995), de tres horas, las productoras tenían que apostar por una edición especial con dos VHS, lo cual no era lo habitual. Tras eso llegó el DVD y los directores volvieron a poder extenderse, incluso se animaron a proponer ediciones especiales extendidas con más escenas, como *Gladiator* (2000) o *El señor de los anillos* (2001-2003). Tras la llegada de las plataformas online,

Hollywood parece haber vuelto a su tendencia original, tal como eran las cosas hace ochenta años, con propuestas muy dilatadas. Ante esto, la audiencia moderna que se ha criado con el cine ochentero se pregunta: «¿Por qué antes podía ver una cinta entera sin levantarme a ir al baño y ahora ya no?». Y es que, como decía Hitchcock: «La duración óptima de una película es lo que aguante nuestra vejiga».

85

EL ÚLTIMO SAMURÁI: ¿GUERREROS HONORABLES O CASTA PRIVILEGIADA?

Japón resulta exótico y místico para el público occidental, y eso se nota a la hora de abordar la historia de su país. Cualquier combate debe ser de gran trascendencia, fruto de una profunda reflexión en la que el protagonista halla verdades, deseos y miedos; y tiene que haber gente recitando haikus, esos poemas cortos, y a ser posible que salgan cerezos. *El último samurái* (2003) cumple con todo eso.

La película está dirigida por Edward Zwick y protagonizada por Tom Cruise como el capitán Nathan Algren, un veterano estadounidense contratado para entrenar al ejército japonés durante la modernización del país en el siglo XIX. Al ser capturado por los samuráis rebeldes liderados por Katsumoto (Ken Watanabe), adopta su cultura y filosofía, y se convierte en un defensor de su causa. Es algo así como *Bailando con lobos* (1990), pero con japoneses, aunque con un detallito diferenciador: en realidad, aquí los oprimidos estaban más cerca de ser los opresores. El filme, pese a sus licencias, fue un éxito tanto comercial como crítico, recaudó 456 millones de dólares a escala mundial y recibió cuatro nominaciones al Oscar, incluyendo mejor actor de reparto para el japonés Ken Watanabe, quien actuaba por primera vez en inglés. Las actuaciones, la cinematografía de John Toll y la banda sonora de Hans Zimmer fueron especialmente elogiadas, por lo que la película se consolidó como un hito en el género épico y una opción indispensable para los amantes de la cultura del país del sol naciente.

Durante siglos, Japón había sido un país gobernado por los shogunes, líderes militares que mantenían el poder junto con la clase samurái, un sistema que se podría considerar como feudal, pese a estar en el siglo XIX. En el año 1639 se expulsó del país a todos los misioneros católicos y portugueses (y los ingleses se fueron sabiendo que correrían el mismo destino), y se promovió el aislacionismo para no tener más jaleos, como rebeliones cristianas como la de Shimabara, por ejemplo. Esta separación del mundo se estableció con dos normas muy claras: la primera estipulaba que todo aquel extranjero que se adentrase en su territorio sería ejecutado y la segunda, que todo japonés que se fuese pasaría a ser considerado extranjero, por tanto, en caso de volver se aplicaría la primera norma. Esto es lo que se conoce como *sakoku* (país encadenado), que tuvo lugar en el periodo Edo. Así estuvieron doscientos años hasta que en 1853 se presentó en la bahía de Tokio el Comodoro estadounidense Matthew Perry, al mando de una flota de buques de guerra a vapor. Este planteó una oferta irrechazable a los japoneses: «O negociáis conmigo u os borro del mapa a cañonazos». El Gobierno nipón se decantó por la primera opción, lo que acabó en el desventajoso Tratado de Kanagawa. Términos que fueron fijados a favor de Estados Unidos aprovechando que la situación en el archipiélago era un desastre: ya había luchas internas a favor de la restauración imperial, una gran crisis económica consecuencia de la autarquía, con una fuerte devaluación de la moneda y una gran inflación que dificultaban la subsistencia; una burocracia cada vez más lenta y pesada, y mayor pérdida de control del shogun sobre la nobleza. Perry simplemente puso el último clavo en el ataúd. Ante esta situación el emperador Meiji tomó el control en 1868, inició una serie de reformas para modernizar Japón y alinearlo con Occidente. Esto significó abolir el sistema feudal, decir adiós a los samuráis y hola al ejército nacional; promover la modernización militar para fomentar el uso de armas de fuego novedosas y tácticas de guerra occidentales; y la industrialización rápida para llenar las provincias de ferrocarriles, fábricas y uniformes al estilo europeo.

Obviamente, al ser un periodo tan reformista no todos estaban de acuerdo con este cambio. Algunos samuráis veían estos avances como una amenaza a su identidad y valores tradicionales, pero es posible que el hecho de haber sido desplazados como clase privilegiada también les molestase. Uno de los conflictos más famosos de esta resistencia fue la Rebelión de

Satsuma (1877), liderada por Saigō Takamori, quien protagonizó eventos que inspiraron los de la película y acabó derrotado.

Sabiendo este contexto, es fácil intuir que las motivaciones reales de los rebeldes tienen más que ver con el clasismo y la economía que con la tradición, aunque sería algo que tener en cuenta. La interpretación moderna y occidental del *bushido*, del que ya hemos hablado en este libro, nos hace creer que se trata de un tipo de código caballaresco de honor y justicia, pero está más relacionado con la servidumbre y la aceptación de la muerte como destino inevitable. ¿Habría samuráis en esta rebelión que lamentaban la pérdida de las tradiciones milenarias? Seguramente, pero cuando tu respeto por la tradición se puede resumir en «lo correcto es que yo esté por encima de los demás, y no me gusta que la sociedad acepte lo contrario», igual es que estás más interesado en mantener los privilegios que en los valores de tus ancestros. Además, no se negaban a servirse de armas de fuego por ser demasiado modernas... porque ya las utilizaban desde hacía siglos. Aunque habitualmente los samuráis veneraban la espada, no rechazaban el uso de la pólvora y mosquetes entre las unidades que comandaban, entre otras cosas por la evidente ventaja táctica. Curioso que para esto no les importó modernizarse. Al mismo tiempo, la clase samurái pagaba menos impuestos, recibían un estipendio de arroz y, por ejemplo, tenían derecho a matar a alguien de clase inferior que le hubiese faltado al respeto. En definitiva, eran una casta de oligarcas bien posicionados que en un Estado moderno no pintaban nada. En la cinta omiten esa información para crear una sensación de élite guerrera mística ligada a las antiguas creencias, pero si había unos valores ancestrales que les motivaba, eran la comodidad y la riqueza.

Al mismo tiempo, la película claramente no puede diferenciar entre el clan samurái individual y la clase samurái, y todo desemboca en la batalla de Shiroyama en 1877, enfrentamiento que se representa con combates entre gente moderna con cañones y caballeros medievales japoneses. Sin embargo, la gran mayoría de las élites gobernantes de Japón, los modernizadores que son tan malvados en la película, también eran samuráis, incluso muchos de ellos pertenecían al clan rebelde Satsuma. Una gran parte de estos tomaron la decisión de eliminar sus propios privilegios aristocráticos en favor del Estado, no protestaron, no se rebelaron y se sintieron aliviados al ser liberados de las restricciones típicas de su profesión; así, a ganarse la vida con honestidad para complementar sus estipendios oficiales cada vez más escasos.

Es una película muy bonita, con grandes paisajes, una apoteósica banda sonora de Hans Zimmer y un montón de reflexiones pausadas que merecen la pena para valorar cómo vivían nuestros ancestros, pero subvierte las motivaciones e ideología imperante en favor de una trama totalmente imposible en la época.

¿SABÍAS QUE LOS NINJAS TIENEN MÁS DE MITO QUE DE REALIDAD?

En *El último samurái* hay una escena en la que un grupo de ninjas asalta el asentamiento en el que se encuentra el protagonista, pero su figura es mucho más simple de lo que la ficción da por hecho. Los *shinobi* sí existieron en el Japón feudal, pero se trataba de espías, infiltrados y saboteadores, que operaban principalmente durante los periodos Sengoku y Edo. A diferencia de los samuráis, los ninjas no seguían un estricto código de honor y empleaban tácticas de guerrilla, disfraces para cumplir sus misiones, por lo que vestir enfundado de negro para ir por la calle igual muy útil no era, aunque de noche sí que tendría sentido. Es que por no haber, no hay ni una referencia histórica sólida a un asesinato de un personaje importante en toda la historia de Japón; de hecho, el único caso fue el del gobernador de Echigo conocido como Uesugi Kenshin (1530-1578), a quien la muerte le pilló con los pantalones bajados, ya que, supuestamente, fue asesinado por un *shinobi* cuando estaba escondido en su letrina. Esto es algo muy discutido por los historiadores porque también pudo morir por cáncer de estómago, por lo que no se puede dar como real. O igual padeció la enfermedad y le mataron para acabar con su miseria. En conclusión, la imagen de estos guerreros ha sido romantizada y mitificada, y los ha convertido en hombres casi sobrenaturales, con habilidades como volverse invisibles, ser genios de las artes marciales o caminar con ligereza sobre balaustradas y tejados, algo que proviene más de leyendas y del teatro tradicional kabuki. La cultura popular ha embellecido su figura y ha creado una visión muy alejada de la realidad. Por otra parte, es normal preferir ver combates espectaculares que aburridas tácticas encubiertas.

86

EL FANTASMA DE LA ÓPERA: ¿VIVÍA UN HOMBRE DESFIGURADO EN LOS TÚNELES DE PARÍS?

Estamos ante un nuevo caso de sobrerrepresentación en el cine y, por tanto, cuesta quedarse con una sola opción. Nos decidimos por la versión de Joel Schumacher en 2004 y que adapta la novela escrita por Gaston Leroux en 1910, pero en realidad hay numerosas versiones. Esta en particular está protagonizada por Gerard Butler como el enigmático enmascarado y Emmy Rossum como Christine, teniendo como resultado tres nominaciones a los Oscar en las categorías de mejor fotografía, dirección de arte y canción original. No se llevó ninguno de esos premios, pero al menos se lo pasaron bien durante el rodaje, que eso también cuenta.

Un aspecto interesante de esta famosa obra es que, con cada nueva visita a la trama se acaban incorporando aportaciones anteriores. Por ejemplo, solemos recordar la famosa máscara de color blanco, cuando en el libro era negra, pero como originalmente la primera película sobre *El fantasma de la ópera* fue en blanco y negro se cambió porque, de otro modo, no se veía claramente. En esta película, sabiendo que en el imaginario colectivo ese antifaz no es oscuro, sino claro, optaron por complacer al público.

Nos situamos en París, entre cuyos edificios destaca la Ópera Garnier, inaugurada en 1875. Diseñada por Charles Garnier, es un ejemplo magnífico del clasicismo francés, y es famosa por su grandiosa arquitectura y su aire lujoso. Un mundo de terciopelo rojo, lámparas de araña doradas y un ambiente tan sumamente elegante que hasta tu sombra parece tener clase, todo un ejemplo de la Belle Époque. En ese contexto, corría el rumor de que había un fantasma en su interior, habladuría propagada y extendida en parte por un incendio que hubo en el techo. Es cierto que los incendios no eran, y no son, nada raros, pero los humanos tendemos a buscar explicaciones a lo que simplemente puede ser «cosas que pasan». A este hecho se le sumó otra anécdota muy interesante.

¿Y qué trasfondo histórico hay sobre la novela y sus millones de adaptaciones? En 1907, el director de la Ópera de la capital francesa, Pierre Gailhard, había aceptado un regalo de la Sociedad Gramofónica de París consistente en un montón de composiciones que debían quedar a buen recaudo, así que ordenaron construir una caja fuerte en el subsuelo del edificio. Cuando los obreros comenzaron los trabajos para crear un lugar seguro en uno de los muros del subterráneo, la pared se derrumbó y dejó al descubierto un apartamento completamente amueblado. No solo eso: en la cámara apareció un cuerpo en descomposición. Según Leroux, la Ópera quiso ocultar aquel extraño descubrimiento y se deshizo del cadáver enterrándolo en una fosa común. Pero el novelista, amante de las tramas de misterio y en especial de las historias de Sherlock Holmes, la obra de Conan Doyle, quiso averiguar más y constató que la estructura ósea del cuerpo presentaba signos de malformación. Quienquiera que fuese, aseguraba, se había encerrado a sí mismo con la única intención de fallecer allí. Hay muchas teorías de por qué pasó esto. La policía declaró que era un revolucionario de la comuna de París que se escondió ahí tras alzarse en armas tres décadas antes, pero no lo sabemos a ciencia cierta. Entre otras cosas porque lo de un esqueleto en la ópera tampoco se ha podido demostrar del todo, así que nos tenemos que fiar de la época y esos pocos esqueletos de unos *communard* parisinos hallados aquí y allá.

En otras palabras, los fantasmas no existen y el origen de ese rumor está más que estudiado. Sí, es una pena que un pobre desgraciado acabase muriendo tan solitaria y enigmáticamente, pero que sepamos no ha habido nadie viviendo en los subterráneos de la Ópera.

Puede que hubiese gente rara obsesionada con cantantes operísticos o grandes artistas del momento enfrentados por ver quién acababa teniendo un papel protagonista, pero toda esa trama es un producto de una obra de ficción. Sin embargo, la existencia de una guarida en el subsuelo de París no es tan descabellada si recordamos que es una ciudad vieja y llena de catacumbas. Además, tal como vemos, también podría haber un lago subterráneo porque hay algo parecido. Es en realidad un depósito de agua del río Sena. Su uso está reservado a apagar incendios y para que los bomberos aprendan a nadar en la oscuridad.

¿SABÍAS QUE PUEDES ESCUCHAR LAS OBRAS QUE ESTUVIERON OCULTAS UN SIGLO BAJO LA ÓPERA?

Como has leído, todo esto de un supuesto fantasma de la Ópera surgió en las obras para crear una caja fuerte bajo el edificio. Estas obras de la Sociedad Gramofónica de París fueron un regalo para la institución parisina, que debía guardarlas a buen recaudo durante un siglo desde 1907. Esperado el momento, en 2007 los nuevos jefes de la Ópera de París mandaron extraer todas esas composiciones que resultaron ser más interesantes por la expectación y por reflejar la época que por su calidad musical en sí mismas, pero aun así fueron calificadas como buenas por parte de los críticos. Si te interesa esta recopilación se publicó bajo el título *Les urnes de l'Opéra* (Las urnas de la Ópera).

87

TITANIC: ¿POBRES ENCERRADOS Y OFICIALES DESQUICIADOS?

Pocas películas hay tan obsesionadas con recrear la realidad como *Titanic* (1997), que hasta se aseguró de que cada extra tuviese el nombre de un pasajero real del famoso transatlántico británico hundido en 1912. Sin embargo, para crear conflictos dentro de la trama, James Cameron tuvo que abusar en alguna ocasión de determinados estereotipos. Estamos ante una historia del cine. Esta producción es tan asombrosa que puede que incluso las víctimas del naufragio, de haber sabido que gracias a ellos se haría historia del cine, seguramente habrían llevado mejor eso de perecer.

No hay duda de que este largometraje protagonizado por Leonardo DiCaprio como Jack Dawson y Kate Winslet como Rose DeWitt Bukater es un fenómeno cultural. Recaudó más de 2.200 millones de dólares en taquilla. Fue la primera película en superar los 1.000 millones y mantuvo el récord de película más taquillera hasta que otra obra de Cameron, *Avatar* (2009), lo superó. Ganó once premios Oscar, incluyendo el de mejor película, mejor director y mejor banda sonora, la cual estaba compuesta por James Horner, pero destacó por la icónica canción «My Heart will Go on» de Céline Dion. Como curiosidad, cabe decir que la cantante canadiense no quería hacer canciones para películas, pero aceptó este encargo excepcionalmente a petición de su marido, quien con toda seguridad acabó muy contento al mirar la cuenta bancaria familiar. Este tema, por cierto, también es el que sonaba en la discoteca del famoso crucero italiano Costa Concordia durante su hundimiento en 2012. Dato que debes conocer por si quieres censurar una canción cuando estés navegando, porque debería ser esta.

Este coloso del océano, construido por la compañía White Star Line, fue promocionado como el barco más grande y seguro del mundo. *Spoiler alert*: no lo era. El Titanic zarpó en 1912, en una época de cambio y ostentación. Los ricos vivían años dorados con todo el lujo imaginable, mientras la clase trabajadora luchaba por una vida mejor. Esta embarcación era un microcosmos de la sociedad: en primera clase estaban los magnates y los famosos, y en tercera clase, inmigrantes con sueños de una nueva vida en América. Era una máquina de contrastes sociales sobre el agua. Todo iba bien hasta la noche del 14 de abril de 1912, cuando la embarcación chocó con un iceberg en el Atlántico Norte y acabó su travesía en el fondo del mar. El barco se hundió en menos de tres horas, dejando a más de mil quinientas personas sin vida y a un montón de especies marinas con mucha comida. La tragedia expuso los fallos de diseño, insuficiencia de botes salvavidas y la arrogancia de creer que un transatlántico podía ser insumergible. No obstante, pese a que en la película se enfatiza mucho eso de que nadie creía que se pudiese ir al fondo del océano, nunca fue la seña de identidad de la compañía. Los que han pasado suficiente tiempo en el mar saben que la naturaleza es muy bruta cuando quiere, y que no hay creación humana que pueda luchar contra ella.

Por otra parte, para enfatizar el drama, nos muestran que los pasajeros de tercera clase están completamente recluidos en las cubiertas inferiores, sin poder salir porque las verjas están cerradas. A nivel de trama esta segregación funciona, entre otras cosas porque, seguramente, aunque sea por estadística, es más fácil que no seas rico y te acabes identificando con los pobres. No obstante, nunca se cerraron las puertas, ni los accesos de las plantas inferiores para dejarlos morir sin que molestasen a los que trataban de subirse a los botes salvavidas. Muchos de los que se quedaron atrapados no tuvieron instrucciones claras de por dónde debían ir, lo que quiere decir que el caos fue aun mayor de lo que nos muestran. Tanto es así que incluso hubo muchas barcas que salieron con un tercio de las plazas ocupadas.

Con todo, la mayor polémica de la cinta es con respecto al oficial Murdoch, que en la película es una mezcla de malo y absoluto inútil. Es comprensible que la situación de estar en un barco hundiéndose donde van a morir miles de personas pueda estresar un poco y que, por ende, no se tomen buenas decisiones, pero de ahí a ser un asesino hay un largo trecho. En el filme este señor dispara a dos personas, incluido el amigo de Jack,

Tommy, que intenta subirse a un bote salvavidas. Como en el fondo tiene conciencia, se siente mal por eso de matar a sangre fría a un inocente y, en un ataque de locura, se pega un tiro. Esto añade más drama al caos, y funciona con la narrativa que propone el director, pero el detalle está en que esta persona era todo lo contrario. De hecho, es considerado uno de los héroes del naufragio. En realidad, Murdoch fue un salvador que ayudó a evacuar a tantos pasajeros como pudo, incluso lanzó un total de diez barcas salvavidas llenas de gente casi hasta el final y él se propuso ser evacuado en último lugar. No se sabe cómo murió: según algunos testigos, ahogado; según otros, un bote le golpeó en la cabeza, y según otros, acabó con su vida para ahorrarse el sufrimiento de perecer congelado. Sea como fuera, seguro que no fue una muerte agradable. La propia familia del oficial se quejó y James Cameron tuvo que pedir disculpas por la poca precisión histórica, alegando que realmente le dio más importancia al guion. De hecho, esto causó tanto revuelo que en 1998, la empresa 20th Century Fox envió a un representante a visitar a los familiares de Murdoch para disculparse por la imagen negativa de su antepasado que dio en la película. Otra persona que ponen como un villano es el oficial Charles Lightoller, que no solo ayudó a subir a pasajeros siguiendo la política de «mujeres y niños primero», sino que se quedó hasta el final, cuando el agua inundaba la cubierta del Titanic. Además, este logró sobrevivir, y años después de eso, salió con vida de otro naufragio en la Primera Guerra Mundial, y décadas más tarde fue rescatado en Dunkerque durante la Segunda Guerra Mundial. O sea, que no solo era buena persona, sino un tipo con unas habilidades únicas para salir adelante.

En general, pese a esta aclaración con respecto a un personaje en concreto, el trabajo de James Cameron es alucinante. Por ejemplo, cuando Jack y Rose están en el extremo del barco, cuando se está hundiendo verticalmente, tienen a su lado a un cocinero con bigote, quien acaba en el agua y que luego vemos nadando por ahí. Se trata de Charles Joughin, el panadero del Titanic, que tras el impacto con el iceberg decidió emborracharse para pasar sus últimas horas contento. Sin embargo, el alcohol le envalentonó y se puso manos a la obra. Obligó a su equipo a repartir comida en los botes salvavidas, y después de eso se puso a tirar muebles por la borda para que los que estaban en el mar pudiesen tener algo a lo que subirse para flotar, cosa que también vemos. Animó a varios hombres y mujeres dubitativos a trepar a esos muebles y a alejarse del barco para no verse absorbidos cuando semejante masa de metal se sumergiese totalmente en las profundidades. Fue el último en salir y pasó dos horas en el gélido océano hasta que fue rescatado. Por eso aparece en esa escena, porque no paraba de moverse de un lado a otro. Curiosamente, sus actos heroicos aparecían bastante borrosos en su mente debido a su estado de ebriedad, y fueron los testigos los que relataron su historia, que él no tuvo más remedio que creer.

¿SABÍAS QUE EL TITANIC NO ESTÁ NI SIQUIERA ENTRE LOS CINCO PEORES NAUFRAGIOS DE LA HISTORIA?

Aunque se trate del hundimiento más famoso de la historia, la desgracia ocurrida en el mar en 1912 ocupa el puesto 10 en el ranking de peores naufragios de la historia. Quien tiene el dudoso honor de coronar esta lista es el transatlántico alemán MV Wilhelm Gustloff, que fue hundido el 30 de enero de 1945 durante la Segunda Guerra Mundial. Cuando ya era evidente que la Alemania de Hitler iba a caer pronto, miles de civiles huyeron a los países vecinos por temor a las represalias. En este caso, hasta diez mil personas decidieron cruzar el mar Báltico en un barco civil, esperando que se respetase su condición de refugiados. No obstante, el submarino soviético S-13 disparó tres torpedos contra la embarcación, que tardó cincuenta minutos en hundirse en las gélidas aguas del norte. Al igual que en el Titanic, hubo caos y suicidios, aunque en este caso masivos: sobrevivieron tan solo mil quinientas personas. El oficial soviético que perpetró la masacre, Aleksandr Marinesko, alegó haber actuado así por creer que se trataba de una nave militar enemiga. Sin embargo, hubo reticencias entre algunos de sus compañeros. Por ejemplo, el Alto Mando Naval de la Unión Soviética representado por Nikolái Gerásimovich Kuznetsov, se negó a reconocer a Marinesko como merecedor del título de héroe de la Unión Soviética, y lo calificó como no compatible con ese perfil, pero su opinión fue ignorada con posterioridad cuando, en efecto, Marinesko alcanzó ese galardón póstumamente en 1990.

88

1917: ¿CARGAS A LO LOCO?

Hay películas tan buenas que duele criticarlas. *1917* (2019) es uno de estos casos, porque se siente auténtica y transmite las sensaciones de la lucha en la Primera Guerra Mundial, pero al mismo tiempo, su escena más memorable no tiene ningún sentido desde un punto de vista histórico. ¿Qué hacemos entonces? Fácil: disfrutarla igual.

Dirigida por Sam Mendes, quien se basó en las memorias de su abuelo durante este conflicto, *1917* narra una misión casi suicida por parte del ejército británico. En otras palabras, la trama es más simple que el asa de un cubo: los soldados Blake y Schofield (interpretados por George MacKay y Dean-Charles Chapman, respectivamente) deben entregar un mensaje. Punto, no hay más. Es de estas películas que el final da un poco igual porque lo importante es el viaje, y también cómo está relatado, pues el largometraje parece desarrollarse en un único plano secuencia, lo que sumerge al espectador en la tensión y el peligro de la misión. El filme fue un éxito rotundo y ganó tres premios Oscar (mejor fotografía, mejores efectos visuales y mejor edición de sonido) de las diez nominaciones que recibió, por lo que es muy recomendable para los cinéfilos e imprescindible para esas personas que se ven cualquier producción bélica, que no son pocas.

Nos situamos en la Primera Guerra Mundial (1914-1918), también conocida como la Gran Guerra, que enfrentó a los Aliados (liderados por el Reino Unido, Francia, Rusia y más tarde Estados Unidos) contra las Potencias Centrales (Alemania, Austria-Hungría y sus aliados). Fue un enfrentamiento total, marcado por una devastadora combinación de nuevas tecnologías, millones de vidas perdidas y un desgaste brutal en las trincheras. En 1917, el año en que se desarrolla la película, todo se encontraba en un punto crítico. Ambos bandos habían estado atrapados en un estancamiento mortal durante años, luchando por avanzar en el frente occidental, y en una línea de trincheras que se extendía desde el canal de la Mancha hasta Suiza. Estos refugios eran horribles: barro, enfermedades y el constante miedo de morir por un ataque sorpresa. Era como el patio del colegio, solo que con ratas y armas químicas. La misión que vemos en el largometraje refleja un aspecto real de la guerra: la importancia de los mensajeros en un momento en que las comunicaciones eran precarias. Sin radios portátiles ni satélites, para entregar mensajes vitales debían cruzarse terrenos plagados de enemigos y trampas. Existía el telégrafo, pero mantener una red de cables por todo el frente era complicado, sobre todo porque los bombardeos acababan a menudo con las instalaciones y los telegrafistas eran alcanzados con cierta frecuencia.

Lo interesante de esta guerra es que se quedó enquistada en esas famosas líneas de trincheras, donde la línea de frente no cambiaba durante meses. Tras cientos de inútiles cargas para tratar de tomar las posiciones enemigas, ambos bandos se desangraron en la conocida tierra de nadie, en donde perecieron cientos de miles de personas. Este agradable paisaje de desolación y muerte es el que deben recorrer los protagonistas en el momento de la Operación Alberich, que fue una retirada alemana a posiciones más estratégicas. Por tanto, observan la devastación en los campos de Bélgica y llegan a adentrarse en un búnker enemigo que está tan abandonado como lleno de trampas, cosa que es muy real.

Sin embargo, la última parte de la película se centra en una de las famosas avanzadillas con cientos de soldados corriendo hacia el enemigo, que les recibiría en sus trincheras con los brazos abiertos y las ametralladoras cargadas. Esto en 1917 es imposible por varios motivos. En primer lugar, porque tras tres años de estancamientos este tipo de ofensivas ya se habían probado como ineficientes, cuando no absurdas. Es posible que pienses que les llevó demasiado tiempo percatarse, que si no paras de perder gente para no conseguir nada, igual es que algo no estás haciendo bien, pero al menos al final recapacitaron. En segundo lugar, para ese momento ya habían desarrollado una técnica llamada *creeping barrage*, es decir «bombardeo deslizante». Era un sistema de coordinación entre la artillería y la infantería, de tal manera que los segundos avanzaban constantemente cubiertos bajo el fuego de los primeros. Los cañones abrían camino limpiando todo a su paso y, a medida que la tropa se movía, recalculaban el ángulo para disparar más lejos. Era muy eficiente y, en comparación con la estrategia estancada de las trincheras, muy dinámico y ligero. Nada de esto sale en la famosa escena del final, que nos muestra una táctica digna de 1914.

Pese a todo, la película se siente real, y transmite el horror de esos años, pero falla en representar que la Primera Guerra Mundial fue un hito en la tecnología militar. Empezó con carruajes, cargas de cientos de personas como si fuesen las guerras napoleónicas, y acabó con tanques, gente usando cascos de metal en vez de gorros, guerra química, cañones enormes y fuerzas de aviación asentadas, o tácticas muy elaboradas como el *creeping barrage*. Todo eso en un lapso de cuatro años. Los campos de batalla de 1914 podrían ser más parecidos a los de la guerra de Secesión en Estados Unidos, mientras que los de 1918 eran similares a los de la Segunda Guerra Mundial, con avances ligeros y tecnología nunca antes vista.

¿SABÍAS QUE EN LA PRIMERA GUERRA MUNDIAL HUBO UNA PALOMA FAMOSA POR SALVAR A MUCHA GENTE?

Para enviar mensajes de un lado a otro no solo se mandaba a gente corriendo como vemos en esta película, sino que también se utilizaron palomas mensajeras para enviar información a través de las líneas enemigas. Una de estas aves, llamada Cher Ami («querido amigo», en francés), se hizo famosa en 1918 al salvar la vida de 194 soldados de la 77.ª División estadounidense, que estaban siendo objeto de un bombardeo aliado por un malentendido. Tras emprender el vuelo fue derribada, pero se las apañó para volver a su palomar tras veinticinco minutos, por lo que logró entregar el mensaje y hacer cesar la lluvia de bombas. Cher Ami había recibido un disparo en el pecho, se había quedado ciega de un ojo y tenía una pata colgando por un tendón, pero cumplió con su deber. Seguramente el animal no tenía esta concepción y tan solo quería volver a casa, que además estaba lejos del peligro que habían creado los humanos, pero su esfuerzo fue tan valorado que los médicos se esmeraron en salvarle la vida. Tras convertirse en héroe de guerra y recibir la medalla Croix de Guerre (aunque sin el incentivo económico correspondiente), fue adoptada por la sección a la que había salvado. Embarcó con ellos para Estados Unidos y murió en Fort Monmouth, New Jersey, el 13 de junio de 1919, a causa de las heridas que recibió en batalla. Por desgracia, Cher Ami murió siendo muy joven, si tenemos en cuenta que vivió poco más de un año de los seis de media que puede vivir su especie, y encima es posible que todo ese tiempo pensase que le habían secuestrado y alejado de su familia. Sea como sea, más tarde fue incluido en el Salón de la Fama de las Palomas Mensajeras en 1931, y en 2019 se convirtió en uno de los primeros destinatarios de la Medalla al valor de los animales en la guerra y la paz, título que recibió póstumamente. Si esta historia te ha llegado al corazón, si pasas por Washington D. C., puedes ver su cuerpo disecado en el Instituto Smithsoniano.

89

SIN NOVEDAD EN EL FRENTE: ¿FERVOR PATRIÓTICO EN LA PRIMERA GUERRA MUNDIAL?

Imagina luchar en un conflicto, escribir una novela sobre eso en 1928, que esta acabe siendo trasladada hasta tres veces al cine en el siguiente siglo y que en todas las ocasiones sea un éxito. Eso tan solo puede significar que tu libro es bueno, aunque sea una catarsis por el trauma sufrido. Eso pasa con el clásico literario de Erich Maria Remarque. La última versión, de 2022, está dirigida por Edward Berger y se convirtió en la primera producción alemana que adaptó directamente la trama original, y fue una de las representaciones más impactantes y desgarradoras de la Primera Guerra Mundial.

La historia sigue a Paul Bäumer, un joven alemán que se alista con entusiasmo en el ejército durante la Primera Guerra Mundial, pero rápidamente se enfrenta al horror, el sufrimiento y la inutilidad de la guerra en las trincheras. ¿Hace falta combatir en batallas y ver cómo matan a tus amigos para saber que la guerra es mala? Por increíble que parezca, sí. Hay gente que solo se entera si lo vive en sus propias carnes, y eso es quizá lo más real de la película. La narrativa es un viaje de pérdida de inocencia que muestra la destrucción física y emocional que sufren los soldados, los cuales resultan desgarrados desde el minuto uno. El filme fue aclamado por su realismo y fotografía, obteniendo múltiples galardones, entre ellos cuatro premios Oscar: mejor película internacional, mejor fotografía, mejor edición de sonido y mejor banda sonora. Además, su enfoque único desde la perspectiva alemana y su producción visualmente impactante lo destacaron como una de las mejores producciones bélicas de los últimos tiempos.

La Primera Guerra Mundial (1914-1918) fue conocida como la Gran Guerra, pero no porque fuera grandiosa, sino porque se cargó a más de diecisiete millones de vidas y dejó cicatrices profundas en la humanidad. La trama que nos muestran se sitúa en el frente occidental, el principal escenario de la contienda entre las Potencias Centrales (lideradas por Alemania) y los Aliados (Francia, Reino Unido, y luego Estados Unidos). Aquí es donde las famosas trincheras se convirtieron en el infierno en la Tierra. Imagina kilómetros de zanjas llenas de barro, ratas del tamaño de gatos, bombas lloviendo desde el cielo y soldados con más probabilidades de fallecer por enfermedades que por balas. Y ahora imagina que hay gente que se muere de ganas por pasar ahí una temporada. Qué estúpidos, ¿verdad? Sin embargo, ya sabemos que la propaganda y el nacionalismo exacerbado pueden colarte alguna idea equivocada en la cabeza. En este caso, para los jóvenes como Paul Bäumer, la guerra comenzó con promesas de gloria y heroísmo, pero la realidad fue mucho menos poética. En lugar de regresar como héroes, muchos murieron como alimañas, y los que sobrevivieron se enfrentaron a un sufrimiento sin sentido, con avances de apenas metros a costa de miles de vidas. Ahora bien, ¿estaban todos tan motivados al final del conflicto?

En el capítulo anterior hemos mencionado que la guerra era totalmente diferente al principio que al final, pero no solo con respecto a la tecnología para matar y tácticas militares, sino también en el propio interés de los soldados. Es difícil de creer que nuestro protagonista Paul y sus amigos se hubiesen alistado tan motivados a finales del conflicto. En las primeras fases de la guerra, en septiembre de 1914, antes de que todo quedase enquistado en las trincheras, los alemanes avanzaron tan rápido que casi llegaron a París. Los franceses frenaron la ofensiva en la batalla del Marne, a la que tuvieron que llegar soldados urgentemente desde la capital, valiéndose incluso de la flota de taxis parisina, algo por lo que los taxistas tuvieron gran reputación en el momento. Quizá por eso creen que deberían cobrarte tanto aún en la actualidad. Ahí sí que hubo voluntarios de todo tipo, miles de jóvenes que consideraron que su deber era defender su nación y que su capital no debía caer. Tal vez, de haber sabido el enorme coste que tendrían que pagar en los años siguientes, lo hubieran pensado dos veces, por mucho que en la Torre Eiffel hubiese ondeado la bandera alemana. Como suele pasar, en esta ocasión políticos y militares pensaron que la guerra sería cosa de unos pocos días, equivocación que parece que la humanidad nunca va a enmendar. La realidad fue diferente y con el tiempo, tras los relatos de los enfrentamientos en la tierra de nadie, la motivación en uno y otro bando era mínima. Muchos se alistaban por obligación o por presión social. En el bando aliado, es famoso el caso de las plumas blancas, que era lo que daban las chicas inglesas a los jóvenes para humillarlos si no se alistaban; o como cuando los soldados franceses de 1916 decidieron marchar balando de camino a Verdún, como si fuesen ovejas de camino al matadero. Si así estaban las cosas a mitad de la llamada Gran Guerra, imagina al final, que es cuando se ambienta la película. La ilusión belicista existió al principio con la promesa de una guerra rápida, pero no al final, cuando ya se sabía que la guerra de trincheras era una picadora de humanos. No por nada parte de la rendición alemana la motivó el motín de Kiel, cuando los marineros alemanes se negaron a zarpar en una ofensiva desesperada en el mar del Norte, lo que a la postre provocó la Revolución de Noviembre y el consecuente colapso de la autoridad imperial.

El fervor inicial dura más bien poco, y esto pasa incluso en los enfrentamientos modernos. Los jóvenes alemanes que fueron reclutados en las últimas etapas del conflicto eran conocedores de que su destino sería fatal casi con toda probabilidad. Piensa en una desgracia que haya pasado en tu país, un ataque, un desastre natural o algo parecido. Siempre acabamos conociendo a alguien que estuvo ahí, o alguien que conoce a alguien que murió en lo que fuese que pasara. Imagina con cientos de personas muriendo al día durante años. Al final te habrían llegado tantas historias de gente que no volvía que darías por hecho que lo más probable sería que tú acabaras con una bala en la cabeza.

Pese a fallar en los tiempos, la película sigue transmitiendo un mensaje antibelicista. El cine moderno se ha servido muchas veces de conflictos para criticar el militarismo y la creencia de que la muerte en el campo de batalla es algo honorable, mostrándonos que quienes más creen en eso son los primeros en caer. A algunos les cuesta pillar que una gran parte del cine militar es antimilitar, pero eso es otra historia. Este largometraje es salvaje y descarnado, mostrando la pérdida de humanidad más absoluta, y eso es lo importante como película histórica.

¿SABÍAS QUE DURANTE LA GUERRA DE TRINCHERAS EN LA PRIMERA GUERRA MUNDIAL HUBO ENEMIGOS CONFRATERNIZANDO PARA CELEBRAR LA NAVIDAD?

Una curiosidad interesante sobre la guerra de trincheras en la Primera Guerra Mundial es el uso de las llamadas treguas no oficiales entre los soldados enemigos, que eran cuando, de forma voluntaria, paralizaban los combates en ambos bandos, generalmente para celebrar festividades importantes. La más famosa de estas fue la Tregua de Navidad de 1914. Durante este parón, los soldados británicos y alemanes, en el frente occidental, salieron de sus trincheras, se encontraron en tierra de nadie, intercambiaron regalos, cantaron villancicos juntos, e incluso jugaron partidos de fútbol improvisados. Esta tregua espontánea mostró un raro momento de humanidad y fraternidad en medio de la brutalidad del conflicto, subrayando lo absurdo de la situación para los soldados que, en otras circunstancias, podrían haber sido amigos en lugar de enemigos. Sin embargo, las altas jerarquías de ambos bandos rápidamente desalentaron estos momentos de confraternidad para evitar la pérdida de combatividad entre las tropas. Si quieres adentrarte en este curioso capítulo de la historia, te recomiendo la película francesa *Joyeux Noël* (2005), titulada en español como *Noche de paz*. Eso sí, prepara una caja de pañuelos porque vas a llorar mucho. Y, si quieres un villancico que trate sobre esto, te recomiendo que añadas a tu lista de canciones la balada *Christmas Truce*, del grupo sueco de heavy metal Sabaton. No te arrepentirás.

90

ANASTASIA: ¿SOBREVIVIÓ A LA REVOLUCIÓN LA ÚLTIMA HEREDERA DE UN RÉGIMEN ARCAICO?

La película *Anastasia* (1997) nos pone ante una dicotomía. Por un lado, la protagonista pertenece a una familia adinerada que vivía con privilegios prácticamente medievales en el siglo xx; por otro lado, los revolucionarios, aunque al principio mejoraron las condiciones de vida de la clase obrera, crearon la Unión Soviética, que acabó siendo un régimen totalitario, con todas las desgracias que eso implica. ¿Con quién nos quedamos? En 20th Century Fox lo tenían claro: con ninguna. Simplemente crearían un cuento de hadas al estilo Disney para hacerles la competencia y no se preocuparon de más cosas. Nos plantaban, por tanto, una trama en la que, con una mezcla de aventura, romance y drama, conocemos la supuesta historia de Anastasia Romanov, la hija menor del zar Nicolás II, quien sobrevivió a la masacre de su familia y vive con amnesia hasta que descubre su verdadera identidad. Todo falso, claro, pero eso da igual, porque fue un éxito de taquilla y recibió nominaciones al Oscar a la mejor canción original y mejor banda sonora original.

Para entender a Anastasia, primero hay que hablar de los Romanov, la familia real rusa que reinó durante más de trescientos años. La película se sitúa justo después de la caída de esta dinastía durante la Revolución rusa de 1917, un evento que cambió el curso de la historia. En ese año, el zar Nicolás II, su esposa Alexandra y sus cinco hijos (Olga, Tatiana, María, Anastasia y Alexei) fueron arrestados durante la Revolución de Febrero. El pueblo estaba cansado del hambre, la guerra y la desigualdad social, por lo que se hartaron de los monarcas. Aprovechando este descontento social, Lenin jugó sus cartas para desalentar a la resistencia anticomunista, promoviendo borrar del mapa a los líderes opuestos, es decir, a la familia del zar. Es cierto que el revolucionario no firmó ningún papel, pero hay indicios sólidos de su conocimiento y aprobación de lo que estaba por ocurrir en 1918 en un sótano en Ekaterimburgo: la ejecución de los monarcas. Y ya que estaban, también ejecutaron a su familia, incluyendo niños y varios sirvientes que pasaban por ahí, el médico, el cocinero... Sin embargo, debido a rumores acerca de posibles sobrevivientes, especialmente Anastasia, el mito de su supuesta huida nació y capturó la imaginación de generaciones. Por otra parte, la película introduce a Rasputín como villano, aunque en realidad era un monje místico amigo de los zares que, aparte de trajinarse a toda la corte, tenía fama de curandero, porque había ayudado a Alexei, el heredero varón, que padecía hemofilia. Este hombre fue asesinado en 1916, antes de la caída de los Romanov, por lo que no tiene mucho sentido ponerle ahí. La Revolución rusa marcó el fin de la autocracia y dio lugar a la Unión Soviética. Fue una época de gran agitación social, con los bolcheviques liderados por Lenin tomando el poder en nombre del proletariado. En resumidas cuentas, la realidad de este momento es compleja y llena de traiciones, idealismos y brutalidad, no un cuento de princesas.

Como audiencia, sería raro empatizar con una heredera de una familia de déspotas, así que los blanquean un poco. Eso de que la monarquía velaba por el bien del pueblo y eran todos justos y buenos no es exacto del todo, por no decir que no hay por dónde cogerlo. Nicolás era conocido como Nicolás el Sanguinario desde que, en 1905, su tío, el gran duque Vladímir Aleksándrovich, ordenó abrir fuego contra manifestantes pacíficos. De hecho, en 1896, en su coronación, después de que el pueblo se agolpase durante las festividades porque había surgido el rumor de que iba a regalar comida a los ciudadanos, mandó a mil ochocientos policías cargar contra la muchedumbre al no poder controlarla, lo que provocó una estampida en la que murieron 1.389 personas. Por su parte, su gestión de las tropas en la Primera Guerra Mundial fue muy criticada y nadie entendía qué ganaban llevando a morir a miles de personas a las trincheras, al principio bajo el mando de oficiales designados por él y al final bajo su propia mano. La reina tenía clarísimo que no quería separación de poderes, y despreciaba profundamente a la clase obrera y cualquier pensamiento reformista. Era supersticiosa, creía en la magia y, encima, en ausencia de su marido, había puesto a tomar decisiones de Estado a Rasputín, un sanador al que todo el mundo odiaba pero que era amigo de la familia. Además, vivía en la opulencia más absoluta, prueba de ello son los huevos Fabergé, creados por el joyero ruso Peter Carl, que conforman una de las colecciones de lujosas piezas de orfebrería más famosas y caras del mundo. Como todo esto es un poco turbio, optaron por omitirlo en la trama.

Por otra parte, aunque haya sido un rumor a lo largo del siglo XX... no, Anastasia no sobrevivió. Ella era una adolescente de diecisiete años cuando fue ejecutada. Para empeorar las cosas, ni siquiera los Romanov fueron asesinados por una turba enfurecida en un ataque de ira, sino que su asesinato fue premeditado. En 1918, tras el alzamiento popular, la familia real estaba bajo arresto domiciliario hasta que los soldados los condujeron a un sótano y abrieron fuego contra ellos. Así, los revolucionarios se quitaban la posibilidad de que acabasen de alguna manera de nuevo en el poder. Los siete miembros principales de la familia imperial rusa fueron ejecutados y sus cuerpos arrojados a un lugar conocido como la mina de los Cuatro Hermanos. No fueron encontrados hasta 1991, año en el cual, gracias a las pruebas de ADN, demostraron que sí eran los restos de casi todos ellos. En ese momento no encontraron a Anastasia y Alexei, su hermano, de ahí la creencia de que podrían haber escapado, pero en 2007, años después del estreno, encontraron los dos cuerpos restantes en un prado cercano. ¿Por qué estaban separados de los demás? Eso es parte del misterio. La cosa es que en los años veinte del siglo XX, poco después de ese dramático final, se hizo famosa una chica llamada Anna Anderson, que aseguraba ser Anastasia, y algunos la creyeron. Los familiares supervivientes, como Ernesto Luis de Hesse-Darmstad, lo negaban y contrataron investigadores privados que revelaron que Anna Anderson era en realidad una obrera polaca llamada Franziska Schanzkowska que había estado internada en diferentes instituciones mentales. Aun así, ya se había hecho famosa y la historia se prolongó y eventualmente fue la inspiración para la película *Anastasia* de 1956, protagonizada por Ingrid Bergman, que fue el precedente de la adaptación al clásico infantil que traemos en este capítulo. Esta mujer murió en 1984, poco antes de que se encontraran los restos reales.

En suma, la historia de esta película de animación está basada en una farsante. Pero no es mala decisión cambiar el pasado, porque, visto lo visto, la alternativa era hacer una película infantil en la que ejecutan niños a sangre fría, los padres son unos déspotas sanguinarios, su amigo Rasputín es un salido y los enemigos acaban instaurando un régimen totalitario. ¿Qué clase de cuento de hadas y princesas sería ese?

¿SABÍAS QUE LA FRASE EN LAS PELÍCULAS «INSPIRADO EN HECHOS REALES» TIENE QUE VER CON EL ASESINO DE RASPUTÍN?

La relación entre Rasputín, su asesino Félix Yusúpov, y la frase «Esto está inspirado en hechos reales» en las películas es un ejemplo de cómo los eventos históricos pueden ser dramatizados y distorsionados en el cine y que si no pones eso, igual te puedes ganar una denuncia. El místico ruso con gran influencia en la corte del zar Nicolás II fue asesinado en 1916 por un grupo de nobles liderados por Yusúpov, en un intento de frenar su poder. Años después, cuando el conspirador ya había huido a Estados Unidos, se encontró que en una representación cinematográfica salía Rasputín... ¡y acababa seduciendo a su mujer! Yusúpov denunció a la productora y, desde entonces, en Hollywood se cubren las espaldas con este mensaje, asegurando que no es la historia real, sino una ficción inspirada en acontecimientos que sí pasaron.

91

LOS INTOCABLES DE ELIOT NESS: ¿UN EQUIPO INCORRUPTIBLE CONTRA EL MAFIOSO AL CAPONE?

Hollywood tiene mucho que agradecer al que es posiblemente el mafioso más popular de todos los tiempos: Al Capone, un hombre dedicado en cuerpo y alma a la criminalidad y al dinero. Su vida fue tan violenta como intrigante, y por eso ha inspirado decenas de películas. En el ejemplo que traemos aquí, por suerte, no tratan de jugar con su figura y estudiar sus motivaciones para que empaticemos con él, sino que lo ponen como el villano que era.

Dirigida por Brian De Palma, *Los intocables de Eliot Ness* (1987) fue desde el día uno un clásico del cine de gánsteres, combinando acción y drama en una tensión constante entre el bien y el mal, porque, según parece, mantenerse dentro de los márgenes de la ley no es fácil. Todos nos hemos salido alguna vez, pero en este caso es por el bien común. O eso dicen. La historia, ambientada en el Chicago de los años treinta durante la prohibición del alcohol, sigue la lucha de Eliot Ness, interpretado por Kevin Costner, y su equipo de agentes incorruptibles para derribar al infame mafioso Al Capone, encarnado con maestría por Robert De Niro. El guion, escrito por David Mamet, se inspira libremente en las memorias del verdadero Eliot Ness, *The untouchables*, aunque se toma grandes licencias creativas. El reparto incluye a Sean Connery, quien ganó el Oscar al mejor actor de reparto por su papel como el veterano policía Jimmy Malone, y a Andy García como el joven agente George Stone. La película fue un éxito comercial y de crítica, no solo por la dirección y las geniales interpretaciones, sino por la icónica banda sonora de Ennio Morricone. De hecho, en esta cinta tenemos una de las secuencias más famosas de la historia del cine, que es ese tiroteo en una escalera mientras cae un carrito de bebé, algo que genera una enorme tensión en el espectador; esta escena también influyó a numerosos futuros cineastas, que lo reflejaron en sus filmes en forma de tributos o parodias.

Veamos en qué momento se sitúa la película. Los llamados felices años veinte fueron una década de prosperidad económica, innovación cultural y transformación social, especialmente en Estados Unidos y Europa, tras el fin de la Primera Guerra Mundial. ¡Pocas cosas pueden hacer más feliz que no estar matándose en una trinchera! Marcados por el auge del consumo masivo, la expansión de industrias como la automovilística, la radio, y el despegue de los medios de comunicación, esta era vio la popularización del jazz, el crecimiento de los clubes nocturnos y el cambio en los roles de género, con mujeres como las *flappers* que adoptaron estilos de moda más liberales. Esta época de prosperidad culminó con el crac de la bolsa en 1929, que dio paso a la Gran Depresión, lo que es un poco triste, pero al menos podemos decir que ese tiempo de jolgorio les dio un poco de descanso; al fin y al cabo, venía otra guerra gorda en camino. Pese a ser recordado como un momento distendido, hubo intentos de reducir la fiesta porque el sueño americano tenía dos caras entonces: el brillo del swing y los rascacielos, y la sombra de la prohibición del alcohol. Sí, toda esa felicidad ocurrió en Estados Unidos bajo la Ley Seca, una normativa vigente entre 1920 y 1933 que prohibía la fabricación, venta y transporte de bebidas alcohólicas. La idea era, según movimientos sociales, religiosos y feministas que ejercían presión, erradicar el crimen de los bajos fondos, promover la salud y el orden social como lucha contra la pobreza, violencia doméstica, enfermedades... y mejorar la moral del país. Como supondrás, nada de esto pasó. (Como tampoco quedó demostrado que todos estos problemas eran exclusivamente de alemanes, irlandeses o italianos, que era una idea alimentada por el sentimiento antiinmigrante que buscaba preservar los valores tradicionales). Esta censura creó una economía paralela controlada por mafiosos como Al Capone, quien convirtió Chicago en su feudo personal. Los gánsteres amasaron fortunas vendiendo este líquido ilegal y sobornando a políticos y policías. Era una época en la que todo estaba en venta, excepto, claro, los «intocables».

Para acabar con el capo de la mafia la policía recurrió a Eliot Ness, quien lideró un grupo de agentes llamados los Intocables, equipo que combatió el crimen durante la época de la prohibición. Organizaron redadas exitosas, y desmantelaron varias operaciones de fabricación y distribución de alcohol ilegal controladas por Al Capone y su organización. ¿Lo hicieron porque el agente de la ley y el gánster se odiaban y vivían en una confrontación permanente llena de tensión? No. Lo cierto es que nunca tuvieron enfrentamientos directos tal como vemos, tan solo tenían visiones contrapuestas de la moralidad, la fiscalidad y la legalidad. Esto nos lleva al gran cambio que hay con respecto a la historia en esta película. El verdadero golpe contra Al Capone no vino de balas ni redadas, sino de algo mucho menos glamuroso: los impuestos. En 1931, fue condenado por evasión fiscal gracias al trabajo del Departamento del Tesoro. Es decir, que el gran mafioso del siglo XX fue encarcelado principalmente por el esfuerzo de un grupo de contables que trabajaban para Ness y los suyos. Al fin y al cabo, alguien que había cometido todo tipo de crímenes seguramente tampoco acataría la ley a la hora de pagar sus impuestos, por lo que fue más fácil pillarle por ahí.

Tras esta muestra de aventuras y bravuconería, Ness nunca tuvo un éxito comparable. Intentó una carrera política, pero no le fue bien y murió en 1957, envuelto en sombras y problemas financieros. Al menos se haría famoso más tarde gracias a su libro y las adaptaciones posteriores. Por su parte, sus agentes siguieron con su trabajo normal. Al Capone fue encarcelado en 1931 por evasión fiscal y pasó tiempo en el famoso presidio de Alcatraz. Fue liberado en 1939 debido a su salud, deteriorada por sífilis, y murió en 1947 en Florida. Al mismo tiempo, lo que desapareció fue también la Ley Seca, que había dado más problemas que beneficios. La gente podía volver a ponerse a beber en público sin problemas y, tal vez así, al menos se iban mentalizando de que pronto estarían en guerra de nuevo.

¿SABÍAS QUE AL CAPONE FUE EL RESPONSABLE DE UNO DE LOS CRÍMENES MÁS FAMOSOS DE LA HISTORIA DE ESTADOS UNIDOS?

Como buen mafioso, Al Capone no solo podía tener un buen currículum criminal por haberse forrado con negocios ilegales, sino que estuvo envuelto en asuntos realmente turbios como la Matanza de San Valentín, que aconteció el 14 de febrero de 1929 en Chicago. En esta masacre, siete miembros de la banda de Bugs Moran, rivales del infame gánster, fueron alineados contra una pared y ejecutados por sicarios disfrazados de policías. Se cree que la masacre fue ordenada por Al Capone en un intento de eliminar a su competencia en el contrabando de alcohol. Aunque él nunca fue arrestado por este suceso tan brutal, marcó el apogeo de las guerras de gánsteres y consolidó su reputación como el jefe del crimen más temido de la época. Al mismo tiempo, puso las pilas a los policías, que ya sentían la presión social por acabar con la situación.

92

EL NIÑO CON EL PIJAMA DE RAYAS: ¿LOS CIUDADANOS ALEMANES NO SOSPECHABAN NADA SOBRE EL HOLOCAUSTO?

El tema que se trata en este capítulo es complejo, no solo por la dureza y lo mal que nos deja como humanos, sino porque la perspectiva sobre el Holocausto ha cambiado en cierta manera con el tiempo. *El niño con el pijama de rayas* (2008) mantiene una visión inocente sobre el conocimiento que se tenía de lo que pasaba en los campos de exterminio de Alemania, algo que con los años se ha ido desmintiendo.

Dirigida por Mark Herman, es una adaptación de la exitosa novela homónima del escritor irlandés John Boyne. La historia se centra en Bruno, un niño alemán de ocho años, hijo de un oficial nazi, que se muda con su familia cerca de un campo de concentración durante la Segunda Guerra Mundial. Allí entabla una amistad secreta con Shmuel, un niño judío prisionero, que cambia para siempre su percepción del mundo. No despierta las mismas sensaciones que el libro porque aquí tardas en entender el contexto histórico, que acaba siendo una sorpresa bastante desagradable. Pese a no contar con ese factor, la película fue muy bien recibida por su capacidad para abordar los horrores del Holocausto desde una perspectiva inocente, y logró conmover al público.

El contexto histórico que arropa esta película es de los más horribles que podemos describir dentro de todo lo que ha pasado en nuestra historia, y ya es decir. El Holocausto fue el genocidio sistemático de alrededor de seis millones de judíos por parte del régimen nazi, liderado por Adolf Hitler. A esta cifra hay que sumar los gitanos, personas con discapacidades, homosexuales y opositores políticos que fueron perseguidos y asesinados. La propaganda nazi deshumanizó a estas comunidades, justificando su exterminio en los campos como Auschwitz, Sobibor y Treblinka. En estos lugares los prisioneros no eran forzados al trabajo (que para eso ya tenían otros sitios), sino que eran asesinados mediante cámaras de gas, fusilamientos o sirviéndose de otros terribles métodos. La película humaniza el horror al mostrarnos dos perspectivas inocentes: la de Bruno, un niño alemán que crece en una burbuja de privilegio, y la de Shmuel, quien representa a las víctimas de esta industria de la muerte. A través de su amistad, la cinta explora la desconexión entre la difusión ideológica estatal y la realidad brutal, y muestra incluso a una madre que no parece estar al tanto de la magnitud de las atrocidades.

Aunque el mensaje de la película es claro, y por eso funciona, conviene recordar una realidad muy cruel: la mayor parte de la sociedad alemana tenía conocimiento de lo que pasaba en los campos de exterminio; asimismo, había una fuerte sospecha entre la comunidad internacional, cuando no una confirmación exacta. Era sabido que se perseguían judíos en Alemania desde las leyes raciales de Núremberg en 1935, pero un plan sistemático de eliminación, creando una industria del horror para ello, tardaría unos años en llegar, y se puso en funcionamiento desde 1941, a mediados de la Segunda Guerra Mundial, en parte como consecuencia del conflicto y del progresivo aumento de la violencia antisemita por parte del régimen nazi. Tras la guerra, la mayoría de los alemanes alegaron que no sabían nada, y ese fue el relato imperante en las siguientes décadas. No obstante, con el proceso de desnazificación que se dio en el país, Alemania acabó asumiendo la culpa por el crimen cometido. En los institutos se empezó a hablar de por qué habían llegado a ese punto, de la manipulación de masas y del silencio cómplice. Las nuevas generaciones comenzaron a hacer público lo que habían oído a sus padres en casa: sí se sabía. La vergüenza se fue admitiendo con el tiempo, algo que es normal, pues ponerse delante de un espejo y verse como un monstruo no es agradable; por esa razón se optó por el concepto de «culpa colectiva», para que no se señalase a nadie en particular o los niños en clase no distinguieran entre los que eran hijos de asesinos o asesinados. Admitir este conocimiento ha puesto el foco en otra parte del problema: ¿hasta qué punto podemos exigir responsabilidad individual a los civiles alemanes que vivían entonces? Muchos eran reclutados a la fuerza, otros no podían huir y para 1942 creían que Alemania era imbatible, pues había conquistado casi toda Europa. ¿Dónde ir y cómo? Además, si decían algo, ellos o sus familias pagarían las consecuencias. Por tanto, se optó por asumir una responsabilidad como sociedad. Como contrapartida, algunos criticaron que esto era incluso peor, entre otras cosas porque la mayor parte de los que cometieron crímenes impensables eran ciudadanos de a pie que se reincorporaron a la vida civil y no se les juzgó.

El matiz a ese conocimiento general está en que la inmensa mayoría de la población no sabía la magnitud del problema, por mucho que hubiese indicios, sobre todo entre los que vivían cerca de los campos. Los demás habían visto desaparecer a vecinos, o sabían de un negocio que antes lo regentaba una familia y que se los llevaron detenidos para no volver a saber de ellos, o tenían familiares que al inicio del conflicto hubieron de participar en masacres en países como Ucrania. Es verdad que, de negarse, muy probablemente habrían acabado teniendo problemas, así que se justificaba la participación, pero eso tan solo confirma que había conocimiento de ello. Incluso existen casos, como el del valiente soldado polaco Witold Pilecki, que entró voluntariamente en Auschwitz para reunir información y, tras dos años, huyó del campo de concentración para informar de sus atrocidades al mundo, pero fue ignorado.

Al mismo tiempo, los Aliados comenzaron a recibir información concreta sobre las atrocidades a partir de 1941, incluida la evidencia de cámaras de gas y asesinatos masivos proporcionada por espías, informes de resistencia polaca, mensajes interceptados e incluso imágenes aéreas de los campos y los recorridos de los trenes. Como era de esperar, esto ha generado preguntas incómodas. En 1942 se publicaron reportajes en periódicos como *The New York Times* que informaban sobre los genocidios en Europa del Este. No obstante, muchos lectores y gobiernos subestimaron o ignoraron la magnitud de los crímenes, alegando que siempre recibían mala prensa de los enemigos. Al mismo tiempo, hay relatos, como el del diplomático español Ángel Sanz Briz, conocido como el Ángel de Budapest, que, sabiendo el destino de los judíos húngaros, logró dar la nacionalidad española a cinco mil doscientos de ellos en 1944. Y hay más casos de embajadores portugueses o incluso japoneses. ¿Y por qué no se hizo nada? Por un lado, los esfuerzos de los enemigos de Alemania estaban centrados en la guerra; por otro, las dimensiones del Holocausto eran tan extremas que algunos lo consideraban exagerado o propaganda de guerra. También cabe preguntarse si nosotros somos conscientes de alguna barbaridad que esté pasando en el mundo ahora mismo y no estemos haciendo nada.

En conclusión, la película es buena y transmite una de las mayores desgracias que han podido ocurrir, y eso es lo importante. Sin embargo, perpetúa el mito de que los civiles alemanes no sabían nada, como tampoco lo sabían los aliados de Hitler o las potencias enemigas. Quizá es que la ficción no quiere asumir que la humanidad falló tanto en ese momento y desea descargar esa terrible responsabilidad en el espectador, pero la historia es la que es.

¿SABÍAS QUE UNA CAZANAZIS FRANCESA LLEGÓ A ABOFETEAR EN PÚBLICO A UN CANCILLER ALEMÁN POR SU PASADO NAZI?

Tras la Segunda Guerra Mundial y el horror del Holocausto surgieron varios grupos de supervivientes dispuestos a encontrar y llevar ante la justicia a todos aquellos nazis que habían logrado escapar del país con una nueva identidad. Muchos gerifaltes fueron capturados en los años sesenta y setenta en países como Argentina o Brasil, o incluso hubo casos más recientes, como el de Helma Kissner, una operadora de radio alemana que trabajó en Auschwitz durante cuatro meses en 1944 y fue declarada cómplice del asesinato de doscientas sesenta mil personas en 2016, cuando ella tenía noventa años. Debido a su avanzada edad no cumplió la condena, pero es un buen ejemplo para ver que estos justicieros no han descansado en décadas. Entre estos rastreadores destacó el matrimonio francés Klarsfeld, cuya mujer, Beate, acusó al canciller alemán Kiesinger de haber formado parte activa del horror. Lo cierto es que, aunque él nunca mató a nadie por su propia mano, formó parte del partido nazi desde 1933 y llegó a participar en el Ministerio de Propaganda. La francesa se presentó en numerosos eventos llamándole de todo delante de las cámaras, y aunque no se le juzgó, ella prometió darle algún día una bofetada en nombre de los cincuenta millones de muertos por la Segunda Guerra Mundial. Este objetivo se le resistió durante años pese a coincidir en muchos actos, pero finalmente logró abofetearlo en público en 1963.

93

CASABLANCA: ¿BATALLAS MUSICALES EN LA SEGUNDA GUERRA MUNDIAL?

Esta película es mítica y merece un capítulo en cualquier libro que trate de cine. Da igual el tema, aunque hables de películas y gastronomía, analices los mejores dramas de la última década o los directores más interesantes del séptimo arte. Hay que mencionar a *Casablanca* (1942). Entre otras cosas porque es la única cinta famosa sobre la Segunda Guerra Mundial... ¡grabada durante la Segunda Guerra Mundial!

Dirigida por Michael Curtiz y protagonizada por Humphrey Bogart como Rick Blaine e Ingrid Bergman como Ilsa Lund, combina romance, drama y contexto político en una narrativa inolvidable. Ambientada en la ciudad marroquí de Casablanca durante el conflicto, la historia sigue al cínico propietario de un café, Rick, quien se ve atrapado en el dilema de ayudar a Ilsa, su antiguo amor, y luchar contra las fuerzas nazis al apoyar a la resistencia. Lo que poca gente sabe es que en realidad es una adaptación, pero no de un libro como suele pasar, sino de una obra teatral no producida titulada *Everybody Comes to Rick's* escrita por Murray Burnett y Joan Alison. Viendo su potencial, Warner Bros adquirió los derechos y transformó la obra en un guion cinematográfico cargado de emoción y temas universales, como el sacrificio, el patriotismo, lo bien que se está tomando algo en un bar y el amor perdido. Curiosamente, no se esperaba que fuera un gran éxito, pero acabó siendo un fenómeno cultural. Ganó tres premios Oscar, entre ellos el de mejor película, mejor director y mejor guion adaptado. Frases como «Siempre nos quedará París» se volvieron icónicas, y su canción principal, *As Time Goes By*, es considerada un himno de esta etapa de Hollywood. Sin embargo, pese a lo maravillosa que es, una de sus escenas más memorables no tiene ninguna base histórica, hasta el punto de resultar un poco absurda.

Pongamos un poco de contexto. La Segunda Guerra Mundial estaba en pleno apogeo. Era 1942, y los Aliados (liderados por Estados Unidos, Reino Unido y la URSS) luchaban contra las Potencias del Eje (Alemania, Italia y Japón). Gran parte de Europa estaba ocupada por los alemanes, y millones de personas huían de la persecución y los horrores del conflicto. Casablanca, en Marruecos, formaba parte del protectorado francés controlado por el régimen colaboracionista de Vichy, aliado de Alemania, lo que lo convertía en un lugar hostil para los estadounidenses. Pese a ello, en este puerto estratégico se reunían refugiados que intentaban escapar a otros países libres. Era un lugar caótico lleno de intrigas, espionaje y puede que de amores perdidos. Nos muestran entonces que Rick Blaine ayuda al líder de la resistencia Victor Laszlo a escapar, mostrando la lucha entre quienes apoyaban o toleraban a los nazis y quienes arriesgaban sus vidas para combatirlos. Es cierto que esa tensión se experimentaba en lugares de África, normalmente en los restos coloniales donde convivían ciudadanos internacionales pertenecientes a las diferentes facciones enfrentadas. Sin embargo, la neutralidad era casi imposible y la vigilancia era extrema debido al riesgo de infiltraciones de espías y, además, los visados servían para más bien poco. Lo que había que hacer era colarse en rutas clandestinas y redes ilegales. No obstante, eso son detalles.

La escena en la que los alemanes están cantando y de pronto los franceses se ponen a entonar *La marsellesa*, el himno de Francia, es desde luego una de las tomas más famosas del cine de Hollywood. Los soldados de Alemania están cantando una canción llamada *Die wacht am Rhein* (La guardia del Rin), un himno patriótico que se popularizó en el siglo XIX y que ha sido considerado erróneamente como nazi por muchos. De hecho, es el mismo que cantan los reclutas en varias de las versiones de *Sin novedad en el frente*, lo que es otra prueba de que existía desde mucho antes. Es cierto que la letra trata sobre la enemistad con los galos debido a las guerras que ocurrieron más de un siglo antes de lo que vemos, y que también ahí fue cuando se popularizó el canto nacional francés, por lo que la respuesta parece adecuada. Pero ¿cuántos de los presentes conocían esa lección de historia? Lo que parece que se quiere transmitir realmente es que es muy molesto acudir a tu bar habitual y encontrarte a un grupo de gente perteneciente a los villanos que han ocupado casi toda Europa, situación que es peor si además están bebiendo y gritando a los cielos lo muy guapos y poderosos que son; con todo, eso no significa que cualquier palabra que salga de su boca sea nazi *per se*. Como tantas otras cosas, el régimen de Hitler se apropió de la cultura germana para sus propias ideas, y desde luego no era el himno nacional. ¿Sería inteligente entonar el canto de un país sometido para acallarles? Esto funciona a nivel narrativo por lo desafiante que resulta, pero sería un acto increíblemente estúpido. Lo más probable es que los alemanes no hubieran permitido una escena como esta en un lugar público sin una respuesta inmediata y violenta.

El guion parece haberse olvidado de lo que era el régimen de Vichy, que era el gobierno francés títere de Alemania y que gestionaba una parte de Francia. Ya sea porque creían que era mejor colaborar por eso de que lo menos malo es que arda solo la cocina y no toda la casa, o porque realmente estaban convencidos de su trabajo e ideas, acabaron participando de manera activa en las políticas de Hitler. Aunque el régimen no gestionaba directamente campos de exterminio, fue responsable de la deportación de decenas de miles de personas, especialmente judíos, hacia los campos de concentración nazis. Se calcula que setenta y seis mil judíos fueron deportados desde Francia. De ellos, más del 90 por ciento murieron. Por no mencionar que además se persiguió a comunistas, gitanos, homosexuales y otros considerados «indeseables». A través del programa de Service du Travail Obligatoire (Servicio de Trabajo Obligatorio), el régimen obligó a seiscientos cincuenta mil franceses a trabajar en Alemania, bajo condiciones extremadamente duras que produjeron numerosas muertes. Por si fuera poco, también formaron parte activa en la represión de movimientos de resistencia, lo que resultó en la ejecución de miles de combatientes y civiles. Esta bravuconada de cantar el himno habría resultado fatal para todos aquellos que se encontraban en el bar, pues para nada estamos ante un régimen amable donde se permitiesen esas libertades.

En pocas palabras, nuestros protagonistas habrían sido fusilados, el bar habría ardido y la película habría acabado a la mitad, lo que sería un final realmente raro y poco esperanzador.

¿Qué tiene que ver Nelson Mandela con la película *Casablanca*?

Nelson Mandela (1918-2013) fue un líder sudafricano clave en la lucha contra el *apartheid*, un sistema de segregación racial. Tras ser arrestado en 1962 y condenado a cadena perpetua, pasó veintisiete años en prisión y se convirtió en un símbolo global de resistencia. En 1990, fue liberado y desempeñó un papel crucial en la transición de Sudáfrica hacia una democracia multirracial. En 1993 recibió el Premio Nobel de la Paz y en 1994 fue elegido el primer presidente negro del país. Sin embargo, aunque murió en 2013, un grupo de sociólogos estadounidenses se dio cuenta de que una gran parte de la sociedad daba por hecho de que el líder sudafricano murió en prisión en la década de los noventa. A este fenómeno, cuando parte de la sociedad tienen un recuerdo colectivo falso, se le bautizó como efecto Mandela. ¿Y qué tiene que ver esto con *Casablanca*? La famosa cinta es también recordada por una frase que nunca se dijo. El personaje de Isla Lund jamás dijo «Tócala otra vez, Sam», en referencia al pianista que cantaba el tema *As Time Goes By*, sino que dijo «Tócala, Sam». El añadido «otra vez» o *again* en inglés es un extra que no se sabe por qué gran parte del público da por hecho. Al igual que Darth Vader en *Star Wars* nunca dijo «Luke, yo soy tu padre», sino «No. Yo soy tu padre»; o como cuando creen que el personaje que se utiliza como logotipo del juego de mesa Monopoly lleva un monóculo; o los que recuerdan la cola del pokémon Pikachu con una marca negra (como sus orejas), cuando es totalmente amarilla.

94

SALVAR AL SOLDADO RYAN: ¿SOLO ESTADOS UNIDOS DESEMBARCÓ EN NORMANDÍA Y DERROTÓ A LOS NAZIS?

Como comentamos en la introducción del libro, existe una encuesta muy famosa de un periódico francés sobre la percepción sobre qué nación hizo más esfuerzos para derrotar a la Alemania nazi. Los resultados cambiaban con el tiempo. Tras acabar la Segunda Guerra Mundial un 57 por ciento de los encuestados pensaba que era la Unión Soviética la que arriesgó más por la victoria, y tan solo un 20 por ciento se decantaba por los estadounidenses, y un 12 por ciento por el Reino Unido. Estas cifras se fueron alterando con el tiempo y para 2004 las nuevas generaciones francesas pensaban que era al revés: un 58 por ciento estaba a favor del Tío Sam y tan solo un 20 por ciento reconocía el empuje bélico de Stalin. ¿Qué había pasado en esos sesenta años? Sin duda, el dictador soviético hizo méritos para no caer del todo bien, y el régimen comunista no gozó de buena reputación en Occidente durante la Guerra Fría, y eso afectó, pero la influencia de décadas de Hollywood hizo mella. Este debate sigue abierto y se suele responder con que los rojos pusieron los muertos y los yanquis el dinero, pero el cine americano es sin duda más exitoso e influyente, y ellos cuentan sus historias, unas historias que acaban siendo la percepción de la realidad de una gran parte del planeta. Un ejemplo perfecto de eso sería *Salvar al soldado Ryan* (1998), que es sobresaliente, pero perpetúa esta imagen del salvador norteamericano.

Dirigida por Steven Spielberg, es una de las películas bélicas más influyentes y aclamadas de la historia del cine. La trama sigue al capitán John

H. Miller (interpretado por Tom Hanks) y su escuadrón, quienes reciben la misión de rescatar al soldado James Francis Ryan (Matt Damon), el único sobreviviente de cuatro hermanos, durante la Segunda Guerra Mundial, después del Desembarco de Normandía. Esta misión sería absurda e imposible, más si tenemos en cuenta que el principio fundamental de la guerra es que pocos se sacrifican para salvar a muchos, no todo lo contrario. Obviando esto, la película es famosa por su brutal realismo, especialmente en la recreación del desembarco en Omaha Beach, una secuencia inicial que dura más de veinte minutos y ha sido considerada una de las representaciones más auténticas de la guerra en la gran pantalla. Hay relatos de veteranos que salieron de las salas al revivir los traumas del pasado, e incluso algunos aseguraron que pudieron oler gasolina de tanques desde la butaca. El éxito de *Salvar al soldado Ryan* fue monumental: recaudó más de 485 millones de dólares a escala mundial y ganó cinco premios Oscar, entre ellos el de mejor director. Sin duda, estamos ante cine en mayúsculas y, aun así, podemos hacer alguna puntualización.

La película nos hace viajar a uno de los días más caóticos y heroicos de la Segunda Guerra Mundial: el 6 de junio de 1944, también conocido como el Día D. El mundo estaba en conflicto desde 1939 y para 1942 Hitler parecía imbatible, pero los esfuerzos bélicos lograron equilibrar la balanza. Tan solo hacía falta algo que terminase de dar un vuelco a la situación. En ese momento crucial, los Aliados lanzaron una de las mayores invasiones anfibias de la historia para liberar a Europa del control alemán y abrir un nuevo frente occidental contra las fuerzas del Führer. Más de 156.000 soldados aliados desembarcaron en cinco playas con los siguientes nombres en clave: Omaha, Utah, Gold, Juno y Sword. La más brutal fue Omaha Beach, que es justamente donde comienza *Salvar al soldado Ryan*, donde se muestran los soldados bajo el fuego, las olas rojas de sangre, explosiones... todo en un escenario donde cada paso era una lucha por la vida. Es una de las escenas más memorables del cine, sin embargo, esta operación no fue solo cosa de los estadounidenses. Las mencionadas playas de Gold y Sword fueron reservadas para los ingleses y Juno para los canadienses; estos últimos fueron los que menos bajas tuvieron y cumplieron más rápido sus objetivos. Además, en todos estos grupos había soldados de todas partes del mundo: australianos, neozelandeses, exiliados franceses, polacos, noruegos y checos, o sea que eso parecía más una fiesta de estudiantes de intercambio que otra cosa. Nada de esto es mencionado en la película, que confirmaba la creencia popular de que solo hubo tropas estadounidenses en Normandía luchando por la libertad de Europa. Uno podría pensar que Hollywood pone el dinero y cuenta las historias que quiere, que al fin y al cabo no tiene por qué relatar la vida de los demás. Eso es lógico, y más si tenemos en cuenta que la playa de Omaha fue la que tenía más cosas que contar y, efectivamente, una de las reservadas a los hombres del Tío Sam. Era la más fortificada y la que más iba a costar tomar, tanto es así que de las cinco playas, fue en la que más bajas hubo: tres mil soldados, casi todos de la primera hornada que pisaron ese lugar. No hay que dudar de que se merecen ese homenaje, pero al menos poner que las lanchas de desembarco eran inglesas y que eran los británicos quienes debían acercarse bajo fuego enemigo, dejar a los Aliados y luego volver atrás a por más tropas cruzando el canal de la Mancha de nuevo. Quizá, con poner al piloto bebiendo té habría bastado. O sea, que sí, Estados Unidos hizo mucho, pero fue parte de un conglomerado mayor.

Por otra parte, aunque *Salvar al soldado Ryan* se centra en una fase muy específica de la guerra, que son los primeros días tras el desembarco, también ayuda a perpetuar una imagen incorrecta de la batalla de Normandía. El inicio de la película es tan brutal que uno puede acabar pensando que tras ese sacrificio todo iría mejor. Lo cierto es que las playas de Omaha podrían considerarse un pase vip en Disneyland en comparación con lo que vino después. En la Operación Overlord, que es como se llamó a este avance militar, los Aliados llegaron a sumar doscientas veintiséis mil bajas militares. La resistencia del ejército alemán fue mucho más contundente que en esos primeros días, sobre todo porque el éxito de la operación anfibia no fue tanto por la superioridad militar aliada, sino por la falta de estrategia de los defensores, que una vez recuperados del golpe inicial pusieron toda su maquinaria a funcionar.

Por último, vemos a soldados de Estados Unidos cometiendo crímenes de guerra, como disparar a enemigos que ya se han rendido. Es meritorio que muestren eso, seguramente por el deseo de transmitir que, aunque ellos son «los buenos», el mal puede habitar en todos los bandos. En este sentido, en la cinta no vieron conveniente mencionar los casi veinte mil civiles franceses que murieron en los bombardeos previos al Día D, considerados daños colaterales, por eliminar los cañones antiaéreos; o las doscientas violaciones a francesas acometidas por Aliados en las semanas posteriores.

En conclusión, sin duda estamos ante una película única, pero como espectadores no podemos olvidar ser críticos y preguntarnos cosas como: «¿Quién ha hecho esta película?», o «¿Por qué está contando esta historia?».

¿SABÍAS QUE LOS ALIADOS SE SIRVIERON DE TANQUES INFLABLES PARA DESPISTAR A LOS ALEMANES EN EL DESEMBARCO DE NORMANDÍA?

Una operación tan grande como el Desembarco de Normandía supuso un reto logístico para los Aliados, que debieron crear estrategias falsas para hacer creer a los alemanes que sus intenciones eran otras. Así nació la Operación Fortitude, donde se usaron señales de radio falsas, unidades militares ficticias que incluían tanques inflables, aviones de madera y campamentos vacíos para simular una enorme fuerza de combate que invadiría Pas de Calais, en Francia, un lugar más cercano a las islas Británicas y donde las tropas posicionaron a sus defensas. Curiosamente, toda esta acción coordinada y planificada pareció ser revelada al público cuando Leonard Dawe, un maestro de escuela y autor de los crucigramas más famosos del país en *The Daily Telegraph*, incluyó palabras como «Utah», «Omaha» u «Overlord» entre las que debían resolver los lectores, cuando estos vocablos eran básicos en la estrategia del Día D. Tras su arresto, confesó que a menudo pedía a sus estudiantes que le propusiesen términos para confeccionar sus pasatiempos y a menudo estos sugerían palabras que habían escuchado a los soldados estadounidenses. Tras descartarle como un espía enemigo y promocionar los montajes antes mencionados, se dio luz verde a la operación.

95

ENEMIGO A LAS PUERTAS: ¿DISPARABA EL EJÉRCITO ROJO A SUS PROPIOS SOLDADOS?

Estamos ante una película que mucha gente daría por hecho que es de Hollywood, pero en realidad es una producción europea. De todas maneras, aunque solemos entender que son las empresas americanas las que se alimentan de ciertos estereotipos históricos y los difunden en favor de sus ideas, lo cierto es que eso es algo que hace el cine en general. En cualquier caso, como siempre, lo importante es contar algo interesante. ¿Es una buena trama un duelo de francotiradores en las ruinas de la batalla más sangrienta de la historia? ¡Por supuesto!

Estrenada en 2001 y dirigida por Jean-Jacques Annaud, viajamos a la batalla de Stalingrado, donde el tirador soviético Vasili Záitsev (interpretado por Jude Law) lucha contra el tirador alemán Mayor König (Ed Harris), en un duelo psicológico y mortal. La trama se mezcla con una historia de amor entre Vasili y Tania Chernova (Rachel Weisz), una soldado soviética. Inspirado en hechos reales, aunque se toma muchas licencias creativas, el largometraje se basa en parte en el libro *Enemy at the Gates: The Battle for Stalingrad* (Enemigo a las puertas: la batalla de Stalingrado) de William Craig. Obtuvo un éxito moderado de taquilla y generó su mayor impacto en el público que buscaba entender la brutalidad de la guerra en el frente oriental. Aun así, es considerada una de las producciones más interesantes sobre la Segunda Guerra Mundial.

Viajemos a Stalingrado, la ciudad que se convirtió en un infierno en la Tierra entre agosto de 1942 y febrero de 1943. Si pensabas que el Día D fue brutal, si lo comparas con esto fue como una invitación a un hotel de cinco estrellas con todo pagado, con sauna, gimnasio y desayuno con bufé incluido. La ciudad de Stalingrado era un motor industrial a orillas del río Volga, y tenía un valor estratégico crucial. Hitler quería capturarla para cortar las rutas de suministro soviéticas y porque... ¡tenía el nombre de Stalin! Para el dictador alemán, era una cuestión de orgullo aplastar la ciudad homónima de su enemigo. El líder soviético, por su parte, no podía permitir la pérdida de ese emplazamiento por los mismos motivos: le venía bien a nivel estratégico y político, al fin y al cabo había bautizado ese lugar en honor a sí mismo. Los combates cuerpo a cuerpo se desarrollaban en fábricas, sótanos y ruinas, y los francotiradores como Vasili Záitsev, uno de los tiradores más famosos de la historia, se convirtieron en figuras clave. Las condiciones eran inhumanas: frío extremo, hambre y ataques constantes. Los soldados se enfrentaban al enemigo, pero también a la desesperación, el hambre y el agotamiento, lo que dio como resultado dos millones y medio de bajas en los seis meses que duró esta carnicería. La miseria, la guerra en las calles, la destrucción..., todo ello está bien representado, pero el asalto inicial que quedó grabado en nuestra retina se alimenta de un mito que afirma que los soviéticos disparaban a sus propias tropas cuando estas trataban de huir.

Esta toma se justifica con un precedente histórico: Stalin ordenó en 1942 la famosa Orden 227, también conocida como «Ni un paso atrás», que establecía que las fuerzas soviéticas que retrocedieran serían ejecutadas. Esto en la película es interpretado como «si damos un solo paso para atrás nos disparan, así que solo podemos correr hacia delante a lo loco». La realidad es mucho más compleja. Para ese momento Rusia tenía casi a la misma población en terreno ocupado por Alemania que dentro de sus propias fronteras, lo que significaba que la mayoría de los soviéticos que formaban parte de los enfrentamientos tenían familia bajo el dominio de Hitler, y todos sabían a qué tipo de suplicios estaban sometidos. Es decir, la concienciación de no ceder más terreno era absoluta. ¿Hasta dónde había que huir? ¿Cuánto terreno había que abandonar? Esas eran las preguntas que trataban de responder los altos mandos rojos. Fue entonces cuando se promulgó la Orden 227, que no era un sistema de coerción a la tropa regular, sino que se enfocaba en las negligencias de oficiales que aprobaban las retiradas en momentos en los que la situación estaba controlada o dejaban de hacer presión cuando las fuerzas estaban equilibradas. Esto es, huir estaba permitido si la situación lo requería. De hecho, se aprobaron varios de estos movimientos sin consecuencias. Los oficiales y comisarios que desobedecían este mandato eran relegados a pelotones disciplinarios, que los situarían en primera línea de batalla en los frentes más difíciles; asimismo, en ocasiones los llevaban a juicios que implicaban la baja deshonrosa, el arresto e incluso la ejecución. Según los historiadores, se calcula que de los quince mil oficiales arrestados doscientos sufrieron la pena capital. Es decir, esta medida jamás se aplicó a tropas regulares del Ejército Rojo tal como nos muestra la película con el ametrallamiento de los pobres reclutados.

Por si fuera poco, nos muestran que los soldados tienen que compartir armas en parejas. Uno lleva cargadores y otro el fusil, lo que hace evidente que los están usando como carne de cañón. Esto quiere reflejar la falta de abastecimiento que había en Stalingrado, y hasta cierto punto fue real, pero no como para mandar a la gente sin nada y menos aún como para ametrallarles después cuando huyen porque no pueden avanzar. ¡Vaya, para eso sí hay armas y munición! *Enemigo a las puertas* se alimenta de mitos para representar una realidad más miserable de lo que fue, pero ¿hasta qué punto hace falta? Como audiencia, ya entendemos que una película que muestra el combate más sangriento de la historia probablemente haga pasar un mal rato a los protagonistas, no hace falta inventarse nada.

Por otra parte, sí refleja bien que uno de los protagonistas es judío, por lo que sufría el descrédito social por parte de sus compañeros, algo que sí pasaba en la Unión Soviética; o el sistema totalmente autoritario basado en un culto al líder, las dificultades de haberse criado en un país precario y, sobre todo, la importancia estratégica de los francotiradores en el conflicto. La gente ya sabe que la Unión Soviética en aquellos años no era precisamente un paraíso, y quizá por eso nos resulta creíble este inicio de la película, pero no es más que una exageración.

¿SABÍAS QUE VASILI ZÁITSEV NO ES EL FRANCOTIRADOR MÁS FAMOSO DE LA SEGUNDA GUERRA MUNDIAL?

Pese a inspirar esta película y ser un excelente tirador, Valisi no fue el soldado de esta clase más famoso del conflicto. El honor de ser el francotirador más letal de la Segunda Guerra Mundial corresponde a Simo Häyhä, un finlandés apodado «Muerte Blanca», quien eliminó a más de quinientos soldados soviéticos en la guerra de Invierno, cuando el Ejército Rojo invadió Finlandia en 1939. También destacan Lyudmila Pavlichenko, una francotiradora soviética con 309 muertes confirmadas en su haber, y Matthäus Hetzenauer, un alemán que ocasionó 345 bajas. Por su parte, Vasili Záitsev, sí que tuvo un papel destacado en la batalla de Stalingrado, y se le atribuyen al menos 225 muertes.

96

OPPENHEIMER: ¿EXISTÍA UN DEBATE MORAL EN EL USO DE LAS BOMBAS ATÓMICAS?

¿Alguna vez te has sentido mal por algo que has hecho? Esta película en realidad va de eso, del remordimiento y el arrepentimiento. Posiblemente, esas cosas que a ti te carcomen y te quitan el sueño no estén al nivel de crear un aparato con el que matar a miles de personas, pero en esencia es lo mismo.

La película *Oppenheimer* (2023), dirigida por Christopher Nolan, es una épica biografía cinematográfica sobre J. Robert Oppenheimer, el físico teórico a quien se considera el padre de la bomba atómica. Basada en el libro *American Prometheus* de Kai Bird y Martin J. Sherwin, la película detalla la vida del científico desde sus días como joven estudiante hasta su papel central en el Proyecto Manhattan, y las consecuencias personales y éticas del desarrollo de las primeras armas nucleares. El filme fue un fenómeno global y se convirtió en la tercera película más taquillera de 2023. Su estreno coincidió con el gran éxito del año: *Barbie*. Esto generó un fenómeno cultural inesperado conocido como «Barbenheimer», que animó a las audiencias a ver ambas películas en maratones de cine, o incluso a crear carteles promocionales que mezclaban ambas producciones; en ellos se veía al investigador vestido de rosa con una explosión nuclear del mismo color de fondo. *Oppenheimer* recibió trece nominaciones al Oscar, de los cuales ganó siete, entre ellos el de mejor director para Nolan y mejor actor para Cillian Murphy, cuya interpretación del protagonista fue alabada como una de las mejores de su carrera, que ya es decir teniendo en cuenta el nivel del intérprete.

Hablemos del Proyecto Manhattan y de cómo cambió nuestro presente. En los años cuarenta, en plena Segunda Guerra Mundial, el mundo estaba en llamas con frentes por todos lados. Mientras los soldados luchaban en Europa y Asia, otro tipo de guerra se libraba en los laboratorios. En 1939, los científicos descubrieron cómo dividir un átomo de uranio, lo que liberaba una energía inimaginable. Cuando Albert Einstein y Leo Szilard alertaron al presidente Roosevelt sobre el riesgo de que los nazis pudieran desarrollar una bomba nuclear, Estados Unidos se puso manos a la obra. Así nació el Proyecto Manhattan en 1942, que reunió a más de ciento veinte mil personas trabajando en secreto para construir una bomba antes que Alemania. Sí, al parecer tanta gente puede trabajar en un proyecto secreto sin que nada salga a la luz. En Los Álamos, Nuevo México, Oppenheimer lideró a los mejores científicos del momento para diseñar la bomba. Después de tres años de trabajo, en julio de 1945, se realizó la prueba Trinity, la primera explosión nuclear de la historia. Apenas un mes después, Hiroshima y Nagasaki fueron devastadas por las bombas atómicas.

Ahora bien, ¿sabían los científicos el uso que se iba a dar a las bombas? Sí y no, y ese debate es el que se nos muestra en la película. La idea era ganar la carrera armamentística a Alemania, que era una potencia científica sin igual. Quizá, al saber que Estados Unidos tenía armas más gordas, se cortarían un pelo a la hora de atacarles, o se rendirían antes, o puede que incluso si los dos tuviesen armas nucleares mantendrían un acuerdo tácito de no atacarse para no destruir el mundo, que es lo que pasó en la Guerra Fría durante las siguientes décadas, aunque con la Unión Soviética. No obstante, los nazis fueron derrotados y estas armas no solo no se usaron como elemento de disuasión, sino que se lanzaron contra la población japonesa, matando a cerca de ciento sesenta mil personas en Hiroshima y ochenta mil en Nagasaki. Tal como se nos muestra, J. Robert Oppenheimer expresó arrepentimiento y profunda angustia moral por el uso de su creación. Poco después, durante una reunión con el presidente Harry Truman, declaró: «Tengo las manos manchadas de sangre», lo que llevó a Truman a considerarlo un «llorón» y a distanciarse de él. Este sentimiento de culpa lo persiguió durante el resto de su vida, e hizo que se convirtiera en uno de los defensores más visibles de la regulación y el control internacional de estos dispositivos. Lo cierto es que podría haberlo visto venir, al fin y al cabo, colegas suyos como Joseph Rotblat abandonaron el proyecto al darse cuenta de que el verdadero propósito final era no ponerse por delante en la carrera armamentística, sino someter a Japón rápidamente y disuadir a la Unión Soviética de sus avances. Esa era la clave: la geopolítica.

La película muestra un debate moral entre todos los implicados sobre el uso de estas armas. Este cuestionamiento podría existir entre los científicos, pero entre los políticos las cosas parecían estar bastante claras y no se sintieron nada mal por soltar regalos nucleares en territorios ajenos, cosa que, por otra parte, no es sorprendente tratándose de los humildes servidores públicos que trabajan en política.

Lo cierto es que había razones geopolíticas de peso. La alianza de Estados Unidos con la Unión Soviética tenía tanto sentido como ver en el mismo equipo a un gánster y a un policía, quienes solo combatirían juntos para enfrentarse a un mal mayor, como una invasión alienígena o algo así. Los enemigos solo se hacen amigos por un interés superior, en este caso vencer a las fuerzas del Eje, es decir Alemania, Italia y Japón. Esta amistad era forzada y falsa, y de hecho llevaría a décadas de enfrentamientos en la consiguiente Guerra Fría entre ambos bloques. Es más, cuando el presidente Truman le confesó a Stalin que habían desarrollado la bomba atómica, este no se mostró en absoluto impresionado, al fin y al cabo, ya había sido informado por sus propios espías que operaban en territorio supuestamente amistoso. Es más, tan al tanto estaba de que los suyos les habían birlado casi toda la tecnología que la primera bomba soviética, la RDS-1, era una copia casi exacta de la Fat Man que lanzaron los americanos. Ambos sabían que una vez derrotado Hitler, estaban abocados a la enemistad. Por ejemplo, el famoso general George S. Patton, conocido por su animadversión hacia los comunistas, expresaba abiertamente que los Aliados debían continuar la guerra hasta derrotar a los soviéticos una vez el Führer hubiese caído. Cuando Alemania se rindió en mayo de 1945, Stalin comenzó a movilizar a sus tropas hacia el este de su nación con la idea de invadir Japón y apoderarse de parte de su territorio. Sabiendo esta posibilidad, lo mejor para Estados Unidos era conseguir una rendición rápida de los nipones, ocupar el país y alinearlo con sus propios intereses futuros, que es lo que pasó.

Por otra parte, los esfuerzos bélicos en el Pacífico estaban costando muchas más vidas de lo previsto para Estados Unidos. Batallas en pequeñas islas como Okinawa o Iwojima habían supuesto miles de bajas contra un enemigo que no se rendía, y los cálculos estimaron que, de seguir así, llegar hasta Tokio y asediarlo supondría un millón de bajas estadounidenses y, posiblemente, unos cinco o diez millones de japonesas. O sea, demasiada gente, más en las etapas finales de un conflicto que ya había desangrado mucho a la humanidad. Visto así, las cifras justificaban el lanzamiento de las bombas, pero esto era contraargumentado por los científicos, que proponían dejarlas caer en un sitio inhabitado, tan solo para mostrar su poderío. Si lanzaban su mortífero material en un prado y se cargaban un par de vacas, su mensaje habría quedado igual de claro, aunque probablemente habría algún granjero muy enfadado. Sin embargo, ¿qué diferencia había con lo que ya hacían los bombardeos aliados durante toda la guerra? Una bomba atómica mató en un día la misma cantidad de civiles que una escuadra de bombarderos B-25 en diez días desde hacía años. Estas lluvias de muerte fueron lo habitual durante años tanto en Alemania como en Japón, y por consiguiente a ojos de los políticos no había tanta diferencia en coste humano, tan solo que no perdían tropas propias por el camino y era más rápido.

La película, aunque refleja bien los debates internos del creador de la bomba atómica, nos hace creer que era un debate que existía en general, cuando no es así. En *Oppenheimer* se obvia la realidad geopolítica del momento, de la que difícilmente podría haber huido por mucho que se posicionase en contra.

¿ESTADOS UNIDOS HA PEDIDO PERDÓN POR EL LANZAMIENTO DE LAS BOMBAS ATÓMICAS EN HIROSHIMA Y NAGASAKI?

Estados Unidos nunca ha emitido una disculpa formal por el lanzamiento de las bombas atómicas sobre Hiroshima y Nagasaki en agosto de 1945. Esto se justifica en parte porque, en realidad, los políticos no tuvieron un extenso debate moral sobre este ataque tal como hemos explicado en este capítulo. Sin embargo, ha habido expresiones de arrepentimiento y condolencias por las vidas perdidas. En 2016, el entonces presidente

Barack Obama visitó Hiroshima, donde rindió homenaje a las víctimas y habló sobre la necesidad de un mundo sin guerras, pero no ofreció una disculpa explícita. Por este motivo, fue criticado por un sector de la población que exigía que, en favor de la paz mundial, Estados Unidos debería haber mostrado algún tipo de arrepentimiento, aunque sea algo parecido a: «¡Ups, nos equivocamos!». Curiosamente, en 2009 los más conservadores y nacionalistas le echaron en cara haberse inclinado ante el emperador japonés en una anterior visita, gesto que en su cultura puede interpretarse como ofrecer disculpas (aunque también gratitud por la invitación). En pocas palabras, a la gente le gusta criticar hagas lo que hagas, cuando la realidad es mucho más compleja de lo que nos muestran las películas. Como ves, esta polémica indica que la justificación oficial de Estados Unidos de que los bombardeos ayudaron a acelerar el fin de la Segunda Guerra Mundial sigue siendo objeto de debate y controversia.

97

SIETE AÑOS EN EL TÍBET: ¿ERA EL ESTADO BUDISTA DEL DALÁI LAMA UN LUGAR MARAVILLOSO?

Un nazi, un país autoritario invasor y un Estado ultrarreligioso que permite la esclavitud. ¿Con quién te quedas? El guionista de esta película lo tenía claro: mejor no plantearse esta pregunta y hacer como si nada. Evitar mostrar toda la realidad y obviar algunas sombras históricas importantes le ayudaba a crear algo con lo que el público occidental pudiera conectar. Se podría decir que consiguió su objetivo.

Estrenada en 2001 y dirigida por Jean-Jacques Annaud, es una adaptación de la autobiografía del alpinista austriaco Heinrich Harrer, publicada en 1952. La película pone a Brad Pitt en su piel para hacernos experimentar la experiencia de este señor durante la Segunda Guerra Mundial, cuando fue capturado por los británicos y escapó hacia el Tíbet, donde se convirtió en amigo y tutor del joven decimocuarto dalái lama. El filme fue un éxito comercial y recibió elogios por su fotografía impresionante y su banda sonora, compuesta por John Williams, que fue premiada con un Globo de Oro. Sin embargo, también generó polémica en China, donde tanto Brad Pitt como el director fueron vetados de por vida debido al enfoque protibetano de la cinta.

Vamos a viajar a una tierra de monjes, montañas sagradas y secretos milenarios, el Tíbet de los años cuarenta. Pero, ojo, no todo es paz, buen rollo y meditación: el contexto histórico es puro caos, pues estamos en la

Segunda Guerra Mundial. En ese tiempo, Heinrich Harrer partió hacia el Himalaya en 1939. Buscaba escalar el Nanga Parbat, una de las montañas más altas del mundo, que debía ser coronada por la todopoderosa raza superior (o eso creían en Alemania, que debían presumir de sus logros, y no podemos negar que no hay nada superior a subir a lo más superior del mundo). Tras el estallido del conflicto, los británicos, que controlaban la India, capturaron a Harrer por ser ciudadano de la Alemania nazi. Es verdad que no era soldado ni espía, tan solo alguien a quien le gustaban mucho las montañas, pero ya sabes cómo funcionan las cosas en tiempos bélicos. Tras escapar de su cautiverio, llegó al Tíbet, una región que estaba prácticamente cerrada a los extranjeros. Este era un lugar montañoso, aislado, en apariencia sin conflictos y gobernado bajo la autoridad espiritual del dalái lama, algo que resultaba muy exótico. No obstante, el equilibrio de la región estaba a punto de cambiar drásticamente. China, bajo el liderazgo de Mao Zedong, tenía planes de incorporar el Tíbet a su territorio. En 1950, el Ejército de Liberación Popular chino invadió la zona, lo que marcaba el inicio de un conflicto que persiste hasta hoy. Durante su estancia en Lhasa, Harrer se convirtió en tutor del joven dalái lama y lo hizo conocedor del mundo occidental, la geografía y la cultura. Este vínculo se convirtió en uno de los pilares de la película, y también en un símbolo del choque entre las tradiciones milenarias del Tíbet y la modernidad. Ahora bien, aquí hay que poner muchos matices.

Una cosa que omiten en la película es que Heinrich Harrer fue nazi. Desde 1938 ostentaba el rango de Oberscharführer, es decir, sargento. Tras sus éxitos como alpinista en los Alpes suizos, él y su equipo fueron recibidos y fotografiados con Adolf Hitler, y tras eso marchó a la expedición en Asia. Más tarde dijo que usó su uniforme de las SS tan solo una vez, en su boda, y calificó su participación en esta organización como «un error cometido en su juventud, cuando aún no había aprendido a pensar por sí mismo». Es cierto que pese a pertenecer a la sección más infame y sangrienta del régimen, no participó en ninguna acción militar o política porque él estaba a lo suyo, que eran las montañas. Según él, tan solo pretendía encontrar financiación para su pasión y, sabiendo que Alemania estaba ávida de victorias que deslumbrasen a la humanidad para demostrar que la raza aria era maravillosa, buscó apoyo allá donde pudiese. Sea como fuere, después de regresar a Europa en 1952, Harrer fue absuelto de cualquier responsabilidad por su pasado y mostró arrepentimiento. Esto podría haber sido un poderoso motor para la trama, pues el público podría haber empatizado con un ideólogo extremo que, en otra parte del mundo, vivía aventuras y desgracias y acaba encontrando los valores de la comprensión y la convivencia con otra cultura mística y lejana: un arco de redención. Eso habría funcionado…, de no ser porque los valores que identificamos como buenos y bonitos tampoco eran algo habitual en el Tíbet.

El Tíbet se regía por un sistema feudal-teocrático en el que la tierra estaba controlada por el clero budista y la nobleza. Se estima que alrededor del 90 por ciento de la población era sierva o trabajadora dependiente. Los *khral-pa* (siervos agrícolas) y los *nangsen* (sirvientes domésticos) estaban ligados a sus amos y no podían abandonar sus tierras sin permiso. Es decir, que la esclavitud era lo normal. La clase sometida estaba sujeta a duras condiciones, incluyendo castigos corporales. Hay casos extremos documentados en los que los amos los castigaban con mutilaciones, como cortarles dedos o manos, si intentaban huir o desobedecer. De hecho, hay una foto famosa de uno de estos pobres hombres sosteniendo su brazo amputado corrompido en recuerdo de lo que podría pasar si no mejoraba su actitud. Todo esto pasaba bajo el conocimiento de Tenzin Gyatso, el famoso dalái lama, que tenía entonces quince años. Quizá era muy joven para darse cuenta, pero algo debía de sospechar sobre sus privilegios si su familia poseía decenas de señoríos, ranchos y miles de hombres en propiedad. No obstante, aquí nos encontramos ante un pequeño e inocente dirigente que solo quiere vivir en paz, dando una imagen del budismo más romantizada y occidentalizada que otra cosa. Tampoco, por lo que sea, nos cuentan que se exilió en 1959 con varias toneladas de oro y plata, y miles de artículos de lujo y otros tantos de pieles y telas caras. Al menos hay que reconocer que el líder religioso ha confirmado con el tiempo que de recuperar la gobernanza, sería una democracia moderna ligada a los valores actuales.

Por otra parte, China sí que invadió el Tíbet tal como nos muestran y, pese a los escasos intentos de resistencia tanto política como militar, se hicieron con la región y acabaron con una gran cantidad de sus templos, puesto que veían el budismo como una amenaza contra sus valores y cohesión nacional. Al mismo tiempo, aprovecharon para acabar con el sistema feudal y la esclavitud, modernizar el país, pese a estar en un sitio remoto e inaccesible, pero también imponiendo el autoritarismo, la censura y el control total. De hecho, es bien sabido que en la actualidad los alumnos del gigante asiático estudian la historia de este lugar como si siempre hubiese sido de ellos y nunca independientes, y cualquier producto de ficción que hable sobre el Tíbet o los budistas es censurado automáticamente. Por último, en la película tampoco cuentan que el motivo de la invasión no solo fue el expansionismo y la visión histórica y política, sino que al ser una región montañosa estamos hablando de la mayor reserva de agua del planeta, valor estratégico y fundamental para una sociedad. Por ese motivo no tiene pinta de que vaya a ser fácil que permitan una posible autonomía. (O una autonomía real, porque sobre el papel lo es, pero eso no evita la omnipresencia de las autoridades chinas en la zona).

En definitiva, por si no ha quedado claro, *Siete años en el Tíbet* es emocionante, bonita, vibrante, y nos habla de encontrarnos a nosotros mismos, pero nos transmite una visión muy amable de ese lugar y época.

¿SABÍAS QUE LOS NAZIS ENVIARON VARIAS EXPEDICIONES SUPUESTAMENTE CIENTÍFICAS AL TÍBET?

Antes de la Segunda Guerra Mundial los nazis no solo enviaron montañeros como el protagonista de *Siete años en el Tíbet* a hollar las cimas más importantes del planeta, sino también misiones organizadas por la Ahnenerbe, una institución creada por Heinrich Himmler que se dedicaba a investigar la historia, arqueología y antropología desde una perspectiva nazi. En otras palabras, el líder de las SS creó toda una rama historiográfica para justificar sus teorías raciales. La Ahnenerbe, cuyo nombre completo era Sociedad para la Investigación y Enseñanza sobre la Herencia Ancestral Alemana, buscaba encontrar evidencias que respaldaran las teorías raciales y esotéricas del régimen. En el Tíbet, los investigadores intentaron descubrir conexiones entre los antiguos pueblos del Himalaya y la supuesta raza aria, mezclando pseudociencia y misticismo para arropar la ideología nazi de una supuesta base científica. Como era de esperar, nadie se ha tomado muy en serio estas ideas.

98

JFK: ¿FUE EL PRESIDENTE KENNEDY ASESINADO POR UNA CONSPIRACIÓN?

Tras el asesinato de Kennedy en 1963 tan solo el 50 por ciento de la población de Estados Unidos creía que detrás del ataque había una conspiración. En 1991, tras el estreno de la película *JFK*, esta cifra se disparó al 77 por ciento. Para que luego digan que el cine no es influyente a la hora de percibir la realidad.

La película de Oliver Stone propone una visión política y conspirativa que examina el asesinato del presidente a través de los ojos del fiscal Jim Garrison, interpretado por Kevin Costner. La trama sigue la investigación sobre un presunto complot, presentando a personajes como Lee Harvey Oswald y Clay Shaw, con interpretaciones de Gary Oldman y Tommy Lee Jones, respectivamente. El filme fue un fenómeno cultural y generó un debate internacional sobre la versión oficial de los acontecimientos presentada por la Comisión Warren, que concluyó que Oswald actuó solo. En otras palabras, gracias a *JFK* hubo gente que simplemente pasó a dudar de los hechos y de la versión oficial, que hasta cierto punto puede considerarse normal, e incluso inteligente, no fiarse de todo lo que digan los mandatarios, pero se sumaron al carro conspiranoico de manual de los de siempre, de los que se apuntan a cualquier visión alternativa y minoritaria de la realidad con cualquier cosa, por rara que sea. Pese a la polémica, la película fue un éxito comercial y fue nominada a ocho premios Oscar y ganó dos: el de mejor fotografía y mejor montaje. Su estilo visual innovador, con mezcla de imágenes reales y recreaciones, creó un efecto inmersivo y una sensación de urgencia que mantuvo a la audiencia cautivada. Pero ¿hubo una conspiración?

Nos encontramos en los años sesenta en un contexto de Guerra Fría, cuando Estados Unidos estaba en constante tensión con la Unión Soviética, y se enfrentaba a una crisis como la de los misiles en Cuba y el conflicto en Vietnam. Era un tiempo donde todo era revolución social, musical, política y se ve que, además, había muchos misterios que resolver, o al menos uno muy grande. El asesinato de John F. Kennedy en 1963 fue un acontecimiento que conmocionó al mundo y dejó cicatrices en la historia de Estados Unidos, y también en el protagonista de esta historia. El presidente fue asesinado en Dallas, Texas, mientras viajaba en un coche descapotable dándose un baño de masas. Lee Harvey Oswald fue arrestado como el presunto tirador, pero dos días después, antes de ser juzgado, fue tiroteado por Jack Ruby, un empresario de un club nocturno, quien falleció en prisión tres años más tarde por una embolia. Esta extraña carambola de muertes alimentó las teorías de conspiración, cosa que tampoco es de extrañar teniendo en cuenta lo insólito de la situación. La Comisión Warren concluyó que Oswald actuó solo, pero la falta de pruebas claras dejó abierta la puerta a muchas propuestas, algunas cuando menos originales. La película sugiere que Kennedy fue asesinado debido a sus planes para retirar tropas de los conflictos asiáticos y por su confrontación con sectores del complejo militar-industrial; pero no hay evidencia de que fuese así.

Entonces ¿quién mató a Kennedy y por qué? Este libro no pretende proponer nuevas teorías ni confirmar la versión oficial, tan solo dar a entender que en la mayoría de los crímenes, especialmente asesinatos, quedan aspectos sin resolver. Es cierto que Oswald era prosoviético y que había vivido en la URSS tras desertar del cuerpo de marines, por lo que igual no le caía bien ningún presidente de Estados Unidos; puede que incluso sintiera un odio particular por Kennedy, o igual estaba harto de la guerra de Vietnam, o puede que incluso operase a las órdenes de los enemigos. A lo mejor, efectivamente, el ala dura del gobierno quería seguir con el conflicto en Asia y no veía con buenos ojos la moderación de Kennedy. Lo cierto es que no se sabe. Aunque existen dudas sobre la versión oficial, y cabos sueltos, no hay pruebas concluyentes de una conspiración tan extensa. La idea fue popularizada por la película y estudios previos, pero la evidencia es controvertida. Por ejemplo, en la película Shaw es acusado por Garrison de ser parte del complot y, aunque fue juzgado, todo quedó en una concisa absolución, porque no hubo nada que probase su participación en un complot. Al mismo tiempo, se propone la posibilidad de que hubiese varios tiradores; sin embargo, la teoría del «disparo único» sigue siendo la versión oficial y ha sido respaldada por algunas reconstrucciones balísticas. ¿Que suena raro que una bala atravesara, cuello, pecho y muñeca de Kennedy, después el muslo del gobernador Connally y luego se encontrara intacta? No voy a decir que no, y no es raro que esto te haga, como mínimo, arquear una ceja, pero tampoco nadie ha sabido demostrar nada diferente.

En definitiva, lo que sabemos es poco, pero no tiene por qué ser insuficiente para creerlo. El cine, el periodismo o la sociedad en general hacen bien en cuestionar siempre la versión oficial de cualquier cosa, porque todos conocemos la tendencia de los gobiernos a hacer lo que les apetece sin consecuencias, si es que no lo hacen ya. No obstante, para proponer otras teorías y contraargumentar hacen falta pruebas, todavía no se ha presentado ninguna contundente, y como no existen, la película opta por inventárselas. Esto, por desgracia, da carta blanca a las teorías de la conspiración: si hay pruebas, son falsas, por lo que no se puede negar esa propuesta alternativa, pero si no hay pruebas, es que, de nuevo, no se puede negar esa propuesta alternativa.

¿SABÍAS QUE HUBO SEGUIDORES DE UNA TEORÍA DE LA CONSPIRACIÓN QUE DEFENDÍAN QUE EL HIJO DE KENNEDY RESUCITARÍA EN EL LUGAR DONDE SU PADRE FUE ASESINADO?

El 2 de noviembre de 2021, cientos de seguidores del movimiento conspirativo QAnon se congregaron en Dallas, Texas, específicamente en Dealey Plaza, lugar donde fue asesinado el presidente John F. Kennedy en 1963. Estos adeptos esperaban la reaparición de John F. Kennedy Jr., hijo del expresidente, quien falleció en un accidente aéreo en 1999. La creencia infundada sostenía que JFK Jr. regresaría a la vida para unirse al entonces expresidente Donald Trump en una supuesta reinstauración en el poder, pero, para su sorpresa, nada sucedió. Esto decepcionó a unos pocos, pero al mismo tiempo fue considerado como algo totalmente normal por todos los demás. Esta teoría, ampliamente desacreditada, es una de las muchas promovidas por QAnon, un movimiento conocido por difundir diversas teorías de conspiración sin fundamento, como el famoso Pizzagate, que sostiene, sin pruebas, que una red de tráfico infantil operaba desde una pizzería en Washington D. C., involucrando a figuras políticas de alto perfil. A pesar de la ausencia de cualquier evidencia que respaldase estas afirmaciones, los seguidores de QAnon continúan organizando reuniones y eventos basados en tales creencias. Esperemos que al menos se lo pasen bien en sus quedadas alternativas, porque nunca está de más echar un buen rato con tus amigos.

99

APOCALYPSE NOW: ¿EMITÍAN MÚSICA LOS HELICÓPTEROS ESTADOUNIDENSES PARA ATACAR POBLACIONES VIETNAMITAS?

Este es otro de los ejemplos de este libro en el que podemos confirmar que una película es brillante pese a sus exageraciones, que perpetúan ciertos mitos. Así que, tranquilo, no voy a desmontar una de las mejores producciones de Hollywood, sino que, como viene siendo habitual, la voy a matizar. Si no me odias tras tantas páginas, puedes con esto.

Apocalypse Now (1979), dirigida por Francis Ford Coppola, es un clásico épico del cine bélico, basado libremente en la novela *El corazón de las tinieblas* de Joseph Conrad. La historia nos traslada al contexto de la guerra de Vietnam, donde el capitán Willard (interpretado por Martin Sheen) es enviado a eliminar al renegado coronel Kurtz (Marlon Brando), quien ha creado un culto en la jungla camboyana, algo de lo que obviamente no tenemos constancia que pasase en ningún momento. La frase icónica «Adoro el olor a napalm por la mañana», pronunciada por Robert Duvall, ha quedado grabada en la memoria colectiva, y tiene sentido, porque todos los testigos presenciales describían este producto como una mezcla de petróleo y gasolina. El filme fue un éxito comercial y, aunque inicialmente polarizó a los críticos, recibió ocho nominaciones a los Oscar, y ganó el de mejor sonido y mejor fotografía. Pese a ser considerada una obra maestra, no está exenta de imprecisiones, aunque sean leves.

Nos situamos en la guerra de Vietnam, una guerra que comenzó como un conflicto de guerrillas y terminó convirtiéndose en un infierno para las tropas estadounidenses, que no sabían muy bien qué estaban haciendo ahí (se duda también de que los generales lo supieran). Este conflicto no solo enfrentó a los estadounidenses con Vietnam del Norte, sino que fue parte del tablero de ajedrez más grande: la Guerra Fría entre Estados Unidos y la Unión Soviética. Vietnam, un país que ya se había enfrentado durante décadas de lucha al colonialismo francés y japonés, se convirtió en el campo de batalla donde la superpotencia del Tío Sam creyó que podía evitar la expansión comunista... pero las cosas se complicaron rápido. Las junglas, las emboscadas y un enemigo invisible convirtieron la guerra en un pantano psicológico. *Apocalypse Now* nos muestra lo peor de esa contienda, no solo el combate, sino la pérdida de la cordura, la moralidad y la razón en la jungla. Acierta bastante en todo eso porque tenemos miles de relatos de marines que acabaron bastante tocados tras su experiencia en el frente. Tanto es así que se popularizó un acto llamado *fragging* (fragmentación), que consistía en que los soldados mataran a sus propios oficiales con granadas aprovechando el caos del combate. Se nos muestra a las tropas arrasando poblados sin distinguir entre civiles y militares, y lo cierto es que las brutalidades fueron algo que caracterizó esta campaña hasta el punto de mencionarse en repetidas ocasiones en la prensa y generar las famosas protestas hippies. La desorganización y el caos entre los reclutas era algo habitual, aunque puede resultar algo exagerado que, además, oculta las complejidades geopolíticas del momento. Pese a todos estos detalles, se puede considerar bastante acertada. Tal vez los vietnamitas son retratados casi como figuras pasivas o caricaturas, lo que perpetúa la idea de que eran meros telones de fondo en el conflicto, pero si por algo ganaron, aparte de por el apoyo aliado, fue por su implicación.

Pero vayamos con una de las escenas míticas del séptimo arte: cuando los estadounidenses van a asaltar una población con una escuadra de helicópteros, mientras emiten en altavoces la famosa *Cabalgata de las valquirias* de Richard Wagner. ¿Pasó algo así? No. Como recurso visual y narrativo es brutal, y desde luego el público descubrió que la música del compositor alemán es perfecta para cometer masacres, pero exagera la guerra psicológica. Quizá es tan extraño de ver que la mayor parte de la audiencia da por hecho que es tan solo cine, pero hay algo de verdad. Sí que se emitía música como parte de la estrategia militar, pero no se trataba de músicos románticos del siglo XIX, porque seguramente los habitantes de una aldea perdida de Vietnam no habrían escuchado eso en su vida, y no tendrían muy claro qué les querían transmitir. La música es un lenguaje universal y puede que pensasen «Oh, esto es muy épico, mira todos esos helicópteros avanzando con esa tremendísima banda sonora», pero también es posible que estuviesen más centrados en dispararles y resistir. Lo que sí se sabe que se hizo es emitir en bucle cantos tradicionales de funerales vietnamitas, con la idea de desmoralizar a los grupos de resistencia, que fueron vistos por parte de Estados Unidos como estúpidos y supersticiosos, y por eso interpretarían esas tristes melodías, como un oscuro anuncio de lo que estaba por venir.

¿SABÍAS QUE EN LOS PRIMEROS SORTEOS DE RECLUTAMIENTO DE ESTADOS UNIDOS DURANTE LA GUERRA DE VIETNAM HUBO UN FALLO QUE AFECTÓ A LOS NACIDOS EN DICIEMBRE?

En teoría, cualquier persona entre dieciocho y veintiséis años (la mayor parte del tiempo) tenía las mismas posibilidades de que la llamaran a filas en los famosos sorteos de reclutamiento. Sin embargo, en el de 1969, los nacidos en enero apenas fueron solicitados para la llamada del deber y prácticamente a todos los de diciembre les tocó pringar. Después de que los matemáticos estudiasen lo que había pasado, llegaron a la conclusión de que su sistema de introducir una bola con cada día del año en una caja no estaba mal, pero lo que fallaba era que el encargado de remover las esferas no lo hizo bien, por lo que en la parte superior del recipiente se quedaron casi todas las fechas de los últimos tramos del año. Este error en el procedimiento causó una fuerte controversia y cuestionamientos sobre la equidad del sistema de reclutamiento.

100

APOLO 13: ¿HOUSTON, TENEMOS UN PROBLEMA?

Una de las famosas leyes de Murphy establece que si algo puede salir mal, saldrá mal. Este es el principio que pareció aplicarse en la famosa misión Apolo 13, que casi pasó a la historia por dejar a un grupo de astronautas a la deriva en el vacío estelar. Por suerte no sucedió, y además nos llevamos una buena película de Ron Howard.

Basada en el libro *Lost Moon: The Perilous Voyage of Apollo 13* (La Luna perdida: el peligroso viaje del Apolo 13), escrito por el comandante Jim Lovell y el periodista Jeffrey Kluger, la película narra la odisea de la misión fallida de la NASA en 1970, que a pesar de los problemas técnicos, se convirtió en un éxito lleno de fracasos. *Apolo 13* (1995) está protagonizada por Tom Hanks como Jim Lovell, Kevin Bacon como Jack Swigert y Bill Paxton como Fred Haise. El filme captura la lucha por la supervivencia de los astronautas y la ingeniosa solución de problemas de los equipos de tierra. El resultado fue un gran éxito comercial y recibió nueve nominaciones al Oscar y se llevó dos: mejor montaje y mejor edición de sonido. El largometraje es famoso por sus detalladas recreaciones de los acontecimientos reales, incluyendo escenas grabadas en condiciones de gravedad reducida para dar autenticidad al movimiento en el espacio. Si eres uno de los amantes de la exploración espacial seguramente conozcas todo lo aquí se relata, pero si no, vas a alucinar hasta el punto de que es posible que desde ahora relativices tus dificultades laborales, sabiendo que siempre pueden ser mucho peor y torcerse de formas totalmente imprevistas.

Nos transportamos a los años setenta, una época en la que, para bien o para mal, los pantalones de campana y la música disco estaban de moda. Mientras unos miraban al suelo para elegir bien sus pasos de baile otros lo hacían al cielo, pues era el momento de la carrera espacial, el desafío más grande entre Estados Unidos y la URSS durante la Guerra Fría. Es cierto que el hombre ya había llegado a la Luna y los ánimos se estaban calmando, pero, aun así, había que seguir demostrando al mundo lo lejos que estaban llegando las diferentes potencias y lo mal que lo hacían los demás. El 11 de abril de 1970, la misión Apolo 13 despegó con destino a la Luna. Todo iba bien hasta que, a unos 320.000 kilómetros de la Tierra, una explosión en uno de los tanques de oxígeno dejó a los astronautas sin energía eléctrica y con una atmósfera llena de dióxido de carbono. Este fue el fallo más crítico, pero hubo hasta cuatro más que pusieron en peligro la misión, incluyendo el ascenso de la temperatura y el cambio de la trayectoria en el retorno. En lugar de aterrizar en nuestro satélite tal como estaba planeado, la tripulación tuvo que ingeniárselas para regresar a casa usando el módulo lunar como un bote salvavidas. El lema entonado por los afectados fue «¡El fracaso no es una opción!». Esos días se convirtieron en un desafío de improvisación, perspicacia y supervivencia que mantuvo al mundo entero en vilo, ya que los astronautas Lovell, Swigert y Haise podrían haber tenido el dudoso honor de ser los primeros humanos en ser abandonados en el espacio, seguramente hasta que fuesen capturados por la órbita solar. No obstante, para entonces ya habrían muerto por falta de oxígeno y agua. Habría sido un final terrible, aunque como profesionales que eran, sabían a lo que se exponían, y puede que alguno incluso viese el lado bueno de estar cada vez más lejos de la gente que le caía mal.

El error más tonto es que la famosa frase que ilustra que algo estaba fallando se pronuncia mal. Nunca se dijo: «Houston, we have a problem», es decir, «Houston, tenemos un problema», sino: «Houston, we've got a problem», que viene a ser «Houston, hemos tenido un problema». Es un matiz tonto, y hasta cierto punto irrelevante, pero por lo que sea esta afirmación ha pasado a la cultura popular de manera incorrecta. Uno podría decir que, siendo tan mínimo el cambio, ¿qué más da decirlo de otra manera? Pero a eso podríamos responder: ¿y entonces qué más da decirlo tal como fue? Sea como sea, la versión famosa de la conocida declaración es incorrecta. Por lo demás, la película propone tal situación de estrés que los protagonistas acaban teniendo enfrentamientos verbales, por no decir que la crisis los supera y, presos de los nervios, acaban pensando que sus compañeros son estúpidos y quizá la peor compañía para morir. Teniendo en cuenta las circunstancias, parece perfectamente posible verse alterado, pero la realidad fue más aburrida: tanto los registros de audio como los propios astronautas atestiguan que el equipo trabajó unido y no hubo grandes conflictos.

Por si te lo preguntas, la palabra «Houston» se usa como llamada de radio para dirigirse al Mission Control Center (MCC), también conocido como Centro Espacial Johnson, situado en Texas. Este centro fue inaugurado en 1961, y es el punto de comunicación principal entre los astronautas en el espacio y el equipo en la Tierra. El nombre no hace referencia a una persona en particular, sino a la ciudad de Houston, que fue llamada así en honor a Sam Houston (1793-1863), un importante líder político y militar de Texas que fue clave en la independencia de su estado.

¿SABÍAS QUE, HASTA AHORA, SOLO DOCE PERSONAS HAN CAMINADO SOBRE LA SUPERFICIE DE LA LUNA?

Todos los hombres que han tenido el honor de caminar por la Luna fueron astronautas de las misiones Apolo de la NASA, realizadas entre 1969 y 1972. Como sabes, el primer ser humano en pisar nuestro satélite fue Neil Armstrong durante la misión Apolo 11, seguido por Buzz Aldrin. La última misión con este objetivo fue Apolo 17, con Eugene Cernan, que fue quien cerró la temporada de dejar huellas en la superficie lunar. Desde entonces, ningún ser humano ha regresado. Curiosamente, gracias a este remarcable hito, mucha gente da por hecho que fue Estados Unidos quien ganó la carrera espacial a la Unión Soviética en el contexto de la Guerra Fría; sin embargo fue el único logro en el que superaron a los rojos. Los soviéticos impulsaron previamente récords impresionantes, como lanzar el primer satélite artificial, Sputnik 1, en 1957, y enviar a alguien al espacio cuando nadie más lo había hecho, éxito defendido por Yuri Gagarin en 1961. También fueron pioneros en realizar un alunizaje controlado con la sonda Luna 9, y en poner en órbita a una mujer, Valentina Tereshkova, en 1963. Además, llevaron a cabo un paseo espacial con Alexei Leonov en 1965 y lograron enviar una sonda, Luna 3, que capturó imágenes del lado oculto del satélite en 1959.

101

ARGO: ¿LOS CANADIENSES NO HICIERON NADA EN EL RESCATE DE DIPLOMÁTICOS ESTADOUNIDENSES DURANTE LA REVOLUCIÓN IRANÍ?

En este capítulo vamos a ver una de las licencias históricas más grandes de la historia del cine, y posiblemente sea la más ofensiva de este libro, lo cual sería todo un logro si tenemos en cuenta que en estas páginas hemos hablado de *Braveheart* y *Anastasia*. No obstante, si no conoces los hechos, la película es bastante buena y mantiene una tensión notable. Tú verás si quieres enterarte de qué es lo que falla aquí.

Estrenada en 2012 y dirigida por Ben Affleck, es un thriller político basado en la historia real de la llamada Operación Canadian Caper, un audaz rescate durante la crisis de los rehenes en Irán en 1979. La película sigue al agente de la CIA Tony Mendez (interpretado por el propio Affleck) mientras idea un plan para salvar gente: fingir que seis diplomáticos estadounidenses atrapados en Teherán son parte de un equipo de filmación de una película falsa de ciencia ficción. Con la ayuda de Hollywood, crean un estudio ficticio, diseñan un guion y ejecutan una arriesgada huida. El filme fue un éxito rotundo y ganó el Oscar a la mejor película. Y obtuvo premios en los Globos de Oro y los BAFTA, lo que consagró a Ben Affleck como un director de prestigio, aunque también es cierto que actúa, pero por lo que sea, el hecho de poner la misma cara para absolutamente todas las emociones no logra convencer a los críticos sobre la calidad de sus interpretaciones.

Viajamos por tanto al Irán de 1979, donde las cosas estaban más calientes que el asfalto en pleno verano. Había llegado la revolución que desplazaría al sha, aliado de Estados Unidos, cuyo gobierno fue derrocado y reemplazado por el del ayatolá Jomeini, quien transformó el país en una teocracia islámica. El 4 de noviembre, estudiantes iraníes asaltaron la embajada de Estados Unidos en Teherán y tomaron a cincuenta y dos rehenes, enfurecidos por el apoyo estadounidense al exilio del anterior regente, que además padecía un cáncer terminal, por lo que mucho no iba a durar. Seis diplomáticos lograron escapar y se refugiaron en la residencia del embajador canadiense, Ken Taylor. Aquí es donde entra en acción el espía mexicanoestadounidense Tony Mendez con su plan de cine, literalmente. En una estrategia brillante, hizo pasar a los diplomáticos por un equipo canadiense de filmación que buscaba localizaciones para una película de ciencia ficción llamada *Argo*. Con la ayuda de un maquillador de Hollywood y un estudio falso, crearon un engaño tan elaborado que incluyó anuncios en revistas y guiones inventados. Mendez entrenó a los rescatados para mantener su historia y, finalmente, lograron escapar en un vuelo hacia Suiza. Es este tipo de historia que merece una película, pero quizá una en la que destaquen quiénes fueron en realidad las mentes pensantes detrás de todo esto.

Hagamos un ejercicio de lógica. Los hechos ocurrieron en la embajada de Canadá, al amparo del embajador canadiense, y bajo una estrategia bautizada como Operation Canadian Caper. Con estas pistas, ¿adivinas qué país puede estar involucrado en este rescate de rehenes estadounidenses, además del propio Estados Unidos? Sí, es lo que estás pensando. Ante la abrumadora evidencia, la película de Hollywood minimiza al máximo los cruciales esfuerzos de sus vecinos del norte, cuyo gobierno asumió gran parte del riesgo exponiendo a su diplomático principal. En *Argo* la salvación de inocentes depende casi en exclusiva de la CIA, que, como suele pasar en este tipo de cine, se muestra como maravillosa y un garante de la libertad. Por lo que sea, lo de que esta institución haya estado implicada en múltiples ocasiones a lo largo de la historia en torturas, detenciones ilegales, golpes de Estado y un largo etcétera de acciones criminales no suele ni sugerirse. En cualquier caso, esta organización fue clave, pero se representa como la fuerza principal que motiva la trama. Por ejemplo, ni se menciona que John Sheardown, otro empleado canadiense, llegó incluso a alojar en su casa a algunos de los diplomáticos. Esto fue completamente eliminado de la narrativa de la película y, como podrás suponer, molestó mucho a los canadienses.

Tras la huida de los seis diplomáticos y durante los diecisiete años siguientes, hasta 1997, el relato de *Argo* estuvo dominado por los canadienses. La narrativa imperante en ese momento hablaba de una heroica misión de rescate que se hizo conocida en todo el país como la travesura canadiense. Pero no fueron solo ellos los que se felicitaban a sí mismos, sino que, en ese momento, muchos estadounidenses colgaron pancartas en los puentes de sus ciudades en agradecimiento a sus vecinos, al igual que las celebridades de la televisión; asimismo, miles de alumnos escribieron sentidas cartas al entonces primer ministro de Canadá, Joe Clark. El presidente Ronald Reagan incluso le otorgó una medalla a Ken Taylor, el embajador de Canadá en Irán que asumió todos los riesgos, quien incluso finalmente se convirtió en ciudadano estadounidense y se estableció en la ciudad de Nueva York. Estas muestras de amistad llegaron a ser exageradas, y el propio gobierno canadiense discutió a nivel interno sobre si no estaban yendo demasiado lejos, quizá hasta explotando la buena voluntad del pueblo estadounidense y sus políticos. Este debate se produjo después de que una congresista en Washington prometiese no permitir nunca más una palabra de crítica en el Capitolio sobre la infame caza de focas de sus vecinos del norte.

Por tanto, todo el mundo creía que Canadá era el héroe de la historia, algo que también es un poco exagerado, porque aquí viene un giro de guion totalmente inesperado. Aunque el rescate dependió en gran medida del embajador canadiense, esta oleada de alabanzas y celebraciones sí que fue orquestada por el servicio de inteligencia de Estados Unidos. Preocupados por la seguridad de los rehenes que todavía estaban retenidos en Teherán, la participación de la CIA no se hizo pública en ese momento y permaneció en secreto hasta 1997, por lo que Canadá se llevó todo el mérito. Con la intención de garantizar la seguridad de los cautivos, el Gobierno de Estados Unidos se conformó con que sus vecinos se hiciesen famosos por esta victoria y minimizaron su papel, es decir, exactamente lo contrario de lo que vemos en la película. Sea como sea, su plan funcionó y nadie pareció ser objetivo del odio del Gobierno iraní.

En resumidas cuentas, la CIA sí que participó en toda esa operación, pero no tanto como vemos. Y el Gobierno de Canadá sí que formó parte de este entramado, pero mucho más de lo que nos muestran. La película subvierte los papeles y no trata a los canadienses como un aliado principal y fundamental.

¿SABÍAS QUE, TRAS LA REVOLUCIÓN IRANÍ, AÚN SE CONSERVA ALGO DE LA CULTURA OCCIDENTAL?

Tras la llegada al poder del ayatolá Jomeini Irán cambió de golpe. Pasó de ser una nación fuertemente influenciada por Occidente a una que adoptó la teología islámica. Sin embargo, el pueblo iraní sigue conviviendo en gran medida con parte del legado anterior. Este enorme cambio sí se notó en cosas como que, por ejemplo, antes, las mujeres podían vestir como las europeas, y grupos de rock y pop como The Black Cats o Googosh sonaban en las radios. La Revolución acabó con eso y otras muchas cosas..., que pasaron a encontrarse en el mercado negro. Por ejemplo, en 2012 las muñecas Barbie fueron prohibidas y pasaron a ser uno de los productos más cotizados por los traficantes. Al mismo tiempo, Pepsi y Coca-Cola fueron boicoteadas, pero un empresario local espabiló y creó la Zam Zam Cola, que era la alternativa patriótica a los populares refrescos. Con todo, hubo algo que no se atrevió a tocar el régimen de los ayatolás: el fútbol. Este deporte nunca fue prohibido en el país y sigue siendo muy popular incluso en la actualidad.

AGRADECIMIENTOS

Escribir estas páginas ha sido como revisar un plano secuencia de tres horas: emocionante, lleno de detalles que casi se me escapan y con más «tomas falsas» de las que me atrevo a admitir. Pero si este libro ha llegado hasta el final, es porque no he estado solo.

Mi primer agradecimiento tiene que ser para mis seguidores, que, en pleno alarde de inconsciencia, vieron en mí una herramienta de confianza para encontrar el valor histórico de sus películas favoritas. Ellos son los que han encumbrado mi canal como uno de esos a los que hay que acudir de vez en cuando para repasar algunos conceptos, y me siento muy honrado por ello. Como he mencionado en alguna ocasión, disfruto mucho del cine, del rato deleitándome en una buena historia y personajes, y de la conversación posterior con amigos y familiares, analizando lo que acabamos de ver. Para mí es como un ritual, un momento de desconexión, y no estoy señalando y diciendo «¡Esa armadura no existía en esa época!». Tan solo me dejo llevar. Luego en casa, cuando reflexiono sobre el poder que tiene el séptimo arte para despertar la curiosidad por el pasado, me pongo las gafas de crítico y enumero una lista de detalles. Esto sería algo muy solitario de no ser por toda esa gente que me acompaña en las redes, así que gracias.

Gracias a mis padres por enseñarme el amor por la historia. Soy hijo de historiadores y crecí en una casa llena de libros sobre nuestro pasado, y al final algo queda. No solo eso, mi padre tenía una enorme colección de cine clásico y fueron incontables las veces que acabé viendo una y otra vez las grandes películas de los años cincuenta, sesenta y setenta. Siempre pensé que tenían todas estas copias en casa porque eran los clásicos que todo cinéfilo debe conocer, pero con el tiempo me di cuenta de que era el cine con el que mi padre creció, y que por tanto él considera que es la mejor etapa artística de Hollywood. Obviamente, no tiene ni idea, porque el mejor momento es el cine de los ochenta, los noventa y los dos mil, que se encaja en el periodo de mi infancia y juventud. Sea como sea, hay mucho de ellos en este libro. Te confesaré una cosa rara: a mis progenitores no terminaba de convencerles que viese dibujos animados, y debido al pánico social de los noventa en mi casa estaba prohibido el anime, que era considerado muy violento en la época. Ahora bien, ¿una película de americanos matando nazis? ¿Una sobre las guerras contra los zulús? ¿Y qué tal un documental sobre el imperio colonial inglés negociando con opio en China? ¡Para eso no había ningún problema y daba igual la edad! Para bien o para mal, eso forjó mi gusto cinematográfico, y este extraño criterio de censura paterna ha hecho que acabes teniendo este libro en tus manos, así que al final todo ha salido bien. Por supuesto, en este párrafo también me acuerdo de mis hermanos, que asimismo me acompañaron a las grandes salas tan solo para que el que vendía los tíquets dijese «Este chaval va con un mayor de edad, así que puede pasar». Así pude ver cintas que, en teoría, no estaba preparado para ver. Como supondrás, ellos tampoco eran adultos entonces, pero así la mentira era más convincente.

También quiero agradecer en este reducido párrafo a mis profesores de Historia en mi etapa de colegio y universidad. En general hicieron muy buen trabajo y no me tocó el enseñante aburrido quemado de todo. Quizá la única excepción fue en segundo de bachillerato, cuando mi profe dijo: «Este tema de la Guerra Civil es muy polémico y no me pagan lo suficiente por explicarlo, así que nos lo saltamos». Entonces pensé: «¡Ojalá le paguen menos, así nos saltaríamos más páginas y entraría menos temario para el examen!». Luego descubrí que, en realidad, la ley impedía que cobrase menos.

Gracias a mi viejo grupo de amigos, por todas esas tardes de cine desde que tenemos doce años. Cuando miro atrás y pienso en lo bien que nos lo pasamos juntos, vosotros siempre estáis ahí, que a veces es el consuelo que nos queda cuando lo que hemos visto ha sido realmente lamentable y soporífero. Por desgracia, no han sido pocas las veces que hemos experimentado esto.

Gracias en especial a Carmen, mi compañera de vida. Aún no me explico cómo, después de que nuestra primera cita fuese para ver cine histórico, concretamente *Apocalypto*, decidieses darme una oportunidad. Por otra parte, al poco tiempo, tú me llevaste a una sala a ver una «película de verdad», específicamente *Death Proof*, de Tarantino, donde una chica conduce cochazos a grandes velocidades y en su pierna amputada se instala una metralleta con la que aniquila enemigos. A veces tenemos gustos distintos, pero nuestra relación empezó instaurando que siempre que pudiésemos nos escaparíamos para ver alguna cinta en la gran pantalla, y tras tanto tiempo aquí seguimos. Es cierto que ahora, con dos niños dando vueltas por ahí, es más complicado, y que ninguno de los dos largometrajes que he mencionado son del tipo que podamos compartir con ellos todavía, pero ese momento llegará y nuestros hijos podrán confirmar quién elige mejor qué cinta ver. No me cabe duda de que, debido a todo este tiempo juntos compartiendo esta pasión por las historias, este libro es en parte gracias a ti.

Gracias a Julio Caballero, mi escudero histórico, mi corrector y revisor que matiza gran parte de mis explicaciones. Tras leer tus opiniones acabo creyendo que no tengo ni idea de historia, pero tras recomponerme y corregir, el resultado final es indudablemente mejor.

Gracias a Gonzalo Eltesch, quien me propuso esta idea de libro y llevó adelante el tedioso proceso de publicar.

Gracias a Kimi, por acompañarnos en nuestras tardes de peli, manta y sofá. Pese a que te tengo alergia, eres parte de ese ambiente hogareño que invita a quedarse relajado en el salón con una buena historia delante. Sigo enfadado porque hayas descuartizado el sillón con tus garras gatunas, pero dudo que te importe, y en cualquier caso no vas a leer esto. Así como no puedo olvidarme de Dixie, que también se echó grandes siestas a mis pies mientras veía buen cine histórico. Supongo que no le interesaba mucho porque siempre se quedaba dormido, pero es lo que cabía esperar de un perro.

Gracias a Hollywood, por ser una fuente inagotable de meteduras de pata históricas. Sin vosotros, este libro sería solo un aburrido tratado académico. Y gracias a Ridley Scott por *Gladiator II*, la mejor comedia involuntaria de romanos que jamás vi con cara seria. Por favor, nunca dejes de hacer cine, así entra más dinero en casa.